유럽의 정체

유럽의 정체

펴낸곳 서울대학교출판문화원
펴낸이 오연천
지은이 이옥연, 요하네스 헬름라트, 메들린 호슬리, 홍태영, 윤비
조홍식, 김준석

초판 1쇄 발행 2011년 11월 30일
초판 2쇄 발행 2012년 4월 25일

출판등록 제15-3호
주소 서울 관악구 관악로 1 우편번호 151-742
대표전화 02-880-5252
팩스 02-888-4148
마케팅팀(판매상담) 02-889-4424, 02-880-7995
이메일 snubook@snu.ac.kr
홈페이지 www.snupress.com
영문홈페이지 eng.snupress.com

ISBN 978-89-521-1263-7 93340

유럽의 정체

이옥연, 요하네스 헬름라트
메들린 호슬리, 홍태영, 윤비
조홍식, 김준석

서울대학교출판문화원

서문

국제 평화와 정의의 도시로 불리는 헤이그 중심에는 네덜란드의 양원 의사당과 수상 집무실, 그리고 중세 건물인 기사의 홀(Ridderzaal)이 들어선 비넨호프(Binnenhof)가 인공연못인 호프페이페(Hofvijver)를 배경으로 정치와 외교의 1번지로 군림한다. 그 내부 중앙에 위치한 기사의 홀은 우리에게는 1907년 제2차 헤이그 만국평화회의(Second Hague Peace Conference)가 개최된 장소로서 고종의 특사로 파견된 이준, 이위종, 이상설이 제국주의 시대에 강대국이 주도하는 세계질서 무대에서 발언의 기회마저 거부당한 비운의 현장이다.

그러나 바로 이 기사의 홀은 유럽에게는 1948년 윈스턴 처칠(Winston Churchill) 명예위원장의 주최로 유럽통합운동 국제위원회(International Committee of the Movements for European Unity)가 제안한 유럽의 경제 정치통합을 지향하는 결의안이 채택된 제1차 유럽의회(First Congress of Europe)의 산실이다. 기사의 홀 안 전면에는 벽난로 위에 유럽연합의 별 아래 현 네덜란드 기본법의 전신인 1848년 네덜란드 왕국 기본법(Grondwet voor het Koningrijk der Nederlanden) 조문이 1조부터 5조까지 쓰여 있다. 절대군주제를 탈피하고 직선제에 의한 하원(Tweede Kamer)을 창설하여 의회민주주의로 네덜란드의 헌정질서를 재편성한 1848년 네덜란드 왕국 기본법이 100년 후 유럽 차원의 협력이라는 결실을 맺는 데 기여했다는 근거에서이다. 고로 유럽공동체(EC) 또는 마스트리히트 조약 이후 전환된 유럽연합(EU)의 창설 회원국인 중소 국가 네덜란드가 그리는 유럽은 각 국가가 주권의 일부를 이양한 유럽의회 민주주의에 상응한다.

그러면 근대 이전에 유럽은 어떤 의미를 지녔고, 왜 그러한 의미를 내포하게 되었을까? 유럽의 의미가 어떻게 통치질서로서 형상화되어 정치 무대에 등장했을까? 근대로 접어들면서 유럽적 가치는 어떻게 구현되었고, 왜 유럽적 근대성의 한계가 유럽적 가치의 형성에 새로운 도전을 제기했을까? 60년간의 양대 세계대전을 겪으면서 비극의 불씨였던 독일 문제를 어떻게 유럽 문제로 접근하여 해결책을 모색했을까? 유럽을 통합하는 기제로서 화폐통합은 어떻게 가능했으며, 글로벌 금융위기를 겪은 현시점에서 완벽한 화폐통합을 제도화하기 위한 개선방안은 무엇일까? 단일 화폐가 어떻게, 그리고 왜 유럽의 정체성을 제고할 수 있을까? 과연 정치시장에서 종교라는 도구를 통해 유럽의 다면성과 유럽의 정체성 간 양자택일을 강요하는 상황이 벌어지고 있을까?

이에 대한 답을 구하려는 시도가 이 책 『유럽의 정체(Mapping Meanings of Europe)』이다. 출신별로 두 명의 서양 학자와 다섯 명의 국내 학자가 역사, 사상, 국제관계, 정치경제, 비교정치에 걸친 전공 분야에서 시대적으로 중세, 근대, 전후, 그리고 21세기까지 유럽이 어떻게 실재로서 형상을 갖추는지에 공통적으로 초점을 맞추고 개별적으로 접근한 결과물이다.

제1장 "중세의 유럽: 기독교 유럽의 문제"에서 요하네스 헬름라트는 현대 유럽이 중세시대로부터 그 핵심적인 정치적·지적·문화적 유산을 물려받았다는 사실에 근거하여 '유럽의 중세적 토대'에 관한 연구

가 매우 중요함을 강조한다. 주지하듯이 중세 이래로 유럽은 근대화와 세속화의 과정을 겪게 되면서 토대의 극심한 변화를 겪게 되었다. 그 결과 유럽은 정체성을 지녔음에도 불구하고 여전히 창조되어야 하는 대상으로 영구히 모색된다. 이러한 맥락에서 제1장은 중세 시기 유럽과 기독교 간의 관계에 대해 평가하고, 이 시기 '유럽'이 어떻게 비쳐졌는지 검토한다.

결국 유럽이 중세 시대 지배적 종교인 기독교에 의해 형성되었다는 기존의 평가가 대체로 옳지만, 이러한 입장은 세밀한 분석을 요구한다는 점을 강조하고자 한다. 왜냐하면 정체성을 가리키는 개념으로서 유럽이라는 용어의 중요성은 15세기 이전까지 상당 부분 미미한 상태로 머물러 있었지만 이후 전쟁에 기반을 두고 자기 이미지를 유형화함에 따라 발전했기 때문이다. 따라서 이 유형화를 크게 투르크 제국의 침략으로 위협받는 정체성, 성공적인 진출과 팽창에 따른 문화적 우월감의 등장, 그리고 국가들의 총체가 지닌 적대적 다양성으로 분류한다. 더불어 유럽이 두 가지 구성적 요소인 기독교와 로마다움이라는 부차적 속성, 즉 파생성에 기반을 두고 있다는 논지를 제시하여 유럽 정체성의 이해에 기여하고자 한다.

제2장 "유럽 여제(Regina Europa): 근대 초 의인화된 유럽의 알레고리와 정치 레토릭"에서 윤비는 의인화된 유럽의 알레고리가 유럽이라는 이름의 자연적·문화적 단일 정체성이 존재한다는 의식의 가장 뚜렷한 표현임을 지적한다. 동시에 의인화된 유럽의 알레고리가 근대 초에 문학에서부터 시각예술에 이르기까지 유럽을 상징화하기 위해 가장 널리 쓰였던 메타포라는 점을 강조한다. 이에 따라 15세기 말부터 18세기 후반까지 의인화된 유럽의 알레고리가 만들어지고 변화되고 전파되는 과정을 이해함으로써 궁극적으로 유럽이라는 단일 정체

성이 어떻게 형성, 발전되었는가에 대한 이해를 심화하고자 한다.

특히 의인화된 유럽의 알레고리가 어떻게 상이한 이해를 가진 정치 주체들에 의해 자신의 명분과 논리를 강화하기 위해 이용되었으며, 그 가운데 어떻게 재해석과 변용을 겪었는가를 살펴보고자 한다. 이를 통해 유럽 내부에서의 국가 간, 집단 간 정치투쟁이 '우리 유럽'이라는 관념의 등장과 확산에 어떠한 영향을 끼쳤는지를 밝히고, 유럽의 정체성이란 바로 이러한 분열과 투쟁 속에서 형성된 역사적 산물임을 확인한다.

제3장 "유럽적 근대성과 유럽적 가치의 형성"에서 홍태영은 유럽적 근대(성)의 내용이 크게 세 가지 축, 즉 시장, 국가, 사회적인 것의 민주주의적 구성을 통해 각기 경제, 정치, 사회라는 근대사회의 세 가지 축을 이루면서 근대적 방식의 공동체를 형성했다고 지적한다. 즉, 유럽의 근대가 19세기 말 전면적으로 부각된 유럽의 모습을 가리키며, 19세기를 통해 형성된 유럽의 모습이자 동시에 유럽이 제국주의적 침략을 행하면서 식민지에 이식하고자 했던 자신들의 가치였다는 사실을 강조하고자 한다. 결국 유럽적 근대성과 그 가치들이 제3세계에 이식되는 기저는 당연히 '서구중심주의(Eurocentrism)'이었으며, 그에 기반을 둔 '문명화과정(civilisation)'이 깔려 있었다. 따라서 19세기에 등장하는 유럽적 근대와 유럽적 가치의 특수성이 존재하며, 더구나 식민지 경험을 통해 받아들였던 제3세계에는 더욱더 큰 의미를 지니게 되었다.

그렇다면 현재 시점에서 유럽적 근대의 모습을 되새겨보는 이유는 유럽적 근대성의 한계 상황과 직결된다. 왜냐하면 현재는 유럽적 근대성의 한계가 보이는 시점이기 때문이다. 비록 근대성에 대한 문제제기는 이미 오래전부터 제기되어 왔으나, 지구화의 논리 속에서 자본주의 또는 민주주의의 국민국가적 틀이 붕괴하면서 근대적 국민국가의 위기가 제기되고 국민국가를 구성하는 다양한 축에 대한 문제가 속출한 결과 민주주의의 새로운 전환에 대한 요구가 증대하고 있다. 이러한 맥락에서 유럽적 근대성과 유럽적 가치에 대한 비판적 이해와 그 의미를 명확히 하고자 한다.

제4장 “프랑스-독일 관계의 변화와 유럽통합: 회고와 전망”에서 김준석은 전례 없는 금융위기로 인해 유럽연합의 ‘잠재적 황혼’까지 거론되는 현 상황에서 우선 프랑스와 독일의 관계와 양국의 공동 리더십이 유럽통합에 결정적인 역할을 해왔다고 전제한다. 이러한 전제를 토대로 양국 간 관계의 변화과정을 추적함으로써 ‘위기’에 처한 유럽연합의 미래를 전망한다. 즉 유럽통합의 과거와 현재, 미래를 프랑스-독일 관계라는 ‘관전 포인트’를 통해 조망하고자 한다. 이러한 시도가 의미를 갖는 것은, 위기 상황일수록 보다 거시적인 안목에서 특정한 제도의 발전과정을 재조명하는 것이 도움을 줄 수 있지만, 그 발전과정 전체를 동시에 개관하는 것은 가능하지 않고 설령 가능하다 하더라도 거기에서 구체적인 ‘교훈’을 이끌어내는 것은 매우 힘들기 때문이다. 따라서 그 과정의 부분적이지만 핵심적인 측면에 집중하는 것이 더 바람직한 결과를 낳을 수 있다는 점을 강조하고자 한다.

구체적으로 프랑스-독일 관계가 유럽통합에서 지니는 중요성을 알아보기 위해 먼저, 통합에 관한 아이디어가 처음 제시되고 유럽석탄철강공동체(ECSC)를 거쳐 유럽경제공동체(EEC)가 출범하기까지의 과정에서 프랑스와 독일의 관계가 통합이라는 매개체를 통해 정립되는 과정을 살펴본다. 이어서 독일 통일과 화폐통합 문제가 맞물리면서 통합의 역사에서 또 하나의 획을 그은 마스트리히트 조약을 체결하는 과정에서 프랑스와 독일이 어떻게 경쟁하고 협력했는지 살펴본다. 결론으로 최근의 ‘정상화(normalization)’ 담론을 염두에 두고 독일의 대(對)

유럽연합 정책을 포함한 대외정책의 변화가 프랑스-독일 관계에 미칠 영향을 평가한다. 이와 함께 양국 간 관계의 변화를 통해 유럽연합의 '위기'를 비판적인 시각에서 조명하고자 한다.

제5장 "유럽 화폐통합과 유로"에서 메들린 호슬리는 유럽 화폐통합의 기원과 그 배경을 설명한 후 시간의 경과에 따라 유로화가 어떻게 발전했는지 추적한다. 더불어 글로벌 경제위기에 처한 시점에서 경제통화연합(EMU)에 대한 최근 수치를 제공한다. 그 수치를 분석함으로써 경제통화연합이 안정적 기관으로 발전했을 뿐 아니라 비록 글로벌 경제위기로 인한 영향을 받았음에도 불구하고 그로 인한 압력을 잘 극복한다는 사실을 입증하고자 한다. 이에 따라 유럽 화폐통합의 기원에 관한 논의에서 EMU의 형성과정을 글로벌 경제와 재정 거버넌스에 대한 도전이라는 측면에서 분석하여 유럽 화폐통합의 발전경로를 검토한다. 그리고 안정성장협약(Stability and Growth Pact)의 내용과 기반에 대해 서술하고, 유럽 화폐통합의 토대를 제공한 안정성장협약(SGP)의 발전과정을 살펴본다. 특히 최근의 글로벌 경제위기로 인해 경제통화연합이 직면한 몇몇 주요 도전 요소에 대해 논의한다. 마지막으로 앞서 논의한 주요 이슈를 요약하며 유럽연합(EU)의 효율적인 대처방안을 제시하며 결론을 맺는다.

제6장 "화폐와 정체성: 유로와 유럽의 사례"에서 조홍식은 빌리그의 일상적 민족주의 이론이나 부르디외의 아비투스 이론을 인용해 정치 또는 경제적 논리에 기초하여 추진된 단일 화폐가 실제로 일상생활을 지배하게 되면서 새로운 정체성 형성에 기여할 수 있다는 가능성을 주장한다. 비록 민족 정체성을 대체하지는 않지만, 유로를 통해 유럽 차원의 정체성이 모습을 드러낸다고 판단할 만한 증거가 나타난다고 강조한다. 왜냐하면 거시 역사적으로도 특정 화폐와 해당 민족 공동

체의 관계는 단순히 도구적인 것이 아니라 매우 정서적이고 감정적이라는 사실을 지적할 수 있기 때문이다. 더불어 정체성은 외부와의 관계 및 경계 지역에서 형성되고 드러나는 특성을 가진다.

최근 유로존에 속한 국가와 비유로존 국가 간 커다란 차이가 위기를 통해 표출되었다. 구체적으로 그리스, 에스파냐 등이 국제시장 세력으로부터 공격을 받게 되었지만, 유로존은 대규모의 지원책을 만들어내는 등 제도적 변화의 가능성을 보여줌으로써 통화통합에 이은 재정정책 협력 또는 통합의 기반을 닦아 간다. 기존의 '일국 일 화폐' 원칙에 의해 한 국가가 민족 공동체의 경제적 수단으로 화폐를 발행하고 통제했다면 유럽은 '일 화폐 일 공동체' 원칙에 의해 경제적 수단을 통한 공동체 형성이라는 비슷한 방향으로 움직이는 가능성을 보여준다.

제7장 "유럽의 종교, 정치, 그리고 정체성"에서 이옥연은 대다수의 유럽 국가가 '하나의 유럽'에 동참하려는 높은 의지를 보이지만, 유럽연합헌법조약의 인준을 둘러싼 갈등에서 드러난 '하나의 유럽'에 가린 이면도 동시에 목격했다는 사실을 지적한다. 특히 역내 극진세력이 주도하는 강압적 '하나의 유럽'이 빈번하게 관찰된다는 사실을 주목한다. 구체적으로 유럽의 주축을 형성하는 자유민주주의 체제 내 기본이념인 자유, 평등, 법치를 완전하게 내재화시킨 일부 유럽 국가에서조차 이러한 기본 이념에 정면으로 도전하는 유럽의 정체성을 둘러싼 극단적 요구가 왜, 그리고 어떻게 주요 정치쟁점으로 부각되는지 추적하고자 한다. 나아가 이 정치쟁점을 핵심 정강으로 채택하는 정치세력이 그 지지 기반을 확대하는 정당정치의 균열구조를 검토하고자 한다.

이에 따라 첫째, 유럽의 지역통합을 안보와 경제적 관점에서 도형화하여 대조한 후 리스본 조약의 함의와 연계해 유럽의 다면성을 논의하고, 둘째, '탈세속화된' 유럽 사회의 다면성을 종교적 정체성과 정치적 정체성 간 연결고리 속에서 검토한 다음, 마지막으로 종교적 정체성, 정치적 정체성, 그리고 유럽의 정체성을 조립하는 정당집단 정치의 균열구조를 현시점에서 살피면서 결론을 대신하여 후속 연구를 제안한다.

1848년 네덜란드 왕국 기본법을 작성한 요한 루돌프 토르베카(Johan Rudolph Thorbecke)는 명분상의 입헌군주제를 통치 레짐으로 명시한 1815년 네덜란드 왕국 기본법을 대폭 수정하여 군주 대신 수상을 중심으로 내각이 주축이 되어 정책 입안과 집행에 대한 책임을 지는 통치질서를 제시했다. 즉 집권의 근거로서 입법부 내 다수를 확보한 정당 또는 연립이 내각의 지지 기반이 되어 통치의 합법성을 확보했다. 그리고 그 지지 기반을 종교적 성향과 사회 균열구조가 병렬된 정당정치 균열구조로부터 구축했다. 그 결과 비록 세속화의 과정을 거쳤음에도 불구하고 네덜란드의, 정체성에 대한 청사진을 제시하는 정치시장에서, 종교적 성향은 지속적으로 국정운영의 방향을 제시하는 밑그림을 제공하는 데 활용된다. 왜냐하면 공동체로서 네덜란드가 지향하는 목표나 또는 그를 구현하는 방법에 대한 이견 차이를 정당화하기 위해 필요한 도구로서 종교적 성향은 정치지도자와 유권자를 연결시키는 정치시장의 입장권이기 때문이다.

더불어 정치시장의 입장권은 바로 경제적 이권에 합법적 영향력을 부여하는 구속력을 지니므로, 그 시장의 유통질서인 통치 레짐을 절대군주제에서 의회 민주주의로 전환시킨 1848년 무혈의거(bloodless riot)의 정신이 곧 네덜란드를 규정하는 정체성이다. 또한 이렇게 공동체의 정체성이 정치시장에서 논의되는 현장이 비단 네덜란드에 제한되어 있지 않고 다른 유럽연합 회원국에서도 공통적으로, 그리고 동시에 독특한 형태로 발견된다. 결국 공동체에 실질적 의미를 부여하려는 정치 여정은 각 회원국과 유럽 간 유대관계를 설정하는 시도에 그치지 않고, 그 시도에 병행하여 헬름라트, 윤비, 홍태영, 김준석, 호슬리, 조홍식, 이옥연이 지적하듯이 역사, 이념, 문화, 경제, 법, 정치, 사회 전반에 걸쳐 『유럽의 정체』에 대한 질문으로 이어진다.

헤이그 기사의 홀에서 개최된 제1차 유럽의회(Congress of Europe)는 이후 프랑스 주도로 서유럽연합(Western European Union)을 탄생시키고 이듬해 유럽 최대의 국제기구인 유럽평의회(Council of Europe)를 출범시키는 데 기여했다. 그러나 처칠이 주창한 유럽합중국(United States of Europe)으로 완벽하게 정착하지는 못했다. 구체적으로 주권국가 간 협의에 근거한 유럽통합을 선호하는 주장과 주권국가를 초월하는 입법적 통합을 선호하는 주장 간 이견으로 인해 창설 10개국(프랑스, 이탈리아, 영국, 아일랜드, 덴마크, 노르웨이, 스웨덴, 벨기에, 네덜란드, 룩셈부르크)을 포함해 총 14개국(이후 그리스, 터키, 아이슬란드, 서독)이 1950년까지 회원국으로 가입했음에도 불구하고 전자에 입각한 각료위원회(Committee of Ministers)와 후자에 입각한 의회회의(Parliamentary Assembly)가 병존하는 체제로 정착했다.

결과적으로 유럽을 형상하려는 목표를 공유했지만, 유럽을 구현하는 통합 방법뿐 아니라 궁극적 지향점인 유럽의 정체성에 관한 유럽평의회와 유럽공동체(EC), 유럽연합(EU) 간 간극은 결국 유럽통합에 초기부터 참여한 터키를 60여 년이 지난 현재까지도 EU의 경계 밖에서 대기하도록 만드는 볼상사를 초래했다. 게다가 최악의 금융위기를 맞으면서 처방을 둘러싼 유럽의 존재 이유에 관한 EU의 내분을 목격했다. 『유럽의 정체』는 이러한 맥락에서 유럽에 대한 진단과 처방을 제시하려는 작업이다.

요한 루돌프 토르베카(Johan Rudolph Thorbecke)는 1848년 네덜란드 왕국 기본법 조문을 레이든(Leiden, 네덜란드어 옛 표기로는 Leyden) 자택에서 작성했다. 분명히 1848년 네덜란드 왕국 기본법은 군주로부터 의회로 국정운영의 책임 소재지를 이양하는 혁신적 쾌거를 올렸다. 그러나 동시에 종교, 정확하게는 개방적 성향의 칼빈파가 주창하는 신앙(faith)과 정치(politics)의 유기적 관계가 공동체를 구현하는 의회민주주의의 원칙으로 안착했다는 사실도 주목해야 한다. 또한 정당정치를 불신한 토르베카의 의회민주주의가 반드시 주권재민(popular sovereignty)을 의미하지 않을 수 있는 여지를 남겼다는 점에도 유의해야 한다. 따라서 리스본 조약 체제의 출범을 계기로 국가 틀을 전제하지 않는 통치질서로서 입헌주의(constitutionalism without a state)가 유럽연합(EU)의 현실로 다가온 시점에서 '유럽의 정체(Mapping Meanings of Europe)'라는 질문은 영구하다는 숙명을 지녔다고 판단한다.

특히 유럽연합에서 유럽의회(European Parliament) 또는 경우에 따라 유럽연합이사회(Council of EU)가 의회우선주의(parliamentary sovereignty)와 주권재민 원칙 중 어느 방향으로 선회하느냐에 따라 소위 민주주의의 결핍(democratic deficit)이 해소될지, 나아가 유럽의 항로가 결정된다. 결국 국민국가에게 국민(People)이 누구인지 또는 무엇인지에 대한 질문은 공동체의 정체성에 귀결되었고, 바로 이 논의가 유럽 차원에서 다수의 폭정으로부터 국민을 보호해야 하는 민주주의의 기본 의무 문제로 이어지기 때문이다.

『유럽의 정체』 작업에 참여하며 여러 차례에 걸친 회의에 끝까지 함께해 주신 모든 집필자 분들께 깊이 감사를 드린다. 이 책의 편집과정에서 여러 형태로 도움을 준 서울대학교 외교학과 대학원의 김지은, 문나영, 정수연 학생에게 고마움을 표시하며 학업의 건승을 기원한다.

또한 이 책의 부록을 세심하게 검토하고 수정 항목을 지적해 주신 한정훈 교수님과 유럽의회 선거 데이터베이스를 관대하게 공유해 준 레이든 대학교 정치학 박사과정의 세르규 게르기나(Sergiu Gherghina)에게 깊은 감사의 뜻을 전한다. 이 책이 완성되기까지 조언을 아끼지 않은 서울대학교출판문화원 형난옥 운영본부장님께 사의를 표한다. 마지막으로 이 책은 서울대학교 연계전공 유럽지역학 지원금에 의해 출발이 가능했음을 밝힌다.

또한 437년 전 스페인의 침공을 물리치는 데 엄청난 희생을 치른 레이든 시민이 간청하여 설립된 레이든 대학교에서 연구년을 보내며 마무리하게 되었음에 감사한다. 레이든은 더불어 종교적 핍박을 피하려는 순례자인 Pilgrim 집단을 받아들여 그들이 미국으로 이주하기까지 정착하도록 허용한 곳이기도 하다. 1983년에 수정된 네덜란드 기본법 1조는 "네덜란드에 거주하는 모든 사람은 평등한 조건에서 평등하게 대우받는다. 종교, 신념, 정견, 인종, 성별 또는 어떠한 준거에 의한 차별은 용인되지 않는다."라고 천명한다. 리스본 조약의 전문에는 유럽연합 회원국의 국가원수가 자국 대표로서 "자국 시민에게 공통되는 시민권(a citizenship common to nationals of their countries)을 설립하기"로 결의한다. 이에 현재진행형인 유럽을 조명하는 『유럽의 성제』 후속 연구를 기대한다.

2011년 3월
저자들의 생각을 모아
네덜란드 레이든에서
이옥연

차 례

제1장

중세의 유럽

기독교 유럽의 문제

요하네스 헬름라트
독일 훔볼트 대학교 역사학과 교수

I. 유럽의 정체성을 찾아서

"유럽이 아직 기독교의 땅이었던 시절, 인간이 사는 이 대륙을 하나의 기독교 세계가 아우르든 그때 그 시절은 아름답고도 영광스러웠네…." 이 유명한 구절은 시인 노발리스(Novalis: George Friedrich Phlipp von Hardenberg; 1772~1801)가 1798년 쓴 에세이 『기독교 세계 혹은 유럽(Die Christenheit *oder* Europa)』의 첫 시작 부분이다. 이 제목이 시사를 하는 바는 유럽을 이루는 것이 기독교 사제라는 것이다. 다시 말해 유럽과 기독교는 개념상으로 중첩되어 있다는 것이 그 주장이다.[1] 노발리스가 '영광스런 시절'로 이상화하고 있는 시기, 종교개혁 이전의 통일된 교회 속에서 깊은 신앙과 조화롭고 질서 있는 사회 속에 유럽이 통합되어 있던 시기는 바로 중세이다. 계몽주의가 어둡고 퇴행적

1 P. M. Lützeler ed., *Europa. Analysen und Visionen der Romantiker* (Insel, 1982), 55-80에서 발췌했음.

인 시기로 치부해 버렸던 중세의 재발견이 이루어진 것은 요한 고트프리트 헤르더(Johann Gottfried Herder)와 그의 민족정신(Volksgeist: the national character) 개념을 따라 등장한 낭만주의 시대였다. 바로 이 시기에 기사(knights)의 성, 신고딕 건축양식의 부흥과 토착어로 쓰인 중세유럽의 민족시의 재발견, 그리고 아라비아, 페르시아, 인도, 중국의 언어와 시에 대한 심취가 시작되었다. 이윽고 이러한 관심은 이란학, 인도학, 중국학과 더불어 독일학, 로마학, 슬라브학과 같은 독립된 학문 분야로서의 민족문헌학(national philology)을 탄생시켰다. 그리고 이러한 분화의 과정은 미구에 학문의 역사에 있어 핵심적인 요인으로 작용할 것이었다.

노발리스의 사례를 특정해서 본다면 중세에 대한 과도한 찬양은 분명 계몽주의와 근대 이성주의, 그리고 프랑스혁명의 기본 이념에 대한 강렬한 반근대적 적대감에 의해 추동된 것이다. 여기에서, 그리고 이 이후의 시기에서도 중세는 현재의 이상을 투사하는 캔버스가 되었고 그러한 이상은 흔히 본성상 반동적이었다. 이미 여기서 '유럽'이라는 개념이 지리적인 개념을 넘어 유럽적이라는 것은 어떠한 것이어야 하는가에 대한 감정 섞인 자기해석을 드러내는, 그리고 그 의미에 있어 대단히 폭넓은 일종의 '구호적 개념'[2]임을 보게 된다.

유럽의 역사 연구자는 근대 유럽이 중세 시대에 가해진 중요한 정치적·지적·문화적 자극의 흔적을 아직 갖고 있다는 데 의견을 같이 한다. 이러한 맥락에서 '유럽의 토대의 중세적 모습'을 드러내고자 하는 것은 적절한 연구 시도라 할 수 있다.[3] 그러나 이러한 '토대'가 중세

2 이 개념은 P. R. Blum, "Europa – ein Appellationsbegriff," *Archiv für Begriffsgeschichte* 43 (2001), 149-171에서 자극적인 효과와 함께 사용되고 있다. 또한 H. Münkler, "Europa als politische Idee," *Leviathan. Zeitschrift für Sozialwissenschaft* 19 (1991), 521-541을 참조할 것.

이래로 모든 층위에 있어 격심한 변화를 겪어 왔다는 것 또한 분명하고 이견이 있을 수 없는 부분이다. 이러한 변화는 보통 '근대화'로 해석되어 왔고, 그것에 있어 가장 중요한 점은, 의심의 여지없이 다양한 세속화 과정이 진행되어 왔다는 사실이다. 세속화는 한 편으로 사회로부터 종교가 물러나는 것을 의미하지만, 다른 한 편으로는 원래 종교적이었던 동기와 주제가 세속화되는 것을 의미하기도 한다. 민주주의, 복지국가, 인권과 같은 유럽적 가치의 기원은 직접적으로든 간접적으로든 기독교 세계 혹은 기독교의 원리에서 찾을 수 있는가? 아니면 그것들은 근대 시기에 발생한 전적으로 혹은 부분적으로 새로운 사고에서 생긴 것인가? 교회에 맞서 수호되어야 했던 것은 아닌가? 이 질문들은 언제나 풀리지 않을 중요한 질문들이다.

유럽 내에서 유럽에 대한 논쟁이 벌어질 때, 그 배경에는 — 특히

---

3 일례로 M. Mitterauer, *Warum Europa? Mittelalterliche Grundlagen eines Sonderwegs* (^{2}2003)가 있음. 유럽에 대한 문헌에 대한 작은 선집으로는 O. Halecki, *Europa. Grenzen und Gliederung seiner Geschichte* (1957); G. Barraclough, *Die Einheit Europa als Gedanke und Tat* (Göttingen, 1964); A. Buck ed., *Der Europa-Gedanke* (Niemeyer, 1992)을 볼 것. N. Davies, *Europe. A History* (Harper Perennial, 1998)는 유럽을 100개 '캡슐(capsules)'의 모자이크로 설명하고 있다. 또한 F. Seibt, *Die Begründung Europas. Ein Zwischenbericht über die letzten tausend Jahre* (S. Fischer, 2002); W. Köpke and B. Schmelz eds., *Das gemeinsame Haus Europa. Handbuch zur europäischen Kulturgeschichte* (Deutscher Taschenbuch Verlag, 1999)에서도 A. Angenendt, "Die religiösen Wurzeln Europas," 481-488을 참조할 것. 또 W. Schmale, Geschichte Europas (Böhlau Verlag Wien, 2000); M.-L. von Plessen ed., *Idee Europa. Entwürfe zum „Ewigen Frieden* (Deutsches Historisches Museum, 2003)을 볼 것. A. Pagden ed., *The Idea of Europe. From Antiquity to the European Union* (Cambridge: Cambridge University Press, 2002)의 "Europe: Conceptualizing a Continent," 33-54를 참조할 것. 또한 주목할 만한 기독교적 관점으로는 오늘날 교황 베네딕토 16세인 J. Ratzinger의 *Werte in Zeiten des Umbruchs* (Was ist Europa?) 2005, 67-98 참조; J. Leonhard, "Europäisches Deutungswissen in komparativer Absicht. Zugänge, Methoden und Potenziale," *Zeitschrift für Staats- und Europawissenschaften* 4 (2006), 341-363; P. Blickle, *Das Alte Europa. Vom Hochmittelalter zur Moderne* (C. H. Beck, 2008). 마지막으로 J. Fried, *Das Mittelalter. Geschichte und Kultur* (C. H. Beck, 2008)는 고전주의적 고내로부터 이성적 중세가 영향을 받았다고 주장한다.

최근에는— 유럽 대륙의 (집단적) 정체성에 대한 질문이 있었다. 필자는 이 글을 통해서 최근 유럽의 정체성에 대한 논쟁을 촉발시켰으며, 유럽 연구가 그 자체로 독자적 전문 분야가 될 수 있을 정도로 유럽학과 특히 중세사 연구에 큰 자극을 주었던, 네 가지의 전반적 상황에 대해 초점을 두려 한다.[4]

1. '암흑의' 20세기 재앙들

제1차 세계대전의 끝 무렵 최초로 모습을 드러내었던 하나의 사회 발전 양상은 제2차 세계대전이 종식되자 더욱 분명해졌다. 그것은 수백 년 동안 팽창의 중심으로서 세계를 지배했지만 이제는 패배한— 혹은 구원받은— 유럽은 이제 변방으로 전락하여 미국과 소련이라는 두 개의 새로운 초강대국의 사이에 끼어 있게 되었다는 사실이다. 전쟁의 광기와 전대미문의 잔혹성에 무력해진 채 갑자기 노쇠해진 유럽은 시인 노발리스가 그러했듯 '기독교적 서양'— 우리가 어렵지 않게 짐작

4 H. Duchhardt and A. Kunz ed., *Europäische Geschichte als historiographisches Problem* (Mainz: Verlag Philipp von Zabern, 1997)의 B. Schneidmüller, "Die mittelalterlichen Konstruktionen Europas," 5-23, 그리고 W. Schulze, "Europa in der frühen Neuzeit－begriffsgeschichtliche Befunde," 35-65를 참조. H. Duchhardt, "Europa-Diskurs und Europa-Forschung. Ein Rückblick auf ein Jahrhundert," *Jahrbuch für Europäische Geschichte* 1 (2000) 1-14; R. Petri and H. Siegrist ed., "Probleme und Perspektiven der Europa-Historiographie," *Comparativ* 14 (2004). 중세시대와 중세 연구와 관련해서는, 최근 저작으로 K. Oschema, "Der Europa-Begriff im Hoch- und Spätmittelalter," *Jahrbuch für Europäische Geschichte* 2 (2001), 191-234; Id., "Europa in der mediävistischen Forschun－eine Skizze," in R. C. Schwinges and Ch. Hesse, P. Moraw ed., *Europa im späten Mittelalter* (Oldenbourg Wissenschaftsverlag, 2006), 11-32; Id., "Eine Identität in der Krise. Konstruktionen des mittelalterlichen Europa," in Chr. Dartmann and V. Meyer ed., *Identität und Krise? Zur Deutung vormoderner Selbst-, Welt- und Fremderfahrungen* (Rhema, 2007), 23-43을 참조할 것.

할 수 있는 이유로 인해 권력 문제를 건드리지 않는 '카롤링거적' 혹은 나폴레옹적 핵심 유럽 (프랑스와 이탈리아, 독일, 그리고 베네룩스 3국으로 구성된) — 의 복고적 비전에서 안식처를 찾았다. 그 절정 중 하나가 1965년 아헨 시청에서 열린 샤를마뉴에 관한 만국박람회이다. 철학자 슬로터다이크(P. Sloterdijk)의 냉소적 표현을 빌리자면, 1945년 이후 유럽이 필요했던 것은 '수도이기보다는 재건의 중심'이었다. 주목할 만한 사실은 오늘날에조차 유럽연합의 여러 기관이 자리 잡고 있는 도시 역시 파리, 베를린, 로마가 아닌 스트라스부르, 브뤼셀, 룩셈부르크라는 점이다.[5] 오늘날 통합 유럽은 세계화된 무대에서 활동하는 가운데 당시보다 더욱 큰 도전에 직면해 있다. 그러나 통합된 유럽이 최근에는 외부보다는 내부에 관심을 두고 만들어진 것임을 주지할 필요가 있다.[6]

2. 1989년의 혁명

유럽 대륙 동쪽 절반에서 나타난 공산주의 체제 붕괴는 국경의 개방뿐만 아니라 에스토니아에서 슬로베니아에 이르는 동유럽 국가들이 (비록 정신적으로 그 국가들이 유럽을 떠난 적이 없다고는 해도) 정치적으로 유럽에 '복귀'하게 하는 결과를 가져왔다. 거의 모든 이전의 동구권 국가가 오늘날 유럽연합의 회원국이다. '중부 유럽' 역시 이미

5 P. Sloterdijk, *Falls Europa erwacht: Gedanken zum Programm einer Weltmacht am Ende des Zeitalters ihrer politischen Absence* (Suhrkamp, 1994), 43. 하지만 서양의 전후 이데올로그들이 보이는 권력에 대한 무관심은 비판적으로 의심해 볼 필요가 있다. 각주 46번을 참고할 것.

6 이는 U. Frevert, "Eurovisionen. Ansichten guter Europäer im 19. und 20," *Jahrhundert* (2003)에서 강조되고 있다.

1989년[7] 이전부터 스스로를 재발견하는 과정 속에 있었고, 오래되고 장기간 휴면 상태에 있던 민족적인 역동성을 새로이 자극하고 있다. 두 가지 매우 다른 사례가 이러한 과정을 잘 보여준다. 첫 번째로, 1918년 하나의 국가로 탄생된 체코슬로바키아는 역사적 경계를 따라 체코 공화국(과거의 보헤미아 및 모라비아 왕국)과 슬로바키아(수세기 동안 헝가리의 지배하에 있었다)로 분리되었다. 두 번째로, 과거 한때 합스부르크 제국의 항구로 전성기를 누렸지만 1945년 철의 장막 속으로 들어가 버렸던 이탈리아 북동부의 도시 트리에스테(Trieste)는 다시 한 번 이탈리아, 슬라브, 독일계 유럽인의 문화와 비즈니스의 허브로 태어나고 있다.

3. 콜럼버스의 항해 500주년을 맞은 1992년 최고조에 달했던 식민주의 논쟁

이 논쟁에서 막스 베버(Max Weber)조차 인도와 중국에 대한 평가에서 당연한 것으로 여겼던 유럽 문화의 특별한 우월성이라는 것이 사실은 유럽중심적인 신화에 불과하며, 카탈로냐 역사가 호셉 폰타나(Josep Fontana)에 따르면 일련의 '요지경(distorting mirrors)'(그중 하나는 기독교이다)에서 비롯된다는 것이 드러났다.[8] '타자'는 이 거울에 의해 악

7 이 주제와 관련한 또 다른 주요 저작으로는, K. Schlögel, *Marjampole oder Europas Wiederkehr aus dem Geist der Städte* (Hanser, 2005)를 참조할 것. 야심 찬 문화적 유럽인으로서의 또 다른 예로는 네덜란드 작가 Cees Nooteboom, *Wie wird man Europäer?* (Suhrkamp, 1993)를 참조할 것.

8 폰타나(Fontana)는 그의 책 전체를 이러한 '거울들(mirrors)'에 대한 고찰로 구성하고 있다. *Europa im Spiegel. Eine kritische Revision der europäischen Geschichte* (C. H. Beck, 1995). 이 책은 '야만인(the barbarian)'(9-39)과 '기독교(Christianity)'(31-48)에 대한 성찰로부터 시작

마화되고 폄하되거나 또 다른 거울에 의해 이상화, 낭만화되었다. 오늘날 유럽인은 '유럽중심주의'가 더러운 용어가 된 데 반해 '유럽의 지방화(provincialising)'가 새로운 슬로건이 되었다는 이야기를 듣고 있다.[9] '타자'가 이슬람을 지칭하는 경우 에드워드 사이드(1978)는 그것을 '오리엔탈리즘'이라고 이름 붙였다. 그러나 예를 들어 동유럽과 특정 이슬람 국가에서 관찰되듯 이에 상응하는 정체성을 향한 추구 노력도 존재한다. 이러한 노력은 '서구(the West)'라는 것을 오리엔탈리즘과 유사한 방식으로 본질적으로 규정하며, 따라서 '옥시덴탈리즘'[10]이라 할 수 있다. 이는 두 번째 맥락과 관련되어 있다.

4. 독일과 유럽 내에서 벌어지는 이슬람에 대한 작금의 논쟁

이 논쟁은 세 가지 층위에서 이루어지고 있다. 우선 첫 번째로 일찍이 1963년에 시작된 터키의 유럽연합 가입 문제가 있다. 순수하게 유럽적이라고 일컬어지는 가치들이 정치적 문화에서 문제가 있는 7,000만 인구의 무슬림 국가의 가입 이후에도 지속될 수 있을 것인가? 이 논쟁에 참여한 이들 중에는 역사가 한스 울리히 벨러(Hans Ulrich Wehler)와 같이 기독교적 서양의 옹호자일 것이라고 여겨지지 않았던

하고 있다.

9 D. Chakrabarty, *Provincializing Europe. Postcolonial Thought and Historical Difference* (Princeton University Press, 2000); B. Tibi, *Europa ohne Identität. Die Krise der multikulturellen Gesellschaft* (Siedler, 2000)의 일부 또한 참조.

10 J. G. Carrier ed., *Occidentalism. Images of the West* (Clarendon Press, 1995). D. Müller ed., *Ambivalenzen der Occidentalisierung – Zugänge und Zugriffe* (1998). 인류학 개념에 관해서는 J. G. Carrier, "Occidentalism: the world turned upside-down," *American Ethologist* 19 (1992), 195-212 참조.

이들도 있다.[11] 두 번째 논쟁의 영역은 당연히 종교적 동기를 가진 이슬람 테러조직 알카에다이다. 이들 이슈는 모두 세 번째 주제, 즉 독일, 스위스, 그리고 다른 국가에서 모스크를 만들고 자신의 신앙을 적극적으로 실천하며 사는 유럽 내 무슬림의 문화적 통합 문제와 오버랩된다. 여기서 유럽인들은 상호 관용에 익숙해져 더 이상 싸움의 대상으로 보지 않게 된 종교라는 영역에서 도전을 받고 있다. 갑자기 언제부턴가 종교는 더 이상 사적인 문제가 아닌 것이 되어 버렸다. 그러나 유럽인 스스로는 무엇을 믿고 있는가? '관용'이란 물론 높은 수준의 성취물이긴 하지만 믿음이 행해지는 틀을 규정할 뿐 그 내용을 담고 있는 것은 아니다. 그리고 유럽인이 종교적인 한에서 본다면 그들은 리처드 도킨스(Richard Dawkins)나 크리스토퍼 히친스(Christopher Hitchens) 같은 전투적인 무신론자, 그리고 종교에 무관심한 많은 사람들과의 관계에 있어서 독실한 무슬림과 상당한 공통분모를 가지고 있음을 비록 불쾌해도 인정하지 않을 수 없었다.

유럽은 '정체성'을 가지고 있지만 그것을 마치 아직도 창조되어야 할 것처럼 끊임없이 좇고 있다. 스위스의 유럽 활동가 드니스 드 루즈몽(Denis de Rougemont, d.1985)에 따르면, "유럽의 문화적 통일성은 창조될 필요가 없다. 그것은 처음부터 존재해 왔고 수세기 동안 보존되어 왔다." 동시에 루즈몽은 유럽의 정체성을 의심하는 것이 전형적으로 유럽적인 성격이라고 생각했다.[12] 그러나 다른 누구나 마찬가지

11 C. Timmerman, D. Rochtus, S. Mels ed., *European and Turkish Voices in Favour and Against Turkish Accession to the European Union* (Peter Lang, 2008)을 볼 것.

12 "L'unité culturelle de l'Europe n'a plus à etre faite: elle existait aux origines et elle n'a cessé pendant les siecles de se reformer," *Oeuvres completes III* 1 (1994), 92; M. Kirsch, "Europazweifel als Kennzeichen des Europäers: Denis de Rougements intellektuelle Konstruktion Europas," in Hohls et al. ed., *Europa und die Europäer. Quellen und Essays zur*

로 유럽인 개개인은 서로 겹쳐지는 다른 정체성을 가지고 있다(한 명의 유럽인은 남자이며, 독일인이며, 베를린 사람이며, 학생이며, 기독교인일 수 있는 것이다). 그렇기에 잘 생각해 보면 유럽적 정체성이란 무수한 정체성 중 하나일 뿐인 것이다. 그렇다면 언제 유럽인은 브뤼셀의 기구와 권위 말고 그들이 공통의 것을 공유한다고 인식하는가? 그들은 예술과 문화에 있어서 공통의 영웅들을 두고 있다는 데 동의한다. 여론조사는 그들이 단테와 셰익스피어, 레오나르도 다빈치와 칸트, 바흐와 베르디, 그리고 톨스토이와 차이콥스키에게서 자부심을 느낀다는 걸 보여준다.[13] 이보다 더 어려운 문제는 세비야에서 헬싱키에 이르기까지 개개인의 유럽인이 공통의 가치와 전통에 대해 질문을 받았을 때 자신의 '유럽성(Europeanness)'을 어떻게 정의할 것인가의 문제이다.[14] 아마도 이에 대한 대답은 각 국가의 서로 다른 역사에 따라 국가별로 달라질 것이다. 노발리스 정도로 단호하지는 않아도 그 대답에서 분명히 기독교도 언급되리라는 것은 분명하다. 그러나 최근 새로운 유럽 헌법 서문에서 기독교가 언급되어야 한다는 주장이 제기되었을 때 유럽연합의 27개 회원국 중 과반수의 찬성을 얻기는 명백히 불가능했다. 그는 서문에서 다음과 같이 밝히고 있다: "침해될 수도 양도될 수도 없는 인간의 권리와 자유, 민주주의, 평등과 법치라는 보편적 가치를 발전시켜 온 유럽의 문화적·종교적·인문적 유산으로

modernen europäischen Geschichte. Festschrift für Hartmut Kaelble zum 65. Geburtstag (Franz Steiner Verlag, 2005), 218-223.

13 E. François, "Auf der Suche nach dem europäischen Gedächtnis. Beliebtheitsskala der historischen Persönlichkeiten in Europa. Eine Meinungsumfrage," in Hohls et al. ed., *Europa und die Europäer. Quellen und Essays zur modernen europäischen Geschichte. Festschrift für Hartmut Kaelble zum 65. Geburtstag* (note 12), 250-258.

14 '유럽적인 것(Europeanness)'의 개념에 관해서는, W. Schmale, "Die Europäizität Ostmitteleuropas," *Jahrbuch für Europäische Geschichte* 4 (2003): 189-214, 특히 191-198을 볼 것.

부터 영감을 끌어내어 ….” 중요한 문제는 여기서 언급된 가치가 기독교에 그 기원을 둔 것인지, 두었다면 얼마나 그런 것인지 혹은 세속화된 형태의 기독교로부터 도출된 것인지의 문제이다. 1942년, 제2차 세계대전이 한창이던 파시스트 시기 이탈리아에서 이탈리아 지식인 베네데토 크로체(Benedetto Croce)는 잡지 『라 크리티카(La Critica)』에 당시로서는 상당히 자극적인 제목의 에세이 “왜 우리는 스스로를 기독교인이라 부르지 않을 수 없는가(perchè non possiamo non dirci cristiani)”를 실었다. 크로체가 보기에 그럴 수밖에 없는 이유는 역사적으로 후기 고대사회로부터 중세를 거치며 유럽을 만들어 온 기독교의 위대한 인문주의적 지적 기본 틀에 있었다.[15]

여기서 중세 시기 유럽과 기독교 간의 관계에 대해 평가하고, 이 시기 ‘유럽’이란 어떤 의미를 가지고 있었는지 살펴보아야 한다. 그렇게 함으로써 ‘이런 것과 저런 것은 유럽에서만 찾을 수 있어’라는 식의 성급한 유아론(solipsism)을 피하는 동시에 유럽의 독특성에 대한 어떤 주장도 차별로 간주해 버리는 강박적 반(反)유럽중심주의를 지양할 수 있다.

II. 중세의 유럽과 기독교

유럽이 중세 시기 지배적 종교인 기독교에 의해 형성된 하나의 지역

15 B. Croce, *Perché non possiamo non dirci "cristiani"* (G. Laterza & figli, 1944), Prefazione di B. Spinelli. Premessa di P. F. Quaglieni (1998). 그는 혁명을 다음과 같이 기술하고 있다. “기독교는 인류가 일찍이 본 적 없는 가장 거대한 혁명이다(Il Cristianesimo è stato la più grande rivoluzione che l'umanità abbia mai compiuto)” (13).

— 정확히 말해 유일한 지역 — 이었다는 노발리스의 평가는 넓게 보면 옳다고 할 수 있다. 그러나 여기에는 보다 세심한 분석이 필요하며, 그것은 역사가의 구체적인 과업이라 할 수 있다. 필자는 여기서 고려해야 할 다섯 가지 요인을 지적하고자 한다.

1. 유럽에 대한 단일한 정의란 존재하지 않는다. 이러한 깨달음은 "유럽을 명확하게 알고 있는 사람은 아무도 없다"는 헤로도토스(IV 45)의 상당히 역설적인 언급만큼이나 오래된 것이다.[16] 어떤 지리적·문화적 차원에서 유럽이란 개념이 형성되었는지 추론할 뚜렷한 근거가 별로 없으며, 황소 등 위에 올라탄 신화 속 에우로페 공주(princess Europa)의 이야기 역시 이 문제를 해결하는 데 도움이 되지 않는다. 그러나 분명한 것은, 그리스인의 용례를 살펴볼 때 — 다시 한 번 헤로도토스를 살펴보자면 — '유럽'이란 단순히 아시아와 아프리카 이외의 제3의 지역을 가리키기 위한 지리적 개념 그 이상의 것이었다는 점이다. 애초부터 그것은 배제를 문화적으로 함축하고 있는 용어였다. 마치 헬라인(Hellenes)이라는 용어가 야만인(이로써 그리스인은 페르시아인도 스키티아인도 포괄하는 모든 비그리스인을 지칭했다)과 대조되는 개념이듯이 유럽은 아시아와 대조되는 개념이었다. 유럽의 범주가 문화적, 지리적으로 어디까지인가에 대한 논쟁은 오늘날까지 계속되고 있다.[17] 가장 중립적인 입장은 좁은 의미의 유럽, 그리고 비잔틴(동로마제국)과 심지어 18세기 이전 러시아까지를 포함하는 넓은 의미의 유럽을 구분하는 것이다. 여기서 문제는 정확히 어디까지가 유럽의 동쪽 경계인지 그에 대한 합의가 존재한 적이 없다는 것이다. 유

16 "He de Europe pros oudamón phaneré ésti gignoskoméne."

17 본 글에서는 각주 3의 Halecki, *Europa*, 55-120, 그리고 E. Holenstein, "Wo verlaufen Europas Grenzen?", in Id., *Kulturphilosophische Perspektiven* (1998), 167-192만 언급하겠다.

럽의 동쪽 경계는 폴란드 국경까지인가, 우랄 산맥까지인가 혹은 고대와 중세의 작가들이 주장했던 것처럼 타나이스(Tanais), 즉 돈(Don)강까지인가?

보다 엄격한 의미에서 유럽은 '교황령' 기독교의 서유럽 및 라틴계 유럽만을 지칭하며, 똑같이 기독교계이고 '서양'에 속하긴 해도 북아메리카와 오스트레일리아와 같은 이민 국가를 포함하지는 않는다. '유럽'이라는 개념과 이보다 더 슬로건의 성격이 두드러지는 '서양' 개념이 가지는 차이는 여기서 논의할 만한 사안은 아니다.[18] 그러나 보다 넓은 의미에서의 유럽과 엄격하게 정의된 유럽 둘 다를 유럽의 의미로 받아들일 만한 이유는 충분하다. 중요한 것은 유럽이 순전히 지리적 차원의 정의가 아니라 문화적 차원의 판단까지도 담고 있다는 것을 주지한 상태에서 유럽에 대해 이야기하는 것이다.

아래의 논의는 엄격히 정의된 유럽을 다루겠지만, 비잔틴과 러시아를 공식적으로 제외시키는 것은 꺼림칙할 수밖에 없다. 그것은 비단 톨스토이나 도스토옙스키 때문만은 아니다. '서양(the West)'이 (스탈린의) 러시아와 힘을 합쳐 히틀러의 독일에 대항하고 있던 1944년 무렵, 앞서 인용했던 노발리스의 이야기를 염두에 두고 있던 에른스트 칸토로비치(Ernst H. Kantorowicz)는 이를 누구보다 잘 알고 있었다.[19] 그러나 칸토로비치는 유럽의 통일성이라는 신화가 당시 상황에서 어떠한 역설을 내포하고 있는지에 대해 또한 알고 있었다.

18 기념비적 저작인 H. A. Winkler, *Der lange Weg nach Westen. Deutsche Geschichte*, 2 vols (C. H. Beck, 2000), 그리고 3부작으로 예정된 저작 중 제1권인 Id., *Die Geschichte des Westens. Von den Anfängen in der Antike bis zum 20. Jahrhundert* (Munich, 2009)를 참조할 것.

19 이와 관련하여 간결한 저작으로는 M. Borgolte, "Europa ein christliches Land. Religion als Weltstifterin im Mittelalter," *Zeitschrift für Geschichtswissenschaft* 12 (2000), 1061-1077, 여기서 1061f 을 참조할 것.

2. 기독교와 유럽(좁은 의미와 넓은 의미 모두에서)은 지리적으로나 문화적으로 결코 동일하지 않았다. 이것은 아마 논쟁의 여지가 없는 문제일 것이다. 고대 후기 시절부터 소아시아 및 근동 지역에는 동방정교회가 존재했고 북아프리카, 에티오피아, 인도, 1492년 이후의 아메리카, 그리고 곳곳에 기독교인이 존재했고 또 존재하고 있다. 그러나 가톨릭교회가 그것을 더 이상 '유럽의' 교회가 아닌 세계적인 것으로 인정하는 데에는 오랜 시간이 걸렸다.

3. 중세 시기의 유럽이 완전히 기독교적인 것만은 아니었다. 이슬람과 유대교라는 두 개의 또 다른 유일신교가 비록 매우 다른 방식이기는 해도 존재하고 있었다. 유대교, 기독교, 이슬람교의 3개 교파가 이룩해 낸 '유일신교의 부상(breakthrough)'은 세계 역사에 있어서 의문의 여지없이 결정적인 과정이었다고 할 수 있다. 미카엘 볼골테(Michael Borgolte)가 적절히 지적하고 있듯이 그것은 유럽의 역사에 있어서도 결정적인 것이었다.[20] 그러나 누군가 이 유일신교의 삼각형을 들어 세 개 종교가 중세 유럽에서 동일한 중요성을 가지고 있었다는 인상을 만들어낸다면, 이에 대해서는 주의할 필요가 있다. 이러한 주장은 정치적으로는 바람직하게 들릴지 모르지만 역사가의 검증을 이겨낼 수 없다.

유럽에서 이슬람교는 비록 한동안 일정 지역에서 장기간 지속되고 만연하기는 했지만 그 발전은 전적으로 대륙의 남부 변방으로만 제한

20 M. Borgolte, "Wie Europa seine Vielfalt fand. Über die mittelalterlichen Wurzeln für die Pluralitat der Werte," in H. Joas and K. Wiegandt eds., *Die kulturellen Werte Europas* (Fischer Taschenbuch Verlag, 2005), 117-163, 특히 129-132; Id., "Europa ein christliches Land" (각주 19 참조); Id., *Christen, Juden, Muselmanen. Die Erben der Antike und der Aufstieg des Abendlandes 300 bis 1444 n. Chr.* (2007), 특히 15-56. 또한 이 문제와 관련해서는 W. P. Blockmans, "Europe's history of integration and diversity," *European Review* 14 (2006), 241-256 이 유익하다.

되었다. 이슬람교는 처음에는 8세기와 9세기에 걸쳐 스페인의 많은 지역(711년부터), 시칠리, 그리고 남부 이탈리아 일부 지방으로 확장되었다. 아마도 이 두 지역은 유럽의 문화적 외연의 가장 중요한 지역에 해당될 것이다. 그러나 남부 이탈리아에 대한 이슬람교의 통치는 노르만족에 의해 종식되었고, 스페인에서는 1492년에 끝난 '레꽁끼스따(Reconquista)' 운동에 의해 막을 내렸다. 14세기부터 이슬람교는 오스만 튀르크 제국의 치하에 있었던 남부 유럽의 발칸 지역에서 존재했으며, 지금까지 보스니아-헤르체고비나와 같은 지역에 여전히 존재하고 있다. 기독교 국가와 이슬람 국가 간에는 평화적 공존의 시기만큼이나 지속적인 분쟁이 존재했다는 증거가 존재한다. 또한 중세 절정기 비잔틴과 이슬람 지역을 오가는 중요한 문화적 교류가 존재하기도 했다. 이 문제는 아래에서 다시 한 번 다루어질 것이다.

유대교는 영토적 기반을 갖고 있진 않지만 스페인, 중부 유럽(독일, 프랑스, 이탈리아), 그리고 이후의 동유럽과 같은 많은 지역에서 도시 소수자 중에 주로 존재했다. 그러나 영국(the British Isles)에는 유태인이 거의 존재하지 않았으며, 스칸디나비아에는 전혀 없었다. 그래서 기독교인에게 이슬람교도가 외부의 대결 대상으로 존재했다면 유태인은 기독교인에게 있어서 내부의 '대결 문화(Amos Funkenstein의 표현)'로서 존재했다. 그러나 전쟁과 박해에도 불구하고 이러한 차이는 오랜 시간에 걸쳐 관용의 대상이 되었다. 기독교인과 유태인은 상호적이고 공생적인 '격리정책(apartheid)' 속에서 서로를 관용했으며 '매일의 문화적 차용'을 용인하지 않을 수 없었다.[21] 그러나 후기 중세에 이르

21 이러한 입장에 대한 평가로는 M. Toch, *Die Juden im mittelalterlichen Reich* (Oldenbourg, 1998), 120-122, 138-142, 각주 120 참조.

러 기독교 사회가 가진 관용이 줄어들고 다른 교리에 대한 박해는 증가되어 기독교만이 유일하게 구원을 가져올 수 있는 유대의 끈이라는 인식이 강화되었다. 이것은 역사의 슬픈 한 장이다. 1500년경까지 독일의 거의 모든 유태인이 — 흔히 야만적으로 — 내쫓겨 동유럽에 정착했다. 잉글랜드와 프랑스에서는 훨씬 일찍 추방이 자행되었다. 스페인 역시 그라나다 침공의 해이자 마지막 이슬람 격퇴의 해, 그리고 아메리카 '발견'의 해인 1492년 다른 국가의 선례를 따랐다.

4. 유럽이 애초부터 기독교였던 것은 아니었다. 유럽의 기독교화는 1000년에 걸친 과정을 통해 이루어진 것이었다. 이 과정이 항상 비폭력적이었던 것은 아니지만 일반적으로 그 과정은 '로마화(Romanisation)'로서의 문명화의 과정과 함께 진행되었다. 특히 교회는 고대로부터 중세로 넘어가면서 특히 로마적 존재가 되었다. 고대 후기, 서양의 기독교 세계는 (아일랜드를 빼면) 로마제국의 경계까지만 미쳤다. 기독교 세계는 게르만인과 슬라브인에게 일시적인 손실을, 이슬람으로부터 영구적 손실을 입었다. 이후의 시기를 간략하게 일별하면, 클로비스 왕(c. 500) 치하에서 프랑크 왕국이 가톨릭으로 개종되었으며 뒤이어 아리아계 게르만 왕국 역시 기독교화되었고, 590년 이래 로마와 아일랜드로부터 파견된 선교사들에 의해 잉글랜드가 재기독교화되었다. 이어 8세기 라인 강 동쪽의 바바리(Bavarii)족, 카티(Chatti)족, 작센(Saxon)족의 지역이 개종했으며, 10~12세기에 걸치는 시간 동안 중앙 및 남동부 유럽의 슬라브족도 개종했다. 여기(보헤미아인, 크로아티아인, 세르비아인, 불가리아인, 그리고 마자르인의 경우)에서 서구 교회는 비잔틴과의 경쟁에 맞닥뜨리게 되었고, 그 결과 세르비아인과 불가리아인, 그리고 러시아인은 그리스의 영향을 받은 동방정교를 받아들이게 되었다. 키에프 공작부인이었던 올가는 967년 차르그라드(즉, 콘스탄티

노플)에서 세례를 받았다.[22] 끝으로 리투아니아는 중세의 거의 마지막 시점이었던 1386년 기독교 국가가 되었다. 이곳에서도 기독교화를 거친 다른 대부분의 국가와 마찬가지로 기독교 신앙은 지배층의 세례를 통한 위로부터 아래로의 전파를 통해 도입되었다. 이 경우는 개종을 통해 폴란드의 왕이 될 수 있었던 블라디슬라프 자기엘로(Wladyslaw Jagielo)에 의해 주도되었다.

그러나 새로이 기독교인이 된 이들은 개종 이후 어떤 교회의 보살핌을 받았는가? 그 당시와 현재, 그들의 새로운 신앙은 얼마나 치열하게 매일의 삶과 멘탈리티를 구성하는가? 성 보니파스(St. Boniface)는 교황에게 보낸 편지에서 헤세(Hesse) 지방의 사제들이 안전을 위해 미사 후 보탄(Wotan) 신에게 제사를 바치는 행위를 지속하고 있다고 보고하고 있다. 그리고 아이슬란드인과 리투아니아인이 '신으로부터 나온 신, 빛으로부터 나온 빛, 진정한 신으로부터 나온 진정한 신, 스스로 존재하며 아버지와 동질적인 신'을 이야기하는 삼위일체의 교리를 얼마나 깊이 이해했을까? 그 사람들이 얼마나 '기독교적'이었는가를 검증할 수는 없지만, 기독교 신앙이 엘리트 계층이 아닌 이를 포함한 모든 사람들의 마음을 사로잡는 데까지는 시간이 소요되어야 했다는 점은 분명하다. 그리고 그것은 중세 절정기와 중세 후기의 탁발과 경건파 운동을 통해, 영성의 형태를 통해, 그리고 고해성사의 관습을 통해 이루어졌다. 프랑스 역사가 장 들루모(Jean Delumeau)에 따르면 유럽의 진정한 '기독교화'는 트리엔트 공의회 이후, 즉 16세기 중반 이후

22 점진적인 '유럽의 복음화(evangelisation of Europe)'와 관련해서는 Borgolte, *Christen, Juden, Muselmanen* (각주 20), 101-242; R. Bartlett, *The Making of Europe. Conquest, Colonisation and Cultural Change 950-1350* (Princeton University Press, 1994), 5-23, 269-291: "The Europeisation of Europe"을 볼 것.

시점이 되기 전까지는 이루어지지 않았다.

5. 중세 가톨릭교회는 단일체가 아니었다. 이는 일차적으로 두 번의 근본적인 분열, 즉 1054년에 있었던 동방교회와 서방교회 간의 분리와 1517년 이후 루터의 종교개혁에 의해 나타난 '서방교회 내부의 분열'을 말하는 것이 아니다. 또한 1378년 교황권의 일시적 분리를 가져왔던 대분열(the Great Western Schism)을 말하는 것도 아니다. 한 편으로 고도로 조직화된 로마 교회는 유럽 전체에 걸쳐 크고 작은 교구들과 위계적 교회조직의 형태로 자신의 영토적 '틀'을 확산시키며 높은 수준의 통일성을 이룩해 냈다.[23] 그러나 다른 한 편으로 지역별로 전례는 매우 다양했다. 또한 이견의 여지가 없는 사실은 신교개혁 이전과 이후에 존재했던 민족교회에서 볼 수 있듯이 유럽을 휩쓸었던 정치적 다원주의가 교회 역시 그냥 내버려두지 않았다는 점이다. 이러한 다양성은 교황권과 교회의 지배에 의해 중세 시기를 거치며 많은 부분 균질화되었고, 그럼으로써 '유럽화'되었다.[24] 그러나 그것이 완전히 사라진 것은 아니었다. '다양성 속의 통일성'으로서의 유럽은 정확한 개념이지만 동시에 궁극적으로는 공허한 표현으로 남아 있다.

이하에서는 근대 초기에 이르는 역사에서 유럽에 대한 집단적 의식의 증거들은 무엇이었는지 살펴본다.

23 이와 관련해서는 H. -J. Schmidt, *Kirche-Staat-Nation. Raumgliederung der Kirche im mittelalterlichen Europa* (Hermann Böhlaus Nachfolger, 1999)를 볼 것.

24 Bartlett, *Making of Europe* (각주 22), 325-350을 보라.

III. 유럽의 '자기 이미지'로서의 기독교 유럽

중세에 관한 한 여기서도 마찬가지로 실망스런 결론을 내리게 된다. 샤를마뉴(Charlemagne, 768~814)가 그의 궁정 시인들에 의해 유럽의 아버지(pater totius Europae)이자 등대(pharus)로 이상화되기는 했지만, 이 맥락에서 사용된 '유럽'이라는 용어는 아마도 카롤링거 왕조 치하에 있던 유럽 일부 지역(즉, 동로마제국 황제와 비잔틴에 변립하고 있던 서방의 새로운 황제가 다스리는 핵심 지역)만을 의미하는 것이다. 이 시기 이후 '유럽'이라는 말은 적어도 지리적 개념으로서라도 기록에서 분명 사라지지 않고 사용된다. 비테르보의 고트프리(Godfrey of Viterbo, c. 1125 to c. 1191/92)와 로에스의 알렉산더(Alexander of Roes, 13세기 후반)의 저작에서 유럽은 기독교 신앙의 땅으로서 강력한 개념으로 나타난다. 그러나 이러한 사례는 지식 계층의 문예활동에 제한되어 산발적으로 나타난다. 정체성을 가리키는 개념으로서 유럽이라는 용어의 중요성은 15세기 이전까지는 상당 부분 미미한 상태로 머물러 있었다.[25] 그러나 그때부터 뚜렷한 변화가 발생했는데, 역사 속의 다른 수많은 변화와 마찬가지로 그것은 전쟁에 의해 초래된 것이었다.

25 중세와 관련해서는 다음의 연구를 참조. *Oschema, Europa-Begriff* (각주 4); Id., *Europa in der mediävistischen Forschung* (각주 4), 특히 16f. 자료의 이용에 있어서 여전히 타의 추종을 불허하는 다음의 오랜 연구들을 참조할 것. W. Fritzemeier, *Christenheit und Europa. Zur Geschichte des europäischen Gemeinschaftsgefühls von Dante bis Leibniz* (R. Oldenbourg, 1931); J. Fischer, *Oriens-Occidens-Europa. Begriff und Gedanke "Europa" in der späten Antike und im frühen Mittelalter* (1957); H. Gollwitzer, *Europa-Bild und Europa-Gedanke. Beiträge zur deutschen Geistesgeschichte des 18. und 19. Jahrhunderts* (1951, [2]1964).

1. 유럽이 곧 기독교라는 의식은 외부로부터의 위협, 특히 발칸 지역에서의 오토만 제국의 확장을 통해 뚜렷해졌다. 유럽은 이로 인해 '위협받는 기독교 세계(*christianitas afflicta*)'가 되었다. 이와 관련하여 훗날 교황 피우스 2세(1405~1464, 교황 재임 1458~1464)가 된 인문주의자 엔네아 실비오 피콜로미니(Enea Silvio Piccolomini)가 지속적으로 논의된다.[26] 르네상스 인문주의의 가장 호감가고 뛰어난 인물 중의 하나인 이 인물에 대해 많은 이야기를 할 수 있을 것이다.[27] 그의 저작 『유럽(De Europa)』은 비록 저자가 죽은 후에야 제목이 붙여졌지만 유럽을 독립된 주제로 다룬 최초의 논고라고 할 수 있다.[28] 장르상으로 이 작품은 역사와 지리(국가에 대한 기술)의 혼합이라고 보는 것이 가장 적절할 것이다. 그리고 바로 여기에서 피콜로미니는 처음으로 라틴어 집단명사로서 유럽인(Europaei)이라는 이름을 고안해 내었다.[29] 그러나

26 일례로 Fritzemeier, *Christenheit* (각주 25), 18-29; Schmale, *Geschichte Europas* (각주 3), 11, 49, 85-87. 비판적 시각과 참고문헌 보충을 위해서는 J. Helmrath, "Enea Silvio Piccolomini – ein Humanist als Vater des modernen Europagedankens?", in Hohls et al. ed., *Europa und die Europäer* (각주 12), 361-369를 볼 것. 또한 *Oschema, Europa-Begriff* (각주 4), 222-226; Id., *Identität in der Krise* (각주 4), 30-32, 그리고 가장 최근의 저작으로는 J. Elvert ed., *Leitbild Europa. Europabilder und Ihre Wirkungen in der Neuzeit* (Steiner, 2009), 49-55에 수록된 C. Hirschi, "Boden der Christenheit und Quelle der Männlichkeit. Humanistische Konstruktionen Europas am Beispiel von Enea Silvio Piccolomini und Sebastian Münster"를 볼 것. 피콜로미니의 1454년 10월 프랑크푸르트 연설에 대한 비판적인 주석본은 J. Helmrath ed., *Deutsche Reichstagsakten, Ältere Reihe* 19/2 No. 16에 곧 발간될 예정이다.

27 가장 최근 저작으로는 J. Helmrath, "Piccolomini, Enea Silvio/ Pius II," in *Killy Literaturlexikon* 9 (2010): 219-224 참조. 본 논문은 인문주의에 관한 방대한 문헌 중 A. Rabil jr. ed., *Renaissance Humanism*, 3 Vols. (Washington, 1988); P. O. Kristeller, *Studies in Renaissance Thought and Letters*, 4 Vols. (Rome, 1984-1996)에 대해서만 언급하도록 하겠다.

28 *Enee Silvii Piccolominei postea Pii PP. II De Europa, ed. commentarioque instruxit A. van Heck* (Studi e testi 398, Città del Vaticano 2001); Enea Silvio Piccolomini, *Europa*, ed., G. Frank and P. Metzger. 독일어 번역본으로는 A. Hartmann (2005)을 참조.

29 다음 저작의 참고문헌을 볼 것. Oschema, *Europa-Begriff* (각주 4), 226f.

그에게 있어 '유럽'은 우주의 역사에 대한 보다 큰 인문주의적 개념의 일부였으며, 이러한 점에서 그의 계획은 '지역화되었다(provincialised)'고 할 수 있다. 그의 저작에서 유일하게 완성된 부분은『아시아』(1461, 1477년 초판 인쇄)로, 여기서 피콜로미니는 15세기에 이르러서야 라틴어로 번역되어 서방에 알려진 그리스 지리학자 스트라보(B. C. 1세기)에 크게 의지하고 있다. 그러나 이 저작은 고대로부터 중세에 이르기까지 계승된, 유럽의 지리적 경계에 대한 전통적 정의를 사용하고 있다.

더욱 중요한 의미를 갖는 것은 그의 연설들, 특히 '두 번째 로마'인 콘스탄트노플이 술탄 메흐메드(Mehmed) 2세의 손아귀에 떨어짐으로써 서유럽 사회에 큰 상처를 남긴 공포의 사건이 있은 지 1년 반이 지난 시점이었던 1454년 10월 15일 프랑크푸르트 제국 회의에서 그가 한 연설이다. 프랑크푸르트 회의의 목적은 투르크 제국에 대항한 전쟁에 대한 것이었다. 최근 집중적으로 연구되고 있는 주제인 15세기 투르크 담론은 피콜로미니가 했던 연설의 배경을 제공한다.[30] 그 연설의 원고는 빠르게 유통되었고, 유럽 전역에 걸쳐 퍼진 수사학의 한 장르인 '반(反)투르크연설'의 전형이 되었다. 본고의 논의와 관련하여 핵심적인 의의를 지니는 주장 일부가 그의 라틴어 원고에 다음과 같이 쓰여 있다: "일찍이 지난 수세기 동안, 기독교 공동체가 지금보다 더 혹독한 치욕을 경험한 적은 없었습니다(*Neque ... multis ante seculis maiorem ignominiam passa est quam modo christiana societas*)." 그는 계속해서 우리가 과거에는 아

30 보다 오래된 참고문헌으로는 B. Guthmüller and W. Kühlmann eds., *Europa und die Türken in der Renaissance* (*Frühe Neuzeit* 54) (2000)에서 J. Helmrath, "Pius II. und die Türken," 79-137N. Housley (Ed.); *Crusading in the Fifteenth Century: Message and Impact* (2004)과 그 안의 J. Helmrath, "The German 'Reichstage' and the Crusade," 53-89, 191-203 또한 참고할 것; 또한 *Dumbarton Oaks Papers* 49 (1995): 111-207에 실린 J. Hankins, "Renaissance Crusaders: Humanist Crusade Literature in the Age of Mehmed II"와 *Humanism and Platonism in the Italian Renaissance* (*Storia e letteratura 215*) (2003), 293-424에 재출간된 내용을 참고할 것.

시아와 아프리카의 외국 영토에서 해를 당했다고 이야기한다: "그러나 이제, 우리는 우리의 고향이자 집이며 거주지인 이곳 유럽에서 살육당하고 있습니다(*nunc vero in Europa, id est in patria, in domo propria, in sede nostra percussi caesique sumus*)."[31]

지금 인용한 부분은 다음의 네 가지 이유에서 전체 연설만큼이나 주목할 만한 가치가 있다. (1) 기독교 세계(Christianitas): 여기서 '우리(nos)'라고 표현된 기독교 세계는 피콜로미니가 다른 곳에서 이야기하는 것처럼 방어적이고 무력하며, 유럽 땅에서조차 그 지배력을 위협받고 '구석(angulus)'으로 몰아붙여진 상태로 나타난다.[32] 위기는 유럽 개념과 기독교 개념의 융합을 가져왔으며, 감정이입의 대상으로서 고향(patria)의 범주에 유럽과 기독교가 새로이 포함되게 만들었다. (2) 콘스탄티노플이 상징하는 비잔티움, 불행한 그리스인(*Graecia*)은 비록 그 정치적 종말 이후이기는 해도 명백히 유럽에 속한 것으로 표현되고 있다. (3) 기독교(Christianitas) 세계로서의 유럽은 피콜로미니가 수사적 비난의 무기를 동원하여 투르크인(Turci)을 마치 그리스인이 페르시아인에게 했듯이 문명의 경계 바깥에 머무는 야만인으로 비하함으로써 새로운 의미를 얻게 되었다. 그와는 대조적으로 중세 시기에는 투르크인을 보통 트로이(Teucri)의 후손으로 보았으며, 여기에는 긍정적 의미가 담겨 있었다. (4) 동시에 피콜로미니는 1096년 교황 우르바노 1세가 첫 번째 십자군원정을 선언할 당시의 '클레르몽 정신'을 강조하는

31 J. D. Mansi ed., *Pii II orationes politicae et ecclesiasticae*, 1 (1755), 263f.; Helmrath, *Enea Silvio Piccolomini* (각주 12번), 366에 번역 수록되어 있음.

32 이 같은 이미지는 1452년 4월 교황 니콜라스 5세 앞에서 행해진 '모이제스(Moyses)' 연설에서 처음 등장한다: "한때 전 지구를 채운 기독교 신앙은 이제 유럽의 한 구석(*in angulum Europae redacta*)으로 몰려났습니다. 우리는 이미 아프리카와 아시아를 잃었고, 유럽 역시 상실하고 있습니다." *Pii II Orationes* 1 (각주 31번), 166.

한편 샤를마뉴(Charlemagne), 롤랑(Roland), 십자군이 세운 첫 왕국인 예루살렘 왕국의 첫 번째 왕 부이용의 고트프리(Godfrey of Bouillon), 십자군원정 중 소아시아에서 사망한 프리드리히 바르바로사(1152~1190)와 같은 기독교인 장군과 영웅을 통해 십자군의 영광을 감정적으로 강조함으로써 중세를 기억 속에 불러내고 있다. 이들 인물들은 구약성서의 전사 영웅들, 그리고 살라미스와 마라톤 전투에서 페르시아인을 격퇴한 그리스인들과 동격시되고 있다.[33] 이것은 로마교회가 오랫동안 추구해 온 비전, 바로 신앙의 수호자인 기독교 통치자들 아래 하나로 통합된 유럽이었다.

(오스만 튀르크에 대항해) 새로운 십자군원정을 개시하게 하려는 노력은 결국에는 모두 수포로 돌아갔다. 그것은 발칸 반도를 위해 전쟁을 치를 이유가 없었던 군주들 간의 이해관계가 맞지 않았고 단합도 되지 않았기 때문이었다. 그러나 그 연설이 가진 수사적 파토스가 성공적이었다고 말할 수 있는 것은 이후로 유럽의 군주들이 적어도 생각으로는 자신들을 '조상 시대로부터의 적'인 투르크인에 대항해 싸우는 전우로 보게 되고, 1571년의 레판토 해전이나 1683년 비엔나 인근 칼렌베르크에서 벌어진 전투에서처럼 이후 강한 프로파간다적 함의를 지니게 될 역사적 사건에서 이러한 연대감이 표현되었기 때문이다. 다시 말해 유럽이라는 관념은 그 자체로서가 아니라 페르시아인과 훈족, 헝가리인으로부터 투르크 제국에 이르기까지 다른 무언가에 대한 반대로서 발현될 때 명확한 형상을 갖추었다. 그렇기에 유럽이라는 관념은 강력한 반동적 요소와 밀접한 관계가 있다.[34]

33 *Pii II Orationes* 1 (각주 31번), 266; *Deutsche Reichstagsakten* 19/2에서 저자의 해설을 참고할 것.

34 Münkler, *Europa als politische Idee* (각주 2번), 529.

심지어 피콜로미니의 경우에도 이것은 그대로 들어맞는다. 만일 누군가 그를 가리켜 과거 자주 그랬던 것처럼 유럽의 관념을 만들어낸 아버지라고 계속해서 주장한다면, 그는 피콜로미니가 어떤 유럽의 관념을 낳고 싶어 했을까? 그것은 바로 투르크 제국과 전쟁하는 동안 공포에 빠져 방어적인 전투만 치르는 유럽이었다. 이것이 오늘날 말하는 유럽과 같은 것인가? 그러나 유럽에 대한 이러한 생각 저변에 있는 경험은 생각보다 훨씬 더 깊숙이 유럽인들의 집단적 무의식에 아로새겨져 있는 것으로 보인다. 또한 역사가는 그러한 격세유전적 의식이 그를 제거하려는 새로운 노력들보다 종종 더 강력한 힘을 발휘한다는 것을 알고 있다. 물론 이러한 의식이 오늘날 터키에 대한 담론의 이면에서도 아직 작동하고 있는지는 알기 어렵다.

2. 그러나 공포에서 비롯된 유럽의 남동부에 대한 이와 같은 대치와 나란히, 그리고 마치 거울의 역상처럼 대륙의 남서부 — 스페인과 포르투갈 — 는 대양을 넘어 아프리카를 일주하고 아메리카 대륙을 '발견'한 유럽 강대국의 놀랍도록 성공적인 팽창의 시작점이 되었다. 명백히 열등한 '인디언(마지막까지도 콜럼버스는 그가 인도에 도착했다고 믿었다)'의 토착문화를 누르고 거둔 장기적인 성공과 이에 이어서 전 세계에 걸쳐 이루어진 여타 유럽 국가(영국, 네덜란드, 프랑스)의 식민지 확장은 문화적 정체성과 우월성에 대한 '유럽적' 관념에 아무리 강조해도 지나치지 않을 지속적인 영향을 미쳤다. 이 중요한 관념의 복합체에 대해 여기서 더 자세히 살펴볼 수는 없지만 한 가지 분명한 사실은 이로부터 '유럽의 식민주의'의 존재를 추론해 내는 것이 무리라는 점이다.

3. 이것은 첫 번째 관념복합체(신앙의 적에 대항해 하나 된 유럽)와 긴밀히 연관되어 있으며, 유럽의 '내부 지형'에 영향을 준 유럽의식의

세 번째 관념복합체에 보다 적절하다.[35] 이것은 레오폴드 폰 랑케(Leopold von Ranke)가 '유례없는 결속'이라고 묘사한 '자체 내의 대립으로부터 비롯되는 에너지'에 힘의 원천을 둔 근대 초 유럽 국가들이 이루었던 형세이다. 구조적으로 다원적이고 매우 경쟁적이며 그럼에도 불구하고 매우 밀접하게 경제적 이익으로 서로 얽힌 폐쇄적 체제를 이루고 있던 이 권력투쟁의 무대에서 행위자가 어떻게 스스로를 '유럽'으로 규정하게 되었는가가 여기서 분명하게 드러난다. 그것은 종교적 내전이기도 했던 삼십년전쟁이 1648년의 웨스트팔리아 조약과 더불어 종식되자 그 추동력을 얻게 되었다. 이러한 전체 형세에서 핵심 국가들은 합스부르크 왕가 치하의 오스트리아와 스페인, 그리고 프랑스와 잉글랜드였다. 이들 국가에 1700년경 (기독교) 러시아가 동쪽의 강국으로, 18세기 중반에는 프러시아가 합류하게 되었다. 피터 버크(Peter Burke)가 "유럽은 1700년 이전에도 존재했는가?"라는 스스로의 질문에 부정적으로 대답했지만 그것은 동의할 수 없다.[36] 유럽은 그 이전에도 존재했으며, 버크가 유럽적 정체성의 본질적 원리라고 보았던 정치적 세력균형의 개념 역시 이전에 존재했다. 세력균형의 원리가 스페인 계승 전쟁이 끝난 1713년 위트레흐트 조약 이전까지는 공식적으로 표현되지 않았지만, 동등한 균형을 갖춘 유럽이라는 활동무대(*theatrum Europaeum*)에 대한 생각은 일찍이 16세기 초 톰마소 캄파넬라(Tommaso Campanella)와 프랜시스 베이컨(Francis Bacon)과 같은 저

35 Schulze, *Europa in der frühen Neuzeit* (각주 4번), 65.

36 P. Burke, "Did Europe exist before 1700?" *History of European Ideas 1* (1980): 21-29; Schulze, *Europa in der frühen Neuzeit* (note 4), 51-56; K. Bußmann and E. A. Werner ed., *Europa im 17. Jahrhundert. Ein politischer Mythos und seine Bilder* (Franz Steiner Verlag, 2004), 25-36의 S. Tschopp, "Gegenwärtige Abwesenheit. Europa als politisches Denkmodell im 17. Jahrhundert"를 참조할 것.

술가들의 저작 등에서 폭넓게 나타나고 있다.

이와 같이 유럽의 자기 이미지에는 초기에 세 가지 유형이 존재했다. 첫 번째는 투르크 제국의 침략에 대한 전쟁의 과정에서 나타난 위협받는 정체성으로서의 위험에 빠진 유럽(*Christianitas afflicta*)이었다. 두 번째는 (비록 짧긴 했지만) 성공적인 팽창과 지구화된 세계의 새로운 법적 질서에 대한 의지 속에 나타난 문화적 우월감이었다. 그리고 세 번째는 유럽이 '구체적 개별 질서(concrete order)' 속에서 국가들의 '합주(ensemble)'에 내재한 적대적 다양성이었다.[37]

IV. 파생적 문화로서의 유럽

끝으로, 유럽의 문화적 정체성의 문제로 돌아간다면 이 점과 관련해서는 아랍 철학의 전문가인 프랑스 철학자 레미 브라그(Rémi Brague)[38]가 흥미로운 생각을 제시하고 있다. 그가 볼 때 유럽의 정체성은 중심주의적이지 않다. 유럽은 그 자신이 아닌 유럽 이외의 곳에 그 정체성의 뿌리를 두고 있으며, 그렇기에 '고국(fatherland)'이라기보다는 '자손의 국가(son-land)'이다. 이 생각을 표현하기 위해 브라그는 '파생성(secondarité)'이라는 용어를 사용한다.[39] 번역하기 어려운 용어이기는

37 이 같은 유형 분류체계는 다른 두 개와 더불어 19-20세기에도 존재했음이 켈블레(H. Kaelble)에 의해서도 확인되었다. 다만 이 당시 문제가 되는 위협은 터키가 아닌 '미국'에서부터 발생한다고 여겨졌다: *Europäer über Europa. Die Entstehung des europäischen Selbstverständnisses im 19. und 20. Jahrhundert* (2001), 25-51. '실체적 질서'와 관련이 있는 동시에 유럽의 확장에 대한 법적 변론으로는 다음을 참조할 것. C. Schmitt, *Der Nomos der Erde im Jus publicum Europaeum* (^{2}1974).

38 R. Brague, *Europa. Eine exzentrische Analyse* (Edition Pandora 13, 1993; French edition 1992).

하지만 이 개념은 유럽의 두 가지 핵심 구성 요소인 기독교와 로마전통(*Romanitas*)의 이차성, 즉 파생적 성격을 근거로 하고 있다. 기독교는 구약을 보전하면서 유태교로부터 나와서 형성되었고, 로마 문명은 그리스 문화를 흡수한 것으로 언제나 그 스스로가 완전치 않음을 인식하고 있었다. 그렇기에 '파생성(secondarité)'은 결핍이라기보다는 일종의 장점이다. 그러나 브라그는 유럽(그리고 그는 분명히 유럽을 좁은 의미로 보고 있다)이 '배타적으로 소유하고 있는' 하나의 정체성, 다시 말해 로마적 특질(Romanity), 보다 정확히는 라틴적 특질(Latinity)을 가지고 있다고 믿는다. 왜 이러한 미묘한 구분이 필요한 것인가? 브라그는 "로마전통은 두 번째 로마제국으로서의 비잔틴과 '세 번째 로마제국'으로서의 모스크바, 그리고 심지어는 동로마 황제의 계승자로서의 투르크 제국 술탄이 있었던 콘스탄티노플(이스탄불)까지를 포함하게 되지만, 라틴적 전통에는 유럽 외에는 포함되지 않는다"고 주장한다.[40] 브라그는 계속해서 교황이 우두머리였던 (좁은 의미에서의) 유럽은 언제나 외부로부터 '라틴적'인 대상으로 인식되었다고 주장한다.[41] '로마적 특질(*Romanitas*)'과 '라틴적 특질(*Latinitas*)'은 모든 기독교 유럽 문화의 핵심에 있다. 그러나 브라그는 로마로부터 영향을 받은 이 문화의 특별한 재능은 단지 로마법과 같은 특정한 문화적 내용물에 있는 것이 아니라 근본적으로 한 가지 특별한 능력에 있다고 본다. 그것은 바로

39 Brague, *Europa* (각주 38), 105-108. 여기에는 알프레드 베버(Alfred Weber)의 이차문화 관념과 분명한 유사점이 존재한다.

40 Brague, *Europa* (각주 38), 24. 유대교에 대해서는 특히 S. Quinzio, *Die jüdischen Wurzeln der Moderne* (Campus, 1995); Borgolte, *Christen, Juden, Muselmanen* (각주 20), 59-100을 볼 것.

41 "기독교(동방 기독교, 서방 기독교 모두—헬름라스 주)는 결코 스스로를 그리스 혹은 유대주의적이라고 보지 않았으며, 또한 다른 문명들로부터도 로마가 아닌 그 어떤 것의 존재로 여겨진 적이 없었다." Brague, *Europa* (각주 38), 24.

외부의 요소를 창조적으로 흡수하고 외부의 것을 '번역'하며 그럼으로써 지속적으로 창조하는 한편 전통적 정체성의 대안을 변증법적으로 통합하는 능력이다. "유럽인이라면 누구나 번역자(translator)였다."[42]

여기서 중세의 문화적 전이(transfer) 문제가 다시 제기된다. 비잔틴으로부터, 그리고 아랍 지역으로부터, 특히 스페인에서 의학, 수학, 철학(특히 아리스토텔레스)에 대한 대량의 그리스 문헌이 그에 대한 논평과 함께 그리스어나 아랍어 본에서 라틴어로 번역되어 수입되었다. 이러한 '문화 간의 극적인 조우(Ludger Honnefelder의 표현)'가 없었다면 유럽적 이성의 가장 중요한 기반이 된 스콜라 철학의 발전은 상상할 수 없었을 것이다. 그러나 이러한 전이과정에서 중요한 것은 받아들이는 쪽에서 필요와 흥미를 가져야 한다는 것이며, 중세 전성기 서구에서는 이것이 매우 높은 정도로 나타났다는 것이다.

실뱅 구겐하임(Sylvain Gouguenheim)[43]은 이러한 문화적 전이에 있어서 비잔틴이 갖는 중요성을 정확히 강조하고 있지만 이에 반해 아랍 세계가 가졌던 중요성은 과소평가했다. 그의 이론이 신랄하게 비판받고 있기는 하지만 이슬람 문화에서 고대 문헌의 도입 시기가 짧았고 11세기에는 중단되었다는 것은 사실이다. 또한 이슬람 문화는 비잔틴이나 '서양(the West)'과는 달리 철학, 수학, 의학만을 선호했을 뿐 라틴 문학(베르길리우스, 호라티우스, 리비우스 등)과 그리스 시와 역사(호메로스, 소포클레스, 투키디데스 등)는 무시했다는 점에서 선택적이기도 했다. 브라그에 따르면 근대 시기의 위험은 유럽이 외부로부터의 영향력을 통합해 내는 이 능력을 상실할지도 모르며, 바로 그 때문에

42 Sloterdijk, *Falls Europa erwacht* (각주 5), 35.

43 S. Gouguenheim, *Aristote au Mont-Saint-Michel. Les racines grecques de l'Europe chrétienne* (Seuil, 2008).

야만주의에 굴복할지도 모른다는 것이다.

'파생성(secondarité)'의 유익함뿐 아니라 브라그의 '로마적 특질(*Romanitas*)'에 대한 찬사는 프랑스에서는 폴 발레리(Paul Valéry)와 독일에서는 후고 폰 호프만슈탈(Hugo von Hofmannsthal, "Die Idee Europa", 1917), 그리고 그의 나이 어린 친구 에른스트 로베르트 쿠르티우스(Ernst Robert Curtius)에 의해 대표되는 통합된 '기독교적 서양(Christian Occident)'이라는 가톨릭의 지적 전통에 빚지고 있다는 점을 간과하지 말아야 한다.

발레리의 글 "정신의 위기(The Crisis of the Mind)"(1919)와 그의 강의 "유럽적 정신(European Mind)"(1922)[44]은 지금까지 끊임없이 인용되고 있다. "유럽 — 유라시아 대륙의 작은 곶(串)"이라는 기지 넘치는 표현은 이 강의에서 가져온 것이다. 발레리가 "그렇기에 우리의 이 유럽은 엄밀한 의미에서 거대한 공장, 변환 기계, 다른 무엇과도 비할 수 없는 지적 공정이 이루어지는 작업장이 된다"고 이야기했을 때, 그는 브라그의 주장을 이미 예견한 것 같다. 발레리에게 있어서 그 핵심 구성 요소는 로마, 기독교, 그리스 문화였으며, 그로부터 과학을 의미하는 '정신의 엄밀함(sternness of mind)'이 탄생했다.[45] 이에 대해 쿠르티우스는 아마도 이에 동의했을 것이다. 개별적인 연구를 모은 유럽 문학과 라틴 중세에 대한 영향력 있는 작품에서 그는 호메로스로부터 시작해 고대 지중해와 근대 서양의 문화 모두에 발을 딛고 있는 '통일된 의미체계(unity of meaning)'로서의 보편적인 유럽 문학을 제시했다. 한눈에도 드러나듯 이러한 문학은 고대로부터 강하게 영향을

44 두 글 모두 H. Steiner ed., *P. Valéry, Die Krise des Geistes. Drei Essays* (Insel-Verlag, 1956)에 실려 있음.

45 Valéry, *Krise* (각주 44), 16, 35, 40f에서 인용.

받은 인용과 소재(topoi)가 이루는 매력적인 텍스트 간(inter-textual) 네트워크를 이룬다.[46]

V. 두 개의 '파생성(secondarité)': 르네상스와 제국

이제 두 가지 매우 다른, 그러나 이러한 '파생성(secondarité)'의 매우 특징적인 현상이라 할 수 있는 르네상스와 신성로마제국을 살펴보도록 하자.

1. 야콥 부르크하르트(Jacob Burckhardt)가 말하는 '르네상스를 가져온 자질'[47]은 '파생성(secondarité)'의 완벽한 예이다. 유럽이 겪었던 두 번의 르네상스 — 12세기 르네상스와 더불어 15~16세기의 바로 그 유명한 르네상스까지 — 와 관련하여 이것이 의미했던 바는 유럽이 고대로부터 내려온 친밀한 소재들을 모든 차이점을 인식한 상태에서 재습득(reappropriate)해야만 했다는 것이다. 이것은 유익한 패러독스였다. 존경받는 옛것은 새로운 것을 창조하고 가장 넓은 의미에 있어서 경계를 초월하여 미지의 것으로 나아가는 전제였다. 오늘날 학계에서 기독교 사상이 르네상스와 인문주의의 견고한 정신적 지주였다는 것은 상

46 E. R. Curtius, *Europäische Literatur und Lateinisches Mittelalter* (1948; Francke, [3]1961)에서도 특히 13-29와 19의 인용을 참고할 것. 추가로 V. Conze, *Das Europa der Deutschen. Ideen von Europa in Deutschland zwischen Reichstradition und Westorientierung (1920-1970)* (Oldenbourg Wissenschaftsverlag, 2005)을 참고할 것. 20세기 로마와 서양에 대한 가톨릭 우익 신념에 대한 글로는 사회학자 파버(Faber)의 분노가 어리면서도 지적 탐구는 결여한 R. Faber, *Abendland. Ein politischer Kampfbegriff* (Gerstenberg, 1979; Philo, [2]2002); Curtius에 대한 내용으로 100, 103f을 참고할 것. 보다 설득력 있는 연구로는 D. Pöpping, *Abendland: Christliche Akademiker und die Utopie der Antimoderne 1900-1945* (Metropol, 2002)가 있음.

47 J. Burckhardt, *Weltgeschichtliche Betrachtungen*, edited by R. Marx (1969), 67f.

식이라 할 수 있다. 특히 중요한 점은 종교개혁이나 계몽주의와 마찬가지로 르네상스가 사람들이 비잔틴과 러시아를 포함하는 넓은 의미의 유럽이나 혹은 이슬람 문화가 아닌 좁은 의미에서의 유럽에만 속한다고 여겨온 지적 변화과정의 일부였다는 사실이다.

2. 고대의 로마적 특질(*Romanitas*)이 남긴 보다 양면적인 유산은 (로마) 제국이라는 관념이다. 그 신화의 독특함은 그것이 지닌 카리스마적 매력만큼이나 이견의 여지가 없다. 로마제국은 되살려 낼 수도 저항할 수도 없는 것이었기에 지속적이고 거의 강박적으로까지 그것을 재창조하려는 시도가 있어 왔다.[48] 서양에서 재성립되어 샤를마뉴가 제위에 오른 800년 북쪽으로 그 자리를 옮겨 등장한 로마제국은 기독교적 로마제국을 권력정치적 의미에서 실제로 대신할 수 있었다기보다는 단지 상징할 수 있을 따름이었다. 유럽의 다른 왕조는 황제의 자리에 있는 이가 패권을 쥐는 것을 결코 용납하지 않았고, 실제로 독일 황제들은 최소한 카를 5세(Charles V, 1519~1556)가 합스부르크 왕가, '행운의 오스트리아(*Felix Austria*)', 그리고 가톨릭 신앙의 성공적 보호자로서 잠시 동안의 패권적 위치까지 오르기 이전까지는 실제로 지배하기 위해 애쓰지 않았다. 그러나 비록 그가 신세계의 발견과 함께 세계의 지배자가 되기는 했어도 그의 야심은 독일 내 영주들과 유럽 내 다른 왕조들의 저항으로 인해 '내부(home)의 전선'에서 좌절되었다. 합스부르크 왕조의 두 번째 야심은 유럽 국가의 연합에 의해

48 Sloterdijk, *Falls Europa erwacht* (각주 5), 36-41; Münkler, *Europa als politische Idee* (각주 2), 525-528, Ratzinger, Werte (각주 3), 68-71을 참조할 것. 또한 Winkler, *Der lange Weg nach Westen* (각주 18)의 첫 부분은 요한복음의 시작을 바꾸어 표현한 문장("태초에 제국이 있었다.")으로 시작하고 있다. 그리고 이는 독일이 약속의 땅인 "서양으로의 머나먼 여정(long road to the West)"이라는 제국에 내한 강박으로부터 해방되는 과정을 그리고 있다. I, 5-13을 볼 것.

삼십년전쟁에서 다시 한 번 패배했다. 아무리 그가 기독교 황제로서 자신의 위치를 정당화하려고 했어도 다중심주의적 유럽에서 패권이 있을 자리는 없었다.

그러나 제국의 관념은 샤를마뉴와 오토 대제(962년 즉위)의 계승자뿐 아니라 스페인, 스웨덴, 러시아의 왕에 있어서도 추동력이 되었다는 점에서 유럽적인 것이었다. 프랑스는 두 차례 — 루이 14세 치하에서와 나폴레옹 치하에서 — 패권국이 되고자 시도했다. 독일은 그보다 뒤늦은 시기 제2제국(1871~1918), 그리고 '제3제국(Third Reich)'을 통해 두 번의 세계대전에서 이러한 시도를 했다. 나치주의자 사이에서도 '유럽 관념(European idea)'과 같은 것이 통용되었다는 것은 우울한 일이다. 이 관념은 1939~1942년 독일군(Wehrmacht)의 진군과 함께 유럽 대륙의 거의 모든 곳이 잠시 동안 독일의 지배하에 있었던 때 현실의 명제가 될 뻔했다. 당시 많은 역사가는 이러한 유럽의 개념을 중세시대 '제국의 관념'을 들어서 정당화했다.[49]

그 결과는 잘 알려져 있다. 세계대전으로 발전했던 지난 두 차례의 유럽 내전에서 제국의 관념은 그 자체로 산화해 버렸다. 이것이 비록 독일의 경우에서나 히틀러의 제국으로부터 벗어난 유럽인의 관점에서만 그렇긴 하지만 말이다. 미국, 러시아, 중국과 같은 강대국의 관점은 이와는 매우 다르다. 이들은 지켜져야 할 현존하는 제국(미국), 잠시 동안 중단되었지만 다시 되찾아가야 할 제국(러시아), 아주 긴 중단 상태의 제국(중국)과 같이 제국의 관념을 계속해서 지니고 있다. 유럽

---

49 H. Heimpel, *Deutschlands Mittelalter – Deutschlands Schicksal* (Freiburger Universitätsreden 12) (Fr. Wagnersche Universitätsbuchhandlung, 1933), 34: "'제국(Reich)'이라는 용어는 제1제국(the first Reich)으로부터 그 엄숙함을 가져오고 있다. 독일에서의 중세는 강력하고, 위대하며, 세계적으로 명성이 알려진 독일 부상의 시작이었다."

— 통합되고 또한 동시에 또 불화하는 — 은 이러한 현재의 과정을 흥미와 회의를 가지고 지켜보고 있다.

참고문헌

Barraclough, G. *Die Einheit Europa als Gedanke und Tat.* Göttingen, 1964.

Bartlett, R. *The Making of Europe. Conquest, Colonisation and Cultural Change 950-1350.* Princeton University Press, 1994.

Blickle, P. *Das Alte Europa. Vom Hochmittelalter zur Moderne.* C. H. Beck, 2008.

Blockmans, W. P. "Europe's history of integration and diversity," *European Review* 14: 241-256, 2006.

Brague, R. *Europa. Eine exzentrische Analyse*, Edition Pandora 13, 1993; French edition 1992.

Borgolte, M. "Europa ein christliches Land. Religion als Weltstifterin im Mittelalter," *Zeitschrift für Geschichtswissenschaft* 12: 1061-1077, 2000.

Borgolte, M. "Wie Europa seine Vielfalt fand. Über die mittelalterlichen Wurzeln für die Pluralität der Werte," In *Die kulturellen Werte Europas*, edited by H. Joas and K. Wiegandt, 117-163. Fischer Taschenbuch Verlag, 2005.

Borgolte, M. *Christen, Juden, Muselmanen. Die Erben der Antike und der Aufstieg des Abendlandes 300 bis 1444 n. Chr.* 2007.

Blum, P. R. "Europa – ein Appellationsbegriff," *Archiv für Begriffsgeschichte* 43: 2001.

Buck, A. ed. *Der Europa-Gedanke*, Niemeyer, 1992.

Burckhardt, J. *Weltgeschichtliche Betrachtungen*, Edited by R. Marx. 1969.

Burke, P. "Did Europe exist before 1700?" *History of European Ideas* 1: 21-29, 1980.

Carrier, J. G. "Occidentalism: the world turned upside-down," *American Ethologist* 19: 195-212, 1992.

Carrier, J. G. ed. *Occidentalism. Images of the West*, Clarendon Press, 1995.

Chakrabarty, D. *Provincializing Europe. Postcolonial Thought and Historical Difference*, Princeton University Press, 2000.

Conze, V. *Das Europa der Deutschen. Ideen von Europa in Deutschland zwischen Reichstradition und Westorientierung (1920-1970)*, Oldenbourg Wissenschaftsverlag, 2005.

Croce, B. *Perché non possiamo non dirci "cristiani"*, G. Laterza & figli, 1944.

Curtius, E. R. *Europäische Literatur und Lateinisches Mittelalter.* 1948; Francke, [3]1961.

Duchhardt, H. "Europa-Diskurs und Europa-Forschung. Ein Rückblick auf ein Jahrhundert," *Jahrbuch für Europäische Geschichte* 1: 1-14, 2000.

Faber, R. *Abendland. Ein politischer Kampfbegriff*, Gerstenberg, 1979; Philo, ^{2}2002.

Fischer, J. *Oriens-Occidens-Europa. Begriff und Gedanke "Europa" in der späten Antike und im frühen Mittelalter*, von Zabern, 1957.

Fontana, Josep. *Europa im Spiegel. Eine kritische Revision der europäischen Geschichte*. C. H. Beck, 1995.

François, E. "Auf der Suche nach dem europäischen Gedächtnis. Beliebtheitsskala der historischen Persönlichkeiten in Europa. Eine Meinungsumfrage," In *Europa und die Europäer. Quellen und Essays zur modernen europäischen Geschichte. Festschrift für Hartmut Kaelble zum 65. Geburtstag*, edited by Hohls et al., 250-258. Franz Steiner Verlag, 2005.

Frevert, U. "Eurovisionen. Ansichten guter Europäer im 19. und 20. Jahrhundert," *History and Memory* 17: 87-116, 2003.

Fried, J. *Das Mittelalter. Geschichte und Kultur*. C. H. Beck, 2008.

Fritzemeier, W. *Christenheit und Europa. Zur Geschichte des europäischen Gemeinschaftsgefühls von Dante bis Leibniz*. R. Oldenbourg, 1931.

Gollwitzer, H. *Europa-Bild und Europa-Gedanke. Beiträge zur deutschen Geistesgeschichte des 18. und 19. Jahrhunderts*, 1951, ^{2}1964.

Gouguenheim, S. *Aristote au Mont-Saint-Michel. Les racines grecques de l'Europe chrétienne*. Seuil, 2008.

Halecki, O. *Europa. Grenzen und Gliederung seiner Geschichte*, 1957.

Hankins, J. "Renaissance Crusaders: Humanist Crusade Literature in the Age of Mehmed II," *Dumbarton Oaks Papers* 49: 111-207, 1995.

Hankins, J. "Renaissance Crusaders: Humanist Crusade Literature in the Age of Mehmed II," In *Humanism and Platonism in the Italian Renaissance* (Storia e letteratura 215), 293-424. Ed. di Storia e Letteratura, 2003.

Heimpel, H. *Deutschlands Mittelalter – Deutschlands Schicksal* (Freiburger Universitätsreden 12). Fr. Wagnersche Universitätsbuchhandlung, 1933.

Helmrath, J. ed., *Deutsche Reichstagsakten, Ältere Reihe*. 19/2, No. 16.

Helmrath, J. "Pius II. und die Türken," In *Europa und die Türken in der Renaissance* (Frühe Neuzeit 54), edited by B. Guthmüller and W. Kühlmann. 2000.

Helmrath, J. "The German 'Reichstage' and the Crusade," In *Crusading in the Fifteenth Century: Message and Impact*, edited by Norman Housely, 53-89, 191-203, Palgrave

Macmillan, 2004.

Helmrath, J. "Enea Silvio Piccolomini–ein Humanist als Vater des modernen Europagedankens?" In *Europa und die Europäer. Quellen und Essays zur modernen europäischen Geschichte. Festschrift für Hartmut Kaelble zum 65. Geburtstag*, edited by Hohls et al., 361-369. Franz Steiner Verlag, 2005.

Helmrath, J. "Piccolomini, Enea Silvio/ Pius II," In *Killy Literaturlexikon* 9: 219-224, 2010.

Hirschi, C. "Boden der Christenheit und Quelle der Männlichkeit. Humanistische Konstruktionen Europas am Beispiel von Enea Silvio Piccolomini und Sebastian Münster," In *Leitbild Europa. Europabilder und Ihre Wirkungen in der Neuzeit*, edited by J. Elvert, 49-55, Steiner, 2009.

Holenstein, E. "Wo verlaufen Europas Grenzen?" In *Kulturphilosophische Perspektiven*, edited by Elmar Holenstein, Frankfurt: Suhrkamp, 1998.

Kaelble, H. *Europäer über Europa. Die Entstehung des europäischen Selbstverständnisses im 19. und 20. Jahrhundert.* Campus Verlag, 2001.

Kirsch, M. "Europazweifel als Kennzeichen des Europäers: Denis de Rougements intellektuelle Konstruktion Europas," In *Europa und die Europäer. Quellen und Essays zur modernen europäischen Geschichte. Festschrift für Hartmut Kaelble zum 65. Geburtstag*, edited by Hohls et al., 218-223. Franz Steiner Verlag, 2005.

Köpke, W., and B. Schmelz ed., *Das gemeinsame Haus Europa. Handbuch zur europäischen Kulturgeschichte*, Deutscher Taschenbuch Verlag, 1999.

Kristeller, P. O. "Enee Silvii Piccolominei postea Pii PP. II De Europa, ed. commentarioque instruxit A. van Heck," In *Studies in Renaissance Thought and Letters, 4 Vols. Rome, 1984-1996*, Studi e testi 398, Città del Vaticano, 2001.

Leonhard, J. "Europäisches Deutungswissen in komparativer Absicht. Zugänge, Methoden und Potenziale," *Zeitschrift für Staats- und Europawissenschaften* 4: 341-363, 2006.

Lützeler, P. M. ed. *Europa. Analysen und Visionen der Romantiker.* Insel, 1982.

Mansi, J. D. ed. *Pii II orationes politicae et ecclesiasticae*, 1, 1755.

Mitterauer, M. *Warum Europa? Mittelalterliche Grundlagen eines Sonderwegs.* C. H. Beck, 2003.

Müller, D. ed. *Ambivalenzen der Occidentalisierung–Zugänge und Zugriffe.* 1998.

Münkler, H. "Europa als politische Idee," In *Leviathan. Zeitschrift für Sozialwissenschaft.* 1991.

Nooteboom, Cees. *Wie wird man Europäer?* Suhrkamp, 1993.

Oschema, K. "Der Europa-Begriff im Hoch- und Spätmittelalter," *Jahrbuch für Europäische Geschichte* 2: 191-234, 2001.

Oschema, K. "Europa in der mediävistischen Forschung－eine Skizze," In *Europa im späten Mittelalter*, edited by R. C. Schwinges and Ch. Hesse, P. Moraw, 11-32. Oldenbourg Wissenschaftsverlag, 2006.

Oschema, K. "Eine Identität in der Krise. Konstruktionen des mittelalterlichen Europa," In *Identität und Krise? Zur Deutung vormoderner Selbst-, Welt- und Fremderfahrungen*, edited by Chr. Dartmann and V. Meyer, 23-43. Rhema, 2007.

Pagden, A. ed., *The Idea of Europe. From Antiquity to the European Union.* Cambridge. Cambridge University Press, 2002.

Petri, R., and H. Siegrist ed., "Probleme und Perspektiven der Europa-Historiographie," *Comparativ* 14: 2004.

Piccolomini, Enea Silvio. *Europa*, Edited by G. Frank and P. Metzger. Verlag Regionalkultur, 2005.

Plessen, M.-L. von ed., *Idee Europa. Entwürfe zum „Ewigen Frieden.* Deutsches Historisches Museum, 2003.

Pöpping, D. *Abendland: Christliche Akademiker und die Utopie der Antimoderne 1900-1945*, Metropol, 2002.

Rabil, A. jr. ed., *Renaissance Humanism 3 Vols.* Washington, 1988.

Ratzinger, J. *Werte in Zeiten des Umbruchs (Was ist Europa?)*, 2005.

Seibt, F. *Die Begründung Europas. Ein Zwischenbericht über die letzten tausend Jahre.* S. Fischer, 2002.

Schlögel, K. *Marjampole oder Europas Wiederkehr aus dem Geist der Städte.* Hanser, 2005.

Schmale, W. Geschichte Europas. Böhlau Verlag Wien, 2000.

Schmale, W. "Die Europäizität Ostmitteleuropas," *Jahrbuch für Europäische Geschichte* 4: 189-214, 2003.

Schmidt, H.-J. *Kirche-Staat-Nation. Raumgliederung der Kirche im mittelalterlichen Europa.* Hermann Böhlaus Nachfolger, 1999.

Schmitt, C. *Der Nomos der Erde im Jus publicum Europaeum.* Duncker & Humblot, 1974.

Schneidmüller, B. "Die mittelalterlichen Konstruktionen Europas," In *Europäische Geschichte als historiographisches Problem*, edited by H. Duchhardt and A. Kunz, 5-23. Mainz:

Verlag Philipp von Zabern, 1997.

Schulze, W. "Europa in der frühen Neuzeit – begriffsgeschichtliche Befunde," In *Europäische Geschichte als historiographisches Problem*, edited by H. Duchhardt and A. Kunz, 35-65. Mainz: Verlag Philipp von Zabern, 1997.

Sloterdijk, P. Falls Europa erwacht: Gedanken zum Programm einer Weltmacht am Ende des Zeitalters ihrer politischen Absence. Suhrkamp, 1994.

Steiner, H. ed. *P. Valéry, Die Krise des Geistes. Drei Essays*, Insel-Verlag, 1956.

Tibi, B. *Europa ohne Identität. Die Krise der multikulturellen Gesellschaft*, Siedler, 2000.

Timmerman, C., and D. Rochtus, S. Mels ed. *European and Turkish Voices in Favour and Against Turkish Accession to the European Union.* Peter Lang, 2008.

Toch, M. *Die Juden im mittelalterlichen Reich.* Oldenbourg, 1998.

Tschopp, S. "Gegenwärtige Abwesenheit. Europa als politisches Denkmodell im 17. Jahrhundert," In *Europa im 17. Jahrhundert. Ein politischer Mythos und seine Bilder*, edited by K. Bußmann and E. A. Werner, 25-36, Franz Steiner Verlag, 2004.

Quinzio, S. *Die jüdischen Wurzeln der Moderne*, Campus, 1995.

Winkler, H. A. *Der lange Weg nach Westen. Deutsche Geschichte*, 2 vols. C. H. Beck, 2000.

Winkler, H. A. *Die Geschichte des Westens. Von den Anfängen in der Antike bis zum 20, Jahrhundert*, Munich, 2009.

제2장

유럽 여제(Europa Regina)[1]

근대 초 의인화된 유럽의 알레고리와 정치적 레토릭

윤 비

성균관대학교 정치외교학과 교수

오스트리아의 역사가 볼프강 슈말레(Wolfgang Schmale)는 "유럽은 유럽을 거론하고, 서술하고, 그림으로 그리고, 돌로 새기는 바로 그곳에 있다."라고 말했다.[2] 이는 유럽이 처음부터 지리적·인종적·종교적 혹은 기타의 문화적인 요인을 근거로 하나의 완결된 실체로서 존재해 왔다는 생각에 대한 반박이다. 오늘날 일반적으로 통용되는 유럽의 관념, 그것이 포괄하는 지리적 범위와 여기에 포함된 종교적·문화적·인종적 정체성에 대한 의식은 다양한 정치·경제·사회적 동기로부터 여러 개인과 집단이 벌인 상호작용의 결과로서 역사 속에서 형성, 발전된 것이다.[3]

1 2장은 『한국정치학회보』 44(4): 25-45(2010)에 발표한 동일 제하의 논문을 지엽적으로 보완했음.

2 Wolfgang Schmale, *Geschichte Europas* (Köln: Böhlau Verlag, 2000), 14.

3 Denys Hay, Europe. *The Emergence of an Idea* (New York: Harper and Row, 1966); Pim den Boer et al., *The History of the Idea of Europe* (London: Routledge, 1993); Schmale,

학자들은 그 출발을 대략 15세기 중반부터 16세기 중반까지로 잡는다.[4] 이 시기는 비잔틴 제국을 멸망시키고 서진하던 오스만 튀르크 제국에 의해 기독교 세계의 중부와 동부 지역이 강력하게 위협받던 무렵이다. 이로부터 생겨난 위기감에서 서유럽의 인문주의자들은 야만적이고 이교적인 아시아에 맞선, 문명화된 기독교 유럽의 고대 이래의 항구적 투쟁이라는 이미지를 정치적 단합의 모토로서 불러내었다. 또한 16세기는 소위 '지리적 발견'과 더불어 유럽인의 해양 진출이 본격화되던 시기이기도 하다.[5] 폭발적으로 확대된 타 대륙과 문화와의 접촉은 자신들이 이들과 구별되는 하나의 문화적 단일체에 속한다는 인식을 유럽인의 머릿속에 뿌리내리게 했으며, 이는 17세기 이후 유럽

Geschichte Europas; Michael Wintle, *The Image of Europe. Visualizing Europe in Cartography and Iconography throughout the Ages* (Cambridge: Cambridge University Press, 2009).

4 John R. Hale, *The Civilization of Europe in the Renaissance* (New York: Touchstone, 1993), ch. 1; Schmale, Geschichte Europas, ch. 1.1, 5.l; Johannes Helmrath, "Pius II. und die Türken," in Bodo Guthmüller und Wilhelm Kühlmann eds., *Europa und die Türken in der Renaissance* (Tübingen: Niemeyer Verlag, 2000), 79-137; Johannes Helmrath, "Enea Silvio Piccolomini (Pius II.) - Ein Humanist als Vater des Europagedankens?" in Rüdiger Hohls et al. ed., *Europa und die Europäer. Quellen und Essays zur modernen europäischen Geschichte. Festschrift für Hartmut Kaelble zum 65. Geburtstag* (Stuttgart: Steiner, 2005), 361-369; Nicola Casella, "Enea Silvio a difesa dell'Occidente cristiano," in Maria Antonietta Terzoli ed., *Enea Silvio Piccolomini, uomo di lettere e mediatore di culture* (Basel: Schwabe Verlag, 2006), 55-68; Barbara Baldi, "Geografia, storia e politica nel De Europa di Enea Silvio Piccolomini," in Luisa S. Tarugi ed., *Pio II Umanista Europeo* (Firenze: Cesati, 2007), 199-215.

5 Clare Le Corbeiller, "Miss America and Her Sisters: Personifications of the Four Parts of the World," *The Metropolitan Museum of Art Bulletin* 19/8 (1961): 209-223; Peter Burke, "Did Europa Exist before 1700?" *History of European Ideas* 1 (1980): 21-29; Regina Poeschel, *Studien zur Ikonographie der Erdteile in der Kunst des 16.-18. Jahrhunderts* (München: Scaneg Verlag, 1985); Regina Poeschel, "Europa-Herrscherin der Welt? Die Erdteil-Allegorie im 17. Jahrhundert," in K. Bußmann and E. A. Werner ed., *Europa im 17. Jahrhundert. ein politischer Mythos und seine Bilder* (Stuttgart: Steiner Verlag, 2004), 261-274; Helmut Nickel, "Miss America's Brother and His Club," *Metropolitan Museum Journal* 37 (2002): 83-88; Karl-Heinz Kohl, "Allegorien der drei Erdteile und die Entdeckung Amerikas," *Berlin-Brandenburgische Akademie der Wissenschaften. Berichte und Abbhandlungen* 14 (2008): 25-49.

이 오스만제국의 위협으로부터 서서히 벗어나 아시아와 남아메리카로 세력을 확장시키기 시작하면서 더욱더 심화되고 강화되었다.

본 연구는 바로 이 무렵 유럽인이 '유럽을 거론하고, 서술하고, 그림으로 그리고, 돌로 새겼던' 방식을 당시 다양한 시각 매체에서 나타난 의인화된 유럽의 이미지에 초점을 맞추어 추적하고자 한다. 유럽이 최초로 시각적으로 의인화되어 나타난 것은 16세기 초반이다. 그 이후로 여인의 모습이나 여왕의 모습을 한 유럽의 이미지가 책의 표지와 삽화, 지도의 장식, 교회와 궁전의 천장화와 조각 장식에 이르기까지 곳곳으로 퍼져 나갔다. 이렇게 하여 탄생한 유럽 여제(Europa Regina) 혹은 처녀 유럽(Europa Virgo)의 이미지는 18세기 중반까지 유럽의 대표적인 상징 중의 하나로 자리를 잡았다.

이제까지 의인화된 유럽 이미지의 발전사는 거듭하여 연구되어 왔다.[6] 그것은 학자들이 예술 작품이나 다른 대중적인 시각 매체가 그 자체로 하나의 언설이며, 때로는 그것이 한 시대의 정치문화와 현실을 이해하는 데 있어 문자 매체 못지않은 중요성을 지닐 수 있다는 것을 점점 더 분명히 자각하게 되었기 때문이다. 특히 오늘날에 비해 상대적으로 남아 있는 자료의 양이 적은 근대 이전이나 근대 초의 정치 언설을 재구성하는 데에는 시각 매체가 남다른 의미를 갖는다. 때때로 이들은 한 시기의 정치 언설과 문화에 있어서 이론의 언어가 잘 드러내지 않는 측면을 보여준다.[7] 이에 덧붙여 여전히 문맹이 일반적

6 Schmale, Gecchichte Europas, ch. 4; Regina Poeschel, "Primadonna Europa: Prinzessin und Königin," in Almut-Barbara Renger and Roland A. Ißler ed., *Europa– Stier und Sternenkranz, Von der Union mit Zeus zum Staatenverbund* (Bonn: Bonn University Press, 2009), 269-287; Wintle, The Image of Europe, ch. 5.4, 6.2.

7 cf. Gottfried Boehm ed., *Was ist ein Bild?*, 4th ed. (München: Wilhelm Fink Verlag, 2006); Hans Belting ed., *Bilderfragen. Die Bildwissenschaften im Aufbruch* (München: Wilhelm Fink

이던 이 시기의 대중들은 문자로 된 어떤 매체보다 앞서 흔히 여러 시각 매체를 통해 당대의 정치 관념을 접했으며, 이를 통해 정치 언설 속으로 포섭되었다는 점을 염두에 두어야 한다. 따라서 유럽의식의 발전사에 관심을 갖는 연구자로서는 당연히 그 이미지의 역사, 특히 그중에서도 가장 대표적인 의인화의 알레고리에 관심을 갖지 않을 수 없었다.

본 연구가 특별히 주목하는 것은 의인화된 유럽의 알레고리 속에 그 탄생과 유통과정 속에 담겨 있는 정치적 레토릭이다. 유럽이 하나의 문화적 정체성으로서 유럽인 사이에 영향력을 발휘하기 시작하던 16세기와 17세기는 종교개혁과 삼십년전쟁이라는 거대한 정치적 소용돌이의 시기이기도 했다. 당시 유럽을 나누어 지배하던 여러 정치집단들은 '우리 유럽'이라는 연대의식이 사람들 사이에 힘을 얻어 가던 현실에서 그 정치적 효과와 파장을 나름의 이해에 근거하여 계산했으며, 자신이 이해하고 그리는 유럽을 사람들의 머릿속에 각인시키고자 했다. 이들 정치적 주체들과 이들을 지지하던 사람들은 유럽의 이름으로 자신의 입장과 행동을 정당화했으며 유럽의 이름으로 상대를 비난했다. 그리하여 유럽의 단일 정체성이라는 관념은 그 발전과 확산의 전 과정에서 권력정치의 레토릭과 속속들이 깊숙하게 얽히게 되었다.[8]

Verlag, 2007); Gottfried Boehm and Horst Bredekamp ed., *Ikonologie der Gegenwart* (München: Wilhelm Fink Verlag, 2009); Klaus Sachs-Hombach ed., *Bildwissenschaft. Disziplinen, Themen, Methoden* (Frankfurt am Main: Suhrkamp, 2005).

8 cf. Wolfgang Schmale, "Europäische Identität und Europaikonographie im 17. Jahrhundert," in W. Schmale et al. ed., *Studien zur europäischen Identität im 17. Jahrhundert* (Bochum: Winkler Verlag, 2004), 73-115; Wolfgang Schmale, "Europa, Braut der Fürsten. Die politische Relevanz des Europamythos im 17. Jahrhundert," in K. Bußmann and E. A. Werner ed., *Europa im 17. Jahrhundert*, 241-268; Schmale, *Geschichte Europas*; Elke Anna Werner,

유럽의 의인화에 얽힌 정치적 레토릭을 분석함으로써 본 연구는 어떻게 유럽이라는 정체성이 '우리는 유럽인'이라는 동질감을 앞장서서 조장하고 이를 통해 자신의 권력을 증대시키려고 했던 다양한 정치행위주체, 특히 무엇보다도 왕조와 국가의 이해에 의해 추동되었는가를 드러내고자 한다. 이미 여러 학자들이 지적했듯 근대 유럽의식의 발전을 근대의 민족주의와 국가주의의 발전과정에 대한 안티테제로 이해하는 것은 역사를 지나치게 단순화시키고 나이브하게 보는 것이다. 근대의 국가이성은 근대 유럽 개념의 형성과 확산을 방해하기도 했지만 때로는 이를 이끌어 나아간 기관차이기도 했다.

이하에서 본 연구는 우선 유럽정치사회사상사에서 나타나는 인간신체 메타포의 의미와 그 발전과정을 분석한다. 첫째로 서구정치사상의 전통에서 인간신체가 왜, 그리고 어떻게 교회로부터 국가에 이르는 인간집단을 표상하는 상징으로서 쓰이게 되었는가를 논구할 것이다. 더불어 15세기 중반 이후 어떻게 이 메타포가 유럽의 단일한 정체성과 이해, 그에 따른 일치된 행동의 필요성이라는 관념을 표현하는 데 전용되는가를 살펴볼 것이다. 이어지는 본 연구의 두 번째 부분은 16세기 이후 등장하는 의인화된 유럽의 중요 사례들과 그 정치적 함의를 도상학적 분석을 통해 논할 것이다. 논의된 예들은 사람들이 유럽을 상이한 정치적 이해와 관심에 따라 종종 상당히 다른 모습으로 상상하고 표상했음을 보여줄 것이다. 이를 통해 오늘날 유럽이라는 단어로부터 떠올려지는 이미지들이 결코 '자연적'이거나 '당연한' 것이

"Triumphierende Europa – Klagende Europa. Zur visuellen Konstruktion europäischer Selbstbilder in der Frühen Neuzeit," in Almut-Barbara Renger and Roland A. Ißler ed., *Europa*, 240-260; Poeschel, "Primadonna Europa: Prinzessin und Königin," esp. 270-272; Bodo Guthmüller, "Zur Personifikation des Erdteils Europa in der Comédie héroïque Europe des Desmarets de Saint-Sorlin," in Almut-Barbara Renger and Roland A. Ißler ed., *Europa*, 275-290.

아니라 지배와 헤게모니를 둘러싼 치열한 투쟁을 포함하는 다양한 계기를 통해 역사적으로 형성된 것임이 드러날 것이다.

Ⅰ. 인간신체의 메타포

로마의 역사가 리비우스는 자신의 『로마사(Ab urbe condita)』 2권 32장에서 기원전 494년경 있었던 로마 귀족들과 평민 군인들 간의 일화를 이야기한다. 이 이야기는 귀족들의 전횡에 분노한 로마의 군인들이 담합하여 도시를 빠져나가 버리는 것에서 시작한다. 이에 크게 놀란 귀족들은 메네니우스 아그리파(Menenius Agrippa Lanatus)를 보내어 이들을 돌아오도록 설득하려 한다. 병사들 앞에 선 아그리파는 다음과 같은 우화를 들려준다: 예전에 인간의 몸이 아직 하나로 조화를 이루지 못하고 오장육부가 모두 자기가 원하는 바를 표현하고 실현할 수 있던 시기가 있었다. 어느 날 신체의 모든 기관들이 자신들이 뼈 빠지게 일해서 음식을 먹어도 결국은 위장 좋은 일만 시켜 주는 것이 아닌가 하고 불평을 늘어놓게 시작했다. 그래서 그들은 모두 일을 하지 않기로 합의를 했다. 손은 음식을 집지 않고 입은 음식을 받아들이지 않으며 이는 음식을 씹지 않았다. 그러나 그 결과 신체는 기운을 잃고 모두가 쇠진해졌다. 그제야 그들은 위가 이제까지 아무 일도 하지 않았던 것이 아니었음을 알고 위와 화해했다.

아그리파의 의도는 위장의 예를 들어 마치 무위도식하는 유한계급처럼 보이는 귀족집단이 사실은 도시를 위해 중요한 역할을 하고 있다는 것을 설득하는 것이었다. 그는 도시는 하나의 신체와 같아서 오장육부가 함께 조화롭게 움직여만 신체가 건강할 수 있듯이 각 시민이 서로 협력하는 속에서 각자의 역할을 잘 수행해야만 건강해질 수 있으며, 만일 각자가 자신의 본분에 맞지 않는 고집을 부리게 되면 궁극적으로 손해를 보는 것은 자신들일 뿐이라는 주장을 편 것이다.

만일 리비우스가 이야기한 대로 기원전 494년에 이러한 일이 있었다면, 아그리파는 적어도 기록으로 남아 있는 한에서 인간신체와 국가의 유비를 정치적 주장과 결부시켜 사용한 최초의 인물이다. 이 이야기의 진위 여부를 떠나 인간신체와 국가의 유비는 고대 유럽 정치 언설에 광범위하게 퍼져 있었다는 것은 부인할 수 없는 사실이다. 그리고 그 영향력은 중세를 거쳐 근대의 국가사상에까지 미쳤다.[9] 인간 신체의 메타포는 인간정신의 각 부분 간 이상적인 관계를 모델로 이상국가를 설계했던 플라톤(Plato)이나 키케로에서도 발견되고,[10] 군주를 머리에, 원로원을 가슴에, 그리고 일하는 자들을 발에 비유했던 12세기 후반의 솔즈베리의 존(John of Salisbury)에게서도 발견되며,[11] 심장이 몸 전체를 지배하듯 일인의 군주가 나라를 통치하는 것이 가장 이상적이라고 주장했던 토마스 아퀴나스(Thomas Aquinas)에게서도 나타나고,[12] 국가란 개인 간의 계약을 통해 탄생한 인공적 인간(Artificiall

9 Tilman Struve, *Die Entwicklung der organologischen Staatsauffassung im Mittelalter* (Stuttgart: Anton Hiersemann, 1978); Thomas Elsmann, *Untersuchungen zur Rezeption der Institutio Traiani. Ein Beitrag zur Nachwirkung antiker und pseudoantiker Topoi im Mittelalter und in der frühen Neuzeit* (Stuttgart: Teubner Verlag, 1994); Ernst Kantorowicz, *The King's Two Bodies. A Study in Mediaeval Political Theology* (Princeton: Princeton Univesity Press, 1997).

10 Struve, *Die Entwicklung der organologischen Staatsauffassung*, ch. 1; Hans Kloft, "Corpus Rei Publicae," in Wolfgang Schuller ed., *Antike in der Moderne* (Konstanz: Xenia Verlag, 1985), 137-170.

11 Struve, *Die Entwicklung der organologischen Staatsauffassung*, ch. 5; Elsmann, *Untersuchungen zur Rezeption der Institutio Traiani*; Cary J. Nederman, "Body Politics: The Diversification of Organic Metaphors in the Later Middle Ages," *Pensiero Politico Medievale* 2(2004): 59-87; Bee Yun, "A Visual Mirror of Princes: The Wheel on the Mural of Longthorpe Tower," *Journal of the Warburg and Courtauld Institute* 70 (2007): 1-32 (19-25).

Man)에 다름 아니라는 주장을 편 토마스 홉스에게서도 드러난다.

비록 국가는 아니지만 교회 역시 (그러나 실제로 중세 서유럽의 가톨릭교회는 자기이해에서나 실제 조직과 활동 면에서나 준 국가로서 기능했다는 사실을 여기서 부기하지 않을 수 없다) 바울 서간 이래로 신체의 메타포를 빌어 스스로를 묘사했다.[13] 고린도전서 12장 12절에서 바울은 "몸은 하나이지만 많은 지체를 가지고 있고 몸에 딸린 지체는 많지만 그 모두가 한 몸을 이루는 것처럼 그리스도의 몸도 그러합니다."라고 이야기한다.[14] 여기서 말하는 지체는 교인들이며 그리스도의 몸이란 곧 교회이기도 하다. 이 유비를 통해 바울은 모든 교인들이 인종과 민족의 구별 없이 조화와 협동 속에 살아가야 함을 설교하려 했다.

서양의 정치사회사상사에서 인간의 신체가 인간집단을 표상하기 위한 메타포로서 이토록 인기가 있었던 이유는 짐작하기 어렵지 않다. 인간신체의 메타포를 빌려 사람들은 국가 속의 개인이 하나의 공동운명체에 속함을 자각하고 서로 협력해야 할 필요를 알기 쉽게 설명할 수 있었다. 더불어 신체의 메타포는 국가와 정부 구성의 원리, 특히 지배자와 피지배자로의 기능 분화나 지배자들 내부의 역할 분화를 쉽게 설명할 수 있게 해주었다.[15]

그러나 인간신체의 메타포는 결코 정치적으로 중립적인 객관적 기술의 수단으로서만 쓰이지는 않았다. 국가와 신체의 유비를 통해 사

12 Struve, *Die Entwicklung der organologischen Staatsauffassung*, 149-165.

13 Struve, *Die Entwicklung der organologischen Staatsauffassung*, 44-67.

14 *Biblia Sacra iuxta vulgatam versionem*, ed., Roger Gryson (Stuttgart: Deutsche Bibelgesellschaft, 1994), 1782: "sicut enim corpus unum est et membra habet multa omnia autem membra corporis cum sint multa unum corpus sunt ita et Christus."

15 Struve, *Die Entwicklung der organologischen Staatsauffassung*, ch. 1.

실상 귀족집단의 입장을 변호하려 했던 아그리파의 경우에서 보이듯 인간신체의 메타포는 실제로 특정한 정치적 입장을 관철시키기 위한 언설 기제이기도 했다. 이는 메타포가 가장 광범위하고 다양하게 쓰였던 중세에도 마찬가지였다. 14세기 초에 연이어 벌어진 교회와 속권, 제국과 개별 국가 간의 대립 속에서 각 정치주체는 자신의 정치적 주장을 변호하기 위해 국가유기체론을 다양하게 재해석하고 변용시켰나. 예를 들어 교황을 중심으로 한 가톨릭교회가 기독교 세계를 대표하며 여기에 속권이 복종해야 한다고 믿었던 교황권지상론자들이 자신의 주장을 옹호하기 위해 동원한 설득 수단 중 하나가 바로 신체의 비유였다.[16] 이러한 주장을 가장 비타협적으로 밀어붙였던 인물 중 하나인 교황 보니파키우스 8세는 자신의 칙서 "우남 상크탐(Unam Sanctam)"에서 "하나 되고 이 세상에 단 하나뿐인 교회는 하나의 몸과 하나의 머리를 가질 따름이며 괴물처럼 두 개의 머리를 갖지 않는다. 그것은 그리스도이며, 그리스도가 베드로에게 나의 양을 치라고 말씀하신 데에서 나타나듯 그리스도의 대리자인 베드로, 그리고 그의 후계자이다."[17]라고 이야기했다. 기독교 세계를 하나의 몸에 비유하고 교황의 직을 그 머리에 비유하는 가운데 그는 자신의 권위에 도전하는 군주들을 자연의 법리를 거스르려는 자로 낙인찍었다.

한편 교회가 기독교 세계 내 최고 보편의 권력이라는 이러한 주장에 대해 반대했던 신성로마제국의 이데올로그들 역시 같은 신체비유를 자신의 주장의 한 근거로 삼았다.[18] 13세기 말과 14세기 초중반에

16 Struve, *Die Entwicklung der organologischen Staatsauffassung*, ch. 6.1-2, 7.1-2.

17 Boniface VIII, Les Registres de Boniface VIII, ed., *Georges Digard*, Vol. 3 (Paris: De Boccard, 1884), 888: "ecclesiae unius et unicae unum corpus, unum caput, non duo capita, quasi monstrum, Christus videlicet et Christi vicarius, Petrus, Petrique successor, dicente Domino ipsi Petro: Pasce oves meas."

주로 활동했던 아드몽의 엥엘베르트(Engelbert of Admont)는 『제국의 기원과 종말(De ortu et fine Romanii Imperii)』에서 신이 이 세계를 운용하는 방식을 보든 혹은 합리적 이치나 관행의 차원에서 생각해 보든 모두가 황제에게 복종해야 한다고 주장하고, 이를 거스르는 것은 기독교인의 공동체를 하나의 몸에 여러 개의 머리를 얹어놓은, 마치 머리 여럿 달린 괴물처럼 만드는 것이라고 주장했다.[19]

이상 유럽 정치사회사상사에서 인간신체의 비유가 어떻게 이해되고 기능했는가에 대한 분석은 15세기 중반 이후 각종의 연설과 기술 속에서 왜 유럽에 하나의 인간 이미지가 부여되기 시작했는가를 이해하는 데 도움을 준다. 유럽이라는 단어가 일종의 지리적 개념을 넘어 하나의 초국가적인 정체성을 의미하는 것으로 쓰이게 만든 결정적인 계기는 앞서 짧게 지적했듯이 무엇보다 오스만제국의 서진이었다.[20] 당대의 기독교 세계 지식인들은 오스만제국의 강력한 힘 앞에서 공포와 혐오를 경험했다. 바로 그만큼 이들은 아시아 세력을 제압했던 유

18 Struve, *Die Entwicklung der organologischen Staatsauffassung*, ch. 6.3.

19 Engelbert of Admont (1998), 94: "melius et iustius est semperque erit, quamdiu secundum provisum a Deo cursum rerum mundi ipsi Deo placuit omnia regna et omnes reges subesse uni imperio et imperatori Christiano, quantum de iure et consuetudine rationabili et praescripta competit et convenit unicuique regno subesse et oboedire Imperio, quam si singula regna et reges per se starent sine omni subiectione et oboedientia Imperii, tamquam multa capita in uno corpore Christianae rei publicae, quae est una et unius populi Christiani, et pro tanto habens unum caput omnium, nisi de illa re publica et uno populo Christiano quis vellet facere multorum capitum unum monstrum."

20 Erich Meuthen, "Der Fall von Konstantinopel und der lateinische Westen," *Historische Zeitschrift* 237 (1983), 1-35; Dieter Mertens, "Europäischer Friede und Türkenkrieg im Spätmittelalter," in Heinz Duchhardt ed., *Zwischenstaatliche Friedenswahrung in Mittelalter und Früher Neuzeit* (Köln: Böhlau Verlag, 1991), 45-90; Stephan Hohmann, "Türkenkrieg und Friedensbund im Spiegel der politischen Lyrik. Auch ein Beitrag zur Geschichte des Europabegriffs," *Zeitschrift für die Literaturwissenschaft und Linguistik* 28, Heft 110 (1998): 128-158.

럽의 고대 영웅들에 대한 일종의 노스탤지어를 느꼈던 것으로 보인다. 이들은 고대 유럽의 전설적 지도자들과 자신들을 하나의 계보 속에서 일치시킴으로써 오스만에 대한 패배라는 현실에 대한 심리적 보상을 얻고 저항에의 용기를 고취시키려 했다. 그런데 자랑스럽기는 하지만 동시에 이교도였던 이들 영웅들과 자신들이 맺고 있는 특별한 관계를 강조하는 데에는 기독교 공동체라는 개념보다 인종적·지리적 친화성에 무게가 실려 있는 유럽이라는 개념이 보다 적합했던 것으로 보인다.

이러한 새로운 시각이 드러나는 것은 15세기 이탈리아의 저명한 인문주의자 가운데 하나였던 교황 피우스 2세(Pius II), 속명으로 엔네아 실비오 피콜로미니(Enea Silvio Piccolomini)가 1454년 10월 15일 프랑크푸르트 제국의회에서 행한 연설이다.[21] 그는 전년에 벌어진 오스만제국군에 의한 콘스탄티노플의 함락에 대해 다음과 같이 이야기한다.

> 물론 우리는 이제까지 아시아와 아프리카에서, 다시 말해 타지에서 패배한 일이 있었습니다. 하지만 이번에 우리는 다름 아닌 유럽에서, 다시 말해 우리의 조국에서, 우리 집과 고향에서 패배하여 내동댕이쳐졌습니다.[22]

여기서 주목해야 할 것은 피우스가 콘스탄티노플의 함락을 유럽이 아시아와 아프리카, 고대로부터 벌인 지난한 투쟁의 사슬 한 고리로서 그려내고 있다는 것이다. 여기서 피우스는 유럽에 대해 역사를 통해 계속 이어져 내려오고 있는 하나의 정체성으로서의 의미를 부여하

21 cf. Helmrath, "Pius II. und die Türken"; his, "Enea Silvio Piccolomini (Pius II.)"

22 Enea Silvio Piccolomini, Pii II orationes politicae et ecclesiasticae. ed., *Johannes Dominicus Mansi*, Vol. 1 (Lucca, 1755), 263: "Retroactis namque temporibus in Asia atque in Affrica, hoc est in alienis terris, vulnerati fuimus, nunc vero in Europa, id est in patria, in domo propria, in sede nostra percussi cesique sumus."

고 있다. 이로부터 역사를 통해 이어져 내려오는 유럽과 아시아의 투쟁이라는 구도가 서구의 역사 이해에 본격적으로 등장하게 된다. 피우스는 유럽을 조국, 집, 고향으로 내세움으로써 사람들이 자신을 이러한 긴 역사적 투쟁과정을 통해 지켜져 온 운명공동체의 일원으로서 인식하고 오스만에 대한 저항에 한 목소리, 한 행동으로 동참하도록 설득하려 했다.

이렇게 유럽이라는 집단 정체성을 설파하기 위해 유럽의 지식인들은 이전부터 공동체에의 헌신과 공동체 안에서 단합의 필요를 설명하기 위해 쓰여 온 신체의 유비를 유럽에 적용하기 시작했다. 1543년 스페인 출신의 의사 앙드레 드 라구나(Andrés de Laguna)는 쾰른 대학에서 행한 유럽에 대한 라틴어 연설에서 유럽을 화려한 옛 시절을 추억으로만 간직한 채 아무에게도 보살핌을 받지 못하고 병든 몸으로 시들어 가는 여인으로 등장시켰다. 16세기 초에 이르러 유럽은 마치 아프기도 하고 고통을 호소할 줄도 아는 사람처럼 묘사되기 시작한 것이다.[23]

유럽의 의인화는 새로운 대양항로가 개척되고 해외로의 진출이 늘어가는 가운데 유럽인들이 자신들 사이에 국가와 지역을 초월하여 커다란 상사점이 존재한다는 의식을 보다 뚜렷이 형성해 가면서 더욱 큰 설득력을 얻게 되었다.[24] 사람들은 유럽이란 무엇인가에 대해 전설과 신화를 넘어 고대의 작가들이 남긴 민족지적·인종지적 기록과 당대의 여행기에서 구할 수 있던 정보를 기반으로 보다 다채로운 규정

---

23 Schmale, *Geschichte Europas*, 65-67; Werner, "Triumphierende Europa," 249-252.

24 Le Corbeiller, "Miss America and Her Sisters"; Burke, "Did Europa Exist before 1700?"; Poeschel, Studien zur Ikonographie der Erdteile; Poeschel, "Europa-Herrscherin der Welt? Die Erdteil-Allegorie im 17. Jahrhundert"; Nickel, "Miss America's Brother and His Club"; Kohl, "Allegorien der drei Erdteile und die Entdeckung Amerikas."

을 내릴 수 있게 되었다.

여기서 '우리 유럽인'이라는 관념은 결코 그 시기의 정치 상황과 그 안에서 벌어지는 행위자 간의 이해 대립과 무관하게 발전하지 않았다는 사실을 주목해야 한다. 앞서 본 피우스의 연설은 신성로마제국을 중심으로 모든 나라가 단결하여 오스만제국에 맞서야 한다는 정치프로그램과 직접 관련되어 있었다. 라구자의 연설 역시 1543년 뉘른베르크 제국의회에서 제시된 황제 페르디난드 1세의 정치적 목표를 시사하기 위한 의도가 그 밑에 깔려 있었다.[25] 이 의회에서 페르디난드는 점증하는 오스만제국의 위협에 맞서 제국군을 증강하기 위해 예산을 증액 받고, 특히 프로테스탄트 측의 귀족 군주들을 자신의 정책으로 끌어들이려는 의도를 가지고 있었다. 뒤에서 살펴보겠지만 이들과 정치적 뜻을 같이하지 않는 반대자들 역시 자신들의 명분에 따라 유럽의 과거를 반추하고 유럽의 현재를 진단하며 유럽의 비전을 제시했다. 유럽이라는 정체성이 점점 더 중요성해지는 바로 그만큼 대립하는 정치세력들도 각자의 이해에 맞고 각자가 이해하는 유럽을 내세우며 서로 간에 풍성한 말싸움을 벌이게 되었던 것이다.[26]

16세기 이후로 유럽이 미술, 조각, 책의 표지와 삽화, 지도 등에서 의인화되어 모습을 드러내기 시작한 것은 바로 이러한 맥락이다.[27] 다음에는 이러한 복합적인 이데올로기적 발전이 의인화된 유럽의 이미

25 Werner, "Triumphierende Europa," 250-252.

26 cf. Rolf Felbinger, "Europe, belle Europe, objet de mon amour...." Überlegungen zum frühneuzeitlichen Prozess einer europäischen Identitätsbildung zwischen staatspluralistischem und universalmonarchischem Denken," in W. Schmale et al. eds., *Studien zur europäischen Identität im* 17. Jahrhundert (Bochum: Winkler Verlag, 2004), 21-43.

27 Schmale, Geschichte Europas, ch. 4; Poeschel, "Primadonna Europa: Prinzessin und Königin"; Wintle, *The Image of Europe*, ch. 5.4, 6.2.

지에 어떻게 반영되었는가를 살펴볼 것이다.

II. 유럽의 의인화와 정치 레토릭

의인화된 유럽의 알레고리 중 첫 번째로 살펴볼 것은 1537년 요하네스 푸취(Johannes Putsch)가 그린 유럽 지도이다(그림 2.1). 현재까지 알려진 바로 이 지도는 의인화된 유럽의 알레고리를 최초로 시각적으로 나타낸 작품이다.[28]

이 지도에서 한눈에 드러나는 것은 노골적인 유럽우월주의이다. 여기서 유럽은 홀과 지구의를 들고 왕관을 쓴 여왕의 모습으로 표상되어 있다. 그에 비해 푸취는 오스만제국이 발원한 소아시아를 여왕의 발아래에 둠으로써 유럽을 위협하고 있었던 라이벌에 대한 적대감을 표현했다. 이 지도에서 주목해야 할 것은 여기에 당시 신성로마제국을 지배하던 합스부르크 왕가의 정치적 비전이 재현되어 있다는 사실이다. 푸취는 합스부르크 왕가의 스페인을 머리로 그리고 왕관을 씌우고, 독일과 보헤미아에는 가슴과 심장의 위치를 부여했다. 이 지도는 유럽을 대표하는 권력인 자신을 중심으로 단합하여 오스만제국의 침략을 저지해야 한다고 보았던 당시 합스부르크 왕가의 정치적 주장과 상통한다. 실제로 푸취는 자신의 지도를 합스부르크 치하의 독일을 통치하던 페르디난드에게 헌정했다.

28 Werner, "Triumphierende Europa," 243-246.

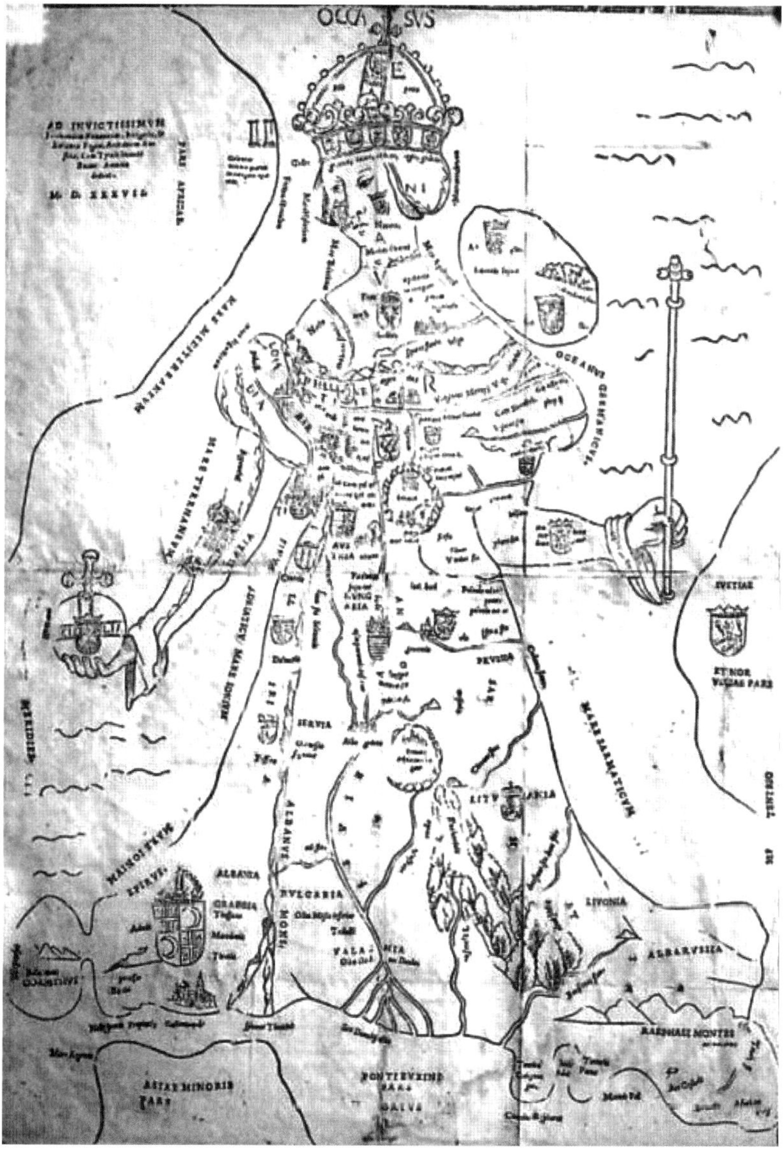

그림 2.1 요하네스 푸취(Johannes Putsch), "유럽 여왕(Europa)" [페르디난데움 티롤 박물관(Tiroler Landesmuseum Ferdinandeum), 인스브루크(Innsbruck), 파리, 1537년]

그림 2.2 제바스티안 뮌스터(Sebastian Münster), 『코스모그라피아(Cosmographia universalis)』 [바젤(Basel), 1544년]

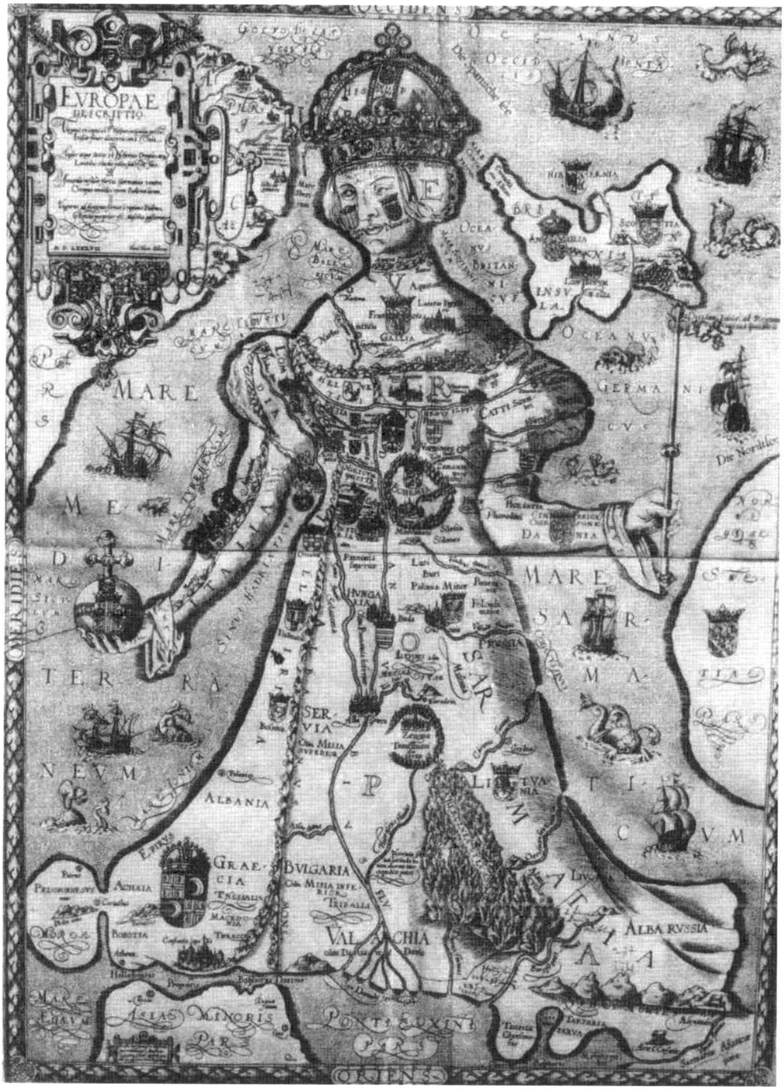

그림 2.3 마티아스 크바드(Mathias Quad), 『유럽지(Europae discriptio)』[주립도서관(Staatliche Bibliothek), 레겐스부르크(Regensburg), 1587년]

푸취의 지도는 큰 반향을 불러일으켰다.[29] 이의 모작이 양산되기 시작하여 그중 하나가 1544년 제바스티안 뮌스터(Sebastian Münster)가 바젤에서 출간한 『코스모그라피아(Cosmographia universalis)』에 수록되었다(그림 2.2). 여기서도 스페인(HISPANIA)은 여왕으로 그려진 유럽의 머리이고, 독일(GERMANIA)과 보헤미아(BOHEMIA)는 그 가슴과 심장이다. 여왕의 오른손은 이탈리아(ITALIA)를 따라 뻗어 있고, 그 끝에는 시칠리아(SICILIA)가 황제가 드는 지구의의 모습을 한 채 움켜쥐어져 있다. 왼손에 쥔 홀에는 잉글랜드, 스코틀랜드(SCOTIA), 아일랜드(HIBERNIA)가 매달려 있다. 프랑스(GALLIA)는 흉부를 이루고 있고, 덴마크(DANIA)는 왼팔을, 헝가리(VNGARIA), 슬로베니아(SCLAVONIA), 폴란드(POLONIA)는 허벅지를, 리투아니아(LITHVANIA)는 무릎을, 그리스(GRAECIA)와 불가리아(BVLGARIA), 러시아(MOSCOVIA)는 정강이를 이루고 있다. 여왕의 발아래에는 아시아(ASIA)와 몽골(TARTARIA)이 있다.

마티아스 크바드(Mathias Quad)가 1587년 출간한 『유럽지(Europae discriptio)』에도 유사한 개념의 지도가 실려 있다(그림 2.3).[30] 이는 이보다 앞서 1571년 맺어진 황제 루돌프 2세와 스페인의 이사벨라 클라라 에우제니아(Isabella Clara Eugenia) 간의 약혼을 염두에 두고 그려졌는데, 이를 통해 루돌프에게는 펠리페 2세(Felipe II)의 사후 포르투갈과 스페인의 지배권을 물려받고 그에 딸린 아메리카의 식민지를 아우

29 Pickles, "Text, Hermeneutics, and Propaganda Maps," in Trevor J. Barnes and James S. Duncan ed., *Writing Worlds: Discourse, Text and Metaphor in the Representation of Landscap* (London: Routledge, 1992), 193-230; Schmale, *Geschichte Europas*, ch. 4.3; Wintle, *The Image of Europe*, 247-250.

30 Marie-Louise von Plessen, *Idee Europa. Entwürfe zum "Ewigen Frieden," Ordnungen und Utopien für die Gestaltung Europas von der pax romana zur Europäischen Union* (Berlin: Deutsches Historische Museum, 2003), 114.

르며, 나아가 이사벨라가 발로아 왕가와 맺고 있는 혈연관계를 이용해 프랑스의 지배권도 손에 넣을 수 있는 전망이 열렸다. 크바드의 지도는 당시 루돌프 황제의 이러한 정치적 야심을 그대로 형상화시켜 놓은 것이다. 여왕이 쥐고 있는 홀이 영국에 직접 닿아 있는 것은 뮌스터의 지도에서도 나타나지만 크바드의 지도에서는 특별히 카를로스 5세(Carlos V)와 헨리 8세(Henry VIII)의 동맹을 상징한다.

『싱서기행(Itinerarium sacrae scripturae)』의 1588년 판에 실린 "처녀의 모습을 한 지상 으뜸의 땅 유럽(Europa prima pars terrae in forma virginis)"이라는 지극히 유럽우월주의적인 부제를 달고 있는 하인리히 뷘팅(Heinrich Bünting)의 지도 역시 이 계열에 속한다(그림 2.4).

이상의 예들은 합스부르크(the Habsburgs) 지배하의 신성로마제국의 정치적 비전을 직접 대변하고 있거나 혹은 이로부터 파생된 것이다. 그러나 의인화된 유럽의 알레고리는 정반대로 반합스부르크 선전을 위해 동원되기도 했다. 그 예가 "스페인의 유럽(Het Spaens Europa)"이라는 제목이 붙은 1598년 발간된 유인물이다(그림 2.5). 여기서 그려진 유럽은 앞선 지도와는 사뭇 다른 모습을 하고 있다. 비록 유럽은 관을 쓰고 칼과 지구의를 손에 든 여왕의 모습으로 나타나지만 그녀의 전체적인 자세는 앞으로 쓰러지는 모양새를 취하고 있다. 그녀가 입고 있는 옷은 화려하기는커녕 이곳저곳이 찢어지고 남루하여 누더기를 연상시킨다. 그녀의 치켜뜬 눈은 인자함보다는 신경질적이고 광폭한 성격을 암시한다. 이 지도 밑에 깔린 정치적 메시지는 지도의 오른쪽 윗부분에서 나타나고 있다. 여기서 네덜란드는 유럽 여왕의 몸의 일부분으로서가 아니라 방책으로 잘 수비되고 있는 섬으로 그려져 있으며, 그 안에는 네덜란드의 문장인 사자를 거느리고 네덜란드풍의 복장을 한 남자가 함대에 맞서 싸우고 있다. 여왕의 머리 오른쪽에는 패배하여 침몰하는 스페인의 함선들이 그려져 있다. 이 모든 정황은 이 그림이 당시 네덜란드와 합스부르크가의 스페인 간의 대결을 배경으로 그려졌음을 시사한다.[31]

그림 2.4 하인리히 뷘팅(Heinrich Bünting), "처녀의 모습을 한 지상 으뜸의 땅 유럽(Europa prima pars terrae in forma virginis)," 『성서기행(Itinerarium sacrae scripturae)』 [독일역사박물관(Deutsches Historisches Museum), 베를린, 1588년]

31 Werner, "Triumphierende Europa," 248-249.

그림 2.5 "스페인의 유럽(Het Spaens Europa)" [게르마니셰스 나치오날무제움(Germanisches Nationalmuseum), 뉘른베르크(Nürnberg), 1598년]

1643년 파리에서 발간된 장 데마레(Jean Desmarets de Saint-Sorlin)의 『유럽(Europe: Comédie Heroïque)』이라는 희곡 작품의 표지화 역시 유사한 반제국의 메시지를 담고 만들어진 것이다(그림 2.6). 우아한 옷을 입고 왕관을 쓴 채 가운데 선 여인은 유럽이다. 그러나 그녀의 표정이나 자세는 여왕이라기보다 고통에 시달리고 지친 여인을 연상시킨다. 그녀의 손에 채우려는 듯 사슬을 들고 왼쪽에서 다가가고 있는 인물은 그의 스페인 궁정풍 복장이 암시하듯 스페인의 알레고리, 이베레(Ibère)이다. 유럽과 이베레 사이에 서서 마치 후자의 편을 들듯 서 있는 긴 수염의 남자는 그 모자에 달린 쌍두독수리 장식이 보여주듯 독일의 알레고리인 제르마닉(Germanique)이며, 이베레의 오른쪽 다리를 붙잡고 관객들을 향해 조용히 하라는 듯이 제스처를 취하고 있는 인물은 로트링엔의 알레고리인 오스트라시(Austrasie)이다. 그 반대

그림 2.6 장 데마레(Jean Desmarets de Saint-Sorlin), 『유럽(Europe: Comédie Heroïque)』의 표지화(1643년)

편에서 프랑스 왕가를 상징하는 수탉의 장식을 투구에 달고 마치 칼을 뽑아 유럽을 지키려는 듯이 자세를 취한 인물은 프랑스의 알레고리, 프랑시옹(Francion)이다. 유럽은 마치 지켜달라고 애원하듯 그를 바라보고 있다. 마지막으로 유럽의 왼쪽 어깨너머로 보이는 인물은 그녀의 머리에 보이는 베드로의 열쇠가 말해 주듯 이탈리아의 상징인 오소니(Ausonie)이다.[32]

이와 같은 인물 설명에서도 이미 이 그림의 핵심 내용이 반합스부르크 선전이라는 사실이 드러난다. 합스부르크의 스페인과 신성로마제국은 전체 유럽의 적으로서 그 평화와 번영의 파괴자로서 고발당한다. 유럽은 이베레를 두고 다음과 같이 한탄한다: "만일 나의 적이 야심에 불타 나의 위대함을 억누르려 하지만 않았다면 나, 강하고, 활기차고, 자애롭고, 풍요한, 유럽은 즐겁게 노래하련만!"[33] 스페인에 대한 데마레의 비난은 아메리카 식민화정책에서부터 종교정책에 이르기까지 전면적이다. 작품에서 유럽은 스페인의 아메리카 약탈을 비꼬아 이베레가 자신의 어리고 무고한 자매를 겁탈했다고 고발한다. 이베레를 그대로 놓아두면 유럽도, 그녀의 다른 자매들인 인디(Indie)와 아프릭(Afrique)도 같은 운명에 처할 것이다. 이베레는 제국을 세우려 하고 스스로만이 진정한 종교를 기지고 진정한 신을 모신다고 주장하며 세계는 그를 따라야 한다고 우긴다. 그는 입으로는 사랑과 믿음과 경건함을 외치고 유럽의 평화를 부르짖지만 실은 상전인 유럽에 반기를 들고 그녀를 유린하려 하는 패륜아이다.[34]

32 Guthmüller, "Zur Personifikation des Erdteils Europa."

33 Jean Desmarets de Saint-Solin, *Europe: Comédie Heroïque*. ed., S. Taussig (Turnhout: Brepols, 2006), line 707-710: "Moi la puissante Europe, active, généreuse,/ Abondante en richesse, et je dirais hereuse,/ Si d'un seul ennemi l'ambitieuse ardeur/ N'eût jamais entrepris d'opprimer ma grandeur."

이러한 상황에서 프랑시옹은 유일하게 유럽을 구할 수 있는 희망으로 묘사된다. 그는 영예롭고, 예의바르며, 자애롭고 겸손한데다 자유를 사랑하는 기질을 가지고 있다. 심지어 유럽 여왕조차 그에 대한 사랑을 독백한다: “만일 나의 운명이 나의 삶이 단 며칠이라도 결혼의 신에 의해 묶이도록 정해 두었다면 … 내가 고를 사람은 오로지 프랑시옹뿐이리!”[35]

이 그림과 작품 모두는 17세기 중반 유럽을 둘로 갈라놓은 프랑스와 스페인 간의 대결구도를 그대로 반영하고 있다.[36] 이 무렵 리슐리외(Cardinal Richelieu)가 이끌던 프랑스는 스페인과 그 동맹국 독일, 그리고 여기에 비밀조약으로 연결되어 있던 로트링엔(그림에서 조용히 하라는 오스트라시의 제스처는 이 비밀조약을 패러디한 것이다)과 정치적으로 날카롭게 대립하고 있었다. 이 그림에서 이탈리아의 상징인 오소니가 프랑시옹의 편에 서 있는 것 역시 만투아 계승 전쟁 이후 프랑스가 이탈리아에서 세력권을 확대해 가고 있던 상황을 그대로 반영한다. 실제로 데마레는 리슐리외의 측근으로서 이 희곡의 작성과 출판에 있어 그로부터 음으로 양으로 적극적인 지원을 받았다. 당시 번역을 통해 이 작품을 다른 나라로 대량으로 유통시키려는 계획이

34 Desmarets, *Europe*, line 761-764: “Ah! faut-il qu'un des miens s'ose s'adresser à moi?/ Qu'il conçoive l'espoir de me donner la Loi?/ Que contre ma franchise à toute heure il conspire/ Et veuille sur ma perte établir son Empire?”

35 Desmarets, *Europe*, line 184-187: “si mon destin eût voulu que ma vie/ Eût été sous l'hymen quelque jour asservie/ ... C'est le seul Francion que je voudrais choisir.”

36 Guthmüller, “Zur Personifikation des Erdteils Europa,” Hermann Weber, “Une paix sûre et prompte. Die Friedenspolitik Richelieus,” in Heinz Duchhardt ed., *Zwischenstaatliche Friedenswahrung in Mittelalter und Früher Neuzeit* (Köln: Böhlau Verlag, 1991), 111-129; Hermann Weber, “Une Bonne Paix. Richelieus Foreign Policy and the Peace of Christendom,” in Joseph Bergin and Laurence Brockliss ed., *Richelieu and his Age* (Oxford: Clarendon Press, 1992), 45-69.

있었음을 미루어 볼 때 처음부터 리슐리외는 이를 정치 프로파간다에 이용하려 했던 것으로 보인다.[37]

한편 종교 갈등과 전쟁으로 얼룩졌던 16세기와 17세기에 의인화된 유럽의 알레고리는 가톨릭과 프로테스탄트 양측이 펼쳤던 프로파간다에서도 발견된다. 이는 두 종교 진영 모두가 유럽인 전체의 영적 구원이 바로 자신들에게 달려 있음을 내세웠기 때문이다. 또한 반드시 프로테스탄트는 아니더라도 기존 교회의 부패상을 비판하고 개혁을 염원하던 사람들 역시 유럽 전체의 영적 구원이라는 이름으로 자신의 주장을 폈다. 그 한 예가 1520~1524년 사이에 콘라드 슈니트(Conrad Schnitt)가 제작한 판화이다. 여기서는 제우스에 의한 유럽의 유괴라는

그림 2.7 콘라드 슈니트(Conrad Schnitt), "유럽의 납치"
[바젤공립예술관(Öffentliche Kunstsammlung Basel), 1520-1524년]

37 Guthmüller, "Zur Personifikation des Erdteils Europa," 286-288.

고전적인 테마가 당시 교회개혁에의 요구와 짝을 이루어 등장하고 있다(그림 2.7). 가운데 흐르는 강을 사이에 두고 왼쪽 편에는 제우스가 에우로페 공주를 납치해 가고 그녀의 친구들이 이에 분노하는 장면이 펼쳐져 있다. 그 반대편에는 인간의 모습으로 분한 유럽이 교황과 추기경, 주교, 그리고 이런저런 교단의 수도사들에게 둘러싸여 겁탈을 당하려 하고 있다.[38] 이 판화에는 로테르담의 데시데리우스 에라스무스(Desiderius Erasmus Roterodamus)가 1509년 무렵에 쓴 다음과 같은 경구와 유럽과의 대화가 덧붙어 있다.

> 전설에 따르면 제우스는 황소의 모습으로 꾸며 잽싸게 에우로페를 납치했다네. 그런데 이제는 수도사들이 순진한 양의 시늉을 하며 그녀를 덮치네. 아, 이것이 전설이 아닐진대, 정말로 무서운 일이로다. (유럽에게 묻기를) "한때 어린 소녀에서 이제 수도사들에 놀아나는 더러운 갈보가 되어버린 너 유럽이여. 너는 한때는 제우스의 애인이었도다. 너의 옛 용모와 너의 순수한 자태는 어디로 갔는가. 왜 그대는 그렇게 흐트러진 모습으로 더러운 자태로 누워 있는가?" (유럽이 답하기를) "나로부터 그것을 앗아간 이 무리들이 그대는 안 보이는가? 신이 한때 내게 주었던 아름다운 용모와 훌륭한 선물들, 행운으로 가득한 아시아의 땅과 리비아를 앗아간 것은 부끄러움이란 모르는 저 높으신 양반들이 일으킨 소란이었다네.[39]

반가톨릭 프로파간다에 의인화된 유럽의 알레고리가 쓰인 동원된 가장 뚜렷한 예는 안드레아스 브렛슈나이더(Andreas Bretschneider)가 1631

38 Guthmüller, "Zur Personifikation des Erdteils Europa," 279-280.

39 "Iupiter Europam, vera est si fabula, tauri/ Lusit mentita callidus effigie./ Quam monachi falsa sub imagine simplicis agni,/ Proh pudor, haec non est fabula, nunc subigunt./ "Spurca sacerdotum meretrix Europa puella,/ Inclyta quae fueras unius ante Iovis,/ Dic, precor, effigies ubi prisca, ubi candida vestis,/ Cur luxata modo, cur ita senta iaces?" "Nonne vides qui me grex stipat? Hic oris honorem/ Abstulit et dotes quas deus ante dedit./ Felices Asiae terras Libyesque, procorum/ Turba quibus non tam flagiciosa nocet!""

EUROPA QVERULA ET VULNERATA,

Das ist/

Klage der Europen / so an jhren Gliedern vnd gan=tzem Leibe verletzet / vnd verwundet ist / vnd nunmehr Trost vnd Hülffe begehret.

Wie ist dein Angesicht / vnd Cörper so zerschlagen/
Du Königs Tochter/ die vorhin ohn alle Plagen/
Die vor der Fürsten lust/ die jederman geliebt;
So nun verwundet vnd mit schaden sehr betrübt?
Ich klage mit dir selbst / weil mit so vielen falten
Verfallen die gestalt/ als die nu soll veralten
Vnd lassen jhre Zier/ die vor das Haupt der Welt
Vnd aller Länder Pracht/ in vnglück so zerfelt.
Bewegen dich nicht mehr dein alt Geschlecht der Ehren/
Vnd Hohheit des geblüts / das du zwar solt vermehren/
Vnd steigen vber dich darauß viel Fürstenthumb/
Das Reich gewachsen ist/ erlanget seinen Ruhmb?
Ich liege zwar im staub in vngeflochten haaren/
Die ich bedrenget bin nun in so vielen Jahren/
Daß fast die Mattigkeit mich vberwunden hat /
Vnd gar vertilgen will wo nicht kombt guter Raht:
Sih an wie die gestalt/ die schönheit meiner Wangen
Nun gantz verblasset ist / die Zung am gaum bleibt hangen/
Es bebet mein Gesang / die Harff im staube ligt/
Mein Mund verstummen wil/ wo er nicht hülffe krigt.
Die Nahrung vnd das Brodt/ der Wein ist mir entzogen/
Der Vorrath ist hinweg/ das Vieh darvon geflogen/
Der Acker Brache wird / die Felder sind Zerruckt/
Die Wasser müde sind/ die hat der Feind erstickt.
Europa die ich sehe verletzt die Vnterthanen
Vnd mich vnd meine Stirn/ wo sind die Krieges Fahnen/
Wo ist Versicherung/ der Sieg/ die alte Krafft/
Wo ist die Frewdigkeit/ der Glieder frischer Safft?
Ich dürffte mich den auch noch dieses vnterwinden
Zu suchen eine Krafft/ auch wo die sey zu finden:
Es ist mein hoher Stam vnd Ankunfft der Geburt
Der Feinde grosser spott dazu ich bin geführt:

Es blicket noch ein Schein vnd Glantz der alten Thaten/
Die zwar den Helden in der Sachen vor gerahten/
Die Manheit der Natur/ die flammen jhrer Tugend
Noch scheinen wie zuvor geschehn in frischer Jugend.
Wo ist die Einigkeit? denn wo dieselbe wohnet/
Mit Vnglück/ bösem Raht vnd That man wird verschonet:
Ob schon die Einigkeit nicht von den Feinden steigt/
Vertrawte Nachtbahrschafft zum guten ist geneigt/
Wo die Vereinigung geschehen der gemühter/
Erfolget auch gar bald vertheidigung der Güter;
Es wird das gantze Landt vnd Reich in sicherheit
Vnd Einigkeit gesetzt/ davon die Frewdigkeit.
Das Mittel ist allein das man so sey verbunden/
Als wie der alten Bund/ zu meiden alle Wunden/
Zu bleiben in der Still/ zu suchen Friedes gunst/
Zu meiden Neid vnd Grull / das ist die gröste Kunst.
Es folget den auch bald / wie der gerechte Friede
Weit vor zu zihen sey mit einem schönen Liede;
Wie der Poëten Kunst vnd Freyheit hat bedacht:
Den Friede wollen wir/ der Krieg kein Heyl hat bracht.
Es kan der Friede zwar sich selber nicht anschaffen/
Es folget guter Raht vnd die gerechte Waffen
Wo die gerechte Sach auch hat ein Fundament/
Gott selber Richter ist vnd trit sins Regiment./
Es wallet noch das Blut/ vnd mut der Deutschen Helden/
Vnd der Gerechtigkeit/ wie jhre Thaten melden.
Es sey die Obrigkeit Vertreglich / vnd den Streit
Abwende Gott der HErr mit Fried vnd Einigkeit!
Ich habe meine Noht geklagt/ vnd meine Schmertzen;
Vnd was geklaget ist/ das ist von gantzem Hertzen:
Wen kömbt der Sonnenschein die Wolcken müsse gehn/
Vnd wo Trost kommen ist/ die Schmertzen abestehn.

Gedruckt im Jahr 1631.

그림 2.8 안드레아스 브렛슈나이더(Andreas Bretschneider), "탄식하고 상처 입은 유럽(Europa querula et vulnerata)" [헤르쪽 이우구스트 도서관(Herzog August Bibliothek), 볼펜뷔텔(Wolfenwüttel), 1631년]

년 제작한 동판 유인물이다(그림 2.8). 이 판화의 맨 위에는 라틴어로 "탄식하고 상처 입은 유럽(Europa querula et vulnerata)"이라는 제목이 붙어 있고 그 아래는 독일어로 "유럽의 탄식, 사지와 몸통 전체가 상하고 부서져 위로와 도움을 애타게 찾고 있네(Klage der Europen/ so an ihren Gliedern und gantzem Leibe verletzet/ und verwundet ist/ und nunmehr Trost und Hüllfe begehret)"라고 부제가 달려 있다. 전면에는 머리를 풀어헤친 유럽이 바위 위에 위태롭게 서 있다. 하늘에서는 손이 내려와 그녀의 머리 위에 순교자의 관을 씌우려는 듯하다. 한편 그녀의 왼쪽에는 예수회 신부를 비롯하여 가톨릭교도들이 서서 그녀를 향해 화살을 날리고 있다. 유럽은 그로부터 고개를 돌려 한 손을 심장에 올린 채 오른쪽에서 조용히 무엇인가를 상의하고 있는 사람들을 마치 도움을 바라는 듯 제스처를 하고 바라보고 있다. 아마도 이들은 1631년 라이프치히에서 열린 프로테스탄트 측 의회대표들의 회합을 지칭하고 있는 것으로 보인다. 이에 비추어 볼 때 이 판화는 가톨릭에 대한 비판임과 동시에 프로테스탄트 측에 내부의 불화를 극복하고 단결하여 전쟁을 끝내라는 호소를 담고 있다.[40]

지금까지 살펴본 예들은 동일한 의인화된 유럽의 메타포가 정치적 입장에 따라 얼마나 다른 의미를 부여받고, 얼마나 다양한 모습으로 나타날 수 있는가를 보여준다. 상호 경쟁하던 정치세력들은 똑같은 유럽을 두고서 각기 다른 비전을 투사하고 있었고, 이는 유럽에 대한 여러 상이한 상을 낳았다. 이러한 해석과 묘사의 다양성은 여러 세력에 의해 안으로부터 찢어져 상쟁하던 현실의 반영임과 동시에 더불어

40 Wolfgang Harms, *Illustrierte Flugblätter aus den Jahrhunderten der Reformation und der Glaubenskämpfe* (Kunstsammlungen der Veste Coburg, 1983), 192-193; Werner, "Triumphierende Europa," 252-256.

유럽의 이미지가 풍부해지고, 사람들의 머리와 가슴속에 각인되고 풍부해지는 계기이기도 했다.

III. 맺음말

의인화된 유럽의 알레고리는 유럽이라는 자연적·문화적 단일 정체성이 존재한다는 의식의 뚜렷한 표현이자 근대 초 문학으로부터 시각예술에 이르기까지 유럽을 상징화하기 위해 널리 쓰였던 메타포이다. 본 연구는 15세기 말부터 17세기에 이르는 기간 동안 의인화된 유럽의 알레고리가 만들어지고 변화되고 퍼져 나아가는 과정을 이해함으로써 궁극적으로 유럽이라는 정체성의 관념이 어떻게 형성되고 발전되었는가에 대한 이해를 심화하고자 했다. 특히 본 연구는 의인화된 유럽의 알레고리가 어떻게 상이한 이해를 가진 정치주체들에게 자신의 명분과 논리를 강화할 목적으로 이용되었으며, 그 가운데 재해석과 변용을 겪었는가를 살펴보았다. 그리고 그 속에서 이 알레고리가 근대 초 유럽을 특징짓는 정치적 격변 속에 펼쳐진 다양한 정치적 이데올로기와 레토릭에 깊이 연관되어 있었다는 사실을 확인했다.

여기서 말하는 정치적 이데올로기나 레토릭이 반드시 상대방을 속여 넘기기 위해 고안된 거짓말을 의미하는 것이 아님은 상론할 필요가 없을 것이다. 정치이론의 발전을 연구하는 학자들은 정치이론 자체가 어떤 비전과 이해를 실현하기 위해 다른 이들을 특정한 정치적 결정으로 설득시킬 목적으로 행해지는 언어활동의 일부이며, 이러한 언어활동을 통해 정치이론은 그 모습을 갖추어 가고 풍요로워진다는 사실을 밝혀내었다.[41] '우리 유럽'이라는 의식과 그의 표현으로서의 의인화된 유럽의 알레고리가 정치적 레토릭과 연관되어 발전했다는 이야기는 그들이 바로 그 레토릭 속에 표현되고 있는 다양한 정치주체의 희망과 전망에 관련하여 커 나아갔음을 의미한다.

거시 역사적으로 볼 때 유럽의 의인화는 12세기로부터 급속히 확산되었던 도시, 국가와 제국의 의인화에 이어서 인간신체의 메타포가 인간집단이 이루는 질서를 표현하고 규율하는 수단으로 기능한 또 다른 경우이다. 그리고 오랫동안 그 메타포에 담겨져 표현되어 왔던 협조와 조화, 단합의 부르짖음은 강화되어 가고 확대되어 가는 유럽연합을 통해 현실의 정치적 힘으로 오늘날 현상하고 있다. 빠르게 진행되어 가고 있는 유럽의 정치적 통합은 신체의 메타포가 상징하듯 유럽이 머리와 심장, 그리고 사지로 유기적 결합 위에 움직이는 일체로서 곧 등장할지도 모른다는 전망을 하게 한다. 알레고리가 현실이 되는 순간, 상징이 실재가 되는 순간이 빠르게 다가오고 있는 것으로 보인다. 앞서 살펴본 그 알레고리와 상징의 역사는 유럽이라는 정체성의 관념이 사실은 유럽 내부에서의 국가 간, 집단 간 권력투쟁에 의해 억눌려진 것만이 아니라 오히려 그를 통해 벼려지고 풍부해졌다는 사실을 보여준다. 어쩌면 이러한 분쟁과 분열이 없었다면 '우리 유럽'이라는 관념은 아직 채 성숙하지 못했거나 지금보다 훨씬 느슨한 혹은 전혀 다른 모습의 어떤 것이었을지도 모른다는 상상도 가능할 것이다. 오늘날 우정과 신뢰를 기반으로 국가와 민족의 차이를 넘어 창조된 초국가적 연대의 대표로 여겨지는 유럽이 탄생할 수 있었던 밑바탕에는 바로 이렇게 오랜 기간의 분열과 분쟁으로부터 자라나고

41 James Tully ed., *Meaning and Context: Quentin Skinner and His Critics* (Princeton: Princeton University Press, 1989)에 실린 Skinner의 논문들 참조.

풍요로워진 '우리 유럽'이라는 의식이 자리 잡고 있다. 분열된 이해와 분쟁이 연대의식의 발전을 촉진시켰다는 이야기에는 확실히 역설이 담겨 있다. 그러나 진정으로 오늘날의 유럽을 이해하는 중요한 하나의 열쇠는 역사 속에서 작동해 온 이러한 역설을 이해하는 데 있다. 오늘날에도 유럽의 정체성은 바로 이러한 개별 국가와 집단들의 정치적 이해와 타산 속에서 조금씩 새롭게 정의되어 나아가고 형성되고 있기 때문이다.[42]

42 Vgl. Paul Richard Blum, "Europa - ein Appellbegriff," *Archiv für Begriffsgeschichte* 43 (2001): 149-171; Rolf Felbinger, "Europe, belle Europe, objet de mon amour..." Überlegungen zum frühneuzeitlichen Prozess einer europäischen Identitätsbildung zwischen staatspluralistischem und universalmonarchischem Denken," in W. Schmale et al. ed., *Studien zur europäischen Identität im 17. Jahrhundert* (Bochum: Winkler Verlag, 2004), 21-43.

참고문헌

Baldi, Barbara. "Geografia, storia e politica nel De Europa di Enea Silvio Piccolomini," In *Pio II Umanista Europeo*, edited by Luisa S. Tarugi, 199-215. Firenze: Cesati, 2007.

Belting, Hans ed. *Bilderfragen. Die Bildwissenschaften im Aufbruch.* München: Wilhelm Fink Verlag, 2007.

Biblia Sacra iuxta vulgatam versionem, edited by Roger Gryson. Stuttgart: Deutsche Bibelgesellschaft, 1994.

Blum, Paul Richard. "Europa - ein Appellbegriff," *Archiv für Begriffsgeschichte* 43: 149-171. 2001.

Boehm, Gottfried and Horst Bredekamp ed. *Ikonologie der Gegenwart.* München: Wilhelm Fink Verlag, 2009.

Boniface VIII. *Les Registres de Boniface VIII*, edited by Georges Digard. Vol. 3. Paris: De Boccard, 1884.

Buisseret, David. *Monarchs, Ministers, and Maps: the Emergence of Cartography as a Tool of Government in Early Modern Europe.* Chicago: University of Chicago Press, 1992.

Burke, Peter. "Did Europa Exist before 1700?" *History of European Ideas* 1: 21-29, 1980.

Casella, Nicola. "Enea Silvio a difesa dell'Occidente cristiano," In *Enea Silvio Piccolomini, uomo di lettere e mediatore di culture*, edited by Maria Antonietta Terzoli, 55-68. Basel: Schwabe Verlag, 2006.

Desmarets de Saint-Solin, Jean. *Europe: Comédie Heroïque*, edited by S. Taussig. Turnhout: Brepols, 2006 (1643).

Elsmann, Thomas. *Untersuchungen zur Rezeption der Institutio Traiani. Ein Beitrag zur Nachwirkung antiker und pseudoantiker Topoi im Mittelalter und in der frühen Neuzeit.* Stuttgart: Teubner Verlag, 1994.

Enea Silvio Piccolomini. *Pii II orationes politicae et ecclesiasticae.* ed. Johannes Dominicus Mansi, Vol. 1. Lucca, 1755.

Engelbert of Admont. *Vom Ursprung und Ende des Reiches und andere Schriften*, ed.

Wilhelm Baum. Graz: Leykam Buchgesellschaft, 1998.

Felbinger, Rolf. ""Europe, belle Europe, objet de mon amour..." Überlegungen zum frühneuzeitlichen Prozess einer europäischen Identitätsbildung zwischen staatspluralistischem und universalmonarchischem Denken," In *Studien zur europäischen Identität im 17. Jahrhundert.* edited by W. Schmale et al. 21-43. Bochum: Winkler Verlag, 2004.

Gottfried Boehm ed. *Was ist ein Bild?* 4th ed. München: Wilhelm Fink Verlag, 2006.

Guthmüller, Bodo. "Zur Personifikation des Erdteils Europa in der Comédie héroïque Europe des Desmarets de Saint-Sorlin," In *Europa－Stier und Sternenkranz, Von der Union mit Zeus zum Staatenverbund*, edited by Almut-Barbara Renger and Roland A., 275-290. Bonn: Bonn University Press, 2009.

Hale, John R. *The Civilization of Europe in the Renaissance.* New York: Touchstone, 1993.

Harms, Wolfgang. *Illustrierte Flugblätter aus den Jahrhunderten der Reformation und der Glaubenskämpfe.* Kunstsammlungen der Veste Coburg, 1983.

Hay, Denys. *Europe. The Emergence of an Idea.* New York: Harper and Row, 1966.

Helmrath, Johannes. "Pius II. und die Türken," In *Europa und die Türken in der Renaissance*, edited by Bodo Guthmüller und Wilhelm Kühlmann, 79-137. Tübingen: Niemeyer Verlag, 2000.

Helmrath, Johannes. "Enea Silvio Piccolomini (Pius II) - Ein Humanist als Vater des Europagedankens?" In *Europa und die Europäer. Quellen und Essays zur modernen europäischen Geschichte. Festschrift für Hartmut Kaelble zum 65. Geburtstag*, edited by Rüdiger Hohls et al., 361-369. Stuttgart: Steiner, 2005.

Hohmann, Stephan. "Türkenkrieg und Friedensbund im Spiegel der politischen Lyrik. Auch ein Beitrag zur Geschichte des Europabegriffs," *Zeitschrift für die Literaturwissenschaft und Linguistik* 28, Heft 110: 128-158. 1998.

I, Deug-Su. "Europavorstellung im Mittelalter," In *Europa - Stier und Sternenkranz, Von der Union mit Zeus zum Staatenverbund*, edited by Almut-Barbara Renger and Roland A. 455-471. Bonn: Bonn University Press, 2009.

Jordan, William C. ""Europe" in the Middle Ages," In *The Idea of Europe. From*

Antiqiuty to the European Union, edited by Anthony Pagden, 72-90. Cambridge: Cambridge University Press, 2002.

Kantorowicz, Ernst. *The King's Two Bodies. A Study in Mediaeval Political Theology*. Princeton: Princeton University Press, 1997 (1957).

Kloft, Hans. "Corpus Rei Publicae," In *Antike in der Moderne*, edited by Wolfgang Schuller, 137-170. Konstanz: Xenia Verlag, 1985.

Kohl, Karl-Heinz. "Allegorien der drei Erdteile und die Entdeckung Amerikas," *Berlin-Brandenburgische Akademie der Wissenschaften. Berichte und Abbhandlungen* 14: 25-49. 2008.

Kumar, Krishan. "The 1989 Revolutions and the Idea of Europe," *Political Studies* 40: 439-461. 1992.

Laguna, Andrés de. *Discurso sobre Europa*. Madrid: Tipogr. moderna, 1962 (1543).

Le Corbeiller, Clare. "Miss America and Her Sisters: Personifications of the Four Parts of the World," *The Metropolitan Museum of Art Bulletin* (April): 209-223. 1961.

Mertens, Dieter. *Europäischer Friede und Türkenkrieg im Spätmittelalter*. Heinz Duchhardt ed. *Zwischenstaatliche Friedenswahrung in Mittelalter und Früher Neuzeit*, 45-90. Köln: Böhlau Verlag, 1991.

Meuten, Erich. "Der Fall von Konstantinopel und der lateinische Westen," *Historische Zeitschrift* 237: 1-35. 1983.

Nederman, Cary J. "Body Politics: The Diversification of Organic Metaphors in the Later Middle Ages," *Pensiero Politico Medievale* 2: 59-87. 2004.

Nickel, Helmut. "Miss America's Brother and His Club," *Metropolitan Museum Journal* 37: 83-88. 2002.

Oschema, Klaus. "Der Europa-Begriff im Hoch- und Spätmittelalter. Zwischen geographischem Weltbild und kultureller Konnotation," *Jahrbuch für europäische Geschichte* 2: 191-234. 2001.

Peil, Dietmar. *Untersuchung zur Staats- und Herrschaftsmetaphorik in literarischen Zeugnisse von der Antike bis zur Gegenwart*. München: Wilhelm Fink Verlag, 1983.

Pickles, John. "Text, Hermeneutics, and Propaganda Maps," In *Writing Worlds: Discourse,*

Text and Metaphor in the Representation of Landscape, edited by Trevor J. Barnes and James S. Duncan, 193-230. London: Routledge, 1992.

Pim den boer et al. *The History of the Idea of Europe*. London: Routledge, 1995 (1993).

Plessen, Marie-Louise von. *Idee Europa. Entwürfe zum "Ewigen Frieden." Ordnungen und Utopien für die Gestaltung Europas von der pax romana zur Europäischen Union.* Deutsches Historische Museum, 2003.

Poeschel, Sabine. *Studien zur Ikonographie der Erdteile in der Kunst des 16. - 18. Jahrhunderts.* München: Scaneg Verlag, 1985.

Poeschel, Sabine. "Europa-Herrscherin der Welt? Die Erdteil-Allegorie im 17. Jahrhundert," In *Europa im 17. Jahrhundert. Ein politischer Mythos und seine Bilder*, edited by K. Bußmann and E. A. Werner, 269-287. Stuttgart: Steiner Verlag, 2004.

Poeschel, Sabine. "Primadonna Europa: Prinzessin und Königin," In *Europa – Stier und Sternenkranz, Von der Union mit Zeus zum Staatenverbund*, edited by Almut-Barbara Renger and Roland A., 261-274. Bonn: Bonn University Press, 2009.

Renger, Almut-Barbara, and Ißler, Roland A. "Stier und Sternenkranz: Europa in Mythos und Geschichte. Ein Rundgang," In *Europa-Stier und Sternenkranz, Von der Union mit Zeus zum Staatenverbund*, edited by Almut-Barbara Renger and Roland Ißler ed., 51-99. Bonn: Bonn University Press, 2009.

Sachs-Hombach, Klaus ed. *Bildwissenschaft. Disziplinen, Themen, Methoden.* Frankfurt am Main: Suhrkamp, 2005.

Schilling, Michael. "Flugblatt und Krise in der Frühen Neuzeit," W. Harms and A. Messerli eds., *Wahrnehmungsgeschichte und Wissensdiskurs im illustrierten Flugblatt der Frühen Neuzeit (1450-1700)*, 33-56. Basel: Schwabe Verlag, 2002.

Schmale, Wolfgang. *Geschichte Europas*. Köln: Böhlau Verlag, 2000.

Schmale, Wolfgang. "Europäische Identität und Europaikonographie im 17. Jahrhundert," In *Studien zur europäischen Identität im 17. Jahrhundert*, edited by W. Schmale et al. 73-115. Bochum: Winkler Verlag, 2004a.

Schmale, Wolfgang. "Europa, Braut der Fürsten. Die politische Relevanz des Europamythos im 17. Jahrhundert," In *Europa im 17. Jahrhundert. Ein politischer*

Mythos und seine Bilder, edited by K. Bußmann and E. A. Werner, 241-268. Stuttgart: Steiner Verlag, 2004b.

Schmale, Wolfgang. *Geschichte und Zukunft der Europäischen Identität*. Stuttgart: W. Kohlhammer Verlag, 2008.

Schmale, Wolfgang. "Die politischen Seiten des Europamythos in der neueren Geschichte," In *Europa－Stier und Sternenkranz, Von der Union mit Zeus zum Staatenverbund*, edited by Almut-Barbara Renger and Roland A., 395-413. Bonn: Bonn University Press, 2009.

Schneidmüller, Bernd. "Die mittelalterlichen Konstruktionen Europas," In *Europäische Geschichte als historiographisches Problem*, edited by Heinz Duchhardt and Andreas Kunz, 5-24. Mainz: Zabern Verlag, 1997.

Schulze, Winfried. "Europa in der frühen Neuzeit－begriffsgeschichtliche Befunde," In *Europäische Geschichte als historiographisches Problem*, edited by Heinz Duchhardt and Andreas Kunz ed., 35-65. Mainz: Zabern Verlag, 1997.

Spiering, Menno. "National identity and European Unity," In *Culture and Identity in Europe*, edited by Michael Wintle, 98-132. Aldershot: Avebury, 1996.

Struve, Tilman. *Die Entwicklung der organologischen Staatsauffassung im Mittelalter*. Stuttgart: Anton Hiersemann, 1978.

Suckale, Robert. *Kunst in Deutschland*. Köln: Dumont, 2005 (1998).

Tully, James. *Meaning and Context: Quentin Skinner and His Critics*. Princeton: Princeton University Press, 1989.

Weber, Herman. "Une paix sûre et prompte. Die Friedenspolitik Richelieus," In *Zwischenstaatliche Friedenswahrung in Mittelalter und Früher Neuzeit*, edited by Heinz Duchhardt, 111-29. Köln: Böhlau Verlag, 1991.

Weber, Hermann. "Une Bonne Paix. Richelieus Foreign Policy and the Peace of Christendom," In *Richelieu and his Age*, edited by Joseph Bergin and Laurence Brockliss, 45-69. Oxford: Clarendon Press, 1992.

Werner, Elke Anna. "Triumphierende Europa－Klagende Europa. Zur visuellen Konstruktion europäischer Selbstbilder in der Frühen Neuzeit," In *Europa－Stier und Sternenkranz, Von der Union mit Zeus zum Staatenverbund*, edited by Almut-Barbara Renger and Roland A., 240-260. Bonn: Bonn University Press, 2009.

Wintle,, Michael. *The Image of Europe. Visualizing Europe in Cartography and Iconography throughout the Ages*. Cambridge: Cambridge University Press, 2009.

Yun, Bee. "A Visual Mirror of Princes: The Wheel on the Mural of Longthorpe Tower," *Journal of the Warburg and Courtauld Institute* 70: 1-32. 2007.

제3장

유럽적 근대성과 유럽적 가치의 형성[1]

홍태영
국방대학교 국제관계학부 교수

I. 문화적 개념으로서 '유럽'

현재 우리가 살아가는 공간으로서 국민국가라는 틀은 한반도에서 근대 이후의 산물이다. 즉 1876년 개항과 함께 서구 문물이 본격적으로 들어오고, 국제관계에 있어서도 중화주의적 질서에서 만국공법의 질서로 변환된 이후 만들어진 공간이다. 급격하게 유입된 서구 문물은 무엇보다도 전통적 정치질서를 유럽적 근대 정치사회질서로 탈바꿈하도록 요구했다. 그 과정에서 적극적으로 대처하지 못한 조선은 결국 일본의 식민지 지배를 겪을 수밖에 없었다. 해방 이후 미국의 영향력 하에서 남한은 다시 서구의 질서를 거의 아무런 여과 없이 다시 수용했다. 그것은 강대국의 논리와 자유민주주의라는 규범적 가치의 절대성 속에서 선택의 여지가 없어 보였다. 그리고 이후 60여 년이 지난 지

1 3장은 『아태연구』 18(1): 95-113(2011)에 게재된 논문을 부분적으로 편집했음.

금 서구의 정치사회질서, 그리고 경제적 질서로서 자본주의는 남한에 안정적으로 정착된 듯 보인다. 1987년 민주주의로의 이행과 그 이후 공고화 과정이 진행되고 있다는 점, 그리고 자본주의의 발달에 있어서도 개발도상국에서 성공적으로 선진국의 대열에 합류하려 한다는 점 역시 높이 평가할 만한 부분이다. 오히려 한국의 정치, 경제 발전 모델이 예외적일 정도로 한국은 정치와 경제 두 부분에서 성공신화를 이루어냈다. 1990년대 IMF 사태를 맞기도 했지만 그 역시 성공적으로 극복한 듯 보였고, 이후 세계화와 신자유주의에 잘 적응한 듯 보인다.

하지만 최근의 이러한 세계화와 신자유주의는 근대의 정치사회, 그리고 경제질서를 그 근본에서부터 새롭게 재편하려는 듯이 인상을 준다. 무엇보다도 근대 국민국가라는 공간을 통해 이루어져 왔던 자본과 민주주의라는 두 개의 축이 근본적인 변화의 국면에 들었다는 점이다. 그리고 그 변화의 방향성은 아직 불분명하다. 근대(성)라고 하는 하나의 순환이 종결되고 새로운 순환이 시작되는 것 같지만 그 순환이 어떠한 방식으로 이루어질 것인지는 불분명하다. 그러한 의미에서 근대의 국민국가라는 시공간이 자본과 민주주의라는 측면에서 어떻게 구성되고 작동했는지를 볼 필요가 있다. 물론 그러한 커다란 주제를 규명하기 위해 근대의 역사를 재구성한다거나 그것들의 인과관계의 연쇄를 파악하려 하지는 않는다. 다만 현재 우리의 시공간 이해를 위한 단초의 작업으로서의 의미만을 파악하고자 한다.

유럽에서 형성된 근대(성)의 양식은 다양한 측면으로 파악될 수 있으며, 학문의 영역에 따라 그것을 바라는 보는 관점 역시 다를 수 있다. 다만 여기서 살펴보고자 하는 유럽의 근대는 우선은 19세기 말 우리가 전면적으로 접하기 시작한 유럽의 모습을 말하며, 19세기를 통해 형성된 유럽의 모습이자 동시에 그것은 유럽이 제국주의적 침략을 행하면서 식민지에 이식하고자 했던 자신들의 가치이기도 했다. 유럽적 근대성과 그 가치들이 제3세계에 이식되는 기저에 깔려 있는 사고는 당연히 '서구중심주의(Eurocentrism)'이었으며, 그를 기반으로 한 '문명화과정(civilisation)'이었다. 그러한 의미에서 19세기에 등장하는 유럽적 근대와 유럽적 가치의 특수성이 존재하며, 더구나 식민지 경험을 통해 받아들였던 제3세계에게 그것은 더욱더 큰 의미를 지니는 것이었다. 이러한 의미에서 유럽은 단지 지리적 개념이 아니라 문화적 개념이다.[2]

유럽적 근대(성)의 내용은 크게 세 가지 축을 통해 형성되었다고 본다.[3] 시장, 국가, 사회적인 것의 민주주의적 구성이 그것이다. 그것들은 각각 경제, 정치, 사회라는 근대사회의 세 가지 축을 이루면서 근대적 방식의 공동체를 형성했다. 이 연구에서는 이 세 가지 축이 국

2 이 책의 2장에 수록된 윤비의 글("유럽 여제: 근대 초 의인화된 유럽의 알레고리와 정치적 레토릭")은 15세기에서 18세기까지 형성된 유럽이라는 관념에 대해 서술하고 있다. 이 역시 동질적인 문화적 정체성으로서 유럽을 의미한다.

3 19세기를 이러한 방식으로 바라보는 견해들은 몇 가지 편차들에도 불구하고 정치와 경제의 분리, 사회적인 것에 대한 상대적 독립성 등이라는 커다란 틀에서는 유사성이 있다. 폴라니는 19세기 문명이 네 가지 제도—세력균형체계, 국제금본위제, 자기조정적 시장, 자유주의국가—에 비탕을 두고 있다고 보았다(K. Polanyi, 1991). 테일러 역시 경제, 공론장, 인민주권이라는 근대적 제도가 19세기를 거치면서 어떻게 구성되고 제도화되었는지를 추적하면서 현재를 이해하고자 한다(Ch. Taylor, 2010). 아리프 딜릭은 유럽중심주의의 내용을 '경제적인 것'—자본주의와 자본주의적 소유관계들, 시장과 생산양식들, 제국주의 등, '정치적인 것'—민족국가와 민족형태의 체계—가장 중요하게는 세계의 새로운 법적 형태 등을 재배치함으로써 생겨난 문제들을 다루기 위한 새로운 조직들, '사회적인 것'—개인에 기초한 사회 형태들의 추진을 비롯하여 계급, 성, 인종, 종족성 그리고 종교적 형태의 생산), 그리고 '문화적인 것'—공간과 시간의 새로운 개념, 좋은 삶이라는 새로운 개념, 그리고 생활세계에 대한 새로운 발전지상주의적 개념 등—을 포함하고 있다고 본다(A. Dirlik, 2005, 124). 고진은 자본제경제, 국가, 네이션이라는 세 가지 축이 서로 보완하고 있으며, 이 세 가지의 결합이 19세기 후반 선진 유럽 국가에서 확립되었다고 본다(가라타니 고진, 2009, 27). 이 글에서는 이들의 연구 성과를 인정하면서도 국민국가라는 틀 그리고 국가권력의 주도 속에서 그러한 구성 요소들이 결합되고 있음을 주목하고자 했다.

민국가라는 틀과 국민국가들의 체계를 형성시키는 과정에서 국가(권력)가 그 중심에 있다는 점을 주목하고자 한다. 그것은 현재 세계화의 흐름 속에서 국가의 위상과 그 의미를 이해해 보기 위함이기도 하다. 현재의 시점에서 유럽적 근대의 모습을 다시 한 번 되새겨보는 것은 유럽적 근대성의 한계 상황과 관련된다. 근대성 자체의 한계이자 보다 구체적으로 유럽적 근대성의 한계가 보이는 시점이다. 근대성에 대한 문제제기는 이미 오래전부터 제기되어 왔으며, 그것이 구체적으로 위기 상황으로 드러나기 시작한 것은 세계화라는 상황과도 맞물려 있다. 지구화의 논리 속에서 자본주의의 국민국가적 틀, 민주주의의 국민국가적 틀이 붕괴하기 시작하면서 민주주의 자체의 위기를 가져왔다. 근대적 국민국가의 위기가 제기되고 국민국가를 구성하는 다양한 축에 대한 문제제기가 이루어지면서 민주주의에 대한 새로운 전환을 요구하고 있다. 그러한 의미에서 유럽적 근대성과 유럽적 가치에 대한 비판적 이해와 그 의미를 명확히 할 필요가 있을 것이다.

II. 근대의 시공간으로서 국민국가

근대의 시공간으로서 국민국가라는 개념을 통해 이해하고자 하는 것은 그것이 갖는 역사특수성이다. 국가(state)가 결코 일반적인 개념이라기보다는 특정한 역사적 위기, 즉 봉건제적 위기를 극복하기 위한 과정에서 하나의 역사적 위기의 산물로서 파악해야 한다는 점이다.[4] 그러한 이해는 국가를 근대국가와 동일시하면서 기존의 다른 정치공동

4 B. Badie et P. Birnbaum, *Sociologie de l'Etat* (Paris: Seuil, 1981).

체의 형태와 구분 지을 수 있다는 점이다. 이러한 경우 네이션이라는 민족 형태 역시 특정한 근대적 산물로서 간주될 수밖에 없으며, 국가는 국민국가로서 존재하는 것이 된다. 국민국가라는 형태가 그 모습을 갖추고 유럽적 질서 형성의 주체가 되기 시작한 것은 1789년 프랑스혁명 이후부터이다. 하지만 근대국가의 형태가 출현하고 발달하기 시작한 것은 훨씬 이전이다.

찰스 틸리(Charles Tilly)에 따르면, 1500년경 유럽에는 ① 분산적인 봉건적 지배의 지속, ② 새로운 분산적인 도시 사이의 네트워크, ③ 기독교에 의한 신성한 연방제, ④ 정치적 제국, ⑤ 국가 간 시스템이라는 장래에 실현될 수 있는 다섯 가지 가능성이 있었다.[5] 하지만 19세기의 지도는 그것과는 전혀 다른 모습을 하고 있었다. 신성로마제국은 1806년에 사라졌고, 제노바, 베네치아와 같은 오래된 공화국들도 1797년에 사라졌다. 쾰른, 마인츠, 잘츠부르크 등과 같은 자유도시도 거의 사라졌다. 이러한 변화의 길목은 프랑스혁명 전쟁과 나폴레옹전쟁이 있었다는 점은 주목할 만한 사실이다. 프랑스는 병합, 강화조약, 국제회의 등의 방법에 의해 계획적으로 독일 정치지도의 개편을 기도했고(1797~1798년과 1803년), 그 결과 신성로마제국의 234개 영토가 40개로 줄어들었다.[6] 그리고 프랑스혁명과 그 전쟁이 가져온 중요한 것은 이러한 직접적인 영향력뿐만 아니라 장기적인 의미에서 국민(nation)의 탄생과 그것을 통한 정치체의 구성이었다.

프랑스혁명은 19세기를 여는 역사적 계기로서 국민의 탄생과 더불어 절대주의 시대 이후 빌진해 온 근대국가세제와 국민의 결합을 이

5 C. Tilly, "Reflections on the history of European state-making" in Tilly, ed., *The formation of nation state in Western Europe* (Princenton: Princeton University Press, 1975).

6 E. Hobsbawm, 『혁명의 시대』(서울: 한길사, 1983), 131.

루어낸다. 즉 국민주권 개념과 서서히 구체화되는 민주주의라는 매개를 통해 국민국가를 형성시켜 나간다. 그와 함께 자본주의 경제체계가 작동할 수 있는 공간을 마련한 것이다. 즉 경제와 정치, 그리고 사회적인 것이라는 3중적인 체계가 국민국가라는 틀을 통해 작동할 수 있는 계기를 이룬 것이다. 이러한 근대성의 구성 요소들이 체계화되고 제도화되는 과정이 19세기에 이루어졌고, 그것은 경제, 사회, 정치의 부문에서 유럽적 근대(성)가 완성되는 방식이다. 그리고 19세기 후반 유럽의 주요 국가들은 내적 정비를 일정하게 마무리 짓고 제3세계로 본격적인 제국주의적 진출에 나섰다.

물론 영국의 인도 식민지 경영의 경우 이미 17세기에 시작되었지만, 국가가 본격적으로 나서 식민지 건설을 주도하기 시작한 것은 19세기에 들어서이다. 즉 동인도회사를 통한 식민지 경영에서 영국이라는 국가가 본격적으로 나서기 시작한 것은 1857년 세포이반란 이후부터이다. 이후 식민지 경영 방식에서 변화가 발생한다. 하지만 식민지에 대한 대응의 방식에 있어서는 이미 19세기 초반부터 변화가 발생했다. 18세기까지 인도에 대한 동인도회사의 접근방식은 인도의 기존 제도를 존중하고 그를 통해 업무를 수행하려는 모습을 보였다면, 19세기 들어서 자유주의자들과 복음주의자, 그리고 공리주의자들의 개혁 이념에 의해 영향을 받았다. 벤담의 공리주의는 좋은 정부와 건전한 법을 마련함으로써 사회의 활력을 되살리고 개인의 잠재력을 해방할 것을 주창했다. 1833년 매콜리는 다음과 같이 주장했다: “우리는 자유롭고 개명되었는데, 우리가 어떤 인종에게든 동일한 정도의 자유와 문명을 부여하는 데 인색하다면 우리의 자유와 문명은 헛된 것이다.”[7]

---

7 S. C. Smith, 『영국제국주의 1750-1970』(서울: 동문선, 2001), 83에서 재인용.

19세기 동안 영국은 식민지 각 지역에 영국의 헌정체제를 수출했다. 예를 들어 캐나다의 각 주는 1791년 헌정체제법을 기안하여 총독과 행정참사회, 입법참사회, 그리고 선출된 의회를 지니게 되었는데 그것은 영국의 군주와 행정부, 상원, 그리고 하원에 상응하는 것이었다.[8] 특히 1846년 영국 자체 내에서 책임정부제—내각을 해임할 수 있는 주체가 군주가 아니라 하원이라는 원칙—가 확립되자 성숙한 식민지에 대해 그러한 원칙을 그대로 적용시킨다. 예를 들어 1856년에 오스트레일리아의 식민지들과 뉴질랜드가, 1867년에는 캐나다 연방이 책임정부제의 권리를 획득했다.

프랑스의 알제리 점령은 1830년 복고된 왕정에 의해 이루어졌지만 본격적인 식민지 개척은 19세기 말 제3공화국 때였다. 식민화의 작업은 문명을 전파할 가장 직접적인 수단이며, 그것은 조국의 영광을 실현하는 애국주의적인 정책임을 분명히 했다.[9] 알제리는 프랑스의 웅대함을 노래하는 것이었으며, 북부 아프리카로의 제국의 확장은 프랑스 위대함의 근원인 것으로 간주되었다. 영국과 프랑스를 중심으로 서구 제국주의의 식민지 진출과정은 '문명화과정'이었다.[10] 서구 유럽 국가

8 S. C. Smith, 『영국제국주의 1750-1970』, 47.

9 Charles-Robert Ageron, "Jules Ferry et la colonisation," in F. Furet, ed., *Jules Ferry, fondateur de la République* (Paris: Ed de l'EHESS, 1985).

10 물론 보편주의를 기반으로 한 문명화과정은 훨씬 이전부터 존재했다. 보편주의의 전통은 이미 기독교 이래 계몽주의를 거쳐 자리 잡고 있었다. 유럽인들이 다른 대륙으로 진출하면서 제시한 보편주의는 기독교의 수용을 통한 합리성이었다. 그것의 거부는 야만적인 비합리성이었다. 따라서 인권 개념 역시 '백인'과 '비백인'에 대한 구분에서 출발한다. 그에 대한 흥미로운 탐구로 C. W. Mills, 정범진 역, 『인종계약』(서울: 아침이슬, 1997). 계몽주의 시기 보편적 휴머니즘을 유럽과 식민지 관계 속에서 잘 보여주고 있는 저작은 레날의 책(Abbé Guillaume-Thomas Raynal. *Histoire philosophique et politque des établissements et du commerce des Européens dans les deux Indes*(『두 인도의 역사』)이다. 또한 프랑스의 인권선언이 갖는 보편주의의 인종주의적 한계에 대해서는 C. L. R. James. 우태정 역, 『블랙 자코뱅』(서울: 필맥, 2001) 참조.

에 의한 제국주의적 침략이 본격적으로 이루어진 것은 그들이 내부적으로 국민국가체계를 확립하고 난 후부터이며, 이후 식민지 개척은 자신과 동일한 모습의 자본주의와 그에 맞는 상부 구조를 형성시키는 방식을 통해서 왔다. 마르크스는 그러한 상황을 다음과 같이 정확히 묘사했다.

> 부르주아는 … 가장 미개한 민족들까지도 문명 속으로 끌어넣는다. 부르주아 상품의 싼 가격은 부르주아가 모든 만리장성을 무너뜨리고 외국인에 대한 야만인들의 완고하기 그지없는 증오심을 굴복시키는 중포(重砲)이다. 부르주아는 모든 민족들에게 망하고 싶지 않거든 부르주아의 생산양식을 채택하라고 강요한다. 그들은 소위 문명을 도입하라고, 즉 부르주아가 되라고 강요한다. 한마디로 부르주아는 자신의 이미지대로 세계를 창조하고 있는 것이다.[11]

이러한 유럽 중심주의는 근대성의 맥락, 즉 유럽에서 근대성의 확립이라는 맥락 속에서 이해될 수 있을 것이다. 19세기 유럽의 형성은 근대성의 형태를 확정짓고 결정짓는다는 측면에서 장기 역사 과정의 끝마무리였다. 근대국가와 자본주의 양 측면에서 19세기는 이미 16세기부터 시작된 자본주의 발달, 그리고 영토국가에서 시작된 근대국가의 모습이 완벽하게 드러난다. 근대국가와 자본주의 체제를 구성하는 인간구성원들의 사회라는 것이 새롭게 조직된다. 이렇게 구성된 유럽은 근대는 제국주의의 진출을 통해 자신의 모습을 제3세계에 이식한다. 자기와 동일한 모습을 만들어낸다. 동일한 정치체로서 국민국가, 그리고 경제적인 것을 구성하는 자본주의가 그 근간을 형성했다. 유

11 K. Marx, 김세균 감수, "공산주의당선언," 『마르크스-엥겔스 저작선집』 1권(서울: 박종철출판사, 1990), 404.

럽 제국주의의 제3세계로의 진출은 유럽적 가치체계의 보편화 과정이었으며, 유럽의 전지구화였다. 그리고 사실상 그 기저에는 유럽자본주의가 그 동력이었음은 분명하다.

이러한 유럽중심주의 시각은 마르크스에게서도 뚜렷이 나타난다는 것은 익히 알려진 사실이다. 즉 영국의 인도에 대한 제국주의적 지배, 중국과의 아편전쟁 등 서양의 동양 침략에 대해서 마르크스는 정체된 아시아 사회에 대한 자본주의적 진보를 가져올 것이라는 기대감 속에서 용인되었다. 동양적 전제정 속에서 전제군주에 의한 토지의 독점, 촌락공동체 내의 농업과 수공업의 결합, 제조업을 중심으로 하는 유럽식 도시의 결여 등을 아시아 사회의 특징으로 간주하면서 아시아 사회의 정체(停滯)의 요인으로 강조되었다.[12] 이러한 아시아 사회에 대한 인식은 계몽주의 이래 아담 스미스, 존 스튜어트 밀 등의 인식을 공유한 것이었다. 나아가 이러한 사고가 근대의 진보라는 관념에 대한 강한 믿음 속에서 이루어진 것이라는 사실을 알 수 있다. 진보에 대한 믿음은 근대의 출발점부터 내재되어 있던 근대의 기본적인 가치이다. 월러스틴이 지적했듯이 19세기의 대표적인 세 가지 이데올로기인 자유주의, 사회주의, 보수주의 모두 진보에 대한 믿음을 공유하고 있었다.[13] 이러한 유럽적 근대성은 19세기를 거치면서 전체적인 윤곽을 드러내고 20세기의 역사, 특히 자본주의와 사회주의 체제를 규정했다. 20세기에 구현된 사회주의와 자본주의, 그리고 그들의 경쟁은 그것을 적나라하게 보여준다.

20세기 동안 미국과 소련으로 대표되는 양 진영의 무기 경쟁은 생신

12 임지현, "마르크스-엥겔스와 민족문제," 『진보평론』 10권(1994).

13 I. Wallerstein, 『자유주의 이후』(서울: 당대, 1996).

력 경쟁의 다른 형태였으며, 그것은 19세기가 만들어낸 이데올로기의 효과였다. 1917년 러시아의 혁명은 자본주의에 대한 새로운 대안의 구체적인 실험과 실현이라는 의미를 지녔다. 신경제정책을 실험하면서 레닌은 사회주의는 곧 테일러주의와 노동자통제를 결합시킨 것일 뿐이라고 말했다.[14] 신경제정책 속에서 전기화는 기술적인 프로그램이자 정치적 프로그램이었다. 당시 국가전기화위원회는 다음과 같이 약속했다: "전기화는 경제의 재건을 가속화시킬 것이다. 그와 동시에 이 나라를 서유럽의 가난한 사회에서 전기와 라디오가 가득 찬 근대적이고 문화적인 사회로 탈바꿈시킬 것이다."[15] 신경제정책 속에서 근대적 과학기술을 도입하려는 시도들은 자본주의와 동일한 연장선상에서 존재했으며, 다만 소유권의 노동자 혹은 노동자 국가로의 이전이라는 단서만 존재할 뿐이었다. 스탈린에 의해 강력히 추진된 산업화, 일국사회주의론, 그리고 테일러주의를 대체한 스타하노비즘은 1930년대 소비에트 노동의 모델이 되었다. 제2차 세계대전이 끝난 뒤 '서구 따라잡기'는 자본주의와 동일한 맥락에서 인간을 파괴하기 위해 자연에너지를 이용하여 대량살상무기를 개발하는 것이었다.[16] 진보의 이데올로기는 20세기의 지구사를 지배했다.

14 V. I. Lenin, 『신경제정책론』(서울: 새길, 1991).

15 S. Buck-Morss, 『꿈의 세계와 파국. 대중유토피아의 소멸』(부산: 경성대학교출판부, 2008), 174에서 재인용.

16 S. Buck-Morss (2008), 167.

III. 정치적 구성으로서 네이션: 시민, 계급, 그리고 민족

국민국가(nation-state)를 구성하는 그 층위로서 네이션은 주권자라는 정치적 의미를 갖는다. 비록 이전부터 네이션이라는 말이 존재하기는 했지만 네이션이 정치적 의미를 가지고서 등장한 것은 1789년 프랑스 혁명부터이다. 스스로 주권자로서 선언하면서 정치적 권력을 기존의 군주로부터 네이션으로 이동시킨 사건이 프랑스혁명이다. 프랑스혁명과 함께 네이션이 정치의 전면에 등장했고, 그 네이션의 의미를 둘러싼 대립과 갈등의 과정이 프랑스혁명의 역사를 채웠다. 즉 1789년 바스티유 점령으로 상징화되는 혁명의 시작은 이후 입헌군주제, 루이 16세의 처형과 공화국 선포, 공포정치, 혁명전쟁, 테르미도르 등을 거치면서 네이션의 내용을 정치적으로 구성해 가는 작업이 진행되었다.[17] 네이션은 구체적인 인민이라기보다는 '이성' 혹은 '덕성'에 의해 통제되고 순화된 추상적인 집단으로 간주되었다. 외부의 다른 네이션과의 구별을 강조하기 위해 내부적 통일성이 끊임없이 강조되었고, 그러한 단일성을 확보하기 위한 국가적 노력이 지속적으로 시도되었다.

1789년에 시작된 장기의 19세기는 자유주의의 세기이기도 했지만, 또한 민족주의의 세기였다. 통상 내셔널리즘(nationalism)이라는 단어가 통용되기 시작하는 것은 19세기 후반에 이르러서이다.[18] 하지만 1789

17 이에 대한 좀 더 자세한 내용은 졸저, 『국민국가의 정치학』(서울: 후마니타스, 2008), 1부 참조.

18 프랑스어에서 내셔널리즘(nationalisme)이라는 말이 처음 등장한 것은 1798년이지만 광범위하게 유통되기 시작한 것은 1860년 이후이다. J. Godechot, "Nation, patrie, nationalisme et patriotisme en France au XVIIIe siècle" in *Annales Historique de la Révolution Française*. 43 oct-déc. (1971): 482.

년 프랑스혁명과 함께 시민권의 조건으로서 국민권이 요구되면서 네이션의 범위를 둘러싼 쟁점이 발생했고, 국가들 간 전쟁과 함께 네이션을 동원할 필요성이 제기됨으로써 애국주의는 서서히 내셔널리즘으로 변화되어 갔다. 그리고 그 과정에서 네이션을 구성하는 시민의 상(像)은 다양하게 그려졌다. 무엇보다도 자유, 평등, 형제애라는 혁명의 대의와 함께 애국심에 근거한 시민의 상은 특정한 시점에 잠깐 내비칠 뿐이었고, 혁명전쟁의 와중에서 타자인 외국인과의 경계를 뚜렷이 하는 시민의 상이 지배적이다. 사실 애국주의는 비록 그것이 자유와 덕성을 그 구성 요소로 할지라도 이미 배타적 성격을 가지고 있었다. 볼테르는 '훌륭한 애국자가 되는 것은 나머지 다른 사람들의 적이 되는 것'이라고 결론지은 적이 있었다.[19] 그러한 의미에서 볼테르는 코스모폴리탄이 되고자 했다. 하지만 루소는 애국심의 배타적 성격을 알고 있으면서도, 조국에 대한 사랑이 인간을 덕성스럽고 자유롭고 행복하게 만든다고 강조했다.[20] 사실 마키아벨리 이래 공화주의 전통으로부터 유래한 애국주의의 언어는 지나치게 추상적이어서 구체적인 인민이 자신의 자유를 실현하고 추구하는 데 있어서 적합하지 못한 측면이 존재했다.[21] 구체적인 자유의 실현을 위해 애국주의는 국민문화와 결합할 필요성이 있었다. 국민문화를 기반으로 한 애국주의는 자연스럽게 19세기 동안에 민족주의로 전환되었다.[22]

19 J. Godechot, "Nation, patrie, nationalisme et patriotisme en France au XVIIIe siècle," 487에서 재인용.

20 J. J. Rousseau, "Discours sur l'Economie politique," OEuvres complètes, III (Paris: Gallimard, 1964), 55-256.

21 M. Viroli, *For Love of Country. An Essay on patriotism and nationalism* (Oxford: Clarendon Press, 1995), 106-107.

22 프랑스의 혁명전쟁, 그리고 뒤이은 나폴레옹전쟁은 유럽 전역에서의 민족주의를

민족주의가 막 탄생한 국민을 국민/주체로 만드는 작업에 치중했다면, 자유주의는 국민을 구성하는 개인을 시민/주체로 만드는 작업을 담당했다. 프랑스혁명 속에서 등장했던 공화주의적 시민의 상(像)과 애국주의적 문제의식은 19세기를 통하여 자유주의적 시민과 민족주의로 대체되는 경향을 띠었다. 그러한 의미에서 마르크스가 『유태인 문제』에서 '인간의 권리'란 "시민사회 구성원의 권리, 즉 인간과 공동체로부터 분리된 이기적 인간의 권리 이외에 아무것도 아니다"라는 명제를 제시했을 때 그것은 정확한 지적이었다. 그러한 명제에 대한 증명은 마르크스 자신보다는 오히려 토크빌, 그리고 아렌트에 의해 이루어졌다. 토크빌이 미국의 민주주의 사회를 관찰하면서 발견했던 개인주의적 성향의 대중들의 모습은 '조건들의 평등'으로 이해한 민주주의의 모습이었고, 평등한 권리를 지닌 시민들의 모습이었다.[23] 그때의 인권은 부르주아 사회의 자기중심적 개인의 권리에 불과한 것이었다. 아렌트는 자유주의적 개인주의가 만연한 사회에서 원자화된 개인들을 통일시키고 집중화시키는 것이 민족주의라고 보았다.[24] 토크빌, 그리고 아렌트가 보기에 현대 민주주의 사회는 그러한 사적인 개인의 상업적 이해의 추구에 집중하는 사회였다. 그리고 그러한 개인의 권리가 바로 '인권'이었다. 하지만 그 둘 모두 우려했고 실제로 경험했던 것은 '민주주의적 전제정' 혹은 '전체주의'라고 불렀던 거대한 권력체의 출현이었다.

자극했다. 역사, 언어, 문학, 종교 등 문화적 단일성에 근거한 네이션 개념을 발전시킨 대표적인 예는 당연히 유럽에서는 독일이다. 피히테, 헤르더 등의 민족주의는 그들 간의 분명한 차별성에도 불구하고 문화적 민족주의가 우선이다. 그들에서 조국이라는 개념 역시 문화적 단일성에 근거한 것이다.

23 A. de Tocqueville, *Démocratie en Amérique* (Paris: Gallimard, 1961).

24 H. Arendt, 이진우·박미애 역, 『전체주의의 기원』 1(서울: 한길사, 2006), 433.

민족주의와 자유주의 발전과 더불어 19세기의 주요한 변수 중의 하나는 노동자계급의 형성이다. 톰슨(E. P. Thompson)이 19세기에 들어서 1832년을 끝으로 책을 마무리 지으면서 '노동자계급의 형성'을 보았을 때 그것은 분명 의미 있는 숫자였다. 이미 폴라니가 말했듯이 1832년 스피남랜드법의 폐지와 함께 '진정한' 의미에서 노동자계급이 출현했다고 보았던 시점이기도 하다. 영국의 어느 다른 유럽 국가들에 비해 국민적 정체성이 일찍 발달했다. 그것은 이미 프랑스혁명 이전 두 개의 혁명을 거친 후 국교회 문제로, 그리고 미국의 독립혁명을 경험하면서 이루어진 것이었다. 그리고 프랑스혁명의 영향 등으로 '국민'이라는 개념이 갖는 진보적 의미와 더불어 노동자계급의 형성과정이 맞물려 존재했다. 국민과 계급의 형성은 어느 하나로 환원되거나 어느 하나에 의해 규정되는 과정이 아니라 서로에게 내재한 정치적 모순을 표출하는 과정에서 형성되었다고 볼 수 있다.[25] 분명 18세기 후반부터 19세기 전반기의 영국에서 노동자의 형성과 국민의 형성과정은 대립적이기보다는 '동일한 역사적 과정의 두 측면'이었다.[26]

이미 프랑스혁명이 추구했던 왕조정권에 대항하는 유럽 국민의 해방이라는 관념은 '국민'을 정치적 주체로 형성하는 작업이었고, 그것은 동시에 노동자계급을 형성하는 과정이었다. 홉스봄의 표현대로 1848년은 '국민들의 봄'이었고, 국민들의 자기주장이 유럽 곳곳에서 광범위하게, 그리고 강하게 제기되었다.[27] 국민들이 국민국가체계로 전환되어 가면서 국민은 정치적 동일성을 가진 실체로서 등장했지만,

25 B. Jekins, 김인중·마은지 역, 『프랑스 민족주의』(서울: 나남, 2010).

26 L. Colley, "Whose nation? Class and national consciousness in Britain 1750-1830," *Past & Present*. No. 113 (1986).

27 E. Hobsbawm (1983).

동시에 역사적·문화적 존재로서 의미를 획득해 나갔다. 그것은 국가에 의한 위로부터의 작업이면서 동시에 아래로부터의 작업이기도 했다. 1848년 마르크스의 『공산당선언』에 나타난 국제주의적 원칙 선언에도 불구하고 노동자계급의 정치적 의식은 내셔널리즘과 동일한 과정을 거치면서 형성되었다고 보는 것이 타당하다. 그것은 혁명 그 자체의 전통이 국민적인 것이었을 뿐만 아니라 노동운동의 지도자들이 국민적 문제에 깊이 관여했기 때문이다.[28]

홉스봄의 표현대로 국가는 '시민들이 국가와 경쟁하는 설교자들에게 기울기 전에 새로운 시민종교로 개종'시킬 필요가 있었다.[29] 이 시점은 1870년대에 들어서면서 나타난 변화를 반영한 것이다. 1864년 제1인터내셔널이 성립되면서 노동자 국제주의가 현실화되는 듯했지만, 다른 한편으로 독일과 이탈리아가 통일을 이루면서 유럽의 국민국가들 간의 경쟁의 시대가 본격화된다. 1870년대에 들어서 유럽 각국에서는 국가에 의한 '국민 만들기' 작업이 구체화된다. 영국의 경우 선거권이 확대되고, 의무교육 제도가 도입되었고, 프랑스 역시 1883년 초등교육의 의무, 무상, 세속화의 원칙이 채택되었다.

19세기 동안 프랑스 민주주의의 형성과정 혹은 민주주의로의 이행과정이 진행된다. 이 과정은 다양한 축을 통해 진행되는데, 우선은 민주주의적 제도의 형성과정, 예를 들어 선거권의 확대과정, 정치적 권리의 확장, 대의제의 확장과정 등으로 이루어진다. 민주주의의 내용을 채우는 과정으로 이해될 수 있는 19세기의 과정은 민주주의의 내용으로서 국민주권의 확정이며 또한 그 국민으로 만드는 과정으로서 민주

28 E. Hobsbawm, 『자본의 시대』(서울: 한길사, 1993), 144.

29 E. Hobsbawm, 『1780년 이래 민족과 민족주의』(서울: 창작과비평사, 1994), 117.

주의적 국민문화, 민주주의적 국민의 형성과정이기도 하다. 따라서 민주주의적 국민의 형성과정에서 국민적 문화, 국민적 정체성의 형성이라는 틀이 만들어진다. 다른 하나는 민주주의적 문화를 통한 민주주의적 국민의 건설과정이다. 18세기가 비판의 세기였다면 19세기는 '민주주의를 교육시킨다'는 의미에서 '공민적 세기(siècle civique)'였다.[30] 민주주의로의 이행은 19세기 동안 적어도 1880년대까지 지속되었고 1789년에 시작된 혁명적 열기가 전환되는 데 필요한 시간이었다.

18세기 프랑스의 보편주의적 문화는 민주주의적 국민문화로 전환된다. 특정한 계급의 습속이 아니라 국민의 습속을 만드는 작업이었다. '인권선언'과 이후 과정에서 정치적 권리를 획득하면서 확정된 민주주의적 시민들로 구성된 네이션의 동질화 작업이 그것이다. 그것은 시민으로서의 동질화 작업으로서 그것을 통해 네이션 내부의 통일을 이루는 작업이었다. 네이션의 내부적 통일을 만드는 작업은 하나의 공동체를 형성하는 작업이었고, 그것은 상상의 공동체를 만드는 작업이었다. 상상의 정치적 공동체를 만들어내는 것은 프랑스라는 영토적 경계 내에 동질적인 문화를 기입하는 것이다. 내부적인 문화적 동일성을 만들면서 외부적으로 이웃과의 차이를 부각시키는 작업이 그것이다. 공통의 습속을 만들어내고, 공통의 기억을 만들어내는 일이다. 그것은 지역의 특수한 습속 혹은 특정한 계급의 특수한 습속을 제거하는 것이다. 이 과정에서 국가는 교육자, 시인, 역사가, 화가, 문학비평가가 되면서 민주주의의 교육자로서의 역할을 자임했다.

30 F. Mélonio, *Naissance et affirmation d'une culture nationale* (Paris: Seuil, 1998).

Ⅳ. 국민경제(학)의 형성

아담 스미스 이전 중상주의 시대에 경제발전은 영토국가를 기반으로 이루어져 왔다. 19세기에 들어서 중상주의를 비판하면서 자유무역 시대를 제창했다. 하지만 그것은 영국에서 강했고 프랑스에서 약간의 반향이 있었을 뿐이었다. 아담 스미스의 정치경제학(political economy)은 19세기 동안에 경제적 자유주의를 표상하는 학문이자 이데올로기였다. 이에 대비되어 리스트는 국민경제학을 제시했고, 마르크스는 자신의 『자본』의 부제를 '정치경제학 비판을 위하여'라고 명명했다. 경제단위를 바라는 시각차가 존재한다고 할 수 있다. 하지만 우선은 아담 스미스와 마르크스의 경우 시장을 중심으로 움직이는 시민사회의 자율에 대한 이상형을 가지고 있었다는 점에서는 동일하다. 비록 그 이유와 목표가 정반대이기는 했지만 말이다. 반면에 리스트는 이제 관세동맹을 통해 겨우 통일된 시장을 갖기 시작한 독일에서는 '국민경제(학)(Nationaloekonomie)'에 대해 언급했다.

물론 리스트가 국민경제학의 과제로 본 것은 '민족의 경제발전을 이룩하고 미래의 보편적 사회로의 진입을 준비하는 것'이었다. 그러기 위해서 리스트는 민족이 갖는 특수한 정치제도, 문화, 관습 등과 같은 고유성을 기반으로 한 경제발전의 필요성을 제시했다.[31] 그 과정에서 국가는 그러한 조건 속에서 민족경제를 보호해야 하며, 할 수 있다고 강조한다. 리스트는 스미스와 세(Jean-Baptist Say)로 대표되는 자유주의 경제학자들이 시장을 세계주의적 관점에서만 고려할 뿐 정치적 관점,

31 F. List, *Système national d'économie politique* (Paris: Gallimard, 1998).

그리고 국가의 역할에 대해 전혀 고려하고 있지 않다고 비판했다.

1848년 혁명은 마르크스의 『공산당 선언』에서 말했듯이 공산주의라는 유령이 유럽에 출몰했음을 알렸다. 서서히 틀을 만들어 가는 국민국가체제에 대항하여 마르크스는 공산주의의 국제주의를 대립시켰다. 마르크스의 공산주의에서 자유가 실현되기 위해 국가는 없어져야 할 존재였다. 억압적 국가기구는 단순히 부르주아의 집행위원회이기 때문이었고, 국민국가라는 체제 역시 노동력과 시장을 확보하기 위한 장치에 불과했기 때문이다. 유럽을 휩쓸었던 1848년 혁명은 유럽에 새로운 이데올로기의 시대가 등장했음을 의미했다. 19세기 전반기 자유주의와 보수주의의 대립을 넘어서 사회주의 세력이 본격적으로 등장했고 또한 동시에 사회주의 세력 내부에서도 분화가 발생했다. 그것은 각 나라들의 특수성을 반영하는 형태로 드러났다.

프랑스의 경우 1848년 혁명에서 가장 큰 세력으로 등장한 것은 루이 블랑(L. Blanc)을 중심으로 하는 국가사회주의적 경향이었다. 프랑스에서 국가가 갖는 독특한 지위, 즉 1789년 혁명을 거치면서 형성된 국가 관념으로서 일반 의지의 실현체로서 국민의 권력이라는 위상 역시 한몫을 했다. 1848년 2월 혁명과 6월 봉기를 거치면서 공화국을 준비하면서 충돌했던 주요한 쟁점 중의 하나는 노동에 대한 권리(droit au travail)를 둘러싼 논의였다.[32] 부딪혔던 두 개의 입장은 크게 루이 블랑을 중심으로 하는 국가주의적 입장과 경제적 자유주의의 입장이었다. 두 입장은 자본주의 발달과 함께 서서히 등장하기 시작한 노동

32 노동에 대한 권리(droit au travil)는 노동권(droit du travail)과 구별되어 사용되었다. 전자가 노동의 결과물에 대한 권리, 국가에 대한 일자리를 요구할 권리 등을 포함하는 것이라는 섬에서 일성하게 사회주의적 경향을 가지고 있다면, 후자는 노동을 할 수 있는 권리라는 의미에서 자유주의자들이 제한적으로 사용했다.

문제에 대한 해결 방식을 둘러싸고 국가의 역할에 대해서 이루어졌다. 국립작업장 해산을 계기로 시작한 이 논쟁은 1848년 혁명이 또 하나의 기점이 됨을 의미했다. 자본주의의 발달 속에서 등장한 '사회적인 것(le social)'의 탄생은 곧 자유로운 계약의 주체로서 개인들로 환원되지 않은 사회 문제가 발생했음을 의미하며 그것의 해결을 둘러싼 논의가 필요함을 의미했다.

루이 블랑을 중심으로 하는 공화주의자들과 사회주의자들은 국가가 노동자에게 일자리를 제공해야 한다고 주장하면서 노동자에게 노동에 대한 권리가 존재함을 강조했다. 블랑에 따르면, 진정한 자유는 "권리 속에서만 존재하는 것이 아니라, 자신의 자질을 개발시킬 수 있는 각자에게 주어진 능력" 속에 있는 것이었다.[33] 따라서 국가는 "각자에게 노동할 수 있는 도구를 부여해야 하며 이를 통해 노동의 성과를 향유할 수 있도록 해야 한다." 개인이 자연권적 관점에서 자유롭고 평등하다고 인정된다면 이제 능력의 관점에서 불평등이 존재하며 그에 대한 국가의 교정이 필요하다는 주장이었다. 이것은 국가가 특수한 사회 상황을 고려해 법률을 적용하고 시행할 것을 요구하는 것이었다. 따라서 기존의 자유주의적 권리의 시각에 대한 근본적인 문제제기였다. 1848년 6월 국립작업장을 둘러싼 '노동에 대한 권리'의 요구는 자본-임노동 관계에 국가 개입의 필요성을 요구하는 것이었고, 소유권의 헌법적 확립에 대한 새로운 해석을 제기하는 것이었다. 파리의 노동자에게 '노동에 대한 권리'의 인정은 혁명의 대의를 완성시키는 것이었고, 동시에 그 혁명의 결과로서 등장한 공화국에 대한 애국심의 본

33 L. Blanc, "Discours de Louis Blanc, le 29 avril," in E. de Girardin, ed., *Le droit au travail au Luxembourg et à l'Assemblée nationale* (Paris: Lévy frères, 1849), 193.

질적인 근거였다. 블랑 등 사회주의적 경향의 공화파는 국가사회주의적 형태의 공화국을 추구해야 할 체제로서 제시했던 것이다.

반면에 자유주의자는 이미 계약의 자유로운 주체로 구성된 시장의 영역에 국가가 개입하는 것은 질서를 혼란에 빠뜨릴 뿐이라고 했다. 세의 영향 속에서 강한 경제적 자유주의 경향을 가지고 있었던 프랑스 자유주의자들은 가능한 한 국가의 개입을 거부했고, 나아가 자유무역을 주장했다. 이들은 루이 나폴레옹의 대통령 당선과 뒤이은 쿠데타를 통한 제정의 확립 속에서 강력한 후원자가 된다. 대표적으로 슈발리에(M. Chevalier)는 1860년 영국과의 자유무역협정을 주도적으로 이끌어냈다. 이들은 경제적 자유주의를 한 편으로 하고 다른 한 편으로 생시몽주의(Saimt-Simonisme)로 무장하고 있었다. 과학기술에 대한 절대적인 신뢰, 그리고 그것을 통한 보편주의 왕국의 건설은 그들의 이상이기도 했다. 슈발리에는 철도가 보편적 연합의 가장 완벽한 상징이 될 것으로 보았다. 마르세유에서 파리를 거쳐 베를린에 이르는 기찻길을 통해 유럽연합을 상상했다. 또한 식민지 개척 역시 그 연장선상에서 이해되었다. 하지만 현실적으로 슈발리에 등의 자유주의자들의 사고는 1860년대 제2의 산업혁명이라고 불릴 정도로 주목할 만한 산업의 발달이었다. 이에 기반 하에서 잠시 유럽에서 자유무역을 주도했던 것이다. 하지만 1880년대 들어서 이러한 자유무역협정은 사라졌다.

1848년 이후 자본주의 발전이 본격화되는 시점에서 사회주의 세력의 공격은 체제 자체를 위험에 빠뜨렸다기보다 오히려 자본주의 발전의 방향성을 정해 주는 듯했다. 국가가 단순히 사회 밖에서 외부의 위협으로부터 사회를 보호하는 수준을 넘어 사회에 서서히 개입하면서 사회의 안전을 보장해 주는 방식이 등장한 것이다. 그리고 나아가 국가는 산업의 발전을 위해 사회적 하부구조의 형성에 적극적으로 나섰다. 봉건제에서 자본주의적 생산양식으로의 변화과정에서 가장 중요한 국가의 역할 중의 하나는 자본주의 시초 축적과 그에 따른 노동자계급의 형성이다. 자본주의 역사를 걸쳐서 실질적으로 다양한 형태의 부자유노동자(unfree wage labor) — 노예, 죄수노동자, 계약노동자, 이주노동자 등 — 는 지속적으로 재생산되고 유지되어 왔으며, 국가는 그것에 주요한 역할을 담당했다. 이미 마르크스가 말했던 상대적 과잉인구 혹은 산업예비군이라는 것이다. 자본주의적 생산 및 세계시장 영역이 전 지구적으로 확대되면서 상대적 과잉인구의 원천도 전 세계적으로 확산되었다.[34] 자본의 세계화와 더불어 노동력의 세계화가 가속되면서 노동력의 국가 간 이동이 활발하게 진행되었다. 그럼에도 불구하고 이러한 세계화 속에서 노동력의 재생산과 관련한 국가의 역할은 결코 쇠퇴하지 않고 확대된 것이 사실이다. 특히 외국인노동자들과 관련한 권리의 문제 등은 국가가 그 중심에 있음을 의미한다. 월러스틴는 국가와 자본의 관계는 16세기 이래 변화하지 않고 있으며, 세계화 속에서도 국가의 역할은 지속적으로 유지된다고 말한다.[35] 그는 19세기 중반 이래 계속된 노동자와 시민의 권리 확대는 그 자체가 세계 인구 대부분을 그 권리와 이익으로부터 배제시킴을 전제로 하여 이루어졌음을 주장한다. 노동자와 시민의 권리의 확대는 점점 늘어가

34 설동훈, 『외국인노동자와 한국사회』(서울: 서울대학교출판부, 1999), 43. 노동력의 국제이주와 관련하여 그것의 발생, 영속, 적응의 측면에서 다양한 이론들이 존재하고 논쟁 중이다. 이 글에서 이러한 부분에 대한 논의는 그 범위를 넘어선다. 그것들에 대한 개략적인 소개는 석현호, "국제이주이론의 검토," 『외국인 노동자의 일터와 삶』(서울: 지식마당, 2003) 참조.

35 I. Wallerstein, "Response: Declining States, Declining Rights?" *International Labor and Working-Class History* 47 (1995).

고 전투적이 되어 가는 자국 내의 노동계급의 선별 흡수의 전략, 즉 복지국가와 인종차별주의에 기반을 둔 이중의 국민의식을 제공함으로써 이루어졌다는 것이다. 그러한 의미에서 자본주의 경제의 작동에서 국가의 역할은 그 내용의 차별성에도 불구하고 본질적이고 근본적인 측면은 유지된다. 즉 자본주의의 국민경제적 틀 속에서의 재생산에서 국가의 핵심적인 역할은 19세기에 확고해지면서 유지되는 것이다.

V. 사회관계의 민주주의적 구성

1789년 프랑스혁명 직후 제정된 르 샤플리에(Le Chapelier)법은 전통사회에 존재해 온 신분적 굴레들을 제거하고 사회에 개인만을 남기는 조치였다. 이제 개인은 전통경제의 중심에 있던 길드나 봉건적 장치로부터 벗어나 계약의 주체로 등장했다. 칼 폴라니(Karl Polayni)가 1832년에야 비로소 영국이 자본주의 사회에 진입했다고 강조했던 것은 1832년 스피남랜드법의 폐지 때문이었다. 즉 교구로부터 해방되면서 자유로운 계약의 주체들이 탄생한 것이다.

프랑스혁명과 이후 르 샤플리에법, 그리고 나폴레옹의 민법전을 통해 근대적인 정치적 관계 및 사회경제적 관계 형성의 주체로서 개인이 규정되었다. 그 개인들로부터 출발하는 새로운 사회적 관계의 질서가 성립되었고, 그것을 통해 자본주의 경제 역시 작동했다. 프랑스혁명사가 소불(A. Soboul)이 나폴레옹의 등장은 프랑스혁명에서 없어서는 안 될 후주였다고 보았던 것은 그가 프랑스혁명이 제기한 문제들에 대한 나름대로 합리적인 정리 작업을 진행했기 때문이다.[36] 그 대표적인 예 중의 하나가 민법전(Code civil)의 완성이다. 근대적인 소유체계의 확립으로 상징화되는 민법전은 나폴레옹전쟁 중의 유럽 전역으로 확대 보급되었다. 사실 흩어져 있는 프랑스의 관습법과 로마법 등을 정리하여 체계화하고자 하려는 의도는 프랑스혁명 전부터 존재했고, 혁명 직후, 특히 1793년 국민공회 시기에 활발했다. 당시 민법전을 준비하는 과정에서 기본적인 원칙은 다음과 같았다: "사회 속의 개인을 위해 충분한 세 가지가 필요하다: 자신의 주인이 되는 것; 자신의 필요를 충족시키기 위해 재산을 갖는 것; 더 큰 이익을 위해 자신과 자신의 재산을 처분할 수 있는 능력을 갖는 것이 그것들이다."[37] 이 대원칙은 이후 나폴레옹법전에서도 그대로 적용되었다. 이 원칙들을 실현하기 위해 교회와 관계를 전복시키면서 결혼, 이혼, 입양 등 가족관계에 있어 세속화의 원칙을 확립시켰고, 상속, 유언 등과 관련해서는 봉건적 관습과 단절하여 근대적 체계를 확립하고자 했다. 무엇보다도 민법전의 집필자들이 집중했던 문제는 소유의 문제로 봉건제의 폐지를 통한 토지의 해방이었다. 이것은 프랑스혁명의 성과를 확정하는 것이었으며, 이후 자본주의 발전의 기본을 형성하는 것이었다.

그것은 마르크스의 표현을 빌리자면 두 가지 의미에서의 자유, 즉 생산수단으로부터의 자유와 신분적 굴레로부터의 자유를 획득한 프롤레타리아에 근거한 자본주의적 관계가 형성되었다. 그러한 자본주의적 사회관계는 그 자체뿐만 아니라 여타의 사회적 관계를 규정하는 기본적인 관계 방식을 형성했다. 19세기는 그러한 의미에서 자본주의적 관계의 진일화 과정이었다고 할 수 있다. 자본주의적 관계의 진일

---

36 A. Soboul, 『프랑스 대혁명사』 II(서울: 일월서각, 1983), 233.

37 Joseph Goy, "Code civil," in F. Furet et M. Ozouf, ed., *Dictionnaire Critique de la Révolution française* (Paris: Flammarion, 1988).

화는 곧 자본주의 관계가 사회관계의 전반을 규정한다는 의미이다. 그리고 그 근저에는 동일성의 원리, 즉 상품화 관계 방식이라고 볼 수 있는 동일성의 원리가 전제되었다. 토크빌이나 짐멜, 그리고 마르크스 모두 19세기에 그들이 바라본 사회의 특징으로 개인들의 사회 혹은 개인화, 그리고 개인주의적 사회라는 사실을 들고 있다.

프랑스혁명, 그리고 이후의 과정을 본다면 명확한 것은 19세기는 개인들의 세기였다. 스마일즈의 『자조(self-help)』라는 책이 베스트셀러가 된 것은 그만큼 개인이 자신의 행위에 대한 책임의 당사자임을 분명히 하는 것이었다. 계약의 당사자이자 행위의 결과에 대한 책임자로서 개인, 그리고 정치적 행위자로서 개인이 19세기 개인을 규정하는 것들이었다. 그리고 토크빌이 미국 사회를 보면서 파악했듯이 그 개인들을 측정하는 기준은 개인이 소유한 부였다. 토크빌은 미국의 민주주의 사회를 보면서 민주주의 사회의 특징으로 개인주의, 그리고 동질화된, 다른 한편으로 본다면 무특징적인 사회를 민주주의의 특징으로 보았다. 즉 민주주의 사회의 평등이라는 추동적 사실이 각각의 시민들의 언어를 동질화시키고 또한 문학, 역사, 과학 등에서 단순화 경향들을 가져오며 전반적으로 민주주의적 개인들의 습속을 단순화, 동질화시키는 경향이 있다는 점을 강조했다. 따라서 토크빌은 그러한 상태를 "민주주의 사회에서 인간은 하찮은 존재로서 서로 유사하기 때문에 각각의 개인은 그 자신을 보면서 동시에 그의 동료 인간을 본다"고 묘사했다.[38] 민주주의 사회의 구성원인 개인들은 조건의 평등을 통해 자신의 영역을 확보하고 굳건하게 지켜낼 수 있는 개인주의를 발달시키지만 동시에 그것은 진정한 인간성·개인성(individuality)의 소

38 A. de Tocqueville, *Démocratie en Amérique*, II (Paris: Gallimard, 1961), 78.

멸을 가져온다는 것이 토크빌이 본 민주주의 역설이었다.[39]

토크빌이 민주주의라는 개념을 통해 근대 사회의 특징을 진단했다면 짐멜 역시 화폐라는 개념을 통해 동일한 작업을 수행했다. 그리고 그와 유사한 특징과 더불어 약간은 구별되는 결론을 이끌어낸다. 짐멜은 화폐경제가 가져오는 일견 상충되어 보이는 두 가지 방향성을 주목했다: "첫 번째가 수평화, 평등화, 그리고 아주 멀리 떨어져 있는 것까지도 동일한 조건 하에 결합시킴으로써 더욱더 광범위한 사회영역을 창출하는 방향이라면 두 번째는 가장 개인적인 것을 성취하고 개인의 독립성 및 인격 형성의 자율성을 보존하는 방향이다."[40] 이 두 가지 방향 모두 화폐경제의 의해 유지된다. 짐멜 역시 토크빌과 마찬가지로 화폐에 의해 이루어지는 수평화, 평등화에 주목하고 있다. 그것은 화폐를 통해 이루어지는 사회적 관계의 특징이다. 짐멜은 화폐가 가치 있는 대상들의 상호적인 가치관계를 표현하고 그것을 통해 교환을 발생시킨다는 점을 주목한다. 결국 화폐는 구체적인 대상들과는 무관하게 모든 사회적 관계를 화폐를 통해 추상적으로 표현할 수 있게 한다. 그러한 의미에서 화폐는 신의 지위를 부여받는다.

> 화폐가 모든 가치의 절대적으로 충분한 표현과 등가물이 됨에 따라서 그것은 모든 다양한 대상들을 넘어서 높은 추상성의 정도에까지 상승하게 된다. 또한 그것은 극단적으로 대립되고 대단히 이질적이며, 대단히 멀리 떨어진 사물들의 공통점을 발견하고 상호 접촉하는 중심점이 된다. 이와 같이 사실상 화폐는 신과 같이 개별적인 것을 초월하는 고양된 지위를 나타내고 그 지위의 전능성에게 신뢰를 부여해 준다. 이 신뢰는 지고의 원칙

39 이에 대한 보다 자세한 설명은 졸저, "4장. 토크빌과 민주주의의 역설," 『국민국가의 정치학』 참조.

40 G. Simmel, "현대문화에서의 돈," 『짐멜의 모더니티 읽기』(서울: 새물결, 2005), 18.

(신)에 대한 신뢰와 유사한 것이다. 그것은 개별적이고 보다 저급한 것을 언제라도 우리에게 제공할 수 있고, 또한 언제라도 자신을 개별적인 것으로 변화시킬 수 있는 능력을 지니고 있다.[41]

마르크스 역시 화폐의 탄생과정을 논리적으로 규명하면서 화폐에 의한 사회구성원들 간 관계의 특성을 묘사했다. 마르크스는 상품관계로부터 비롯되는 자본주의 사회적 관계의 특수성, 그리고 그 신비함을 상품관계의 물신적 성격으로부터 잘 이끌어내고 있다. 즉 상품관계의 특수성이 그대로 사회적 관계를 반영하고 있으며 또한 사회적 관계가 상품관계와 동일한 원리에 의해 작동하고 있음을 보여주고 있는 것이다.

각종 인간노동이 질적으로 동등하다는 것은 노동생산물 = 가치라는 동등한 객관성의 형태를 취하며 인간노동력의 지출을 그 계속시간에 의하여 측정하는 것은 노동생산물의 가치량이라는 형태를 취하여 끝으로 생산자들의 노동의 사회적 성격이 실현되는 생산자들 사이의 관계는 노동생산물의 사회적 관계라는 형태를 취하기 때문이다.[42]

마르크스 역시 짐멜과 같이 화폐가 자본주의 사회의 신의 위상을 점한다고 보았다: "화폐가 단순한 유통수단으로 나타나는 하인의 형태에서 갑자기 상품세계의 지배자이자 신이 된다. 상품들은 화폐의 지상의 존재인 반면, 화폐는 상품들의 천상의 존재를 표상한다."[43] 이제 화폐를 중심으로 한 사회적 관계가 이루어진다. 하지만 화폐가 진

41 G. Simmel, 『돈의 철학』(서울: 한길사, 1993), 303-304.

42 K. Marx, 『자본론』 I, 김수행 역(서울: 비봉출판사, 1989), 91.

43 맑스, 『정치경제학 비판 요강』 I(서울: 그린비, 2007), 212; 이진경, 『자본을 넘어선 자본』(서울: 그린비, 2004), 84.

정으로 그러한 역할을 수행할 수 있게 된 것은 국민국가 형태가 공고화되면서 외국의 통화들을 자국 영토에서 몰아내고 소액권을 발행하면서 단일한 통화경제를 구축하면서부터라고 할 수 있다. 국지적 범위에서 유통수단으로 등가물로 기능하던 복수의 화폐들은 국가적인 범위에서 국가가 발행하는 화폐를 통해 하나로 통합될 수 있었고, 조세는 이러한 통합의 실질적인 조건을 제공했다.[44] 즉 이러한 화폐의 작동은 전국적 행정체계의 발진, 재정기구의 정비, 조세체계의 통합, 중앙은행의 설립 등 제도적 차원에서의 발전과정과 국민 정체성의 형성 등 정서적 차원의 발전과정이 맞물리면서 가능해졌다.[45]

VI. 유럽적 근대의 한계

1848년 유럽에서 혁명의 물결이 휩쓸었을 때 등장한 공화주의는 1789년 프랑스 보편주의적 공화주의가 아니었다. 프랑스는 유럽인민들에게 좋은 본보기의 역할이 되는 것에 스스로를 한정했다. 프랑스 공화주의는 이제 공화국, 민주주의, 그리고 네이션이라는 틀을 통해 실현된다. 1848년 임시정부의 외교장관 라마르틴(Alphonse de Lamartine)이 임명되고 그는 같은 해 3월 4일 다음과 같이 선언했다: "프랑스의 공

44 이진경, 『자본을 넘어선 자본』 95; 고병권, 『화폐, 마법의 사중주』(서울: 그린비, 2005), 158.

45 이 책에 수록된 조홍식의 글(6장 화폐와 정체성: 유로와 유럽의 사례)은 근대국민국가체제를 넘어서 실험되고 있는 유럽이라는 새로운 공동체에서 화폐가 정체성 형성이 지니는 의미에서 대해 서술하고 있다. 화폐는 그것이 행하는 역할에 비추어 볼 때 정체성 형성에 미치는 영향은 경제적 차원을 넘어서 상징적·정치적 등 다양한 측면에서 작동하고 있음을 알 수 있다.

화국 선언은 세계의 어떤 정부에 대한 공격의 행위가 아니다. … 군주정이든 귀족정이든 입헌정, 공화정 모두는 각 인민들의 상이한 성숙성의 표현방식이다. ….”[46] 이제 1789년 혁명과 같은 혁명전쟁은 존재할 수 없었다. 1848년 혁명과 함께 등장한 제2공화국에서 형제애(fraternité)는 제2공화국이 순응해야 할 원칙으로 제시되었다. 형제애는 민주주의 속에서 시민들을 결합시키고, 외국과의 관계 속에서 형제애는 인민들 간의 연대를 강화시키는 원칙이었다. 물론 일부 소수에게 형제애는 국경과 민족을 없앨 수 있는 원칙이었지만, 대부분에게 형제애는 민주주의적 주권국가들 사이의 평화를 가져올 수 있는 원칙으로 제시되었다. 자유, 평등, 형제애는 프랑스만의 독점적인 것이 아니라 유럽을 재생시킬 수 있는 행위였다.

이탈리아와 독일의 통일 움직임이 본격화되는 가운데 공화주의자들은 소극적으로 공화주의적·민주주의적 연방 유럽을 사유했다. 예를 들어 위고(V. Hugo)는 보통선거권, 사상의 순환, 경제적 순환을 기반으로 한 유럽연방을 꿈꾸었다.[47] 형제애, 연대 등의 도덕적 원칙이 국경이라는 경계에 갇히지 않기를 기대했고, 그 원칙이 한 나라가 아닌 인류 전체에 적용되기를 기대했다. 하지만 유럽연방과 같은 기대는 사실상 먼 유토피아와 같은 것으로 미루어 둔 것이 사실이다. 구체적인 형제애의 원칙은 계약과 인민주권의 원칙에 근거하면서 네이션에 대한 공화주의적 원칙을 확정하도록 했다. 즉 민주주의와 공화국, 그리고 형제애의 실현공간으로서 네이션이 확정되었고, 그것들의 결합

46 Ph. Darriulat, *Les patriotes. La gauche républicaine et la nation 1830-1870* (Paris: Seuil, 2001), 171-172에서 재인용.

47 N. Savy, “L’Europe de Victor Hugo: Du gothique au geopolitique,” in Michele Madonna Mesbazeille, ed., *L’Europe, naissance d’une utopie?* (Paris: L’Harmattan, 1996).

체인 국민국가들 간의 체계로서 국제관계가 사고되었다.

유럽이 만들어진 근대적 질서는 유럽에 한정되지 않고 '문명'이라는 이름으로 제국주의적 침략을 통해 전 세계로 확장되었다. 1789년 보편주의적 공화주의는 유럽에서 구현된 현실이 되었고, 그것은 다시 유럽 이외의 지역에 그 보편성을 구현하고자 했다. 유럽의 제국주의 국가들은 식민지 개척을 통해 유럽의 근대적 모습을 동일하게 식민지에 이식하고자 했다. 이러한 일들이 19세기 이후 지속적으로 진행되었고, 비록 제국주의적 식민지 지배가 끝을 맺었다 하더라도 그 과정은 지금까지 지속되고 있다. 이미 자본주의적 세계질서에 편입된 세계는 유럽과 미국이 주도하는 자본주의 논리 속에서 작동하고 있다. 다양한 위기를 겪으면서도 동시에 지속적으로 그 규칙들을 바꾸어 가면서 위기를 극복(?)하고 새로운 방식의 작동 메커니즘을 만들어내면서 자본주의 질서를 유지하고 있다. 이러한 자본주의 질서의 기본은 앞서 보았듯이 국민국가라는 틀을 통해 만들어진 정치적·경제적·사회적 질서체계이다.

물론 19세기가 만들어낸 국민국가적 질서는 20세기 말에 이르러 세계화가 급속하게 진행되면서 위기를 맞고 있는 것이 사실이다. 1968년 세계 곳곳에서 발생한 혁명적 물결은 근대질서체제에 대한 근본적인 문제제기를 행하면서 정치적, 사회적, 그리고 철학적으로 근대성의 근간을 흔들었다. 이후 1970년대 들어서 경제위기가 진행되면서 안정적으로 보였던 국민국가 틀 속의 복지국가도 위기를 맞이하기 시작했다. 1980년대 들어서 급속히 진행된 세계화는 이러한 위기들에 대한 대응의 형태를 띠고 있다. 19세기의 근대 국민국가적 질서가 위기를 맞으면서 새로운 재편의 가능성이 보이고 있는 것이 사실이다.[48]

예를 들어 글로벌 시티(global city) 혹은 초국적도시이론(transnational

urbanism), 네트워크 사회이론, 제국론 등은 세계화와 국민국가체계의 위기를 이해하기 위한 새로운 시각을 제시한다.[49] 글로벌 시티는 국민국가체제가 출현하기 이전에 활발하게 상업적 거래의 중심을 형성했던 중세 말 근대 초의 상업도시와 유사한 형태이다. 거대한 세계적 네트워크를 통해 글로벌 시티들이 연결되어 있으면서 자본과 상품의 흐름을 주도한다. 서울, 도쿄, 상하이, 뉴욕, 런던, 파리, 프랑크푸르트 등으로 연결되는 네트워크는 대한민국 내 도시들 간 연결의 망보다 더 조밀하고 긴밀하게 형성되어 있다. 자본과 상품의 흐름이 일국 내 도시들 사이에서 보다 거대한 글로벌 시티들 사이에 더 빈번하게, 그리고 더 거대한 수준에서 발생하고 있는 것이다.

이러한 새로운 현상들이 만들어낸 체계는 기존의 국민국가들의 체계와 구별되는 특이점들로 인해 국민국가체계의 위기가 언급된다. 국민국가체계의 위기는 그것에 한정되는 것이 아니라 국민국가 시공간을 통해 구현된 유럽적 근대성 자체의 위기와 결부된다. 국민국가를 통해 형성된 민주주의, 국민경제, 사회적인 것의 구성 등의 위기이다. 민주주의와 우리의 공동체에 대한 새로운 사고의 전환이 필요한 시점이다. 예를 들어 근대성에 대한 비판 속에서 '유럽적 근대성'을 상대화하려는 시도가 존재한다. '유럽을 지방화하기', '동양적 근대'라는 표현

48 이 책 7장의 이옥연의 글("탈세속화된 유럽의 정체성과 유럽 다면성 조립의 정치")은 유럽연합을 통해 구현되고 있는 유럽이라는 공동체가 근대적 유럽이 실현했던 국민국가라는 공동체의 동일성의 원칙과는 질적으로 다른 다면성의 원칙이 불가피함을 보여주고 있다.

49 존 프리드먼(J. Friedman)과 사스키아 사센(S. Sassen)의 글로벌시티 이론이나 그를 비판한 마이클 스미스(M. P. Smith)의 초국적도시이론, 카스텔(M. Castelles)의 네트워크 이론, 네그리와 하트의 제국(Empire) 개념 등은 국민국가체계를 넘어서 등장한 세계화에 대한 새로운 접근법들을 제시하고 있다(M. P. Smith, 남영호 외 역, 『초국적도시이론』(서울: 한울, 2010); A. Negri & M. Hardt, 윤수종 역, 『제국』(서울: 이학사, 2001).

에서 드러나듯이 유럽적 근대성 혹은 유럽적 가치의 상대화 및 다양한 근대성의 존재를 의미한다.[50] 현재의 위기 속에서 다양한 공동체의 가능성, 그리고 그것의 현실화를 위한 다양한 노력이 필요한 시점이다.

50 탈식민주의를 주장하는 차크라바티(Dipesh Chakrabarty)가 사용한 표현이며, 찰스 테일러 역시 그를 인용하면서 유럽의 지방화를 강조하고 있다. Charles Taylor, 이상길 역, 『근대의 사회적 상상』(서울: 이음, 2010), 296; 히야미 히시오, 『동양적 근대의 창출』(서울: 소명출판, 2000); S. N. Eisenstadt, 임현진 외 역, 『다중적 근대성의 탐구』(서울: 나남, 2009).

참고문헌

고병권. 『화폐, 마법의 사중주』. 서울: 그린비, 2005.

고진, 가라타니. 『네이션과 미학』. 서울: 도서출판 b, 2009.

석현호. "국제이주이론의 검토," 『외국인 노동자의 일터와 삶』. 서울: 지식마당, 2003.

설동훈. 『외국인노동자와 한국사회』. 서울: 서울대학교출판부, 1999.

이진경. 『자본을 넘어선 자본』. 서울: 그린비, 2004.

임지현. "마르크스-엥겔스와 민족문제," 『진보평론』 10권. 1994.

한건수. "타자만들기: 한국사회와 이주노동자의 재현," 최협 등 편, 『한국의 소수자, 실태와 전망』. 서울: 한울아카데미, 2004.

홍태영. 『국민국가의 정치학』. 서울: 후마니타스, 2008.

히사오, 히야마. 『동양적 근대의 창출』. 서울: 소명출판, 2000.

Arendt, A. 이진우 · 박미애 역, 『전체주의의 기원』 1. 서울: 한길사, 2006.

Ageron, Charles-Robert. "Jules Ferry et la colonisation," In *Jules Ferry, fondateur de la République*, edited by F. Furet. Paris: Ed de l'EHESS, 1985.

Arrighi, G., and Silver, B. J. 최홍주 역, 『체계론으로 보는 세계사』. 서울: 모티브북, 2008.

Blanc, L. "Discours de Louis Blanc, le 29 avril," In *Le droit au travail au Luxembourg et à l'Assemblée nationale*, edited by E. de Girardin. Paris: Lévy frères, 1849.

Chesnais, F. 서익진 역. 『자본의 세계화』. 서울: 한울, 2003.

Colley, L. "Whose nation? Class and national consciousness in Britain 1750-1830," *Past & Present* 113. 1986.

Darriulat, F. *Les patriotes. La gauche républicaine et la nation 1830-1870*. Paris: Seuil, 2001.

de Tocqueville, A. *Démocratie en Amérique*, II. Paris: Gallimard, 1961.

Dirlik, A. 황동연 역, 『포스트모더니티의 역사들』. 서울: 창비, 2005.

Eisenstadt, S. N. 임현진 외 역, 『다중적 근대성의 탐구』. 서울: 나남, 2009.

Godechot, J. "Nation, patrie, nationalisme et patriotisme en France au XVIIIe siècle," *Annales Historique de la Révolution Française*. 43. oct-déc: 1971.

Goy, Joseph. "Code civil," In *Dictionnaire Critique de la Révolution française*, edited

by F. Furet et M. Ozouf dir. Paris: Flammarion, 1988.
Hobsbawm, E. 『혁명의 시대』. 서울: 한길사, 1983.
Hobsbawm, E. 강명세 역, 『1780년 이래 민족과 민족주의』. 서울: 창작과비평사, 1994.
Hobsbawm, E. 『자본의 시대』. 서울: 한길사, 1998.
James, C. L. R. 우태정 역, 『블랙 자코뱅』. 서울: 필맥, 2001.
Jekins, B. 김인중·마은지 역, 『프랑스 민족주의』. 서울: 나남, 2010.
List. F. *Système national d'économie politique*. Paris: Gallimard, 1998.
Marx, K. 김수행 역, 『자본론』 I. 서울: 비봉출판사, 1989.
Marx, K. 김세균 감수, "공산주의당선언," 『마르크스-엥겔스 저작선집』 1권. 서울: 박종철출판사, 1990.
Marx. K. 『정치경제학 비판 요강』 I. 서울: 그린비, 2007.
Mélonio, F. *Naissance et affirmation d'une culture nationale*. Paris: Seuil, 1998.
Michelet, J. *Introduction à l'histoire universelle. Oeuvres complète*. Paris: Flammarion, 1984.
Mills, C. W. 정범진 역. 『인종계약』. 서울: 아침이슬, 1997.
Negri, A. & Hardt, M. 윤수종 역, 『제국』. 서울: 이학사, 2001.
Polanyi, K. 박현수 역, 『거대한 변환』. 서울: 민음사, 1997.
Rousseau, J. J. "Discours sur l'Economie politique," *OEuvres complètes*, III. Paris: Gallimard, 1964.
Savy, Nicole. "L'Europe de Victor Hugo: Du gothique au geopolitique," In *L'Europe, naissance d'une utopie?* edited by Michele Madonna Mesbazeille. (Paris: L'Harmattan, 1996).
Simmel, G. 『돈의 철학』. 서울: 한길사, 1993.
Simmel, G. "현대문화에서의 돈," 『짐멜의 모더니티 읽기』. 서울: 새물결, 2005.
Smith, S. C. 이태숙 외 역. 『영국제국주의 1750-1970』, 서울: 동문선, 2001.
Smith, M. P. 남영호 외 역. 『초국적도시이론』. 서울: 한울, 2010.
Soboul, A. 『프랑스대혁명사』 II. 서울: 일월서각, 1984.
Taylor, Ch. 이상길 역. 『근대의 사회적 상상』. 서울: 이음, 2010.
Thiesse, M. *La création des identités nationales. Europe XVIIIe - XXe siècle*. Paris: Seuil, 1999.
Tilly, C. "Reflections on the history of European state-making," In *The formation of nation*

state in Western Europe, edited by Tilly. Princenton: Princeton Unversity Press, 1975.

Viroli, M. *For Love of Country. An Essay on patriotism and nationalism*. Oxford: Clarendon Press, 1995.

Wallerstein, I. "Response: Declining States, Declining Rights?" *International Labor and Working - Class History* 47: 1995.

제4장

프랑스-독일 관계의 변화와 유럽통합[1]

회고와 전망

김준석
가톨릭대학교 국제학부 교수

I. 들어가며

최근 전 세계를 강타한 글로벌 금융위기는 유럽 국가들에게도 심각한 도전을 제기하고 있다. 특히 방만한 재정 운용으로 국가부도 사태에 처한 그리스에 대한 유럽연합 차원의 지원 여부를 논의하고 결정하는 과정에서 주요 회원국들 사이의 갈등이 노정되었다. IMF가 구제금융의 일부를 담당하는 방식의 해결책이 어려운 협상 끝에 도출되어 가까스로 진화되기는 했지만 그러한 갈등은 유럽연합의 장래에 관한 비관적인 전망을 낳고 있다. 찰스 쿱찬(Charles Kupchan)에 따르면 이와 같은 비관주의는 세 가지 요인이 동시에 작용한 결과이다.[2]

1 4장은 『한국정치연구』 20(3): 289-312에 게재된 논문을 부분적으로 수정했음.

2 Charles Kupchan, "The Potential Twilight of the European Union," *Council on Foreign Relations* (2010): 2-3.

첫째, 유럽통합의 주요한 추동력이었던 양차 세계대전에 대한 기억이 점차 희미해져 가고 있다. 특히 정치 엘리트들의 세대교체가 지난 10여 년간 거의 모든 유럽 국가들에서 진행되어 왔다는 사실이 중요하다. 1980~1990년대 유럽의 미래에 대한 큰 비전을 가지고 통합을 주도하던 프랑스의 미테랑 대통령과 독일의 콜 수상 대신 보다 실용적인 노선의 사르코지 대통령과 슈뢰더, 메르켈 수상 등이 통합 문제를 주도하는 시대가 도래를 했다. 둘째, 대부분의 유럽연합 회원국들은 금융위기가 본격화되기 훨씬 이전부터 경제적으로 큰 어려움을 겪어 왔다. 이는 결국 거세지는 세계화의 압력 하에서 유럽 국가들이 점차 경쟁력을 잃고 있기 때문인데, 이 위기에 대응하는 과정에서 회원국들의 자국 이기주의가 두드러지고 있다. 셋째, 2004년과 2007년 유럽연합 확대의 결과로 회원국 수가 27개국으로 늘어난 사실이 중요한 의미를 지닌다. 이는 최근 회원국 지위를 획득한 중동부 유럽 국가들이 소련의 실질적 지배로부터 자유롭게 된 지 얼마 지나지 않아 어렵사리 되찾은 '자결권' 혹은 '주권'을 유럽연합이라는 초국가기구에 양도하는 데 주저하고 있기 때문이다. 바클라프 클라우스(Vaclav Klaus) 체코 대통령이 리스본 조약의 비준을 마지막 순간까지 주저하는 모습을 보였을 때, 이를 단순히 대통령 개인의 신념과 성향의 문제로 돌리기 어려운 이유가 여기에 있다. 다른 한편, 너무 커져 버린 유럽연합이 과거의 '익숙함'과 '아늑함'을 잃어버리면서 서유럽 회원국 시민들에게도 점차 낯선 존재가 되었다는 점 역시 지적될 수 있다.

이러한 이유들에 더해, 그리고 부분적으로는 바로 이러한 이유들로 인해 지금까지 유럽통합의 가장 큰 원동력을 제공해 왔던 두 회원국인 프랑스와 독일의 통합에 대한 '열정'이 과거에 비해 크게 감소했고, 이것이 유럽연합의 장래에 대한 회의론의 또 하나 근거가 되고 있다는 점을 지적할 수 있다. 프랑스의 경우, 2005년 국민투표에서 유럽헌법안이 부결된 사건은 유럽통합에 대한 프랑스인들의 달라진 태도를 여실히 보여주었다. 일부에서 지적하듯이 국민 여론의 '변덕스러움'이 그와 같은 결과를 낳았다고 단정할 수는 없다. 프랑스의 정책결정자들과 여론 주도층 사이에서도 통합의 효과에 대한 회의론이 점차 그 범위를 넓혀 가고 있기 때문이다.[3]

통합에 대한 열정의 감소는 독일의 경우에서도 확인되는데, 특히 최근 금융위기에서 유로존(Eurozone)을 지탱하는 데 핵심적인 역할을 담당해 왔던 유럽의 경제대국이 유로화의 신뢰도 추락을 초래할 수 있는 위험을 감수하면서 그리스 지원에 대해 강경한 태도를 취한 데서 그러한 태도의 변화를 엿볼 수 있다. 사실 유럽 국가들 간의 통합이 현재와 같은 정도로 진전될 수 있었던 것은 상당 부분 '독일이 영국이나 프랑스와는 상당히 다른 방식으로 행동'한 데에 기인한다. 즉 유럽연합이 오늘날과 같이 강력한 권한을 지닌 초국가기구로 발전할 수 있었던 것은 독일이 장기적인 안목에서 통합의 진전을 위해 자국의 이익을 일시적으로나마 '양보'하는 정책노선을 견지했기 때문이다.[4] 이제 독일은 이와 같은 정책을 재고하고 자국의 이익을 돌보는 데 적극적으로 나서기로 결심한 것으로 보인다. 독일은 다른 '정상적인' 국가들처럼 행동하려 하고 있다.

프랑스와 독일에서 통합에 대한 열정의 감소는 유럽연합과 관련하여 양국 간 협력관계의 약화로 이어졌다. 많은 이들이 동의하듯이 지

---

3 Vivien A. Schmidt, "Trapped by their ideas: French elites' discourse of European integration and globalization," *Journal of European Public Policy* 14/7 (2007).

4 Simon Bulmer and William E. Paterson, "Germany and the European Union: from 'tamed' to 'normalized' power?" *International Affairs* 86/5 (2010).

난 수십 년 동안 양국의 긴밀한 협력관계는 유럽통합의 견인차 역할을 해왔다. 특히 양국은 통합과 관련하여 새로운 이니셔티브를 취하고자 할 때 상대방과 먼저 협의하고 합의를 이끌어내는 관행을 지속해 왔다.[5] 하지만 이와 같은 프랑스-독일 파트너십은 1990년대 후반부터 조금씩 느슨해지기 시작했고, 각료이사회에서의 투표권 배분 문제를 둘러싼 양국 간 갈등이 표면화된 2000년 12월의 니스 유럽연합 정상회의 이후 (2003년 미국의 이라크 전쟁에 반대하기 위해 잠시 공동의 전선을 형성한 시기를 제외하고는) 줄곧 내리막길을 걸어왔다.[6] 프랑스와 독일은 2009년 말 그리스가 국가부도 위기 사태에 처했을 때에도 긴밀하게 협력하지 못했다. 그리스에 대한 즉각적인 지원을 공언한 사르코지 대통령은 그리스의 도덕적 해이를 비판하면서 지원에 유보적인 태도를 보인 메르켈 총리의 태도에 적지 않게 당황할 수밖에 없었다. 또 유럽 차원의 해결책 모색을 주장하는 프랑스 등의 주장을 거부하고 IMF를 끌어들여 그리스의 강도 높은 구조 조정을 조건으로 구제 금융을 제공할 것을 고집한 독일의 태도 역시 많은 프랑스인들에게 개운치 않은 뒷맛을 남겼다. 유럽통합의 최초 시작 단계에서부터 '쌍두마차' 혹은 '공동집행부(directoire)'로 불릴 만큼 중요한 역할을 담당해 온 양국 간 협력체제에 심각한 문제가 발생했음을 다시 확인하는 순간이었다.

사실 두 나라가 긴밀한 협력관계를 계속 유지하더라도 현재의 상황

5 Adrian Hyde-Price and Charlies Jeffery, "Germany in the European Union: Constructing Normality," *Journal of Common Market Studies* 39/4 (2001): 699.

6 Thomas Pedersen, "Recent Trends in the Franco-German Relationship," *Journal of Common Market Studies* 41 (2003); Jefferey J. Anderson, "Germany and Europe: Centrality in the EU," in Simon Bulmer and Christian Lequesne ed., *The Member States of the European Union* (Oxford: Oxford University Press, 2005), 85.

에서 그것이 유럽통합의 원동력으로 작동하지 못할 가능성이 높다. 여기에는 몇 가지 이유가 있다. 먼저 프랑스와 독일 두 국가 모두 긴 경제적 침체기에 있었고, 실업 문제, 공공부채와 재정적자 문제의 해결에서 다른 국가에 '모범'이 될 수 있을 만큼 효율적이지도 못했다. 특히 양국은 경제통화연합(EMU, Economic Monetary Union)을 안정적으로 관리하기 위해 양국의 주도로 제정된 성장과 안정성장협약(Stability and Growth Pact)의 (재정적자를 GDP의 3% 이내로 제한한다는) 규정을 위반했고, 결국에는 그 규정을 완화하는 데 앞장섬으로써 다른 회원국들의 냉소 섞인 비판을 초래하기도 했다. 회원국의 수와 범위가 확대된 것도 프랑스-독일 관계의 중요성을 감소시키는 요인이 되었다. 단적으로 15개국으로 이루어진 유럽연합에서의 프랑스, 독일의 영향력과 27개국으로 이루어진 연합에서의 영향력이 같은 수준으로 유지되는 것은 불가능하다. 늘어난 회원국 수는 두 국가가 행사할 수 있는 리더십의 '농도'를 크게 떨어뜨렸다.[7]

지난 50여 년의 유럽통합 역사를 되돌아보면 프랑스와 독일의 공동 리더십은 주로 역사적으로 중요한 순간에 빛을 발하여 왔음을 알 수 있다. 그러한 결정적 순간에 두 국가는 서로 긴밀하게 협력하여 공동의 주도권을 행사함으로써 통합을 한 단계씩 진전시켰다. 하지만 이상에서 살펴본 이유들로 인해 프랑스와 독일 두 나라에 그러한 역할을 기대하기는 더 이상 어렵게 되었다. 물론 프랑스-독일 관계가 그 중요성을 완전히 상실하리라는 의미는 아니다. 확대된 유럽연합 내에

7 Alistair Cole, "Franco-German Relations: From Active to Reactive Cooperation," in Jack Hayward ed., *Leaderless Europe* (Oxford: Oxford University Press, 2008), 149, 154; Jochaim Schild, "Mission Impossible? The Potential for Franco-German Leadership in the Enlarged EU," *Journal of Common Market Studies* 48/5 (2010): 1375.

서도 두 국가는 여전히 '큰' 나라들이고,[8] 특히 유로존 내에서 독일의 영향력은 절대적이다. 또 장차 통합의 향방을 좌우할 획기적인 조치가 요구되는 경우 그것이 어떠한 성격의 것이든 프랑스와 독일의 합의와 협력이 담보되지 않는다면 성공을 보장하기 어려울 것이다.[9] 하지만 양국이 긴밀하게 협조하여 통합을 주도하는 시기가 지나갔다는 데에는 의심의 여지가 없다. 통합의 한 시대가 막을 내린 것이다. 이제 두 국가가 통합의 새로운 목표를 제시하면 다른 회원국이 어떤 경우에는 적극적으로, 어떤 경우에는 '울며 겨자 먹기' 식으로, 또 어떤 경우에는 대안 부재의 현실에 부딪혀 그 목표를 받아들이는 시기는 지나갔다. 프랑스와 독일은 여전히 유럽의 강대국이지만 통합과 관련하여 이 두 나라가 영향력을 행사할 수 있는 범위와 방식은 이전에 비해 상당히 축소되었고, 또 훨씬 복잡해졌다. 앞으로의 유럽통합과정을 보다 잘 이해하기 위해서는 이러한 변화의 양상과 의미에 주의를 기울여야 한다.

본 장은 이러한 변화를 이해하려는 시도이다. 보다 구체적으로 본 장에서는 유럽통합의 진전에 중요한 역할을 담당해 왔던 프랑스-독일 협력관계의 약화로 인해 통합의 성격에 상당한 변화가 일어났음에 주목하고, 이 변화의 의미를 보다 명확하게 밝히고자 양국의 협력이 결정적인 역할을 수행한 통합의 몇몇 역사적 국면들을 재조명한다. 이러한 역사적 국면들을 살펴봄으로써 현재의 통합국면이 갖는 특별한 성격에 대한 보다 나은 이해에 도달하는 것이 가능하다.

8 Helen Drake, "France: An EU Founder Member Cut Down to Size?" *Journal of European Integration* 28/1 (2006).

9 Cole, "Franco-German Relations: From Active to Reactive Cooperation," 155, 161.

II. 전후(戰後) 프랑스-독일 관계의 복원과 유럽통합의 기원: ECSC의 설립과정을 중심으로

1945년 제2차 세계대전이 종결되었을 때 프랑스와 독일 간의 관계는 더 이상 나쁘게 될 여지가 없을 정도로 악화되었다. 특히 독일에 의한 군사적 점령이라는 고통스런 현실을 경험한 프랑스는 다시는 그러한 일이 되풀이되지 않도록 특단의 조치를 취할 필요성을 절감했다. 패전국 독일이 전후에도 인구수와 경제력에서 프랑스를 비롯한 이웃 국가들을 압도하리라는 것은 분명했다. 프랑스는 이러한 힘의 불평등을 그대로 방치할 경우 또 다른 전쟁이 불가피하며, 이 문제는 독일의 힘의 우위를 결정적, 영구적으로 제약함으로써만 해결될 수 있다고 주장했다. 1944년 8월 작성된 문제의 프랑스 임시정부의 한 정책보고서가 "다음 세대에 독일이 프랑스에 대한 세 번째 공격을 감행한다면 이는 프랑스의 영구적인 굴복을 의미한다"고 언급했을 때 이는 대다수 프랑스인들이 느꼈던 두려움을 대변했다.[10]

불과 20여 년의 시차를 두고 두 국가가 두 차례에 걸친 피비린내 나는 전쟁을 치렀다는 점을 고려하면, 그리고 그중 한 차례의 전쟁에서는 프랑스 전역이 독일군에 근 4년 이상 점령당했다는 점을 고려하면 프랑스의 강경한 입장을 이해하는 것이 그리 어렵지 않다. 하지만 프랑스의 그러한 바람이 그대로 충족되기는 힘들었다. 먼저, 자력이 아닌 미-영 연합군의 도움으로 해방을 맞은 프랑스는 승전국으로서의

10 John Gillingham, *Coal, Steel, and the Rebirth of Europe, 1945-1955: The Germans and French from Ruhr conflict to economic community* (Cambridge: Cambridge University Press, 1991), 152.

지위와 권리를 주장하는 데 제약을 받을 수밖에 없었다. 둘째, 프랑스는 제1차 세계대전의 전후 처리과정에서 독일을 지나치게 가혹하게 다룸으로써 또 한 번의 전쟁을 자초했다는 비판에서 결코 자유로울 수 없었다. 셋째, 독일에 대한 전후 처리과정에서의 주도권은 어디까지나 미국에게 있었고, 프랑스의 정책결정자들은 미국의 의도에 어긋나는 정책을 추진하는 데 큰 부담을 느낄 수밖에 없었다. 한 마디로 프랑스는 '최근 심각한 패배를 경험한 중견 국가에 불과했고, 국제사회의 인정받는 구성원이 되기 위해서는 상당한 굴욕을 감수'해야 했다.[11]

독일 문제를 해결해야 할 필요성과 자국의 행동 자유에 가해진 제약 사이에서 프랑스는 모든 관심을 독일의 경제력을 제어하는 데, 즉 독일을 '경제적으로 무장 해제시키는 데' 쏟았다.[12] 프랑스는 특히 독일의 석탄과 철강 생산 능력을 제한하는 데 초점을 맞추었다. 제2차 세계대전 직후까지만 하더라도 석탄과 철강은 한 국가의 산업력을 판가름하는 중추 산업으로 여겨졌고, 이 두 부문에서 프랑스의 독일에 대한 고질적인 열세를 극복하지 못한다면 경제력에서 독일의 우위는 영구히 극복 불가능할 것으로 생각되었다.[13] 이러한 상황에서 프랑스는 독일 철강 생산의 중핵이자 풍부한 석탄 매장량을 가진 루르(Ruhr) 지방을 장악하여 산업시설을 해체하고, 이 지역의 석탄을 전쟁배상금

11 Gillingham, *Coal, Steel, and the Rebirth of Europe*, 151.

12 William H. Hitchcock, *France Restored: Cold War Diplomacy and the Quest for Leadership in Europe, 1944-1954* (Chapel Hill: The University of North Carolina Press, 1998), 48.

13 프랑스의 자체 석탄 생산량은 자국의 수요를 충당하기에도 불충분했고, 프랑스의 철강 산업은 전쟁 기간 동안 새로운 생산기술을 습득한 독일의 철강 산업의 상대가 되지 못했다. 독일과의 전쟁에서 프랑스가 정치, 군사적으로는 승리를 거두었을지언정 전쟁의 경제적인 결과에서 '진정한 승자는 독일'이었다. Gillingham, *Coal, Steel, and the Rebirth of Europe*, 95.

으로 받아 자국의 경제회복에 활용하고자 하는 희망을 피력했다.[14] 인위적인 수단을 동원해서라도 독일과의 경제적 격차를 줄임으로써 자국의 안전과 이익을 도모하겠다는 심산이었다. 하지만 이러한 프랑스의 희망은 미국의 완고한 반대에 부딪혔다.

애초에 미국은 독일 문제의 해결을 위해 프랑스보다 훨씬 과격한 계획을 세웠었다. 1944년 재무장관 헨리 모겐소(Henry Morgenthau)가 주도하여 수립한 계획에서는 독일의 전쟁 수행 능력을 그 근원에서부터 제거하기 위해 문자 그대로 '공장을 폭파하고 광산을 수장'시킬 것을 제안했다.[15] 하지만 전쟁이 종결되고 얼마 지나지 않아 소련과의 관계가 점차 대결 구도로 변질되어 가는 상황에서 미국은 그와 같이 과격한 해결책을 미련 없이 포기하고 보다 전향적인 관점에서 독일 문제에 접근하기로 결정했다. 이러한 정책 변화는 소련과의 대결 상황을 유리하게 끌고 가기 위해서는 잠재적인 동맹국인 서유럽 국가들의 조속한 경제회복이 필요하고, 이는 독일의 자원과 산업을 활용하지 않고서는 가능하지 않다는 판단에서 이루어졌다.[16]

물론 미국이 다시 강대해진 독일이 주변국들에게 또다시 위협이 될 수 있다는 점을 전혀 신경 쓰지 않았던 것은 아니다. 다만 미국은 프

14 이러한 목표는 전쟁이 채 끝나기 전부터 프랑스의 정책 어젠다에서 최우선적인 고려사항이었다. 예를 들어 1945년 1월 드골(de Gaulle)은 전선을 재정비하기 위해 라인 강변의 스트라스부르(Strasbourg)로 진주한 프랑스군을 도시로부터 철수시켜 달라는 미군 사령관의 요구를 거부하면서 "우리는 프랑스군이 라인 강의 한쪽 끝에서 다른 쪽 끝까지를 장악한다는 약속 없이 전쟁을 끝내지 않을 것"임을 공언하기도 했다. Hitchcock, *France Restored: Cold War Diplomacy and the Quest for Leadership in Europe, 1944-1954*, 44.

15 Gillingham (1991), 100-101.

16 David A. Messenger, "Dividing Europe: The Cold War and European Integration," in Desmond Dinan (ed.), *Origins and Evolution of the European Union* (Oxford: Oxford University Press, 2006), 36-37.

랑스가 주장하는 식의 독일 문제 해결책은 점차 구체화되어 가는 소련과의 대결 구도를 감안할 때 받아들이기 힘들다고 보았다. 이와 함께 미국은 제1차 세계대전 직후 프랑스 등이 독일에게 지나치게 과도한 희생을 요구한 것이 전쟁 재발의 원인이 되었던 전례가 반복되어서는 안 된다고 판단했고, 프랑스가 주장하는 독일의 무력화를 골자로 하는 전후 처리안을 강력하게 제지하기로 결정했다. 이러한 미국의 태도는 미국과 프랑스 관계에 긴장을 불러일으켰다. 프랑스는 독일 문제에 관한 자국의 이해관계를 관철시키기 위해 미국과 몇 차례에 걸쳐 협상을 벌였으나 별다른 성과를 내지 못했다. 오히려 협상이 여러 차례 중단되고, 이로 인해 독일에 대한 전후 처리 문제를 조속한 시일 내에 매듭지으려는 미국의 시도가 좌절을 거듭하자 양국 간의 관계는 일시적으로 위기에 처하기도 했다.[17]

결국에는 프랑스가 고집을 꺾어야 했다. 미소 간 대립이 점점 심각해지는 상황에서 미국과의 반목이 계속될 경우 자칫 중대한 결과가 초래될 수 있음을 직감했기 때문이다. 잠시나마 프랑스는 소련과 '전략적 동맹'을 구축하는 방안을 고려하기도 했다. 하지만 그러한 동맹이 일시적인 편의에 기초한 관계 이상이 될 수 없음을 깨닫는 데 그리 오랜 시간이 걸리지 않았다. 프랑스의 정책결정자들은 프랑스가 종국에는 미국 편에 서서 미국의 대의를 지지할 수밖에 없음을 잘 인식하고 있었다. 물론 이들이 라인란트 지방을 중심으로 하는 독일의 경제력을 어떤 식으로든 견제하는 것이 프랑스의 안보에 필수적이라는 믿음을 포기한 것은 결코 아니었다. 하지만 이제 프랑스는 그러한 목표를 미국과의 협력을 강화하는 가운데 추구해야 한다는 새로운 과

17 Gillingham, *Coal, Steel, and the Rebirth of Europe*, 149-151.

제에 직면하게 되었다.

이 과제를 해결하기 위한 단초는 미국의 대규모 유럽경제원조 프로그램인 마셜 플랜(Marshall Plan)을 통해 마련되었다. 프랑스는 다른 어떤 유럽 국가보다도 마셜 플랜을 환영했다. 전후 프랑스의 경제 상황이 매우 어려웠기 때문이다. 하지만 미국의 대규모 원조는 유럽 국가들이 공동으로 경제 회복과 발전을 위한 장기계획을 세우고 이 계획에서 제시된 목표를 달성하기 위해 긴밀하게 협력해야 한다는 단서와 함께 제공되었다.[18] 이에 원조의 수혜를 희망하는 국가들이 1947년 7월 파리에 모여 '유럽경제협력회의(CEEC, Conference on European Economic Cooperation)'로 명명된 모임을 개최하고, 원조의 활용방안과 공동의 경제발전 계획에 관해 논의했다.

한 가지 주목할 만한 사실은 영국이 CEEC에 참가하기를 거부하고 특별한 대우를 요구하면서 미국과 사이가 틀어지기 시작했다는 것이다. 영국의 다소 갑작스럽다고도 할 이러한 행동은 두 가지 차원에서 설명될 수 있다. 첫째, 영국은 독일에 대한 전쟁을 승리로 이끈 '승전국'이자 여전히 방대한 식민지를 보유한 '제국'으로서 다른 유럽 국가들과 동일하게 취급되는 데 강한 거부감을 가졌다.[19] 둘째, 영국은 장기간에 걸친 경제발전 '계획'을 수립한다는 아이디어에 유보적인 태도

---

18 Gillingham, *Coal, Steel, and the Rebirth of Europe*, 132. 미국이 유럽 국가들 간 협력을 통한 장기적인 발전계획의 수립을 원조의 전제조건으로 내세운 것은 오직 유럽 국가들 간의 '통합'을 통해서만 전후 처리 문제가 완결될 수 있다는 견해가 미국 정부 내에서 상당한 지지를 얻고 있었기 때문인 것으로 보인다. 마셜 플랜 이후 미국은 유럽통합의 가장 중요한 지지자이자 후원자로서의 역할을 자처하게 된다. 이러한 미국의 입장은 유럽석탄철강공동체(ECSC)의 설립과 (후에 프랑스의 반대로 실패로 돌아간) '유럽방위공동체(EDC)'의 설립 시도에서 매우 중요하게 작용했다. James McAllister, *No Exit: America and the German Problem, 1943-1954* (Ithaca: Cornell University Prcss, 2002), 121-170.

19 Gillingham, *Coal, Steel, and the Rebirth of Europe*, 131.

를 취했다. 반면 프랑스는 마셜 플랜의 '계획' 측면에 대한 거부감이 영국에 비해 훨씬 덜했던 것으로 보인다. 이와 관련하여 특히 장 모네(Jean Monnet)의 역할이 강조되어야 하는데, 그가 주도하여 설립한 계획국(*Commissariat Général du Plan*)에서 추진된 경제현대화계획(*Plan de Modernisation et d'Eqipement*)은 임시정부 내에 '계획에 대한 합의(planning consensus)'가 형성되도록 하는 데 핵심적인 역할을 담당했다.[20] 마셜 플랜이 추진될 무렵이면 프랑스의 정책결정자들은 자국 영향력과 위상의 한계를 이미 절감했고, 그 결과 프랑스가 다수 원조수혜국 중의 하나로 취급되는 데 대한 반감이 상대적으로 작았다는 점 또한 지적될 수 있다.

여기서 아이러니컬한 것은 프랑스가 강대국의 지위에 걸맞은 주도권 행사를 일정 부분 단념하고 미국의 정책에 전향적으로 협력하기로 결정한 순간 잃어버렸던 영향력을 회복할 기회를 갖게 되었다는 사실이다. 프랑스는 미국이 제안하고 기획한 국가들 간 협력의 관계에서 리더십을 발휘할 새로운 기회를 발견한 것이다. 특히 영국의 사보타지는 프랑스에 더할 나위 없는 기회를 제공했다. 영국의 완고함에 실망한 미국의 정책결정자들이 프랑스와의 협력을 강화하기로 결정했기 때문이다. CEEC와 이의 결과로 탄생한 유럽경제협력기구(OEEC, Organization for European Economic Cooperation)에서 미국의 전폭적인 지지를 얻은 프랑스는 유럽에서 가장 중요한 행위자로 부상할 기회를 얻게 되었다.

마셜 플랜은 프랑스의 독일 문제에 대한 해법에 있어서도 전환점이

20 Hitchcock, *France Restored: Cold War Diplomacy and the Quest for Leadership in Europe, 1944-1954*, 29-40.

되었다. 프랑스는 독일의 경제발전이 곧 자국에 대한 안보 위협을 의미한다는 전제 하에 독일을 견제, 통제하는 데 주력해야 한다는 기존 정책을 조심스럽게 재검토하기 시작했다. 대신 프랑스는 독일의 경제 발전을 유럽 국가들과의 협력의 틀 내에 위치시킴으로써 안보/평화와 경제발전이라는 두 가지 목표를 동시에 달성하는 방안을 모색하기 시작했다. 1950년 5월 9일 발표된 슈만 플랜(Schuman Plan)은 이러한 프랑스 정책 전환의 산물이었다. 프랑스 외무부 장관의 이름을 따서 명명되었지만 실제로는 장 모네에 의해 처음 구상되고 그 구체적인 안이 작성된 슈만 플랜은 초국가 공동체의 건설을 통해 석탄과 철강 생산을 공동으로 조율, 관리하는 것을 골자로 하는 경제통합계획이었다. 프랑스는 이러한 체제를 통해 석탄을 안정적으로 공급받는 한편 높은 경쟁력을 가진 독일 철강 산업이 자국의 철강 산업에 초래하는 피해를 최소화할 수 있게 되었다. 이와 함께 전쟁물자 생산에 핵심적인 두 산업 부문을 국제기구의 통제 하에 둠으로써 또 다른 참사의 발발을 방지하는 효과도 있었다. 독일은 어느 정도의 손해를 감수해야 했다. 이 두 산업 부문에서 독일의 생산성과 경쟁력은 유럽 최고 수준이었기 때문이다. 하지만 독일의 입장에서 볼 때 자국의 산업 기반이 완전히 해체될 수도 있었다는 점을 고려하면 그 정도의 양보는 얼마든지 받아들일 수 있는 성격의 것이었다.

1949년 미국, 영국, 프랑스 점령 지역에 성립된 '독일연방공화국(Federal Republic of Germany)' 정부의 당면 목표는 패전국의 멍에를 벗고 다른 유럽 국가들과 대등한 지위에 서는 것이었다.[21] 많은 독일인

21 Hanns Jürgen Küsters, "West Germany's Foreign Policy in Western Europe, 1949-1958: The Art of the Possible," in C. Wurm ed., *Western Europe and Germany: The Beginnings of European Integration, 1945-1960* (Oxford: Berg, 1996), 55-56.

들은 본(Bonn)을 수도로 하는 정식 국가가 수립된 이후에도 '연합국점령위원회(Allied High Commission)'가 그대로 존속하여 정부정책에 관여하는 상황에 큰 불만을 갖고 있었다. 또 이들은 정부수립 이후에도 연합국에 의한 산업시설의 해체가 계속되는 현실에 큰 불만을 가졌다. 전후 독일의 초대 수상으로 선출된 콘라트 아데나워(Konrad Adenauer)는 연합국 측에 독일인들에게 '해체'라는 단어가 '베르사유'라는 단어와 유사한 의미를 지닌 단어가 될지도 모른다고 경고하기도 했다.[22] 독일인들은 또한 프랑스가 종전 이후 루르(Ruhr) 지방을 직접적, 간접적으로 장악하려는 계획을 포기하지 않았다는 사실에 불안해했다. 특히 프랑스가 미국이 후원하는 유럽 국가들 간 협력체제에 참여하기로 결정한 이후에도 루르 지방 중 자국과 이웃한 자르(Saar) 지역을 자국 보호령으로 편입시키려는 시도를 포기하지 않았다는 데 대해 큰 불안을 느끼고 있었다.[23] 이러한 상황에서 아데나워는 프랑스가 제안한 슈만 플랜을 독일인들의 불안감을 완화시켜 줄 수 있는 대안으로 인식하고 이에 적극적으로 참여하기로 결정했다.

상당수 독일인들은 아데나워의 그러한 결정에 반대했다. 프랑스의 제안이 독일에게 너무 큰 희생을 일방적으로 강요한다는 이유에서였다. 독일의 사회민주당 지지자들은 아데나워의 친프랑스·친서방 정책이 독일의 분단을 고착화하고 독일을 미-소 대립의 소용돌이에 휘말

22 F. Roy Willis, *France, Germany and the New Europe, 1945-1967* (Stanford: Stanford University Press, 1968), 65-66.

23 Willis France, *Germany and the New Europe*, 1945-1967, 71-77. 자르 지방은 제1차 세계대전 이후에도 영국과 프랑스의 공동보호령으로 상당 기간 남아 있다가 1935년에야 주민투표를 통해 독일에 양도된 역사를 가지고 있었기 때문에 프랑스의 의도에 대한 독일인들의 의구심은 점점 커져 갔다. 제2차 세계대전 후 자르 지방은 또 한 번의 주민투표를 거쳐 1957년 1월 1일에야 독일 영토로 다시 편입되었다.

리게 할 것이라고 경고했다. 하지만 아데나워 수상은 더 중요한 목표를 위해 그만한 희생은 감수할 만하다고 판단했다. 아데나워에게는 독일이 어느 정도 손해를 입더라도 결국에는 유럽 제일의 경제대국으로 다시 부활하리라는 확신이 있었다.[24] 다른 한편, 아데나워의 친미·친서방·반소련 정책의 이면에는 프랑스와 소련이 동맹 혹은 그에 준하는 협력관계를 구축하여 독일을 포위하는 과거의 상황이 되풀이될 수 있다는 경계심 역시 잠재되어 있었다. 1870년 통일국가의 성립 이래 독일의 가장 큰 외교안보정책 상의 고민은 독일을 겨냥한 프랑스-러시아 동맹의 결성이었다. 1876년에 태어나서 수상에 취임했을 때 이미 70대를 훨씬 넘긴 아데나워에게 그러한 역사적 기억은 더욱 생생할 수밖에 없었다. 아데나워가 프랑스와 소련 간 동맹이 실현될 수 있는 가상의 상황을 정리한 표를 만들어 지니고 다녔다는 사실은 잘 알려져 있다.[25]

결국 마셜 플랜에서 처음 제시되고 슈만 플랜에서 구체화된 프랑스-독일 간 협력과 통합은 유럽 국제관계 내에서 각자의 위상과 이익에 대한 양국의 고려가 일치하면서 가능하게 되었다고 할 수 있다. 이러한 합의는 과거 힘의 우위를 바탕으로 상대방에 대한 전략적 우위 확보를 추구하던 프랑스나 독일의 입장에서 사실상 하나의 '외교혁명'에 비견될 수 있는 것이었다.[26] 무려 80년 이상 계속되어 오던 양국 간의 대립과 반목이 일단락된 것이다. 프랑스와 독일 사이의 이러한 합의

24 Gillingham, *Coal, Steel, and the Rebirth of Europe*, 233.

25 Thomas Pedersen, *Germany, France and the Integration of Europe: A Realist Interpretation* (London & New York: Pinter, 1998), 72.

26 Hitchcock, *France Restored: Cold War Diplomacy and the Quest for Leadership in Europe, 1944-1954*, 129.

는 1957년 로마조약의 체결로 이어지는 유럽통합의 기초가 되었다. 이 합의는 '구성주의적인(constructivist)' 합의와는 거리가 먼 것이었다. 프랑스가 그러한 결정을 내린 것은 세계대전 이후 '2류 국가'로 추락한 자국의 객관적인 현실에 대한 자각과 전후 재건에 성공한 독일로부터의 군사적·경제적 위협에 대한 두려움이 동시에 작용한 결과였다. 독일의 경우에도 한 편으로는 연합국에 의한 '내정 간섭'이 1949년 독립 국가의 수립 이후에도 계속되고, 다른 한 편으로는 자국 산업 시설의 해체로 인해 경제 기반의 전반적인 몰락이 우려되는 상황에서 슈만 플랜은 최선의 방안은 아니더라도 적어도 상황을 타개할 수 있는 차선책으로 받아들여졌다. 20여 년의 간격을 두고 두 차례에 걸쳐 양국의 정치, 사회, 경제를 철저하게 파괴한 양차 세계대전이 끝난 지 불과 5~6년이 지난 시점에서 프랑스와 독일 간 협력과 통합은 철두철미하게 현실주의적인 '계산'의 결과로 이루어졌다.[27]

27 물론 유럽통합의 기원과 그 과정에서 이루어진 프랑스-독일의 화해가 오로지 '힘의 계산'의 결과로만 설명될 수 있는 것은 아니다. 양국 간의 화해에는 '구성주의적'인 측면이 어느 정도 내재해 있었다. 발터 립겐스(Walter Lipgens) 등이 주장했듯이 장 모네 등 '유럽통합의 아버지'들의 이상주의에 바탕을 둔 행보가 양국 간 협력에 유리한 토양을 제공했다는 것은 이미 여러 차례에 걸쳐 지적된 바이다. Wilfred Loth, "Explaining European Integration: The contribution from historians," *Journal of European Integration History* 14/1 (2008): 14-16. 보다 최근에는 프랑스와 독일에서 통합을 주도적으로 추진하고 지지한 주체들이 대부분 가톨릭 계열 정당 소속의 정치인이었다는 점, 이미 제2차 세계대전 이전부터 프랑스와 독일, 그리고 네덜란드, 이탈리아, 벨기에 등의 가톨릭 정당의 주요 인사들이 활발하게 교류하면서 유럽통합에 관한 다양한 의견교환이 이루어진 사실에 주목할 필요가 있다는 견해가 제기되기도 했다. 프랑스의 로베르 슈만과 조르주 비도, 독일의 콘라트 아데나워가 모두 가톨릭 계열의 인민공화당(Mouvement Républicain Populaire, MRP)과 기독교 민주연합(Christlich-Demokratische Union, CDU) 출신이었다는 것은 단순한 우연의 일치라고만은 할 수 없다. 가톨릭 정당들 간의 초국적 협력이 통합 자체를 직접 결과했다고는 할 수 없다. 하지만 그러한 협력이 기초가 되어 협상에 임하는 각국의 정책결정자들이 국가 간 협력과 통합의 필요성에 대해 상당한 정도로 '공감'하고 있었고, 그것이 간접적인 방식으로나마 협상의 성공에 긍정적인 기여를 한 것으로 보인다. Wolfram Kaiser, *Christian Democracy and the Origins of European Union* (Cambridge: Cambridge University Press, 2007), 240-241.

따라서 앨런 밀워드(Alan Milward)가 주장했듯이 적어도 그 시작 단계에서 유럽통합은 국가의 생존과 권력 강화를 위한 수단으로 간주되었다.[28] 다만 밀워드가 복지, 산업정책 등 주로 유럽 국가들의 대내적인 필요를 강조한 데 반해 국가들의 지정학적인 고려 역시 통합의 중요한 동기로 작용했음을 지적할 수 있다. 특히 프랑스와 독일의 경우에는 대외적인 필요성이 협력과 통합의 과정에서 더욱 두드러졌다. 다만 그 과정에서 이 두 나라가 동일한 성격과 비중의 역할을 담당한 것은 아니다. 주도권을 행사한 것은 어디까지나 프랑스였고, 독일은 이에 나름대로의 방식으로 반응했다. 프랑스가 '승전국'으로서 독일에게 일방적으로 양보를 강요하거나 '패전국' 독일이 선택의 여지가 없는 상황에서 국익의 '희생'을 감수하면서 프랑스의 제안에 호응한 것은 아니다. 두 국가 모두 자국의 이해관계에 대한 현실적인 고려를 바탕으로 협력과 통합에 합의했다. 하지만 프랑스와 독일이 완벽하게 대칭적인 협력관계를 유지한 것은 아니다. 협력과 통합의 제안자는 어디까지나 프랑스였고, 독일은 결코 강요되지는 않았지만 일정한 제약 속에서 그러한 제안을 불가피한 것으로 받아들였다.

중요한 사실은 이와 같은 양국 간 상호작용의 패턴이 한 번에 그치지 않고 이후 통합의 중요한 몇몇 국면에서 되풀이되었다는 점이다. 바로 이러한 의미에서 유럽통합과 관련하여 프랑스-독일 관계는 일정한 '관성'을 획득했다. 혹은 매우 느슨한 의미에서 '제도화'되었다. 1990년대 후반 이후 최근의 양국 관계가 이전과는 다른 양상으로 비쳐지는 것은 바로 이와 같이 '관성화'된 상호작용의 패턴이 더 이상 작동

28 Alan S. Milward, *The Rescue of the Nation-State*, 2nd Edition (London & New York: Routledge, 2000), 116-117.

하지 않기 때문이다. 다음의 두 절에서는 이러한 '관성화'를 보여주는 두 사례를 살펴보도록 하겠다.

III. 1960년대 프랑스-독일 관계의 진화와 유럽통합

1957년 로마조약이 체결되고 유럽경제공동체(EEC, European Economic Community)가 출범한 이후 유럽통합은 미처 그 틀을 다 갖추기도 전에 심각한 도전에 직면했다. 이전부터 유럽통합에 줄곧 부정적인 입장을 취해 오던 프랑스의 드골이 1958년 정권을 잡았기 때문이다. 영국 망명과 해방 후 임시정부 수반을 지내던 시절 겪어야 했던 미국과 영국의 '홀대'를 가슴 깊이 새기고 있던 드골은 세계 정치 무대에서 프랑스의 '위대함(grandeur)'을 회복하는 것을 대외정책의 제일 목표로 천명했다. 보다 구체적으로 드골은 프랑스가 적어도 유럽 국가들 중 가장 우월한 위치에 서기를 원했다.[29] 이러한 목표는 모든 회원국들이 공평하게 권력을 공유하는 위에서 초국가적(supranational)인 통합을 추구하는 유럽공동체의 목표와 양립 불가능한 것으로 보였다. 드골로서는 프랑스가 다른 국가들과 동등하게 취급되는 것도, 프랑스의 이익에 반하는 정책을 입안하고 추진할 권력을 가진 초국가기구가 존재하는 것도 받아들일 수 없었다. 따라서 드골이 정권을 장악하자 많은 이들은 유럽통합을 위한 노력이 중대한 위기에 봉착하리라 예상했다.

이러한 예상은 일정 부분 들어맞았다. 1960년 프랑스는 기존의 초국가주의(supranationalism) 방식 대신 국가들 간 협의체로서의 유럽 기구

29 Andrew Moravcsik, "De Gaulle Between Grain and Grandeur: The Political Economy of French EC Policy, 1958-1970 (part I)," *Journal of Cold War Studies* 2/2 (2000): 10.

를 중심으로 하는 통합, '국가연합(Confederation)' 모델의 통합을 골자로 하는 푸셰 플랜(Fouchet Plan)을 제안함으로써 통합 방식에 관한 회원국들 간 합의를 일거에 뒤엎으려 시도했다. 또 1965년에는 다수결에 의한 의사결정의 범위를 확대하려는 유럽집행위원회의 시도에 반대하여 자국 대표단을 각료이사회로부터 일방적으로 철수시킨 '빈 의자 위기(Empty Chair Crisis)'를 일으키기도 했다. 하지만 드골이 유럽통합이라는 목표 자체를 거부한 것은 아니다. 드골은 대통령직에 취임한 직후 자신과 프랑스 정부는 1957년 로마조약을 준수할 것이며, 조약이 부과하는 의무를 회피하지 않을 것이라고 선언했다.[30] 이는 드골이 자신이 중요하게 생각하는 프랑스의 국익을 실현하는 데 EC(European Community)가 유용한 '수단'이 될 수 있다고 믿었기 때문이다. 드골의 이와 같은 믿음이 크게 특별한 것은 아니었다. 정도의 차이는 있을지언정 모든 EC 회원국들은 EC를 국익 증진의 유용한 수단으로 간주했다. 드골의 EC 정책이 특별한 의미를 지니는 것은 그가 프랑스의 국가이익을 노골적으로 우선시하면서 이전까지 불안하게나마 유지되던 통합에 관한 초국가주의와 국가중심주의 사이의 균형을 후자 편으로 결정적으로 기울게 했기 때문이다. 드골의 재임 기간 동안 통합에 대한 이상주의적인 비전과 담론은 뚜렷하게 잦아들었고, 대신 통합에서 국가이익을 최우선시하는 현실주의적인 태도가 공공연하게 표출되기 시작했다.

이러한 대(對) EC 노선을 택하면서 드골은 적극적으로 독일의 협력을 구했다. 프랑스의 EC 정책은 곧 독일정책을 의미할 정도로 드골은 통합을 통해 프랑스의 이익을 실현하는 데 있어서 독일의 지지를 필

30 Willis, *France, Germany and the New Europe, 1945-1967*, 273.

요로 했다. 독일은 드골의 의도를 간파했음에도 그러한 프랑스의 요구를 수용했고, 결국 1960년대 이후의 유럽통합이 원래의 의도와는 다른 양상으로 전개되는 데 일조했다. 이러한 사실은 드골의 EC 정책 중 가장 극적이고 가장 오랜 기간에 걸쳐 영향을 끼친 두 정책의 추진과정에서 분명하게 확인된다.

드골이 수차례에 걸쳐 영국의 EC 가입에 거부권을 행사한 것은 그의 가장 극적인 EC 정책에 속한다. 영국은 애초에 프랑스와 독일이 주도하고 초국가주의적인 방식으로 이루어지는 유럽통합에 회의적인 태도로 일관했다. 하지만 1961년 영국 정부는 종전의 입장을 바꾸어 EC에 가입신청을 하기로 결정했다.[31] 영국의 다소 갑작스러운 정책 변화에 프랑스를 제외한 EC 회원국들은 환영의 의사를 표시했다. 특히 영국과 밀접한 경제적 관계를 맺고 있던 독일은 더욱더 영국의 가입을 반겼다. 독일은 영국의 가입으로 영국뿐 아니라 영국이 주도가 되어 1960년에 설립한 유럽자유무역연합(EFTA, European Free Trade Association) 회원국들, 또 캐나다, 호주 등 영연방 국가들과의 무역 확대를 기대할 수 있었기 때문이다. 수출 지향적인 성장 전략을 채택한 독일에게 6개국으로 이루어진 EC는 너무나 협소한 시장이었다.[32]

하지만 이러한 독일의 희망은 프랑스의 거부권 행사로 좌절되었다.

31 이는 다른 무엇보다 EEC 출범 이후 회원국들의 경제성장과 상호간 무역량이 눈에 띄게 증가한 데 반해 영국은 이러한 경제적 혜택으로부터 제외되고 있다는 위기감 때문인 것으로 보인다. 예를 들어 1958년부터 1962년 사이에 독일과 프랑스의 산업생산은 각각 35%와 23%씩 증가했고, 양국의 EEC 회원국과의 무역 규모는 두 배, 양국 간의 무역 규모는 세 배 성장했다. Willis, *France, Germany and the New Europe, 1945-1967*, 281-282.

32 Willis, *France, Germany and the New Europe*, 1945-1967, 300; Thomas Rhenisch and Hubert Zimmermann, "Adenauer Chooses De Gaulle: The West German Government and the Exclusion of Britain from Europe," in Hubert Zimmermann ed., *Money and Security: Troops, Monetary Policy, and West Germany's Relations with the United States and Britain, 1950-1971* (Cambridge: Cambridge University Press, 2002), 85-86.

드골이 영국의 EC 가입에 반대한 이유는 명확했다. 영국은 '유럽 국가'라기보다는 '글로벌 파워'이며, 따라서 영국의 가입은 EC의 정체성에 심각한 위협을 제기하리라는 것이었다. 특히 영국의 가입은 영국과 긴밀한 관계를 유지하고 있는 미국의 EC에 대한 영향력 확대로 이어질 것이 분명해 보였고, 프랑스로 하여금 유럽 대륙에서의 패권적 지위를 기반으로 미국, 소련에 버금가는 국제적 위상을 누리게 하는 것을 대외정책의 지상 목표로 삼은 드골은 이를 용납할 수 없었다. 드골은 '유럽적인 유럽(European Europe)'이 통합의 목표가 되어야 함을 역설했다. 이는 물론 '프랑스가 주도하여 이끌어 나가는 유럽'을 의미했다. 프랑스와 마찬가지로 승전국인데다 핵무기 역시 보유한 영국의 가입은 이와 같은 비전의 실현에 심각한 장애가 될 것으로 보였다.[33]

이밖에도 다음에서 살펴볼 '공동농업정책(Common Agricultural Policy, 이하 CAP)'은 드골이 영국의 EC 가입에 반대한 또 하나의 중요한 이유였다. 프랑스의 잉여 농산물 처리를 위해 마련된 CAP는 실질적으로는 식량 수입 국가인 독일의 양보를 전제로 하는 정책이었다. 하지만 만약 독일과 마찬가지로 식량 수입 국가이지만 필요한 식량의 대부분을 캐나다, 호주 등 영연방 국가로부터 프랑스 농산물보다 훨씬 저렴한 가격으로 수입하는 영국이 EC에 가입할 경우 이에 강력하게 반대할 것이 분명해 보였으며, 결국에는 독일도 영국 편에 설 것으로 예상되었다. 드골은 프랑스가 추진하는 특혜적인 농업정책을 보호하기 위해 영국의 가입을 거부했다.[34]

33 Willis, France, Germany and the New Europe, 1945-1967, 303-305; Andrew Moravcsik, "De Gaulle Between Grain and Grandeur: The Political Economy of French EC Policy, 1958-1970 (part II)," *Journal of Cold War Studies* 2/3 (2000): 8-10.

쉽지 않은 고민 끝에 독일의 아데나워 수상은 프랑스의 입장에 동조하기로 결정했다. 슈만 플랜의 경우에서와 마찬가지로 독일 내에서 아데나워의 결정에 대한 반대의 목소리가 만만치 않게 제기되었다. 이러한 반대는 단순히 독일의 경제적 이해관계를 염두에 둔 것은 아니었다. 다수의 독일인들은 소련과의 냉전이 절정으로 치닫는 상황에서 독일의 안보를 담보하기 위해서는 미국, 영국과의 긴밀한 협력이 필수적이라고 믿었다. 군사력과 경제력에서 제한적인 능력만 갖춘 프랑스와의 연대가 미국, 영국과의 협력에 대한 효과적인 대안이 될 수는 없었다. 이러한 상황에서 독일 정부 내에서도 아데나워의 친프랑스 정책은 무책임한 것으로 비쳐졌다.[35]

이러한 반대를 무릅쓰고 아데나워가 영국의 EC 가입에 대한 프랑스의 입장을 지지하기로 결정한 것은 그가 독일이 진정한 의미에서 '서구 국가'로 거듭나야 하고, 그러한 목표를 달성하기 위한 첫 번째 열쇠는 유럽통합의 동력을 유지하는 데 있다고 믿었기 때문이다. 영국이 가입을 위해 상당한 양보를 할 용의를 내비쳤지만, 통합의 대의에 줄곧 회의적인 태도를 취해 왔다는 것은 분명한 사실이었다. 특히 영국은 통합이 경제적인 영역으로 한정되어야 한다는 주장을 굽히지 않았고, 이는 유럽공동체가 궁극적으로 '정치적 연합'으로 발전해야 한다는 아데나워의 신념에 어긋나는 것이었다. 또 영국이 설령 가입에 성공하더라도 프랑스와의 관계에서 예상되는 갈등은 통합을 자칫 심각한 위험에 빠지게 할 수 있었다.[36]

34 Moravcsik, "De Gaulle Between Grain and Grandeur: The Political Economy of French EC Policy, 1958-1970 (part II)," 14-16.

35 Willis, *France, Germany and the New Europe*, 1945-1967, 304-305; Rhenisch and Zimmermann, "Adenauer Chooses De Gaulle: The West German Government and the Exclusion of Britain from Europe," 89-90.

자신의 재임 기간 동안 영국의 EC 가입을 끝내 좌절시킨 것이 드골의 EC 정책 중 가장 극적인 정책이었다면, CAP는 가장 오랜 시간에 걸쳐 영향을 끼친 정책이라 할 수 있다. 드골의 재임 기간에 그 골격이 완성되어 오늘날까지도 지속되고 있는 CAP는 지난 수십 년 동안 유럽연합의 가장 '값비싼' 정책이었다.[37] 이는 두 가지 의미에서 그러하다. 첫째, CAP는 유럽연합 예산 지출의 상당 부분을 차지해 왔다. 1975년의 경우 전체 예산의 무려 72.2%가 CAP에 지출되었다. 이 수치는 이후 계속 줄어들어 2004년에는 42.7%로 낮아졌지만 여전히 상당한 수준임에는 틀림없다. 둘째, CAP는 EU의 여러 정책들 중 전적

36 Willis, France, Germany and the New Europe, 1945-1967, 303; Rhenisch and Zimmermann, "Adenauer Chooses De Gaulle: The West German Government and the Exclusion of Britain from Europe," 90-92. 영국의 EC 가입 문제에 대한 서로의 입장이 어느 정도 조율된 직후인 1963년 1월 프랑스와 독일은 '프랑스-독일의 우호와 협력조약', 이른바 엘리제 조약을 체결하여 영국 문제를 둘러싸고 다소 불편해진 양국 간 협력관계에 다시 생기를 불어넣으려 시도하기도 했다. 엘리제 조약은 드골 대통령과 아데나워 수상 간 긴밀한 교류의 산물이었다. 프랑스와 독일의 국가원수는 드골의 정권장악 직후부터 아데나워가 퇴임한 시점까지 상호방문과 공동성명, 서한교환 등을 통해 상징적인 차원에서 또 실질적인 차원에서 긴밀한 관계를 맺었다. 1963년 체결된 엘리제 조약에서는 외교-국방 분야에서의 협력을 강화할 뿐만 아니라 청소년 교류 등 민간 부문에서의 교류 역시 증진하기로 합의되었다. 특히 양국의 정부 수반은 1년에 두 번씩, 국방부와 외무부 장관들은 3개월에 한 번씩 직접 만나 교류하기로 합의되었다. 이용재, "엘리제 조약을 위하여: 유럽통합과 독일-프랑스 화해의 샛길," 『프랑스사 연구』 제19호, 2007, 210-212. 울리히 크로츠(Ulrich Krotz)가 '정규화된 정부간주의(regularized intergovernmentalism)'라고 이름 붙인 프랑스-독일 관계의 제도적 틀은 오늘날까지도 변함없이 유지되고 있다. 2005년 앙겔라 메르켈 수상이 취임 후 첫 번째로 방문한 국가는 바로 프랑스였으며, 2007년 5월 니콜라 사르코지 대통령은 취임선서를 한 바로 그날 베를린을 방문했다. 지난 2003년 프랑스와 독일은 엘리제 조약 40주년을 맞아 양국의 관계 장관들로 구성되는 '프랑스-독일 관계 사무국'을 설립하기도 했다. Ulrich Krotz, "Parapublic Underpinnings of International Relations: The Franco-German Construction of Europeanization of a Particular Kind," *European Journal of International Relations* 13/3 (2007); Ulrich Krotz, "Regularized Intergovernmentalism: France-Germany and Beyond (1963-2009)," *Foreign Policy Analysis* 6 (2010).

37 N. Pier Ludlow, "The Making of the CAP: Toward a Historical Analysis of the EU's First Major Policy," *Contemporary European History* 14/3 (2005): 347.

으로 '내향적인(inward-looking)' 정책이라는 점에서 매우 특별한 위치를 차지하고 있다. 이는 '규모의 경제'를 실현하여 회원국들의 국제경쟁력을 제고하려는 유럽연합의 다른 정책들과 달리 CAP가 다른 산업 부문에 비해 경쟁력이 떨어지는 농업 부문의 생산 활동을 인위적으로 촉진하는 것을 목표로 하는 정책임을 의미한다. 달리 표현하면 CAP는 국제시장에서 자력으로 경쟁할 수 없는 낮은 생산성의 유럽 농업 부문 종사자들의 '지대추구(rent-seeking)' 행위를 용인하고 지원하는 정책이라 할 수 있다.[38]

CAP를 이해하기 위해서는 제2차 세계대전 이후 농업 부문에 대한 보호주의 정책이 거의 모든 서유럽 국가들의 중요한 정책 목표 중 하나가 되었다는 사실부터 언급되어야 한다. 양차 대전을 거치면서 대다수 서유럽 국가의 정치인들은 농민들의 정치적 영향력을 실감하기 시작했고, 이들의 경제적 이익을 보호하는 것이 정치적 안정에 필수적이라는 사실을 인식하기 시작했다. 그 결과 정부가 농산물 가격보조, 농가에 대한 직접보조금, 수입농산물에 대한 추가부담금 등의 수단을 사용하여 농민들의 수입을 산업 부문 종사자들의 수입에 버금갈 정도로 유지하는 것이 일반적인 현상이 되었다. 이러한 정책에 소요되는 비용은 고스란히 일반 소비자들의 몫이 되었는데, 1950년대에 유럽 시장에서 판매되는 곡식의 평균 가격은 유럽 밖에서 판매되는 가격보다 40% 정도 더 높은 수준에서 결정되었다.[39]

더 큰 문제는 농업 부문에 대한 이와 같은 지원 정책이 일부 국가에

38 Elmar Rieger, "Agricultural Policy: Constrained Reforms," in Hellen Wallace et al eds., *Policy-Making in the European Union*, 5th edition (Oxford: Oxford University Press, 2005), 167-169.

39 Milward, *The Rescue of the Nation-State*, 2nd Edition, 228-233.

서 농산물의 과잉생산을 초래했다는 사실이다. 이 문제는 특히 프랑스와 네덜란드에서 심각했으며, 이들 국가에서 잉여 농산물을 어떻게 처리하느냐 하는 것이 매우 중요한 정치적 이슈로 부상했다.[40] 가장 명백한 해결책은 잉여 농산물을 수출하는 것이었다. 하지만 정부의 지원을 받아 생산된 유럽의 농산물은 가격 경쟁력에서 캐나다, 호주 등지에서 생산된 농산물의 상대가 될 수 없었다. 결국 농산물을 자급자족하지 못하는 EC의 다른 회원국들, 특히 독일에 자국의 잉여 농산물을 국제시장 가격보다 높은 가격으로 판매하는 것이 유일한 해결책이 되었다. 물론 이를 위해서는 비회원국의 농산물에 대한 보호무역 장벽을 세워야 했다. 또 독일 등 식량 수입국은 상당한 손해를 감수해야 했다.[41]

이와 같이 얼핏 보기에도 유럽통합의 대의에 정면으로 배치되는 정책이 가장 많은 예산을 사용하는 정책으로 정착되는 데 프랑스의 드골 대통령이 지대한 기여를 했다. 드골은 프랑스의 잉여 농산물을 EC를 통해 적절하게 처리하는 것이 자국 농업 문제 해결의 관건임을 절감하고, 가능한 모든 수단을 동원하여 독일에 압력을 행사하기 시작했다. 1950년대에 유럽방위공동체(European Defense Community, EDC)가 프랑스의 반대로 실패한 사례를 상기시키며, 만약 농업 문제의 해결에 양국이 합의하지 못할 경우 EC 역시 비슷한 운명을 맞을 수 있음을 넌지시 암시하기도 하고,[42] "프랑스가 ECSC, Euratom, EEC 등 많은 것을 해주었기 때문에 독일도 프랑스에 무엇인가를 해주어야 한다"며

40 Milward, *The Rescue of the Nation-State*, 2nd Edition, 262-263.

41 Milward, *The Rescue of the Nation-State*, 2nd Edition, 309.

42 Ludlow, "The Making of the CAP: Toward a Historical Analysis of the EU's First Major Policy," 353.

지난 유럽통합의 성과가 프랑스의 일방적인 희생 위에 이루어졌다는 과장 섞인 주장을 전개하기도 했다.[43] 결국 프랑스가 전달하고자 했던 메시지는 농업 문제가 원만하게 해결되지 않을 경우 그동안 힘들게 쌓아왔던 프랑스-독일 협력관계가 위태로워질 수 있다는 것이었다. CAP를 둘러싸고 마라톤협상이 진행되는 상황에서 드골은 "결국 가장 중요한 문제는 농업이다. … 농업이야말로 프랑스-독일의 협력관계가 계속되어야 하는 이유이다. 올해 말까지 CAP의 기초가 마련되지 못한다면 양국 간의 정기적인 회합 역시 계속할 이유가 없다"고 위협적으로 독일을 압박하기도 했다.[44]

이와 같은 프랑스의 압력에 직면하여 독일은 어려운 선택을 해야 했다. 프랑스의 요구는 자유주의적인 관점에서도, 또 보호주의적인 관점에서도 받아들이기 어려운 성격의 것이었다. 아데나워의 뒤를 이어 총리가 된 루트비히 에하르트(Ludwig Erhard)는 전자의 관점에서 상품의 자유로운 유통을 막는 CAP에 완강한 반대의 입장을 취했다. 또 독일농민연합(Deutscher Bauernverband)을 위시한 농업 이익 단체들은 후자의 관점에서 독일산보다 30% 이상 낮은 가격으로 프랑스 농산물의 수입을 허용할 경우 독일 농업이 파탄에 이를 것이라며 '프랑스 농민의 생존을 위해 독일 농민의 희생을 강요하는' CAP에 반대했다. 독일의 입장에서 CAP는 어떤 관점에서도 정당화되기 어려운 정책이었다.

하지만 독일 정부는 프랑스의 제안을 받아들이기로 결정했다. 먼저 경제적인 고려가 주요하게 작용했다. 만약 두 국가가 농업 문제에 대한 합의에 실패하여 만에 하나 드골이 공언한 대로 프랑스가 EC에서

43 Willis, *France, Germany and the New Europe, 1945-1967*, 287.

44 Moravcsik, "De Gaulle Between Grain and Grandeur: The Political Economy of French EC Policy, 1958-1970 (part I)," 25.

탈퇴한다면 유럽통합 프로젝트 자체가 위기에 처하게 될 것이고, 그럴 경우 자국의 산업 생산품을 위해 더 큰 수출 시장을 필요로 하는 독일에 치명타가 될 것이라는 계산이 농업 문제에서의 양보를 선택하게 했다. 또한 당시 많은 독일인들은 GATT의 케네디 라운드(Kennedy Round)를 성공적으로 마무리하는 것이 자국의 경제적 이익에 매우 중요하다고 여기고 있었고, 이의 협상 시한이 얼마 남지 않은 상황에서 프랑스의 협조가 절실하게 필요했다는 점 역시 중요한 고려 사항이었다.[45]

하지만 이러한 측면을 일방적으로 강조하여 CAP를 농업 문제에 관한 프랑스의 이해관계와 독일의 산업적 이해관계 사이의 타협과 절충의 결과물로 보는 것은 그리 적절해 보이지 않는다. 즉 자국의 농산물을 수입하라는 프랑스의 요구에 독일이 자국 제품을 위한 수출 시장의 확대를 조건으로 내걸고 응한 결과 CAP가 가능하게 되었다고 보는 것은 진실의 일부분일 뿐이다.[46] 앞서 영국의 EC 가입 문제를 둘러싼 갈등의 경우와 마찬가지로 독일의 결정에서 경제적인 고려만큼이나 정치적인 고려가 중요했기 때문이다. 다시 강조하거니와 독일에게 유럽통합은 그 자체로서 중요한 정치적 목표였다.

통합은 1949년 이후 본(Bonn)의 독일 정부가 역점을 두고 추진해 온 '서구화'의 중요한 축이었으며, 분단국가이자 냉전의 최전방 국가로서 자국의 안보를 서방 세계와의 연대에 의존할 수밖에 없던 독일에게

45 Gisela Hendriks, "Germany and the CAP: national interests and the European Community," *International Affairs* 89/1 (1989): 78-79; Ludlow, "The Making of the CAP: Toward a Historical Analysis of the EU's First Major Policy," 362.

46 Andrew Moravcsik, *The Choice for Europe: Social Purpose and State Power from Messina to Maastricht* (Ithaca: Cornell University Press, 1998), 159-237; Ludlow, "The Making of the CAP: Toward a Historical Analysis of the EU's First Major Policy," 351.

그러한 연대의 가장 중요한 제도적 끈이었다. 이러한 상황에서 프랑스와 독일 사이의 절충과 타협을 단순히 상이한 경제적 이해관계를 가진 국가들 사이의 절충과 타협이라고 하기는 어렵다. 드골이 EC 탈퇴를 위협했을 때 독일 정부는 자국의 경제적 이익보다 훨씬 복잡한 변수들을 고려해야만 했다. 드골 역시 독일의 그러한 사정을 잘 인지하고 있었고, 바로 그러한 이유 때문에 대등한 위상의 두 행위자 사이에서였다면 가능하지 않았을 요구를 독일에 제기한 것이다.[47]

결론적으로, 1958년 드골의 등장으로 프랑스의 EC 정책은 큰 변화를 겪었고, 이와 함께 유럽통합의 성격도 상당 부분 변화했다. 드골은 프랑스의 이익이 보다 분명하게 반영되는 방향으로 통합의 내용과 방식이 재조정되기를 원했다. 드골이 염두에 둔 프랑스의 이익이란 EC 내에서 자국의 지도적인 위치가 분명하게 인정되어야 한다는 것과 프랑스 국내의 정치적 안정을 위해 농업 문제가 자국에게 유리한 방향으로 해결되어야 한다는 것이었다. 이를 위해 드골은 재임 기간 동안 영국을 EC로부터 배제하는 데 앞장섰고, 또 막대한 경제적·사회적 비용이 소요되는 CAP에 대한 합의를 이끌어내려 했다. 이러한 목적을 달성하는 데 있어서 드골은 두 사안 모두에서 프랑스와 반대되는 입장에 있던 독일의 협조를 얻는 데 성공했다. 독일이 치러야 할 대가는 작지 않았다. 하지만 독일은 고민 끝에 부분적으로는 경제적인 이유에서, 보다 중요하게는 정치적인 이유에서 프랑스의 정책에 동조하기로 결정했다.

결국, 1960년대 유럽통합의 성격이 보다 직접적으로 회원국의 이해

47 Hendriks, "Germany and the CAP: national interests and the European Community," 77-78; Ludlow, "The Making of the CAP: Toward a Historical Analysis of the EU's First Major Policy," 361-362.

관계가 반영되는 방식으로 전환되는 국면에서 ECSC의 성립과정에서 나타났던 양국 간 상호작용의 패턴이 다시 확인되었다. 프랑스에 동조한다는 독일의 결정이 다른 선택의 여지가 없는 불가피한 상황에서 내려지지는 않았다. 독일은 독일 나름대로 자국의 이해관계에 대한 고려를 바탕으로 그러한 결정을 내렸다. 하지만 정책을 주도한 것은 어디까지나 프랑스였고, 독일의 반응은 기본적으로 수동적, 방어적이었다. 이전의 경우와 마찬가지로 독일의 선택은 완벽하게 평등하지 않은 양국 관계의 '구조' 내에서 이루어졌다. 그리고 그와 같은 양국 사이의 비대칭적인 협력은 유럽통합을 이전과는 다른 국면으로 이끌었다.

Ⅳ. 유로화의 탄생과 프랑스-독일 관계

1980년대 말부터 1990년대 초 유럽통합과 관련하여 프랑스-독일 관계는 다시 한 번 중요한 전환의 계기를 맞게 된다. 이번에는 유럽 단일통화의 설립, 즉 '경제통화연합(Economic and Monetary Union, 이하 EMU)'의 창설이 주요 의제가 되었다. 1992년 네덜란드의 마스트리히트(Maastricht)에서 체결된 '유럽연합에 관한 조약(Treaty on the European Union, 이하 TEU)'에서 최종 합의된 단일통화안을 둘러싼 협상과정에서 양국 간 협력관계에 전형적인 상호작용 패턴이 반복되었다.

EMU를 위한 협상이 본격화되기 이전 양국 관계는 '더할 나위 없이' 좋았다. 1981년에 취임한 프랑수와 미테랑 프랑스 대통령과 1982년에 취임한 헬무트 콜 독일 수상은 유럽통합의 필요성에 대한 인식을 과거 양국의 어떤 정치지도자보다 더 많이 공유했다. 특히 두 정상은 1980년대 당시 일본의 경제적 부상이 제기하는 도전의 심각성에 공감했고, 더욱 진전된 통합을 통해 이에 대처해야 한다는 데 의견을 같이했다.

그 결과 프랑스와 독일 양국은 포괄적인 공동 시장의 창설을 결의한 1986년의 '유럽단일의정서(European Single Act)'의 체결에 이르는 과정에서 중요한 역할을 수행했다. 특히 두 나라는 협상의 초기 단계에서 중요한 역할을 했다. 우선 양국은 프랑스의 자크 들로르(Jacques Delors)를 유럽집행위원장에 임명하기 위해 긴밀하게 협력했다. 또 유럽공동체가 새로운 조약을 체결하는 것을 용이하게 하기 위해 '정부간 회의(Intergovernmental Conference)'를 통한 조약의 체결 및 변경이라는 새로운 절차를 채택한 것 역시 두 나라의 공동 이니셔티브에서 비롯되었다. 또 예산 문제를 이유로 사사건건 시비를 거는 대처 수상의 영국 정부로 하여금 이전보다 강화된 '가중다수결(QMV) 원칙'을 받아들이도록 설득하는 데 성공한 것도 두 나라의 공이었다.[48]

반면 단일의정서가 체결되고 얼마 지나지 않아 통화통합에 대한 논의가 시작되었을 때 두 국가 간에는 상당한 견해와 이해관계의 차이가 불거졌다. 애초에 그러한 논의가 시작된 것은 기존의 통화안정시스템인 '유럽화폐제도(European Monetary System, 이하 EMS)'에 대한 회원국들의 불만이 증가한 데 기인한다. 환율의 급격한 변동이 경제적 불안정을 초래하는 것을 방지하고자 회원국 화폐의 환율변동 폭을 서로에 대해 일정 범위 내로 제한하는 것을 골자로 한 EMS는 사실 그 본래의 목적에 비추어 볼 때 매우 성공적인 제도였다. 1972년 대부분의 EC 회원국들이 환율변동 폭을 2.25%로 제한하는 '커런시 스네이크

48 Pedersen, *Germany, France and the Integration of Europe: A Realist Interpretation*, 112-113; William Paterson, "Did France and Germany Lead Europe?: A Retrospect," in Jack Hayward ed., *Leaderless Europe* (Oxford: Oxford University Press, 2008), 103.

(currency snake)'에 합의한 이래 1970년대와 1980년대 대부분의 시기 동안 EMS는 매우 안정적으로 기능했다.

EMS의 진정한 문제점은 다른 데에 있었다. 그것은 EMS가 철저하게 독일 위주의 제도였다는 데 있다. 서로 다른 화폐들 간의 환율변동 폭을 일정하게 제한한다는 것은 독일의 마르크(Mark)화를 기축통화로 인정한다는 것을 의미했고, 실제로 EMS는 다른 통화들의 가치가 마르크화의 가치에 연동하여 변동하는 형태를 취했다. 이것이 가능했던 것은 독일이 EC 회원국들 중 압도적인 경제력을 보유하고 있었고, 또 독일중앙은행(Bundesbank)이 오랜 기간 정치적으로 독립적인 지위를 유지하면서 통화안정 정책을 고수했기 때문이다.[49] 사실 이러한 화폐들 간 비대칭성은 EMS 출범 당시부터 쉽게 예상할 수 있었고, 참여국가들도 이를 환율안정을 위한 불가피한 대가로 받아들였다. 그럼에도 불구하고 EMS에 대한 불만이 쌓여 갔는데, 이는 독일이 시스템 내에서 과도한 영향력을 행사하는 이외에도 외부 충격이나 경제발전으로 인한 환율 조정의 필요성이 발생할 경우 상대적으로 약한 통화의 국가들이 과도한 부담을 져야 했기 때문이다.[50] 결과적으로 독일 이외의 EMS 참여국들은 이 제도를 개혁하거나 좀 더 근본적인 대안을 강구해야 한다는 목소리를 높이기 시작했다.

다른 어떤 국가보다도 프랑스가 EMS에 대한 불만을 표출하는 데 앞장섰다. 프랑스는 특히 자국의 통화 주권이 독일에 의해 '부당하고 일방적으로' 제약당하는 현실이 어떤 식으로든 개선되어야 한다고 주

49 Ivo Maes, "On the Origins of the Franco-German EMU Controversies," *European Journal of Law and Economics* 17 (2004): 24-26.

50 Joseph M Grieco, "State Interests and institutional Rule Trajectories: A Neorealist Interpretation of the Maastricht Treaty and European Economic and Monetary Union," *Security Studies* 5/3 (1996): 293.

장했다. 그렇다고 EMS로부터 탈퇴하는 것은 결코 현실적인 대안이 될 수 없었다.[51] 그렇다면 EMS와 같은 국제적 수준의 통화안정제도를 유지하되 참여국들 간의 비대칭성을 극복하기 위한 방안을 강구해야 했다. 바로 이와 같은 딜레마를 해결하기 위해 미테랑 대통령은 EMU의 창설이라는 카드를 꺼내어 들었다. EC 회원국들의 여러 통화가 하나의 공동 화폐로 통합되고 통화정책의 결정 권한을 독점하는 '유럽중앙은행'이 설립될 경우 프랑스는 적어도 통화정책 결정과정에서 자신의 목소리를 낼 기회, 즉 '발언 기회(voice opportunity)'를 확보할 수 있다는 계산이었다. 물론 프랑스는 그러한 조치의 대가로 프랑화를 포기해야 했다. 하지만 이는 EMS 하에서 사실상 독일중앙은행의 일방적인 통화정책에 휘둘리는 것보다는 훨씬 나은 대안으로 여겨졌다.[52]

이와 관련하여 당시 프랑스 중앙은행의 드 라로지에르(De Larosiere) 총재는 "균형 잡히고 독립적인 기구 내에서 단일통화를 집단적으로 관리하는 방식을 통해서만 프랑스는 통화정책의 결정과정에 참여하고 그 결과 국가의 통화 주권을 행사할 수 있는 기회를 확보할 수 있다"

51 1970년대에 EC 국가들이 EMS와 같이 환율의 변동 폭을 제한하는 제도의 설립에 자발적으로 동의한 것은 경기를 부양하고 고용을 늘리기 위해 인플레이션의 위험을 어느 정도 감수하고 통화량을 늘리는 전통적인 케인지안 경제정책이 한계에 이르렀다는 것이 명백해졌기 때문이다. 그 결과 인플레이션으로 인한 통화가치의 절하(currency devaluation)를 불가능하게 하는 국제제도를 통해 통화정책을 정치적으로 이용하려는 유인을 원천적으로 제거하려는 의도가 EMS의 설립으로 이어졌다. 즉 EMS는 거시경제정책을 '규율(discipline)'해야 할 필요성을 절감한 결과로 성립되었다. Wayne Sandholtz, "Choosing union: monetary politics and Maastricht," *International Organization* 47/1 (1993): 5-6.

52 Sandholtz, "Choosing union: monetary politics and Maastricht," 27-30; Grieco, "State Interests and institutional Rule Trajectories: A Neorealist Interpretation of the Maastricht Treaty and European Economic and Monetary Union," 288-289; Joseph M. Grieco, "The Maastricht Treaty, Economic and Monetary Union and the neo-realist research programme," *Review of International Studies* 21 (1995): 34.

고 주장했다. 또 피에르 베레고부아(Pierre Beregovoy) 총리는 후에 단일 화폐의 창설을 결의한 마스트리히트 조약이 체결되었을 때 "프랑스는 마침내 독일중앙은행이 행사하고 있는 통화 문제에 대한 통제권을 되찾았다"고 발언하기도 했다.[53]

결국 프랑스가 화폐통합을 그렇게 강력하게 주장한 것은 다분히 '정치적'인 이유에서였다. 통합의 강도를 높임으로써 자국의 영향력 행사 기회를 확대하고자 했던 것이다. 이러한 프랑스의 정치적인 요구에 직면하여 독일은 어떤 이유에서 EMU에 동의했는가? 이 문제를 두고 학자들 간의 견해가 엇갈리고 있다. 먼저 앤드류 모라브칙(Andrew Moravcsik)은 독일 재계가 환율의 자의적인 변동을 원천적으로 억제할 수 있는 해결책을 요구했다는 점과 독일 정부가 독일중앙은행의 지나치게 안정 지향적인 통화정책의 제약에서 벗어나서 좀 더 자율적인, 즉 정부의 독자적인 판단에 따른 거시경제정책의 추진을 원했다는 점을 EMU 지지의 결정적인 요인으로 지적한다.[54] 독일 국내 정치·사회세력의 상이한 이해관계가 맞아떨어진 결과 통화통합에 줄곧 유보적인 입장을 보인 독일중앙은행 등의 반대를 물리치고 EMU를 지지하게 되었다는 것이다.

반면 다른 학자들은 대내적 결정 요인의 중요성을 인정하면서도 대외적인 요인 역시 그에 못지않게 중요한 역할을 했음을 지적한다.[55]

---

53 Grieco, "State Interests and institutional Rule Trajectories: A Neorealist Interpretation of the Maastricht Treaty and European Economic and Monetary Union," 297; Grieco, "The Maastricht Treaty, Economic and Monetary Union and the neo-realist research programme," 36에서 재인용.

54 Moravcsik, *The Choice for Europe: Social Purpose and State Power from Messina to Maastricht*, 403-404.

55 Sandholtz, "Choosing union: monetary politics and Maastricht," 31-33; Maes, "On the Origins of the Franco-German EMU Controversies"; Michael J. Baun, "The Maastricht Treaty

특히 EMU 협상을 위한 준비가 한창 진행되던 1989년 가을 서독과 동독이 40여 년에 걸친 분단을 끝내고 다시 통일국가를 이루게 되었던 사건이 끼친 영향을 강조한다. 물론 모라브칙이 당시 사건의 전후관계를 상세하게 분석하여 증명하듯이 애초에 독일이 EMU 협상을 수용한 것이 독일 통일을 둘러싼 정치적 상황 때문이었던 것은 아니다. 미테랑 대통령과 콜 수상이 EMU 협상 개시에 관한 합의에 이른 것은 통일의 전망이 구체화되기 훨씬 이전인 1988년 7월 프랑스의 에비앙(Evian)에서 열린 양국 정상회담에서였다.[56] 하지만 협상이 진행되는 과정에서 독일 통일이라는 새로운 변수가 등장함으로써 이전과는 전혀 다른 의미가 EMU에 부여된 것 또한 사실이다.

1989년 11월 이후 독일의 통일이 임박한 현실이 되자 주변 국가들, 특히 프랑스와 영국은 심각한 우려를 표시했다. 그러한 우려는 1989년 11월 28일 독일이 주변국과의 상의를 거치지 않고 통일을 위한 10개조 계획을 발표하면서 절정에 달했다. 1989년 12월 6일 미테랑 대통령은 소련을 방문한 자리에서 독일이 지나치게 빠른 속도로 통일을 이룬다면 이는 유럽의 정치적 균형을 무너뜨릴 뿐만 아니라 유럽통합에도 부정적인 영향을 끼칠 것이라는 취지의 발언을 했는데, 이는 독일이 역사적으로 프랑스와 러시아 사이의 동맹에서 보여 온 두려움과 경계심을 다분히 의식하여 이루어진 것이었다.[57]

독일 통일에 대해 주변국들이 보인 이와 같은 반응은 많은 이들에

---

as High Politics: Germany, France, and European Integration," *Political Science Quarterly* 110/4 (1995).

56 Moravcsik, *The Choice for Europe: Social Purpose and State Power from Messina to Maastricht*, 395-397.

57 Baun, "The Maastricht Treaty as High Politics: Germany, France, and European Integration," 614.

게 국제정치체제는 무정부 상태에 있으며 그 속에서 모든 국가는 자신의 안보와 생존을 위해 다른 국가를 끊임없이 의심하고 경계할 수밖에 없다는 현실주의 국제정치이론의 보편타당성을 입증하는 것처럼 비쳤다. 이러한 해석은 조금은 과도한 일반화로 보인다. 하지만 영국, 프랑스 등 주변국에게 독일의 통일은 제2차 세계대전이 종식된 후 40여 년간 유지되어 오던 독일에 대한 안전장치가 영구히 사라진다는 것을 의미했음은 분명하다. 이는 오래된 두려움을 불러일으켰고, 이들은 모종의 조치를 취하기로 결심했다. 주변국들은 그렇게 하지 않을 경우 통일된 독일이 '약 20년이 지나면 지금과는 전혀 다른 국가가 되고 말 것'이라고 확신했다.[58]

EMU는 마침 이러한 목적에 안성맞춤인 수단을 제공했다. 통화통합을 감행함으로써 독일을 유럽공동체에 더 긴밀하게 밀착시켜 그 확대된 힘을 제어할 것으로 기대했기 때문이다. 이러한 방안에 대한 지지는 이미 통화통합을 중요한 대외정책 목표로 설정한 프랑스에 의해 주도되었다. 물론 모든 국가들이 프랑스의 선택에 동조한 것은 아니다. 영국의 경우 이제 막 사회주의 체제로부터의 전환을 시도하고 있던 동유럽 국가들을 유럽공동체로 포용함으로써 독일의 영향력을 상대적으로 약화시키는 방안을 선호했다. 프랑스의 '심화(deepening)' 방안에 대비되는 의미에서 통합의 '확대(widening)'를 주장한 영국의 대처 수상은 프랑스가 주장하듯이 유럽공동체가 EMU를 통해 조직과 기능 측면에서 더욱 공고해질 경우 독일의 EC에 대한 영향력은 오히려 배가될 것이라 지적하기도 했다.[59]

58 Sandholtz, "Choosing union: monetary politics and Maastricht," 33.

59 Baun, "The Maastricht Treaty as High Politics: Germany, France, and European Integration," 609-610.

결국 프랑스의 '심화' 정책이 '독일 문제'의 해결책으로 채택되었다. 동유럽 국가들을 회원국으로 수용하는 것은 1990년대 초의 상황에서 아직은 요원한 일이었던 반면, 통화통합의 필요성에 대해서는 프랑스뿐만 아니라 EMS에 가입해 있던 여타 국가들도 쉽게 동의할 수 있었기 때문이다. 결과적으로 EMU에는 '발언 기회'의 확대라는 목표 외에도 더욱 긴밀한 통합을 통한 통일독일의 견제라는 새로운 목표가 부여되었다. 독일은 독일 나름대로 이러한 요구에 긍정적으로 반응했다. 이미 언급했듯이 독일 국내적으로 독일중앙은행을 비롯하여 EMU에 대한 만만치 않은 반대 세력들이 존재했다. 지난 수십 년간 안정적으로 마르크화를 관리해 온 독일중앙은행에 EMU는 그러한 정책 기조를 뿌리에서부터 뒤흔들 수 있는 위험천만한 계획으로 비쳤다. 또 이미 EMS를 통해 환율변동 폭이 충분하게 제한되고 있는 상황에서 통화통합으로 얻어질 수 있는 실익도 그리 크지 않아 보였다.[60]

이러한 상황에서 독일의 콜 수상과 한스-디트리히 겐셔(Hans-Dietrich Genscher) 외무장관은 통일된 독일에 대한 주변국들의 경계심을 완화할 수 있는 가장 효과적인 방법은 유럽통합에 대한 독일의 EMU 참여라고 판단했다. 유럽통합을 전후 대외정책의 최우선 순위로 추진해 온 독일의 기존 입장을 더욱 강화함으로써 통일이 초래할 국제정치적 여파에 대한 지나치게 부정적인 예상을 어느 정도 잠재울 수 있으리라 본 것이다. EMU는 설령 그 경제적 효과가 불확실하더라도 통일이라는 정치적 목표를 보다 용이하게 달성하기 위해 충분히 양보할 수 있는 사안이었다. 이러한 전략적 사고에 더해 열렬한 통합 옹호론자

60 Sandholtz, "Choosing union: monetary politics and Maastricht," 31-33; Moravcsik, *The Choice for Europe: Social Purpose and State Power from Messina to Maastricht*, 394-395.

인 겐셔 외무장관과 (그보다는 조금 덜하지만) 콜 총리의 통합에 대한 강한 신념과 일반 국민들에게 인기 있는 주제인 유럽통합의 의제를 누가 선점하느냐의 여부를 놓고 벌어진 이 두 정치인 사이의 경쟁 역시 독일 정부가 EMU 협상을 성공적으로 완수해야 한다는 의지를 재확인하는 데 중요하게 기여했다.[61]

일단 독일의 결심이 확고해지자 EMU 협상은 급물살을 타게 된다. 이 과정에서, 그리고 1992년 마스트리히트 조약의 체결에 이르는 과정 전반에서 프랑스와 독일 양국은 들로르가 이끄는 유럽집행위원회와 함께 협상의 진전에 주도적인 역할을 했다. 양국은 어떤 사안이 이슈가 되는 경우 그것이 전체 회원국이 참여하는 협상 테이블에 놓이기 전에 그에 관한 양국의 입장을 조율하고 그 조율된 결과를 바탕으로 협상에 참여함으로써 주도권을 장악했다. 물론 양국의 합의안이 그대로 최종 협상 결과물로 채택되는 경우는 거의 없었다. 하지만 대부분의 경우 프랑스와 독일 양국이 어떤 사안에 대해 공동 입장을 제시하는 경우 협상과정에서 다른 국가들은 이를 최우선적으로 고려해야 했다. 적어도 프랑스와 독일 이외의 국가들은 양국이 반대하거나 유보적인 입장을 보이는 경우 이를 무시하고 자신들의 입장을 끝까지 밀고 나가기가 매우 어려웠다.[62]

정리하면, 프랑스-독일 간의 특별한 협력관계는 단일 화폐의 채택과 유럽중앙은행의 설립이라는 유럽통합사에서 한 획을 그은 제도적 혁신을 가져왔다. 프랑스가 EMU를 필요로 했던 것은 주로 정치적인

61 Sandholtz, "Choosing union: monetary politics and Maastricht," 33; Moravcsik, *The Choice for Europe: Social Purpose and State Power from Messina to Maastricht*, 390; Maes, "On the Origins of the Franco-German EMU Controversies," 32.

62 Pedersen, *Germany, France and the Integration of Europe: A Realist Interpretation*, 157.

이유에서였다. 처음에는 국제통화안정제도 내에서 자국의 '발언 기회'를 확보하고자 하는 동기가 결정적이었고, 여기에 1989년 가을 이후에는 통일독일의 견제라는 새로운 동기가 추가되었다. 프랑스의 요구를 수용하기 위해 독일로서는 쉽지 않은 결정을 내려야 했다. 매우 효율적으로 운용되어 명성이 자자하던 자국의 중앙은행 대신 다국적 인사들로 구성된 유럽중앙은행에 통화정책의 운명을 맡기는 것에 대한 독일 내부의 반발이 만만치 않았기 때문이다. 그럼에도 불구하고 독일이 EMU에 찬성하고 이를 위한 협상을 성공적으로 마무리하기로 결정한 것은 부분적으로는 독일 국내적으로 EMU를 지지하는 정치-사회 세력이 존재했기 때문이고, 보다 중요하게는 성공적인 통일의 완수를 위해서는 통일에 따르는 국제정치적 파장을 최소화해야 한다는 정치적 계산이 작용했기 때문이다. 특히 독일의 입장에서 프랑스의 불만과 불안감을 잠재우는 것이 무엇보다 중요했다.

결국, 앞의 두 사례에서와 마찬가지로 EMU를 둘러싼 프랑스-독일 협력관계는 어느 한 쪽이 주도권을 행사하고 다른 한 쪽은 이를 수동적이고 방어적으로 수용하는 비대칭적인 방식으로 전개되었다.[63] ECSC와 TEU 사이의 40년이 넘는 시간적 간격을 넘어 프랑스-독일 간 관성화된 상호작용 패턴이 되풀이된 것이다.

63 물론 협상의 시작 단계에서와는 달리 실제 협상과정에 들어가서는 독일이 상당한 영향력을 발휘했다. 무엇보다도 독일은 건전재정을 기반으로 한 통화안정이라는 독일식 통화관리모델을 새롭게 등장할 유럽통화 레짐의 운용원칙으로 만드는 데 성공했다. 또 새로운 유럽중앙은행의 소재지가 독일의 프랑크푸르트로 결정되고, 새 통화의 명칭 역시 프랑스안인 ecu 대신 독일안을 따라 euro로 하기로 결정된 것도 독일의 영향력을 입증한다. Baun, "The Maastricht Treaty as High Politics: Germany, France, and European Integration," 661-662; Cole, "Franco-German Relations: From Active to Reactive Cooperation," 158.

V. 프랑스-독일 관계와 유럽통합의 미래

프랑스-독일 관계가 유럽통합의 전 과정에 걸쳐 결정적인 촉발 요인이었던 것은 아니다. 하지만 적어도 통합의 중요한 몇몇 전환 국면에서 양국 간의 협력관계는 매우 특별한 역할을 담당했다. 이와 같이 연속적이지는 않지만 결정적인 국면에서 중요한 역할을 수행한 이러한 양국 간 협력관계를 21세기에도 기대할 수 있을까?

현재로서는 이러한 질문에 긍정적으로 답변하기 힘들다. 1장에서 이미 언급했듯이 이는 크게 두 가지 변화에 기인하는데 첫째, 유럽연합의 성격과 통합을 둘러싼 환경이 변화함에 따라 프랑스와 독일이 공동으로 주도권을 행사할 수 있는 공간이 축소되었고, 둘째, 양국 간의 관계가 더 이상 과거와 같은 동력을 유지하기 어렵게 되었다는 점을 들 수 있다. 특히 두 번째 측면과 관련하여 양국 관계가 더 이상 과거와 같이 비대칭적인 협력관계로 특징지어지지 않는다는 사실에 주목할 필요가 있다. 이는 다른 무엇보다도 독일이 프랑스와의 관계에서 또 유럽연합과의 관계에서 독자적인 목소리를 내기 시작했기 때문이다.

독일은 이제 프랑스와의 긴밀한 협력 하에 자국의 EU 정책을 조정하고 조율하던 관행을 점차 포기하고 있다. 이와 함께 통합의 '대의'를 위해 일정한 한계 내에서 자국의 국내적 이익을 타협하던 관행 역시 포기하고 있다. 독일은 주요한 통합 이슈에 있어서 프랑스로부터 독자적으로 행동함과 동시에 국내적인 이해관계에 따라 자국의 입장과 정책을 결정하는 빈도를 늘려 나가고 있다.[64] 그리스에 대한 최근의 재정 지원을 둘러싼 논란에서 드러난 독일 정부의 '근시안적인' 태도는 이러한 정책 변화의 귀결로 볼 수 있다.[65] 이와 관련하여 1998년 콜 수상에 이어 수상으로 선출된 게르하르트 슈뢰더(Gerhard Schröder)의 다음과 같은 언급은 시사하고 있는 바가 크다.[66]

> 저의 세대와 그 후의 세대는 의무감에서가 아니라 우리가 그것을 원하기 때문에 유럽인입니다. 이것이 다른 이들과의 관계에서 우리를 좀 더 자유롭게 만들고 있습니다. … 저는 다른 유럽 국가들이 열등감을 가진 독일보다는 좀 더 계산적이고 자신감 있는 독일을 원할 것임을 확신하고 있습니다. 자신의 국익을 추구하는 독일은 마찬가지로 각자의 국익을 추구하는 영국과 프랑스만큼이나 자연스러운 현상입니다.

일부 현실주의 국제정치학자들은 냉전이 종식되고 통일에 성공한 상황에서 독일이 유럽 제일의 강대국으로 패권주의의 길을 걸을 것이라 예측하기도 했다. 예를 들어 케네스 월츠(Kenneth Waltz)는 독일과 같이 충분한 능력이 있는 국가가 "강대국이 되지 않겠다는 선택을 지속하기란 매우 어렵다"고 지적한 바 있고, 존 미어샤이머(John Mearsheimer)는 1990년에 발표한 한 논문에서 독일의 핵무장을 예언하기도 했다. 하지만 그러한 예측이 실현될 가능성은 그리 크지 않다.[67] 실제로 독일의 국민 1인당 군사비 지출액은 지속적인 하락세에 있다. 또 프랑스를 비롯한 거의 모든 유럽 국가가 전문화된 직업군인 위주로 병력

64 Bulmer and Paterson, "Germany and the European Union: from 'tamed' to 'normalized' power?" 1067.

65 예를 들면 Erik Jones, "Merkel's Folly," *Survival* 52/3 (2010)를 참조하시오.

66 Hyde-Price and Jeffery, "Germany in the European Union: Constructing Normality," 700에서 재인용.

67 Gunther Hellmann, "Fatal Attraction? German foreign policy and IR/foreign policy theory," *Journal of International Relations and Development* 1 (2009): 260.

을 재편하고 있는 가운데 독일이 여전히 비효율적인 징병제를 고수하는 것은 과거의 군사주의 전통과 거리를 두려는 의도를 분명하게 입증한다.

하지만 다른 한편으로 일부 학자들이 구성주의의 분석틀을 활용하여 지적하듯이 45년 이후의 통합과정을 거치면서 독일이 민족주의/국가주의를 대체하는 유럽주의, 유럽 정체성을 가지게 되었다고 주장하거나 반(反)군사주의(anti-militarism), 다자주의(multilateralism)가 독일의 외교정책을 이해하는 데 필수불가결한 '코드'가 되었다고 보는 것은 또 다른 의미에서의 극단화일 것이다.[68] 예를 들어 피터 카첸스타인(Peter Katzenstein, 1997, 2)이 "오늘날 독일인들은 자신들의 정치적 단어에서 '권력(power)'이라는 단어를 지워 버렸다"고 단정적으로 주장한 것이나 제프리 앤더슨(Jeffrey Anderson)이 독일의 "과장된 다자주의에 대한 반사적 지지(reflexive support for exaggerated multilateralism)"에 대해 언급한 것은 최근의 상황 전개에 비추어 그리 적절해 보이지 않는다.[69] 오늘날 독일의 대외정책은 나토와 유럽연합 등 다자주의 국제제도와의 협력을 최우선 순위로 하여 정식화되고 실행에 옮겨지고 있지만 과거보다는 독자적인 행동영역을 넓히고자 하는 움직임 또한 뚜렷하게 감지되고 있는 것도 사실이다. 적어도 학자들이 '단기주의(short-termism)' 혹

68 Gunther Hellmann, "Goodbye Bismarck? The Foreign Policy of Contemporary Germany," *Mershon International Studies Review* 40 (1996); Peter Katzenstein ed., *Tamed Power: Germany in Europe* (Ithaca: Cornell University Press, 1997); Thomas Banchoff, "German Identity and European Integration," *European Journal of International Relations* 5/3 (1999); John S. Duffield, "Political Culture and State Behavior: Why Germany Confounds Neorealism," *International Organization* 54/4 (1999).

69 Katzenstein ed., *Tamed Power: Germany in Europe*, 2; Jeffrey J. Anderson, "Hard Interests, Soft Power, and Germany's Changing Role in Europe," in Katzenstein ed., *Tamed Power: Germany in Europe*, 85.

은 '도구주의(instrumentalism)'라고 부르는 행위 패턴이 두드러지고 있다.[70]

여기서 독일 대외정책의 앞으로의 전망을 상세하게 논의하기는 어렵다. 이는 기본적으로 열려 있는 문제이기 때문이다. 하지만 한 가지 분명하게 이야기할 수 있는 것은 특히 유럽통합 문제와 관련하여 독일의 대외정책이 1998년 이전의 패턴으로 회귀하는 것은 이제 기대하기 어렵다는 점이다. 그리고 이와 함께 비대칭성을 전제로 하는 프랑스-독일 사이의 특별한 관계 역시 지속되기 어렵게 되었다는 점이다.[71] ECSC에서 마스트리히트 조약의 체결에 이르기까지 양국은 유럽통합을 전후 안정과 평화의 보장이라는 관점에서 이해했다. 제2차 세계대전의 성공적인 전후 처리라는 목표는 통합을 둘러싼 양국 관계에서 일종의 '모반(母斑, birthmark)'이었다. 그 결과 양국 관계는 통합의 주요 국면에서 '관성화된' 상호작용 패턴을 반복했다.

하지만 오늘날 프랑스와 독일 양국은 더 이상 통합의 의의를 전후 처리에서 찾고 있지 않다. 어떤 의미에서 독일의 통일은 그러한 전후 처리의 마지막 단추였고 EMU는 세계대전의 그림자 속에서 이루어진 마지막 통합정책이었다. 이제 통일된 독일은 '패전국'으로서의 정체성으로부터 점점 더 거리를 두려고 하고 있고, 프랑스를 비롯한 다른

70 Regina Karp, "Germany: A 'Normal' Global Actor?" *German Politics* 18/1 (1999): 15.

71 유럽통합 문제에 있어서 프랑스-독일 관계의 변화가 독일의 태도 변화에만 기인한 것은 물론 아니다. 1장에서 이미 지적했듯이 프랑스의 경우에도 미테랑과 들로르 이후 유럽통합과 양국 관계에 대한 비전과 신념을 가진 정치지도자가 더 이상 나오지 않고 있다는 점과 (2005년 유럽헌법 국민투표에서 극명하게 드러났듯이) 유럽연합에 대한 프랑스의 국민여론이 점차 부정적으로 되어 가고 있다는 점 역시 양국 관계의 성격 변화에 일조하고 있다. Emiliano Grossman, "Introduction: France and the EU: from opportunity to constraint," *Journal of European Public Policy* 14/7 (2007); Helen Drake, "France, Europe and the Limits of 'Exceptionalism'," in T. Chafer & E. Godin ed., *The End of French Exception?: Decline and Revival of the 'French Model'* (Basingstoke: Palgrave, 2010).

유럽연합 회원국들도 이를 자연스럽게 받아들이고 있다. 이러한 상황에서 통합의 주요 이슈에 있어서 양국 간 비대칭적인 협력 패턴이 재가동되리라 기대하는 것은 그리 현실적이지 않다. 양국 관계의 균열이 본격화되기 시작한 2003년 프랑스의 『르몽드(Le Monde)』지가 한 사설에서 언급했듯이 프랑스와 독일 관계는 과거의 제약으로부터 벗어나 '이성의 시대'에 접어들었다.[72]

이러한 변화가 유럽통합 전반에 가지는 의미는 무엇인가? 다른 무엇보다도 유럽연합은 지난 반세기 동안 통합을 이끌어 왔던 중요한 '동인(動因)' 중 하나가 더 이상 작동하지 않는 상황에 처하게 되었다는 점을 들 수 있다. 물론 이것이 통합의 진전이 더 이상 어렵다는 의미는 아니다. 신기능주의, 다층 거버넌스, 구성주의 이론 등 다양한 통합 이론들이 다양한 통합의 동인에 대한 설명을 내놓고 있다. 하지만 필자의 견해로는 이러한 이론들에서 제시되는 동인들이 새로운 돌파구가 필요한 '위기'의 국면에 적절하게 작동할 수 있을 것으로 보이지 않는다. 최근의 유로존 위기는 아마도 이러한 '위기'의 국면 중 하나로 간주될 수 있을 것이다. 전문가들은 '유럽채(債)(Eurobond)'의 발행, EU 재정의 확대, 궁극적으로는 각국 재정정책의 보다 긴밀한 조율 등 기존의 안정성장협약(SCP)을 넘어서는 혁신저 조치들이 돌파구로 필요함을 역설하고 있다.[73] 하지만 사태 해결의 열쇠를 쥐고 있는 독일은 이러한 일체의 조치들에 유보적인 입장을 취하고 있다. 또 중요한 국면마다 독일의 협조를 압박하던 프랑스의 모습도 더 이상 찾아

72 Pedersen, "Recent Trends in the Franco-German Relationship," 14.

73 예를 들면 Jones, "Merkel's Folly," Thomas Klau and François Godement, "Beyond Maastricht: A New Deal for the Eurozone," *European Council on Foreign Relations Policy Brief*, 2010.

볼 수 없다.

과거 통합의 중요한 순간에서 결정적인 역할을 했던 동인이 사라진 상황에서 유럽통합은 어떤 미래를 맞이할 것인가? 프랑스-독일 관계의 성격 변화로부터 통합의 거시 변동에 관해 너무 많은 것을 읽어내려 해서는 안 된다는 것은 분명하다. 하지만 양국 관계를 중심으로 지난 통합의 역사를 제한적으로나마 살펴보고, 또 이를 오늘날 유럽연합이 처한 상황과 비교해 볼 때 내릴 수 있는 한 가지 결론은 앞으로 통합의 진행 방향에 대해 좀 더 신중하게 열린 태도를 취할 필요가 있다는 점이다.[74] 어쩌면 지금까지의 유럽통합은 유럽 국가들이 역사적으로 매우 특수한 상황에 처해 있었기 때문에 가능했는지도 모른다. 유럽 국가들이 더 이상 그러한 상황에 있지 않은 오늘날의 통합은 통합에 대한 '진보적인' 해석에서 제시되어 온 것과는 전혀 다른 방향으로 흘러갈지도 모른다. 어쩌면 지금이야말로 통합에 대한 기존의 관점을 다시 생각해 보아야 할 시점인지도 모른다.

74 Martin Gilbert, "Narrating the Process: Questioning the Progressive Story of European Integration," *Journal of Common Market Studies* 46/3 (2009).

참고문헌

이용재. "엘리제 조약을 위하여: 유럽통합과 독일-프랑스 화해의 샛길," 『프랑스사 연구』 19. 2007.

Anderson, Jeffrey J. "Hard Interests, Soft Power, and Germany's Changing Role in Europe," In *Tamed Power: Germany in Europe*, edited by Peter Katzenstein. Ithaca: Cornell University Press, 1997.

Anderson, Jefferey J. "Germany and Europe: Centrality in the EU," In *The Member States of the European Union*, edited by Simon Bulmer and Christian Lequesne. Oxford: Oxford University Press, 2005.

Banchoff, Thomas. "German Identity and European Integration," *European Journal of International Relations* 5(3): 1999.

Baun, Michael J. "The Maastricht Treaty as High Politics: Germany, France, and European Integration," *Political Science Quarterly* 110(4): 1995.

Bulmer, Simon and William E. Paterson. "Germany and the European Union: from 'tamed' to 'normalized' power?" *International Affairs* 86(5): 2010.

Cole, Alistair. "Franco-German Relations: From Active to Reactive Cooperation," In *Leaderless Europe*, edited by Jack Hayward. Oxford: Oxford University Press, 2008.

Drake, Helen. "France: An EU Founder Member Cut Down to Size?" *Journal of European Integration* 28(1): 2006.

Drake, Helen. "France, Europe and the Limits of 'Exceptionalism'," In *The End of French Exception?: Decline and Revival of the 'French Model'*, edited by T. Chafer and E. Godin. Basingstoke: Palgrave, 2010.

Duffield, John S. "Political Culture and State Behavior: Why Germany Confounds Neorealism," *International Organization* 54(4): 1999.

Gilbert, Martin. "Narrating the Process: Questioning the Progressive Story of European Integration," *Journal of Common Market Studies* 46(3): 2009.

Gillingham, John. *Coal, Steel, and the Rebirth of Europe, 1945-1955. The Germans and French from Ruhr conflict to economic community*. Cambridge: Cambridge University Press, 1991.

Grieco, Joseph M. "The Maastricht Treaty, Economic and Monetary Union and the neo-realist research programme," *Review of International Studies* 21: 1995.

Grieco, Joseph M. "State Interests and institutional Rule Trajectories: A Neorealist Interpretation of the Maastricht Treaty and European Economic and Monetary Union," *Security Studies* 5(3): 1996.

Grossman, Emiliano. "Introduction: France and the EU: from opportunity to constraint," *Journal of European Public Policy* 14(7): 2007.

Hellmann, Gunther. "Goodbye Bismarck? The Foreign Policy of Contemporary Germany," *Mershon International Studies Review* 40: 1996.

Hellmann, Gunther. "Fatal Attraction? German foreign policy and IR/foreign policy theory," *Journal of International Relations and Development* 12: 2009.

Hendriks, Gisela. "Germany and the CAP: national interests and the European Community," *International Affairs* 89(1): 1989.

Hitchcock, William H. *France Restored: Cold War Diplomacy and the Quest for Leadership in Europe, 1944-1954*. Chapel Hill: The University of North Carolina Press, 1998.

Hyde-Price, Adrian and Charlies Jeffery. "Germany in the European Union: Constructing Normality," *Journal of Common Market Studies* 39(4): 2001.

Jones, Erik. "Merkel's Folly," *Survival* 52(3): 2010.

Kaiser, Wolfram. *Christian Democracy and the Origins of European Union*. Cambridge: Cambridge University Press, 2007.

Karp, Regina. "Germany: A 'Normal' Global Actor?" *German Politics* 18(1): 2009.

Katzenstein, Peter ed. *Tamed Power: Germany in Europe*. Ithaca: Cornell University Press, 1997.

Klau, Thomas and François Godement. "Beyond Maastricht: A New Deal for the Eurozone," *European Council on Foreign Relations Policy Brief*. 2010.

Krotz, Ulrich. "Parapublic Underpinnings of International Relations: The Franco-German Construction of Europeanization of a Particular Kind," *European Journal of International Relations* 13(3): 2007.

Krotz, Ulrich. "Regularized Intergovernmentalism: France-Germany and Beyond (1963-2009)," *Foreign Policy Analysis* 6: 2010.

Kupchan, Charles. "The Potential Twilight of the European Union," Working Paper, *Council on Foreign Relations*. 2010.

Küsters, Hanns Jürgen. "West Germany's Foreign Policy in Western Europe, 1949-58:

The Art of the Possible," In *Western Europe and Germany: The Beginnings of European Integration, 1945-1960*, edited by C. Wurm, A. Oxford: Berg, 1996.

Loth, Wilfred. "Explaining European Integration: The contribution from historians," *Journal of European Integration History* 14(1): 2008.

Ludlow, N. Pier. "The Making of the CAP: Toward a Historical Analysis of the EU"s First Major Policy," *Contemporary European History* 14(3): 2005.

Maes, Ivo. "On the Origins of the Franco-German EMU Controversies," *European Journal of Law and Economics* 17: 2004.

McAllister, James. *No Exit: America and the German Problem, 1943-1954*. Ithaca: Cornell University Press, 2002.

Messenger, David A. "Dividing Europe: The Cold War and European Integration," In *Origins and Evolution of the European Union*, edited by Desmond Dinan. Oxford: Oxford University Press, 2006.

Milward, Alan S. *The Rescue of the Nation-State*. 2nd Edition. London & New York: Routledge, 2000.

Moravcsik, Andrew. *The Choice for Europe: Social Purpose & State Power from Messina to Maastricht*. Ithaca: Cornell University Press, 1998.

Moravcsik, Andrew. "De Gaulle Between Grain and *Grandeur*: The Political Economy of French EC Policy, 1958-1970 (part I)," *Journal of Cold War Studies* 2(2): 2000a.

Moravcsik, Andrew. "De Gaulle Between Grain and *Grandeur*: The Political Economy of French EC Policy, 1958-1970 (part II," *Journal of Cold War Studies* 2(3): 2000b.

Paterson, William. "Did France and Germany Lead Europe?: A Retrospect," In *Leaderless Europe*, edited by Jack Hayward. Oxford: Oxford University Press, 2008.

Pedersen, Thomas. *Germany, France and the Integration of Europe: A Realist Interpretation*. London & New York: Pinter, 1998.

Pedersen, Thomas. "Recent Trends in the Franco-German Relationship," *Journal of Common Market Studies* 41: 2003.

Rhenisch, Thomas and Hubert Zimmermann. "Adenauer Chooses De Gaulle: The West German Government and the Exclusion of Britain from Europe," In

Money and Security: Troops, Monetary Policy, and West Germany's Relations with the United States and Britain, 1950-1971. edited by Hubert Zimmermann. Cambridge: Cambridge University Press, 2002.

Rieger, Elmar. "Agricultural Policy: Constrained Reforms," In *Policy-Making in the European Union*, edited by Hellen Wallace et al. 5th edition. Oxford: Oxford University Press, 2005.

Sandholtz, Wayne. "Choosing union: monetary politics and Maastricht," *International Organization* 47(1): 1993.

Schild, Jochaim. "Mission Impossible? The Potential for Franco-German Leadership in the Enlarged EU," *Journal of Common Market Studies* 48(5): 2010.

Schmidt, Vivien A. "Trapped by their ideas: French elites' discourse of European integration and globalization," *Journal of European Public Policy* 14(7): 2007.

Willis, F. Roy. *France, Germany and the New Europe, 1945-1967*. Stanford: Stanford University Press, 1968.

제5장

유럽 화폐통합과 유로

메들린 호슬리
네덜란드 레이든 대학교 정치학과 교수

Ⅰ. 유럽과 유로

서유럽 국가가 자체적 내부 시장을 만들었을 뿐 아니라 한 발 나아가 경제통화연합(Economic and Monetary Union, 이하 EMU)을 설립한 이유는 무엇인가? EMU의 공용 화폐인 유로는 시간이 경과하면서 어떻게 발전했는가? 재정정책과 대조적으로 현재 통화정책에 관한 유로 통용 지역의 비대칭을 감안한다면 EMU는 실현 가능한가? 과연 유로 통용 지역에서 재정안정을 유지하는 것이 가능한가?

본 장에서는 먼저 EMU의 배경에 대해 살펴보고자 한다. 즉, 유럽의 화폐통합이 어떻게 본격적으로 지역화폐통합계획인 '스네이크(SNAKE)'로부터 출범해 유럽화폐제도(European Monetary System, 이하 EMS)로 발전했는지 검토하고자 한다. EMS의 성공은 유럽의 화폐통합이 실현 가능할 뿐 아니라 궁극적으로 성공할 것이라는 기대를 높여주었다. 따라서 유럽연합조약(Treaty on European Union, 이하 TEU)은 EMU를 핵심 구성 요소 중 하나로 편입시켰다. EMU는 제도적으로 프랑크푸르트에 소재한 공동중앙은행인 유럽중앙은행(European Central Bank, 이하 ECB)에 기반을 둔다. EMU의 운영은 주로 ECB 이사회와 유로 통용 지역의 중앙은행 사이에 정책 결정 의무를 분배하는 방식으로 이루어지며, 그 결과 유로 통용 지역 회원국의 이익을 대칭적 형태로 대표한다.

다음으로 유로가 처음 도입된 이후 초기의 성과를 보여준 후 최근 EMU에 대한 도전, 그중에서도 특히 글로벌 경제위기에 직면한 도전에 대해 논의하고자 한다. 이러한 도전은 근본적으로 유로 통용 지역에서 재정안정을 유지할 수 있는 능력과 직결된다. 흥미롭게도 이와 대조적으로 유로 환율에 대한 압력은 덜 심각해 보인다. 오히려 유로의 대외적 가치는 그리스 정부의 적자 재정위기로 인한 압력에도 불구하고 2010년 말에 다시 크게 반등하여 예전의 수준으로 돌아왔다.

본 장의 구성은 다음과 같다. 2절은 유럽 화폐통합의 기원에 대해 논의한다. 구체적으로 EMU가 글로벌 경제와 재정 거버넌스 측면에서 도전을 받으며 이에 대한 반작용으로 발전된 과정을 검토하고자 한다. 3절에서는 안정성장협약(Stability and Growth Pact)의 내용과 기반에 대해 서술하고, 이 협약이 시간 경과와 더불어 어떻게 발전했는지 살펴보고자 한다. 4절에서는 글로벌 경제위기로 인해 EMU가 직면한 최근의 몇몇 도전에 대해 논의하려 한다. 마지막으로 앞서 논의한 주요 논제를 요약하며 결론을 맺고자 한다.

II. 유럽 화폐통합의 배경[1]

글로벌 무역과 금융 관계의 안정성을 확보하기 위해 제2차 세계대전 이후 브레턴우즈(Bretton-Woods) 체제는 조정 가능한 고정환율체제를 설립했다. 브레턴우즈 체제에서 금으로 변환 가능한 통화로서 미국의 달러가 근본적으로 '닻'의 역할을 수행했다. 그러나 1970년대 초 브레턴우즈 체제가 실질적으로 붕괴되면서 유럽 통화정책을 조화시키려는 시도가 가지는 의미는 더욱 절박해졌다. 그 결과 서유럽은 스네이크(SNAKE) 제도의 틀 안에서 미국 달러에 맞서는 '공동변동환율체제(common float)'를 창설하려 시도했으나 참여 국가가 경제적·재정적 압박을 겪는 가운데 반복적으로 도전에 직면하면서 절반의 성공을 거두는 데 그쳤다.[2] 결국 시간이 경과하면서 스네이크제도는 근본적으로 "연장된 독일 마르크화 지역(extended Deutsche mark zone)"으로 발전하여 독일과 베네룩스 3국, 덴마크만 '공동변동환율체제' 안에 남게 되었다.[3] 또한 1980년까지 완전한 화폐통합을 목표로 한 재시도조차 시기상조임이 드러났다. 그럼에도 불구하고 1970년대 말에는 새로운 소규모적 유럽 지역 통화체제에 대한 보다 구체적인 제안이 효력을 발휘하기 시작했다. 이 새로운 제안의 주요 원동력은 국제통화시장의 부

1 Madeleine O. Hosli, "The Creation of the European Economic and Monetary Union: Intergovernmental Negotiations and Two-Level Games," *European Journal of Public Policy* 7 (2000): 744-766.

2 예를 들어 Kathleen R. McNamara, *The Currency of Ideas: Monetary Politics in the European Union* (Ithaca and London: Cornell University Press, 1998)을 참조할 것.

3 예를 들어 Barry Eichengreen and Jeffry Frieden, eds., *The Political Economy of European Monetary Unification* (Boulder: Westview, 1994)을 참조할 것.

정적 영향에 대비해 유럽공동체(European Communities, 이하 EC) 국가를 지키는 방패를 만드는 목표를 설정한 이외에도 프랑스를 EC 기반의 환율 레짐에 참여시키는 데 있었다.

마침내 1979년 3월에 EMS가 유럽환율조정메커니즘(European Exchange Rate Mechanism, 이하 ERM)과 유럽화폐단위(European Currency Unit, 이하 ECU)라는 두 개의 주요 요소를 기반으로 설립되었다. ECU는 ERM에 공식적으로 참여하고 있지 않은 회원국을 포함한 모든 EC 회원국의 국내 통화로 구성된 통화 바스켓(currency basket)이었다. ECU 바스켓에 포함된 통화의 가중치는 각 회원국이 경제-무역 관계에서 차지하는 상대적 중요도를 근간으로 한 공식에 의해 결정되었다. 그러나 ERM은 회원국 간 공식적 통화보유고의 공동 출자로 이어지지는 않았지만 모든 EC 통화 간 등가 망(parity grid)을 도입하고 만약 해당 국가의 통화가 쌍방 간 적정 등가를 벗어나는 경우 해당 국가 중앙은행의 개입을 의무화했다. 나아가 필요하다면 중앙은행이 효과적으로 금융시장에 개입하는 것을 돕기 위해 단기적·장기적 신용편의(credit facility)의 증대를 허용했다.

ECU와 국가 통화 간 공식적 기본환율(central exchange rate)은 EU 경제재무각료이사회(the ECOFIN Council)의 동의에 따라 결정되었다. 창설 초기에 연이은 재편성으로 1980년대 중반 이후에 EMS는 다소 안정되었다. 더구나 ERM에 참여하는 회원국 간 통화정책 효과의 점진적 수렴도 경험했다. 이러한 수렴현상은 정부국채율과 같은 장기 이자율과 연간 물가수준증가율인 인플레이션율 등 양자에 모두 나타났다. 실제로 인플레이션율의 상대적 감소와 연간 물가수준율 변동 폭의 감소가 동시에 관찰되었다.

사실 EC 회원국의 국내 경제 내 인플레이션율 수준의 감소와 회원국 경제 간 인플레이션 확산의 감소가 동시에 나타난 현상은 매우 인상적이었다. 특히 프랑스, 아일랜드, 이탈리아, 포르투갈, 스페인, 영국 등 사례에서는 현저한 감소를 목격할 수 있었다. 벨기에, 독일, 룩셈부르크, 네덜란드 등 일부 회원국의 연간 물가수준증가율은 초기부터 상대적으로 낮은 편이었다. 12개 EC 회원국의 인플레이션율 감소를 대략 살펴보면 EMS 창설 초기인 1986년에 10% 이상을 웃돌던 인플레이션율이 1991년에는 6% 미만으로 감소했다. 약간의 변이를 보이기는 하나 인플레이션율의 표준편차로 측정한 참여국 간 인플레이션율의 확산은 1979년에 6% 이상이었으나 1991년에 5% 정도로 감소했다.[4] 비록 1990년대 초반에 일부 EC 국가에서 경기 불황이 시작되면서 일시적 문제점이 발생했지만 인플레이션율은 대체로 1990년대 중반부터 다시 통제 가능한 상태로 접어들었다.[5]

그러나 인플레이션을 포함한 국가 통화정책의 수렴은 EMS의 창설에 부분적으로 기인했다고 평가할 수 있다. 일반적으로 '필립스 곡선(Phillips curve)'으로 명명되는 실업과 성장 간 상충관계(tradeoff)라는 케인즈적 개념은 단기적 관점에서만 유효하다는 인식이 점차 증가한 데 반해 인플레이션 감소는 장기적 경제성장과 고용에 도움이 된다는 주장이 점차 설득력을 얻게 되었다(Sandholtz, 1993). 이러한 인식은 예컨대 프랑스처럼 고용과 성장을 증진시키기 위해 전통적으로 EMS 안에서 지속적 평가절하 전략을 사용하며 비교적 높은 인플레이션을 기록

4 이와 유사하게 1995년까지의 새로운 EU 회원국인 오스트리아, 핀란드와 스웨덴 역시 이러한 수렴의 패턴에 잘 적응했다.

5 1990년대 인플레이션 수치에 대한 더 많은 정확한 데이터를 위해 Madeleine O. Hosli, "The EMU and International Monetary Relations: What to Expect for International Actors?" in Carolyn Rhodes, ed., *The European Union in the World Community* (Boulder, CO: Lynne Rienner, 1998), 170을 참조할 것.

하던 EC 국가로부터 점차 수용되기 시작했다.

그러나 인플레이션율의 감소는 일본과 좀 더 약한 수준으로 미국 등 주요 국제 경제 행위자에게서도 유사하게 나타났다. 또한 이러한 감소 현상은 당시 유럽자유무역연합(EFTA)에 속한 오스트리아, 핀란드, 노르웨이, 스웨덴, 스위스 등과 같은 좀 더 작은 나라에서도 마찬가지로 나타났다.[6] EFTA는 원래 EC와 같이 초국가적 기구에 대한 대안으로 창설되었지만, 1995년에 오스트리아, 핀란드, 스웨덴 등 세 개의 예전 EFTA 국가마저 EU에 합류했다.[7] 그럼에도 불구하고 EMS가 EC 회원국에 인플레이션과 환율변동 양자 모두를 감소시킬 수 있는 제도적 틀을 제공함으로써 서유럽의 통화 수렴에 기여했다는 사실을 부인하기는 어렵다.

주목할 점은 EMS가 작동하던 기간에 한 행위자가 유럽 지역 통화체제의 실질적 패권자로 부상했으며, 이는 다름 아닌 독일 연방은행인 독일연방은행(Bundesbank)이었다는 사실이다. 분데스방크는 전통적으로 상당한 정치적 독립을 누렸고, 그 결과 반인플레이션 정책에 관한 신용을 얻었다. ERM에 참여하던 회원국이 추진한 반인플레이션 정책은 궁극적으로 분데스방크의 정책 기조를 수용해야 하므로 그러한 효율적 운영 방침에 근거해 반인플레이션 정책의 신용성이 제고되

6 이와 관련한 데이터를 위해 Jan Fredrik Qvigstad, *Economic and Monetary Union (EMU): A Survey of the EMU and Empirical Evidence on Convergence for the EC and the EFTA Countries* (Geneva: European Free Trade Association, 1992)를 참조할 것.

7 특히 경제적 성장과 관련하여 EFTA 회원국의 무역 패턴과 경제적 성과를 EC 회원국과 비교하기 위해서는 Arild Saether and Anders Skonhoft, "The European Free Trade Association: a Failure or a Success?" in Madeleine Hosli and Arild Saether, eds., *Free Trade Agreements and Customs Unions: Experiences, Challenges and Constraints* (Brussels/Maastricht: European Commission (Tacis services DGIA)/European Institute of Public Administration, 1997), 121-144를 참조할 것.

었고, 그에 따른 혜택을 누렸다.

EMU가 효력을 발생하기 전에 프랑스나 영국 같은 일부 EC 국가의 중앙은행은 정부로부터 충분한 독립성을 확보하지 못했다. 결국 국가의 중앙은행은 분데스방크에 사실상 의탁함으로써 미약하나마 통화정책 결정의 재량권을 확보할 수 있었다. 따라서 국가의 중앙은행이 영향력을 좀 더 발휘하기 위해서는 첫째, EMU와 보조를 맞추며 발전해야 하며, 둘째, EMU의 Stage II로 진입하는 선결 조건인 국가 중앙은행의 독립성 확보를 제도화하고 국내 중앙은행 이사가 ECB의 운영이사회를 형성할 수 있는 새로운 구조를 설립해야 했다. 이렇듯 통화정책에 관한 집합적 영향력을 확보함으로써 대다수 회원국에 국가 거시경제정책과 통화주권의 감소로 인한 손실을 상쇄할 수 있는 가능성을 제시했다. 따라서 대다수 EC 정부는 EMU에 대해 그다지 반발하지 않았다.[8] 즉, 분데스방크에 사실상 의탁하고 있었기 때문에 EC 국가의 중앙은행과 정부 대표 간 비용-이익 계산에 영향을 미쳤을 가능성이 높다.

국내 화폐 통용을 EMU의 틀 내에서 철폐하면서 거시경제정책의 일환으로 국내 환율을 조정하는 옵션은 더 이상 유효하지 않게 되었다. 이 문제는 최근 글로벌 경제위기 상황에 처해 경제 압력을 받게 된 유로존(Euro zone)의 EU 회원국 정부가 통화정책 주권을 유럽중앙은행에게 위임했기 때문에 글로벌 차원의 경제 도전에 대응하기 위해 자국의 통화 가치를 독자적으로 조정할 수 없게 되자 다시 중차대한 이슈로 떠올랐다.

EMU의 창설로 인해 무역량을 훨씬 초과하여 국제 자본의 이동 물

8 이에 대한 예외는 대처 수상이 주도한 영국의 정책적 입장이었다.

량이 증가하고 그 여파로 정부와 중앙은행장이 국내 통화정책을 조절하기 어려워지면서 공식적 통화 주권을 포기하는 데 소요되는 예상 비용도 더욱 감소했다. 더구나 ERM이 쌍방 간 등가의 변동 폭을 제한함으로써 회원국이 환율 조정을 거시경제정책 도구로 사용할 소지가 있는, 사실상(*de facto*) 재량권을 제지했기 때문에 공식적 통화 주권을 포기하는 데 예상되는 비용이 더욱 감소되었다.

당시 유럽집행위원회 회장인 자크 들로르(Jacques Delors)는 EMU의 열성적 지지자였다.[9] 중앙은행장, 유럽집행위원회 대표, 통화 전문가로 구성된 들로르 위원회는 EMU에 대한 조항을 준비했고, 이렇게 마련된 EMU 조항은 이후 1989년에 발간된 『들로르 보고서』에 근거하여 TEU에 편입되었다.[10] [11] 그러나 1980년대 중반에 접어들면서 EMU 계획에 대한 정치적 반대가 확대되는 추세로 인해 EMU의 승인 가능성이 희박해 보였다. 따라서 차선책으로 EC 회원국 간 자본 이동의 자유화를 추구하는 내부 시장 프로그램의 틀 안에서 실현 가능한 측면에 주력하는 방법을 택했다(Dyson, 1994).

9 들로르는 이전 프랑스 금융 분야와 프랑스 재무부에서 일한 경력이 있다.

10 이 위원회의 회원은 경제통화연합(EMU)의 설립에 크게 기여한 지식인 집단의 구성으로 묘사된다. Amy Verdun, "The Role of the Delors Committee in the Creation of EMU: An Epistemic Community?," *Journal of European Public Policy* 6/2 (1999): 308-328. 이 위원회의 근본적인 역할은 예를 들어 Kenneth Dyson, *Elusive Union. The Process of Economic and Monetary Union in Europe* (London: Longman, 1994); Andrew Moravcsik, *The Choice for Europe. Social Purpose and State Power from Messina to Maastricht* (Ithaca: Cornell University Press, 1998); Jacek Kugler and John H. P. Williams, "The Politics Surrounding the Creation of the EC Bank: The Last Stumbling Block to Integration," in Bruce Bueno de Mesquita and Frans N. Stockman, eds., *European Community Decision Making* (New Haven: Yale University Press, 1994), 185-228; Jan M. M. Van den Bos, "The Policy Issues Analyzed," in Bruce Bueno de Mesquita and Frans N. Stockman, eds., *European Community Decision Making* (New Haven: Yale University Press, 1994), 33-65에 잘 나타난다.

11 *Committee for the Study of Economic and Monetary Union* (1989).

공식적으로 EMU의 1단계가 구성되면서 프랑스와 이탈리아처럼 아직 남아 있던 EC 회원국의 자본 통제는 1990년 7월 1일부로 폐지되었다. 그러나 중진 통화경제학자인 로버트 트리핀(Robert Triffin)이 이미 지적했듯이 자유로운 자본이동, 유연한 환율변동, 그리고 통화주권을 동시에 성취하기란 불가능하다. 바로 이 불호환성 때문에 EMU의 1단계 이행 후 1992년과 1993년에 발생한 통화 혼란에 기여했을 가능성이 있지만 동시에 역설적으로 EMU 설립의 유인을 강화시키는 쪽으로 작용했을 수도 있다.

TEU에 포함된 EMU 계획의 주요 특징을 살펴보면 각 규정은 『들로르 보고서』에서 제시한 규정과 마찬가지로 3단계에 걸친 완전한 EMU 설립을 예견했다. 1단계는 1990년 7월 1일에 도입되었고 이는 당시까지 남아 있던 EC 회원국 간 모든 자본 통제의 폐지를 암시했다.[12] 2단계를 통해 유럽통화기구(European Monetary Institute, 이하 EMI)를 독일 프랑크푸르트에 설립했다. 이 기구의 권한은 특히 EU의 경제와 통화 수렴을 감시하고 EMU의 마지막 단계를 준비하는 데 있었다.

마침내 1999년 1월 1일에 EMU의 3단계가 발효되어 EMI는 ECB로 전환했고, 당시까지 '변환율'로 불리던 ERM 화폐 간 환율은 '환원할 수 없도록 고정(irrevocably fixed)'되었다. 2002년에 이르러 EMU 회원국의 국내 화폐는 유로존의 새로운 공동 화폐인 유로로 완전히 대체되었다. 특히 유럽중앙은행체제(European System of Central Banks, 이하 ESCB)가 각 중앙은행에 하나씩 투표권을 부여하는 다수결에 근거한 동등한 기반 위에서 EMU 회원국의 중앙은행을 포함하고 있기 때문

12 그러나 자본통제는 1992-1993년의 EMS 통화 혼란 시기 일시적으로 이탈리아를 포함한 몇몇 유럽공동체(EC) 국가에서 다시 도입되었다.

에 어찌 보면 EMU는 대칭적 제도 기반을 지닌다고 볼 수 있다.

궁극적으로 유럽 경제와 재정 거버넌스의 패턴에 안정성을 지속시키기 위해 국내 적자와 부채율을 지속적으로 통제하는 데 도움을 줄 수 있는 단일체제를 설립할 필요가 있었다. 이러한 노력의 핵심 요소가 바로 초기의 TEU에 포함된 '수렴기준(convergence criteria)'에 기반을 둔 '안정성장협약(SGP)'으로 알려진 체제의 창설이었다.

III. 안정성장협약(SGP): 기원과 발전[13]

TEU에 편입된 '수렴기준'이 도입되면서, EU 회원국이 향후 EMU 회원국 자격을 얻을 수 있도록 EU 회원국에게 주어진 통화와 재정 기준의 준수를 강제하는 노력이 경주되었다. 구체적으로 회원국의 재정적 성과는 두 개의 주요 지표에 준해 이행 여부를 결정했다. 즉, 총 정부적자 대 GDP 비율이 3%를 넘지 않을 것과 총 정부부채가 GDP의 60% 이하일 것(혹은 적어도 확실히 이 방향으로 움직인다는 사실)을 요구했다. <표 5.1>은 이러한 EMU 규정이 TEU에 편입된 이후 1990년대 중반에 EU 회원국이 얼마나 이 기준을 준수했는지 보여준다.

13 이 절은 부분적으로 Madeleine O. Hosli, *The Euro: A Concise Introduction to European Monetary Integration* (Boulder, CO: Lynne Rienner, 2005)에서 발췌했다.

표 5.1 1995년까지 4개의 수렴기준과 관련한 15개 EU 회원국(EU-15)의 수행 능력, 1990년대 중반[14]

	인플레이션율[15]	장기 이자율(%)	GDP 대비 총 정부적자(%)	GDP 대비 총 정부부채(%)
오스트리아	1.8	6.7	4.5	65.7
벨기에	1.5	7.8	5.3	135.0
덴마크	1.8	7.9	3.8	75.6
핀란드	0.3	9.0	5.8	59.8
프랑스	2.1	7.2	6.0	48.4
독일	1.8	6.9	2.5	50.2
그리스	8.1	20.8	11.4	113.0
아일랜드	2.4	8.0	2.1	91.7
이탈리아	5.7	10.6	9.0	125.4
룩셈부르크	1.3	6.4	-2.2	6.1
네덜란드	1.6	6.9	3.2	78.0
포르투갈	3.4	10.4	5.8	69.4
스페인	4.3	10.0	6.6	63.0
스웨덴	2.6	9.5	10.4	79.7
영국	3.2	8.2	6.8	50.3
평균	2.8	9.1	5.4	74.1
표준편차	2.0	3.5	3.4	32.8

출처: Eurostat

실제로 많은 국가에게 이 기준, 일반 정부적자와 부채규정을 충족하기란 쉽지 않았다. EMU가 출범한 이후 회원국에게 부과된 건전한 재정정책의 유지 기준이 통화연합이 창설된 이후 완화되어 EMU의 안정성을 저해할 수 있다는 우려가 높아졌다. 구체적으로 예산적자와 광범위한 정부 부채는 유로 지역의 이자율을 끌어올리는 압력을 촉발할 수 있고, 유로 지역 내 인플레이션 압력의 원인을 제공할 수 있었다.

EU가 최적통화지역(OCA)에 해당하지 않는다는 다양한 전문가에 의한 평가 때문이라도 재정적 규율은 더욱 중요한 항목으로 간주되었다.

14 1994년 말 측정함.

15 연간 평균 인플레이션율(1994년 12월부터 1995년 12월까지)을 가리킴.

OCA에 대한 논의와[16] 이로부터 얻은 이론적 통찰을 EU에 적용한다면 유로 지역이 특히 노동과 임금의 이동성에 대해 충분히 유연하지 않을 수 있다는 의미를 지녔다. 마찬가지로 EMU의 비판가의 우려를 자아내는 점은 바로 EMU 국가의 경기순환 주기가 일치하지 않는다는 것이다.[17] EU는 OCA가 아니기 때문에 새로운 통화연합의 한 부분에서 발생한 경제적 쇼크는 유로 지역 전체에 부정적 영향을 끼칠 수 있었다. TEU에 명시된 통화와 특히 재정적 수렴기준은 EMU 체제에 그다지 가중한 부담을 주지 않으면서도 중장기적으로 EMU가 지속가능할 수 있도록 보장하기 위해 구비되었다. 그러나 TEU 기준의 경제적 유용성에 관해 학술계에서는 이의를 제기하기도 했다.[18]

일부 다른 정치체제와 대조적으로 EU는 근본적으로 조율된 거시경제정책을 이행할 권한을 보유하고 있지 않았고, 이러한 취약점은 현 시점에도 여전하다. 그러나 ECB가 유로존의 이자율을 중앙에서 결정한다는 점을 고려하면, 통화정책 영역에 필적할 만한 거시경제정책영역의 정책결정이 부재하다는 사실은 두드러진다. 이러한 절박한 상황은 최근 글로벌 경제-재정 위기의 도전에 대해 어떻게 대응하는 방법이 최선일지에 대한 논의의 결과로서 다시 화두에 올랐다. EMU의 설

16 예를 들어, Robert A. Mundell, "A Theory of Optimum Currency Areas," *American Economic Review* 51/4 (1998): 657-665; Ronald I. McKinnon, "Optimal Currency Areas," *American Economic Review* 53/4 (1963): 717-725; Patrick M. Crowley, "The Institutional Implications of EMU," *Journal of Common Market Studies* 39/3 (2002): 385-404; Ronald I. McKinnon, "Optimum Currency Areas and Key Currencies: Mundell I versus Mundell II," *Journal of Common Market Studies* 42/4 (2004): 689-715.

17 예를 들어, Rudiger Dornbusch, "Euro Fantasies," *Foreign Affairs* 75 September/ October (1996): 110-125.

18 예를 들어, Willem H. Buiter, Corsetti and N. Roubini, "Excessive Deficits: Sense and Nonsense in the Treaty of Maastricht," *Economic Policy* 16 (1993): 57-100을 참조할 것.

립 당시 직면한 도전을 고려해 보면 안정성장협약(SGP)은 재정적 안정성을 제공하기 위해 더욱 중요하게 비쳤다.

SGP는 회원국에게 재정정책과 관련하여 준수해야 하는 명확한 기준을 부여했다. 다시 말해 SGP는 근본적으로 EMU 국가에게 과다한 국내 적자를 회피할 의무를 부과했고, 만약 이를 어겼을 경우 경제재무각료(ECOFIN) 이사회가 추천할 수 있는 가능한 제재와 더불어 상세한 감시 규성 절차를 실시했다. EMU가 장기적으로 안정적이고 지속가능할 것을 보장하기 위해 재정적 안정은 보다 강화되었다. 그리하여 SGP는 이후 혹독한 목표와 유연성 부족, 특히 예전의 TEU 수렴조건에 대한 비판에서처럼 회원국의 경제적 상황과 경기순환 주기의 차이를 제대로 파악하지 못한다는 이유로 인해 비판을 받았다.[19] 이러한 측면은 특히 글로벌 경제위기에서 비롯된 경제적 압력 등 최근에 불거진 사태의 심각성 맥락에서 매우 중요해졌다.

이 협정은 EU 제도, 특히 유럽집행위원회와 ECOFIN 이사회가 유로존 국가의 재정적 직무수행력을 감시하는 방식으로 운영되었다. GDP 대비 최대 3% 이내로 예산적자를 제한하라는 기준을 준수하지 않는 정부에게 우선 경고를 보냈고, 그 다음에는 벌금을 지불하게 했다. SGP는 회원국에게 재정적 규율을 장려했을지 모르지만 협정 자체는 EU 내부 사례처럼 정치적 원리의 산물이었다. 결국 SGP는 다양한 근거에서 비판을 받았지만, 특히 명시된 구체적 기준이 명백한 이론적 토대에 전혀 기반을 두고 있지 않다는 점에서 비판을 받았다.[20]

19 예를 들어, Iain, Begg ed., *Europe, Government and Money - Running EMU: the Challenges of Policy Coordination* (London: Federal Trust, 2002).

20 예를 들어, Patrick Leblond, "Fiscal Convergence and Stability in the EMU: Alchemy, Missed Opportunities, and Commitment Institutions," (paper presented at the 8th International Conference of the European Union Studies Association (EUSA), Nashville, Tennessee, March

설상가상으로 점차 줄어드는 정부수입은 경제성장 전망의 감소와 국내 실업률 증가로 인해 일부 정치가가 대면해야 했던 도전이었다. 이러한 추세는 부분적으로 내부 시장 프로그램에 의해 생성된 구조 조정과 1990년대 초반의 전반적 경기 침체로부터 촉발되었을 수도 있다. 그리고 유사한 추세는 이후 21세기의 첫 번째 10년이 끝나갈 무렵에 글로벌 경제위기의 맥락에서 다시 관찰되었다.

EMU의 설립과정에서 EMU의 형태와 범위를 둘러싼 다른 견해가 존재했다. EMU의 정부 간 협상과정에서 EMU의 제도적 구조나 통화연합을 어떻게 준비하고 실행할지에 대한 시간표에 관한 정부 간 합의는 도출되지 않았다. 비록 유로 지역 내 통화정책을 포함한 일부 정책에 관한 주권이 집합적으로 위임되었음에도 불구하고 통화연합 내 주요 주권국 간 '오염'과 재정적 불평등의 위험이 도사리고 있었다. 물론 SGP는 EMU의 설립 전 단계에서 EU 회원국이 경험했던 압력을 지속시켰다. 다시 말해, 누가 EMU에 참여할 수 있고 회원국 자격을 결정하는 데 어떤 기준이 적용될 것인지 여부를 둘러싼 불확실성은 EMU 후보 회원국에게 엄격한 '재정건전성 유지'를 요구했다. 바로 SGP는 EMU가 실제로 출범한 이후에도 궁극적으로 이러한 재정적 압력을 유지하기 위해 운영되었다. 결과적으로 이러한 압력은 2000년부터 2010년에 이르기까지 2004년에 가입한 일부 EU 신입 회원국에게 국내 재정정책의 집행에 관한 한 엄격한 통제를 가하도록 유인했다. 그러나 예산적자에 관해 합의된 한도를 유지하는 일은 실질적으로 힘들었다. 아일랜드, 포르투갈, 그리고 독일은 재정적 목표를 달성하지 못한

27-29, 2003); Iain Begg, "Hard and Soft Economic Policy Coordination under EMU: Problems, Paradoxes and Prospects." (working paper 103, European Institute, London School of Economics and Political Science, 2003)

첫 국가였고, 프랑스가 그 뒤를 이었다. 아일랜드와 포르투갈은 악화되는 경제 상황에도 불구하고 각기 경고를 받은 후 SGP의 필수요건을 준수하려는 시도로서 공공지출을 줄이는 조치를 취했다.

그러나 일찍이 SGP를 가장 옹호했고, 이후 EMU 주요 핵심국가로 부상한 독일이 SGP의 기준에 대해 비판한 사실은 아이러니였다. 경기침체가 심화되는 상황에서 공공지출을 줄이고 정부 예산적자를 감소시키기란 어렵다. 국내 실직자가 늘어나고 세금수입이 줄어들어 실업수당과 사회보장 지출이 증가하는 판국에 어떻게 공공지출을 감소시킬 수 있겠는가? SGP 규정의 유지와 사회보장과 공적 보호의 증진은 외형적으로 상충관계에 놓여 있었다. 경제 침체가 지속되는 가운데 공공지출을 삭감하는 데 거부감을 나타내었다. 실제로 SGP의 필수요건을 둘러싼 불만은 독일에 넓게 퍼져 있었지만 비단 독일뿐 아니라 프랑스를 포함한 다른 EU 회원국도 유사한 불만을 드러냈다.

SGP는 정치가에게 명확한 재정적 목표를 제공했는지 모르지만 오히려 지속가능한 경제성장을 위해 필요한 유연성이 결여되었다는 비판을 면할 수 없었다. 또한 만약 EU 회원국이 사회복지와 안전망을 확대하기 위한 정책을 입안하면 SGP는 이를 차단할 수 있었다. 모든 유로 지역 국가에게 GDP 대비 최대 3%의 정부적자 비율을 설정한다는 것은 과도한 임의적 조치였다. 벡(Begg, 2003)이 강조했듯이 경제가 침체의 늪에서 벗어나지 못하는 경우에는 이러한 목표를 폐기할 수 있는 여지가 있어야 한다. 또한 중부 유럽과 동유럽 출신의 EU 신입회원국도 기술혁신과 사회보장제도의 개혁 등 새로운 투자를 만들어내야 한다면 EMU에 가입한 이후에 오히려 예산적자와 관련한 SGP 기준을 준수하기 어려운 실정이었다. 결국 이러한 우려 때문에 SGP의 규정은 2005년에 좀 더 유연하게 조정되었다.

SGP가 실질적으로 2003년 가을에 효력을 발생하지 못했던 사건은 EU 정치체제의 대변동이기도 했지만 동시에 정치적 고려가 대체로 순수한 경제적 고려보다 앞선다는 명백한 징후이기도 했다. 이후 2년 연속으로 독일이 예산적자 기준에 관한 SGP의 규정을 준수하지 못할 것이라는 사실이 명백해졌다. 프랑스는 아예 주제넘게 SGP의 규정을 무시하려는 조짐을 보였다. 그러나 네덜란드를 포함한 일부 중소 EU 회원국은 EMU 내 재정적 기준의 완화와 이러한 EU의 강대국이 주도한 법적 규정의 완화가 초래할 반발을 우려해 협정 규정을 '살리고자' 했다. 중소 EU 회원국은 유럽집행위원회의 지원을 통해 그 해법의 실마리를 찾았다.

SGP는 회원국에게 자국의 바람직한 사회경제적 거버넌스 능력과 EMU의 안정성 간 상충한다는 딜레마를 안겨 주었다. 2005년의 개정 이후 협정은 사실상 완화되었고, 그 결과 경제 침체기에는 회원국에게 다소 완화된 재정 규율을 적용하도록 허용했다. 이러한 완화를 통해 화폐통합에서 비롯된 일부 심각한 도전에 대응하는 데 도움이 되었을지 몰라도 궁극적으로 이는 EMU의 설립 기반 자체를 위협했을 수도 있다. 결국 2008년 미국에서 시작하여 순식간에 지구 곳곳으로 퍼진 글로벌 경제위기가 발발하면서 EMU에게 토대를 제공하는 재정적 안정성이라는 취약한 구조와 경제정책 결정영역 내 EU의 집행력 결여는 전 세계에 공개되었다.

Ⅳ. 유로와 글로벌 경제위기로 인한 도전[21]

최근 글로벌 경제-금융 위기는 국제경제의 상호의존성으로 인해 경제적 도전이 전 세계로 퍼져 나가는 데 가속이 붙는다는 것을 확실히 보여주었다. 그러나 동시에 이를 계기로 글로벌 금융 감독의 수준을 격상시킬 필요성을 일깨워 주었다. 이에 더해 유럽 차원에서는 금융 시장과 서비스 규제에 대한 감독을 향상시키기 위해 EU 내 더욱 노력할 필요가 있다는 사실이 확실해졌다. EMU는 지역통합계획이라는 틀 안에서 중대한 단계에 해당하는 유로 지역 내 경제정책 결정 분야의 주권을 응집하는 쾌거를 달성했으나 금융 감독의 측면에서 보면 이제 겨우 구조의 윤곽을 갖추는 데 불과했다. 비록 EU 회원국이 경제적 압력에 직면하여 개별적으로 각자 국내 차원에서 해결책을 찾으려 했지만 점차 위기에 대응하는 공조체제를 세우려는 EU의 노력이 증가하여 위기의 여파가 더 이상 심각하게 확산되는 것을 막고자 했다. 일부 EU 회원국은 위기의 여파 속에서 국내 정치 상황에 부합하는 재정적 안정성을 유지할 수 있는 능력의 한계에 달하는 지경에 처했다.

21 이 절은 대부분 Madeleine O. Hosli and Wen Pan manuscripts, "The Euro in the Process of Globalization: Developments, Challenges, and Opportunities"에 의한다.

표 5.2 GDP의 퍼센티지로 나타낸 일반 정부 적자(-) 혹은 흑자(+), 2006-2009년

국가명	2006	2007	2008	2009
오스트리아	-1.5	-0.4	-0.4	-3.4
벨기에	0.3	-0.2	-1.2	-6.0
키프로스	-1.2	3.4	0.9	-6.1
핀란드	4.0	5.2	4.2	-2.2
프랑스	-2.3	-2.7	-3.3	-7.5
독일	-1.6	0.2	0.0	-3.3
그리스	-3.6	-5.1	-7.7	-13.6
아일랜드	3.0	0.1	-7.3	-14.3
이탈리아	-3.3	-1.5	-2.7	-5.3
룩셈부르크	1.4	3.6	2.9	-0.7
몰타	-2.6	-2.2	-4.5	-3.8
네덜란드	0.5	0.2	0.7	-5.3
포르투갈	-3.9	-2.6	-2.8	-9.4
슬로바키아	-3.5	-3.5	-2.3	-6.8
슬로베니아	-1.3	-1.9	-1.7	-5.5
스페인	2.0	0.0	-4.1	-11.2
유로 지역	-1.3	-0.6	-2.0	-6.3
불가리아	3.0	0.1	1.8	-3.9
체코	-2.6	-0.7	-2.7	-5.9
덴마크	5.2	4.8	3.4	-2.7
에스토니아	2.5	2.6	-2.7	-1.7
헝가리	-9.3	-5.0	-3.8	-4.0
라트비아	-0.5	-0.3	-4.1	-9.0
리투아니아	-0.4	-1.0	-3.3	-8.9
폴란드	-3.6	-1.9	-3.7	-7.1
루마니아	-2.2	-2.5	-5.4	-8.3
스웨덴	2.5	3.8	2.5	-0.5
영국	-2.7	-2.8	-4.9	-11.5
EU	-1.4	-0.8	-2.3	-6.8

출처: 유로존 자료는 유럽중앙은행(ECB), 유럽연합(EU)과 회원국 적자/흑자 수치는 유럽집행위원회(European Commission) 자료를 인용함.
참고: 유로존 총 수치와 묶은 "the Euro-16"을 참조할 것.

<표 5.2>는 2006~2009년까지 기간 동안의 각 EU 회원국의 재정적 압박 수치를 보여준다. 글로벌 경제위기가 시작된 이후, 특히 그리스와 아일랜드, 스페인 등 일부 EU 회원국의 예산적자 규모는 훨씬 비대해져 연간 GDP 비율의 10%를 능가했다.

금융위기가 발발하자 유로 환율도 일부 회원국의 재정안정성에 대한 도전으로 인해 압박을 받게 되었다. 그러나 금융위기와 이로부터 파생된 그리스 정부의 재무위기에 의해 촉발된 유로 환율에 대한 압력에도 불구하고, 2010년 봄에 처음 시장에 나왔을 때보다 훨씬 높은 수준에서 유로 환율이 유지되고 있었다. 구체적으로 EMU 초기 당시에는 1유로당 1.17 미국 달러인 반면에 2010년 4월에 1유로당 약 1.37 미국 달러였다. 이후 2010년 6월에 미국 달러 대비 유로 환율은 1대 1.30으로 조금 내려갔으나 7월 말경에 1대 1.30 선을 회복했고, 2010년 10월에 거의 1대 1.40 선으로 올라갔다.

유로에 대한 압박과 관련하여 언론은 유럽 내에서나 국제 차원에서 집중적으로 보도했지만 유로 환율에 대한 압박은 비교적 절제된 형태로 나타났다. 글로벌 자본 이동과 관련된 투기 압력은 무척 광범위하고 신속하게 형성된다. 이러한 압력으로 인해 통화연합 내부의 금융-재정적 도전은 최소한 잠정적으로라도 글로벌 시장의 통화 신용도에 영향을 준다. 따라서 유로 지역 내 재정적자가 증가하면 일부 국제 행위자는 이를 유로의 신용도에 연계하여 평가하기 때문에 큰 압박을 주기 마련이다. 그러므로 ECB와 EU 기관은 회원국의 재정적자를 적정 수준에서 유지하려 노력한다. 또한 이 적정 수준은 글로벌 경제위기의 여파로 인한 실업수당 수요의 증가와 국내 세금수입의 감소에 의해 파생되는 재정 압박에 따른 한계 이내에서 결정된다.

국제 경제체제에서 국가는 글로벌 금융위기로부터 파생된 압력으로 인해 타격을 입은 경제를 회생하기 위한 국내 구제 조치를 모색하는 동시에 안정된 세계적, 그리고 지역적 재정-경제 거버넌스 패턴을 재정립할 필요성을 절감하게 된다. EMU가 통화연합으로 이어졌으나 EU에게 회원국의 경제-금융 정책을 조율할 수 있는 권한을 부여하지 않았기 때문에 글로벌 금융위기에 대처하는 EU에게 경제-금융 정책 영역의 권한 증대 조치가 필요하다는 의미로 다가온다. 즉 EU의 관점에서 보면 글로벌 금융위기는 EMU와 금융-경제 거버넌스 간 상대적 비대칭 권한 관계를 시정하고,[22] 나아가 세계적·지역적 도전에 대처할 수 있는 EU의 역량을 강화시키는 기회로 해석될 수 있다.

글로벌 경제·금융 위기를 통해 바로 국제경제의 상호의존성 때문에 경제적 도전이 삽시간에 전 세계로 퍼뜨려진다는 사실을 입증했다. 그러나 이러한 가속의 위험성은 동시에 위기 방지를 위해 글로벌 금융 감독을 강화해야 한다는 필요성을 뒷받침했다. 더불어 유럽 차원에서는 EU 내부의 금융시장과 서비스 규제에 대한 감독을 향상시키기 위한 절실한 노력이 필요하다는 점이 확실해졌다. 비록 EU 회원국은 경제적 압력에 직면한 직후에는 우선 각자 국내 수준에서 해결책을 찾으려 했지만 점차 위기에 대처하기 위한 EU의 대응책에 공조하려는 노력을 경주하면서 '자기중심-보호주의적(beggar-they-neighbor)' 정책에 전적으로 의존하는 사태를 대체로 막을 수 있었다.

EMU가 출범하고 10년이 지난 시점에서 판단하건대 유로는 명실상부한 세계시장의 주요 통화로 공고하게 자리 잡았다. 구체적으로 1999년에는 유로가 세계 금융보유고의 18%를 구성하고 있었는데, 2008년

22 예를 들어, Michele Chang manuscripts, "Creating Legitimacy in EMU," manuscripts (n.d.)를 참조할 것.

2분기에 이르러 27%로 증가했다.[23] 또한 유로는 외환보유고로도 점차 널리 이용된다.

글로벌 경제위기의 영향에 대처하려는 각국 정부의 고군분투가 긴축 재정정책으로 이어질 가능성이 짙어지면서 유럽 전역에 걸쳐 총파업이 발생한 사실은 어찌 보면 놀라운 일도 아니다. 실례로 그리스에서는 광범위하게 정부가 획책하는 긴축경제조치에 반발하는 총파업이 발생했다. 바로 경제위기 상황의 재정정책 긴축은 공공지출 방식의 재구성뿐 아니라 복지체계에 대한 인식과 나아가 삶의 방식을 개조하거나 변경시켜야 할 필요성을 수반하기 때문에 일반 국민에게는 더욱더 수용하기 힘들다.

그리스 채무위기와 이에 대처하기 위한 정부 처방책에 격렬하게 반발하는 내부 분규를 통해 현재 EMU와 유로체제의 제도 및 실질적 기반의 잠재적 취약점이 극명하게 드러났다. 즉 현 EMU와 유로체제는 재정정책에 관한 한 통합된 대처 능력을 결여한 채 공동 통화정책을 포함한다는 한계가 분명히 드러났다. 더구나 SGP로 편입된 재정 규율과 관련한 EU 규정도 엄격하게 지켜지지 않았다. 결국 유로를 법정화폐로 도입한 유로존의 회원국 중 점차 많은 수가 SGP에 명시된 재정 한계선을 준수하지 못했음에도 불구하고, EU는 어떤 회원국에게도 적자 제한 규정을 어겼다는 이유로 금융 제재를 가한 적이 없다.

이러한 실상은 재정 한계선을 과다하게 어기는 회원국에게 최대 GDP의 0.5%까지 벌금을 부과할 수 있다는 SGP 조항과 사뭇 다른 모습이다.[24] 공동 EU 재정정책의 부재와 더불어 SGP 조항의 집행 부재

23 Department of the Treasury, "Semiannual Report on International Economic and Exchange Rate Policies," October Appendix 1 (2009)을 참조할 것.

24 Rebecca M. Nelson, Paul Belkin, and Derek E. Mix, "Greece's Debt Crisis:

는 결과적으로 그리스 공공부채가 악화되는 기반을 제공했을 수도 있다. 게다가 EMU의 단일통화 방침은 당연히 유로 지역 국가에게 자국 화폐의 가치 조정과 같은 처방에 의존한 경제위기 대처를 활용하지 못하도록 막는다. 따라서 정부는 오로지 재정정책에 의탁하여 문제를 해결할 수 있지만, 만약 경제 부양책으로서 공공지출을 증가시키면 재정적자와 부채율의 폭증을 초래하는 것은 자명하다. EMU는 정치적 압력으로부터 공동통화를 보호하기 위해 의도적으로 통화정책 영역의 독립기관인 ECB에 주권을 위임한다. 그럼에도 불구하고 EMU 내부에 재정적 안정성을 유지하기 위해 필요한 통합된 접근 방침이 없는 한 그리스 채무위기로 인해 촉발된 일련의 사태에서 드러났듯이 잠재적 문제점은 여전하다.

2004년 당시 EU 신입 회원국은 '기존' 회원국과 비교하여 정부 적자와 채무에 연계된 재정 성취도에 있어서 비교적 양호한 성과를 거둔 것으로 나타났다. 실례로 <표 5.1>에서 볼 수 있듯이 1990년대 중반의 상황과 비교해도 마찬가지의 결론에 도달할 수 있다. 예를 들어 2009년에 에스토니아의 적자 수치는 1.7%였고 채무는 겨우 GDP의 7.2% 정도에 불과했는데, 이는 재정건전성을 여실히 입증하는 수치이다. 따라서 2010년 6월 17일 브뤼셀에서 개최된 유럽이사회 정상회의는 에스토니아를 유로존의 회원국으로 승인하기로 합의했다. 물론 유로존 회원국 자격을 확보하기 위해 가입 승인 단계에 이르기까지 SGP의 기준 범위 이내로 재정적 수치를 맞추려고 부단히 노력했을 것이다. 결과적으로 에스토니아는 2011년 1월 1일부터 유로를 도입하

Overview, Policy Response, and Implications," *Congressional Research Service* April 27 (2010)을 참조할 것.

게 된다.[25]

헝가리와 말타를 제외하고 모든 EU 신입 회원국의 정부부채는 SGP의 상한선인 GDP의 60% 이하 수준이었다. 이와 대조적으로 일부 기존 회원국의 재정적 상황은 우려스러웠다. 예를 들어 비록 글로벌 경제위기의 도전을 고려했을 때 이해할 만하지만 영국의 부채 비율은 2009년에 11.5%에 육박했다. 재정적 성취도의 간극은 일면 잠재적 중심부-주변부 분할 혹은 남북 격차를 드러내기도 하지만 또한 EU의 기존 회원국과 신입 회원국 간 경제-재정 규제를 이행하고 감시하는 데 있어서 상호 격차가 심하다는 사실을 뒷받침한다. 왜냐하면 일부 기존 회원국은 이미 유로존 내부에 편입되어 있는 반면 신입 회원국은 아직 회원국이 되기 위한 적합성을 보여줄 필요가 있기 때문이다.

글로벌 경제위기의 여파로 많은 국가가 재정적 안정성을 보전하기 위해 고전하고 있었다. 예를 들어 2010년 6월 16일에 유럽집행위원회는 정부적자가 증가하면서 특별 감시의 필요성이 제기된 키프로스, 덴마크, 그리고 핀란드 세 국가를 '감시대상목록(watch list)'에 포함시켰다. 또한 유럽집행위원회는 재정적 안정성을 유지하기 위해 이 세 EU 회원국에게 자국 예산적자 문제를 시정할 수 있는 최종 기한을 제안했다. 이 제안에 따르면 핀란드는 2011년, 키프로스는 2012년, 그리고 덴마크는 2013년까지 재정적 불균형을 보정할 수 있는 기한을 부여받았다. 지금까지 12개의 EU 회원국이 정부지출을 삭감하고 세입을 증가시키는 방법을 도입하는 등 적자 폭을 줄이기 위해 유럽집행위원회가 적합하다고 판단하는 조치를 취했다. 재정불량국가(PIIGS) 중 아일랜드와 이탈리아, 포르투갈, 스페인 등 4개국은 유로존을 위협할 정도

25 European Council Conclusions, Brussels, June 17, 2010, 9를 참조.

로 높은 국가 부채를 지닌다. 독일도 2011년과 그 이후를 대비한 적자 감소 조치를 구상하여 제시했다.[26]

늘어나는 정부 적자와 부채의 여파로 유로존의 국가를 포함해 EU 내 실업률이 증가했다. 글로벌 경제위기의 결과로 세계 다른 국가처럼 유럽의 기존 회원국이나 신입 회원국 모두 공통적으로 만연된 실업사태를 경험했다. 2009년 비유로존의 8.9% 실업률에 비교해 유로존의 평균 실업률은 최근 몇 년간 최고치인 9.4%였다. 이후 2010년 3월에 유로존은 10.0%, 비유로 지역은 9.6%까지 치솟았다. 물론 1990년대 말과 2000년대 초에는 일부 EU 신입 회원국이 매우 높은 실업률을 겪기도 했지만 많은 EU 회원국은 예전에 경험하지 못한 수준까지 치솟은 실업률을 겪었다. 예를 들어 2009년에 스페인과 라트비아의 연간 실업률은 각각 18.9%와 20.9%를 기록했다. 2010년 1분기에는 상황이 더욱 심각해져서 2010년 3월에 스페인과 라트비아의 실업률은 19.1%와 22.3%에 이르렀다. 같은 달, 슬로바키아와 아일랜드, 헝가리는 각각 14.1%, 13.2%, 그리고 11.0%의 실업률을 기록했다.

최근 유럽 전역에 걸쳐 관찰되는 고(高)실업률은 전 세계적 경제 불황의 여파로 인한 EU의 전반적 경제 상황과 밀접하게 관련된다. 2001년부터 2007년까지 모든 EU 회원국의 GDP 성장률은 모두 플러스였고, EU 신입 회원국인 라트비아와 슬로바키아의 성장률도 2007년에 각각 10.0%와 10.6%였다. 그러나 경제위기로 인해 EU 내 모든 경제가 심각한 타격을 받았고 경제 불황으로 이어졌다. 2009년의 경우 폴란드를 제외한 모든 EU 회원국이 마이너스 GDP 성장률을 기록했다. 서로

26 European Commission. "Excessive deficits – Cyprus, Denmark and Finland join the watchlist, 2010," http://ec.europa.eu/news/economy/100616_en.htm. (최종검색일 2010. 6. 16.)

비교해 보면 최악의 마이너스 성장률을 기록한 국가는 라트비아(-18%), 리투아니아(-14.8%), 그리고 에스토니아(-14.1%) 순이다. 그러나 다른 회원국도 마찬가지로 심각한 마이너스 경제성장률을 기록하여 2009년에 슬로베니아와 핀란드는 둘 다 -7.8%, 아일랜드는 -7.1%를 기록했다. 유럽뿐 아니라 전 세계적으로 다른 많은 국가도 2008년 금융위기로 인해 경제적 난관에 봉착했다. 다행히 2010년 말에 접어들며 상황이 나아져서 금융위기를 탈출할 수 있다는 희망을 불어넣는다.

그리스 채무위기의 도전과 연관하여 유로존의 또 다른 딜레마가 부각되었다. 국가 정부에게 재정적 도전에 대한 대응 책무를 유임하기보다 여전히 유로 지역 내 연대성 원칙(principles of solidarity)을 우선시해야 하는가? 일부 의견에 따르면 EU 개별 회원국은 단지 국내 부채비율에 대한 잠재적 도전에 대처하는 데 주력해야 한다. 왜냐하면 만약 유로존의 다른 국가가 직접적으로 그리스에게 재정 지원을 제공한다면 이는 구제지원국의 복지에 부담을 주는 부정적 폐단을 초래하고 나아가 제3자에게 책임을 '불공정'하게 전가하는 악영향을 미칠 수 있기 때문이다. 더욱이 유로존 파트너가 그리스에게 금융 대출을 제공한다면 다른 국가도 비슷한 구제 요청을 모색할 수 있는 전례가 되어 '자기중심-보호주의적' 행위 패턴을 유발할 수 있는 심각한 우려를 낳는다.

그렇다면 그리스가 최근 직면한 상황을 구제하기 위해 대안으로 사용 가능한 재원이 존재하는가? 일부 다른 의견에 따르면, 그리스가 국제통화기금(International Monetary Fund, 이하 IMF)의 지원을 받는 경우 EU와 유로존 외부의 세계에 '스스로의 문제'마저 제대로 처리하지 못한다는 그른 인상을 주기 때문에 바람직하지 않다. 물론 유로존은 단일 국가에 상응하지 않기 때문에 이러한 맥락에서 돌보아야 할 진정한 의미의 '국내 수준'이라는 것도 없다. 그럼에도 불구하고, 만약 유로존 혹은 연장선에서 EU 전체를 근본적으로 단일 실체로 간주하면 앞서 추론한 '스스로의 문제' 또는 '국내 수준'에 납득이 간다.

EMU가 직면했던 정치적 압력은 최소한 그리스 채무위기를 해결하기 위한 부분적 계획이 세워지면서 지엽적으로 해소되었다. 그 결과 유로체제는 다시 서서히 신용도와 유로에 대한 투자자의 신뢰를 얻기 시작했다. 이러한 추세는 예를 들어 다른 국제통화, 특히 미국 달러와 비교했을 때 유로의 가치가 높다는 사실에도 반영된다. EMU가 설립되어 유지된 지 10년 이상이 흐른 현시점에서 유럽통화연합의 실행 가능성에 대해 논의한다는 자체가 그다지 의미가 없다. 또한 글로벌 금융위기에서 비롯된 압력의 여파로 EMU가 와해하리라는 예상도 지나치게 비관적인 시각에서 바라보는 오류에 해당한다. 물론 EMU의 발전과정에서 드러난 회원국의 행동 영역 및 범위와 연관된 장단점을 포함하여 여러 굴곡이 있었던 점을 감안한다면 완벽한 예측은 가능하지 않다. 그러나 지금까지 축적된 경험과 EMU가 오랜 시간 동안 압력에 제법 잘 버틴 사실에 비추어 보건대 EMU 내 재정-통화정책 수행 능력의 분배 간 불균형에 기인한 문제점을 포함하여 난관과 도전에 대처하면서 EMU는 지속적으로 발전하고 성숙할 확률이 크다.

1999년 유로의 도입 직후 유로에 대한 국제투자자의 낮은 신뢰도 때문에 유로의 외부 가치는 미국 달러와 비교했을 때 2001년 중반에는 최저치인 1유로당 0.78 미국 달러까지 하락했다.[27] 그러나 유로의 역사를 포괄적으로 살펴보면 2008년 유로의 평가절하는 그리스 채무

27 Madeleine O. Hosli, *The Euro: A Concise Introduction to European Monetary Integration* (Boulder, CO: Lynne Rienner, 2005)을 참조할 것.

위기 및 글로벌 경제 불황과 맞물린 탓에 초래된 결과이며 그 여파 또한 그리 심각하지 않았다. 실제로 역사적 기록과 비교해도 유로의 현재 환율은 비교적 무난한 수준이고, 그리스 채무위기가 발발한 이후 비록 투자자가 의구심을 품고 있지만 유로는 여전히 세계에서 주요 국제통화의 기능을 수행한다.

채무위기로 인해 일부 회원국의 자국 재정에 부담이 가중되면서 유로 환율은 한때 상당한 압력을 받았나. 그러나 2010년 봄에 이르러서는 유로가 처음 도입되었을 때보다 오히려 훨씬 높은 수준을 유지하고 있었다. 구체적으로 EMU의 초기에 1유로당 1.17 미국 달러였을 때와 비교하면 2010년 4월에는 1유로당 약 1.37 미국 달러였다. 이후 2010년 6월에 미 달러화에 대한 유로 환율은 1.0대 1.2로 떨어졌지만 7월 말경에는 1.0대 1.3 선까지 회복했다. 결국 유로에 가해진 부담과 관련하여 언론보도가 유럽 내부뿐 아니라 국제사회에서도 연일 쏟아져 나왔으나 유로 환율에 대한 압력은 전반적으로 무난한 수준에 그쳤다.

V. 유로의 전망: 금융위기와 금융 감독

EMU가 출범한 지 10년이 지난 후 유로는 세계시장에서 명실상부한 주요 통화 중의 하나로 입지를 굳혔다. EMU는 여러 도전에 직면했지만 최근의 글로벌 금융위기에서 유발된 심각한 상황을 포함하여 대체로 위기 상황을 벗어나는 데 성공했다. 그러나 동시에 위기가 발발하면서 유로존이 재정정책 결정의 측면에서 보다 효과적으로 도전에 대처하기 위해 거시경제정책과 재정 감시 등 좀 더 통합적 접근법을 필요로 한다는 점을 각인시켰다.

자본의 세계적 이동과 이에 관한 투기 압력은 광범위하고 빠르다. 따라서 통화연합 내부에서 발생하는 금융-재정적 도전은 최소한 일시적이라도 글로벌 차원의 통화 신용도에 영향을 주기 마련이다. 결국 국제 투자자의 시각에서 보면 유로 지역 내 예산적자의 증가는 유로의 신용도에 부담으로 작용한다. 그렇기 때문에 ECB와 EU 기관은 예를 들어 글로벌 경제위기의 결과로 파생된 국내 세금수입 감소와 실업 혜택에 대한 수요 증가로 인해 금융 압력이 상승한다는 점을 감안하여 한도 내에서 회원국의 예산적자를 적절한 수준으로 유지하기 위해 노력한다.

글로벌 경제-금융 위기를 거치며 국제경제의 상호의존성으로 인해 경제적 도전이 전 세계적으로 전달되는 속도는 더욱 빨라졌다는 사실을 보여 주었다. 그러나 동시에 글로벌 경제-금융 위기를 계기로 글로벌 금융 감독을 강화할 필요성이 부각되었다. 더불어 유럽 차원에서는 금융시장과 서비스 규제의 감독 기능을 증진시키기 위해 EU 내부의 집중적 노력이 필요하다는 점이 명확해졌다. 경제적 압력에 직면한 EU 회원국이 비록 일차적으로 각자 국내 수준에서 해결책을 모색했지만 궁극적으로 EU 내부에서 위기에 대처하기 위한 조화로운 대응책을 도출하려고 노력하면서 '자기중심-보호주의적' 정책에 전적으로 의존하는 폐단을 대체로 근절할 수 있었다. 이와 같은 공조 패턴은 또한 화폐통합이 시간 경과에 따라 어떻게 발전했는지 보여준다. 즉 불리한 경제적 조건으로 인해 화폐통합의 발전이 조금 천천히 진행되거나 혹은 일시적으로 멈추기도 했지만, 오히려 이러한 지연과 중단을 계기로 화폐통합의 영역 확대와 심화를 목표로 하는 노력으로 이어졌다.

참고문헌

Begg, Iain, ed. *Europe, Government and Money, Running EMU: the Challenges of Policy Coordination*. London: Federal Trust, 2002.

Begg, Iain. "Hard and Soft Economic Policy Coordination under EMU: Problems, Paradoxes and Prospects," *CES Working Paper* 103: 2003.

Buiter, Willem H., Corsetti and N. Roubini. "Excessive Deficits: Sense and Nonsense in the Treaty of Maastricht," *Economic Policy* 16: 57-100. 1993.

Chang, Michele. "Creating Legitimacy in EMU," manuscript (n.d.).

Committee for the Study of Economic and Monetary Union (1989).

Crowley, Patrick M. "The Institutional Implications of EMU," *Journal of Common Market Studies* 39(3): 385-404, 2002.

Department of the Treasury. "Semiannual Report on International Economic and Exchange Rate Policies," October: Appendix 1, 2009.

Dornbusch, Rudiger. "Euro Fantasies," *Foreign Affairs* 75 (September/October): 110-125, 1996.

Dyson, Kenneth. *Elusive Union. The Process of Economic and Monetary Union in Europe*. London: Longman, 1994.

Eichengreen, Barry and Frieden, Jeffry, eds. *The Political Economy of European Monetary Unification*. Boulder: Westview, 1994.

European Commission. "Excessive deficits - Cyprus, Denmark and Finland join the watchlist," June 16, 2010. http://ec.europa.eu/news/economy/100616_en.htm.

Hosli, Madeleine O. "The EMU and International Monetary Relations: What to Expect for International Actors?" In *The European Union in the World Community*, edited by Carolyn Rhodes. Boulder, CO: Lynne Rienner, 1998.

Hosli, Madeleine O. "The Creation of the European Economic and Monetary Union: Intergovernmental Negotiations and Two-Level Games," *European Journal of Public Policy* 7: 744-766, 2000.

Hosli, Madeleine O. *The Euro: A Concise Introduction to European Monetary Integration*. Boulder, CO: Lynne Rienner, 2005.

Hosli, Madeleine O. and Pan, Wen. "The Euro in the Process of Globalization: Developments, Challenges, and Opportunities (manuscript)," 2010.

Kugler, Jacek and Williams, John H. P. "The Politics Surrounding the Creation of the EC Bank: The Last Stumbling Block to Integration," In *European Community Decision Making*, edited by Bruce Bueno de Mesquita and Frans N. Stockman. New Haven: Yale University Press, 1994.

Leblond, Patrick. "Fiscal Convergence and Stability in the EMU: Alchemy, Missed Opportunities, and Commitment Institutions," Paper presented at the 8th International Conference of the European Union Studies Association (EUSA), Nashville, Tennessee, March 27-29, 2003.

McKinnon, Ronald I. "Optimal Currency Areas," *American Economic Review* 53(4): 717-725, 1963.

McKinnon, Ronald I. "Optimum Currency Areas and Key Currencies: Mundell I versus Mundell II," *Journal of Common Market Studies* 42(4): 689-715, 2004.

McNamara, Kathleen R. *The Currency of Ideas: Monetary Politics in the European Union.* Ithaca and London: Cornell University Press, 1998.

Moravcsik, Andrew. *The Choice for Europe. Social Purpose and State Power from Messina to Maastricht.* Ithaca: Cornell University Press, 1998.

Mundell, Robert A. "A Theory of Optimum Currency Areas," *American Economic Review* 51(4): 657-665, 1961.

Nelson, Rebecca M., Paul Belkin, and Derek E. Mix. "Greece's Debt Crisis: Overview, Policy Response, and Implications," Congressional Research Service, April 27, 2010.

Qvigstad, Jan Fredrik. *Economic and Monetary Union (EMU): A Survey of the EMU and Empirical Evidence on Convergence for the EC and the EFTA Countries.* Geneva: European Free Trade Association (EFTA), 1992.

Saether, Arild and Skonhoft, Anders. "The European Free Trade Association: a Failure or a Success?" In *Free Trade Agreements and Customs Unions: Experiences, Challenges and Constraints*, edited by Madeleine Hosli and Arild Saether. Brussels/ Maastricht: European Commission (Tacis services DGIA)/ European Institute of Public Administration, 1997.

Sandholtz, Wayne. "Choosing Monetary Union: Monetary Politics and Maastricht," *International Organization* 47: 1-39, 1993.

Van den Bos, Jan M. M. "The Policy Issues Analyzed," In *European Community*

Decision Making, edited by Bruce Bueno de Mesquita and Frans N. Stokman. New Haven: Yale University Press, 1994.

Verdun, Amy. "The Role of the Delors Committee in the Creation of EMU: An Epistemic Community?" *Journal of European Public Policy* 6(2): 308-328, 1999.

제6장

화폐와 정체성[1]

유로와 유럽의 사례

주홍식
숭실대학교 정치외교학과 교수

I. 화폐와 정체성: 일국 일 통화(One Nation, One Currency)

일반적으로 하나의 국가에서는 하나의 언어를 사용하듯이, 하나의 국민경제에서 하나의 화폐를 사용하는 것은 자연스럽고 당연한 것으로 인식되고 있다. 유럽의 근대성을 다루는 이 책의 3장에서도 맑스와 짐멜의 분석에 기초하여 화폐야말로 자본주의 사회에서 '신의 위상'을 가진다고 설명하며 근대적 국민 정체성 형성에서의 역할을 강조했다. 민족국가라는 단위는 민족이라는 문화적 단위와 국가라는 정치적 단위의 일치 현상으로 간단하면서도 명료하게 정의되고 있는데, 여기에 화폐는 경제적 분야로까지 확장된 민족국가 경제체제의 형성을 의미한다.[2] 스미스(Smith)는 민족 정체성을 구성하는 다섯 가지의 구체적

1 6장은 "화폐와 정체성: 유로와 유럽의 사례," 『국제·지역연구』 19(3): 73-103(2010)을 지엽적으로 보완했음.

2 Ernest Gellner, *Nations and Nationalism* (Ithaca: Cornell University Press, 1983), 3-5.

요소를 나열하면서 소속원이 지리적으로 자유롭게 이동할 수 있는 공동의 경제체제를 들고 있다.[3] 다른 네 가지 요소는 (1) 역사적 영토, (2) 공동의 신화와 역사적 기억, (3) 공동의 공적 대중문화, (4) 모든 소속원에 대한 공동의 법적 권리와 의무이다. 화폐는 소속원이 하나의 경제 단위를 형성하는 중요한 수단으로 작용하는 것은 물론 민족 정체성의 다른 요소의 형성에도 적극적으로 기여한다는 사실을 알 수 있다. 화폐에 그려진 지도나 풍경, 사건과 인물은 모두 역사적 영토나 공동의 신화 및 기억을 상징하며, 특정 화폐를 둘러싼 대중적 사용 방식은 다름 아닌 공동의 공적 대중문화의 중요한 축이다. 끝으로 국가가 가치를 보장하는 화폐야말로 소속원의 공동의 법적 권리와 의무의 표현이기도 하다.

달리 말해 화폐는 단순히 경제 활동을 위해 고안된 수단일 뿐 아니라 민족국가 경제체제라는 복합적 결정체의 상징이자 사용자를 하나의 집단으로 묶어내는 기제로 작동한다는 것이다. 기존의 자국 화폐를 포기하고 유로화를 도입하는 것은 '민족 정체성의 상실을 의미'한다고 볼 정도로 화폐는 민족 정체성의 중요한 요소이다.[4] 다른 한편 스미스는 유럽 차원의 정체성 형성 가능성과 그 양식에 대해 다음과 같이 설명한다.

> 만일 대중적 지지를 확보한 유럽 공동체가 만들어진다면 그것은 공통의 유럽의 문화적 유산에 기초하면서 그 유산으로부터 공통의 유럽 신화, 상징, 가치, 기억 등을 생산할 수 있는 범유럽적 민족주의 운동을 통해서 가능할 것이

3 Anthony D. Smith, National Identity (Reno: University of Nevada Press, 1991), 14.

4 "적어도 일부에게 유로화의 채택은 민족 성체성의 상실을 의미한다"(*The Economist*, 2008).

라는 점은 확실하다. 하지만 이것들은 여전히 강력하고 활기찬 민족문화와 경쟁하지 않는 방식으로 만들어져야 할 것이다. 그래야만 범민족주의가 기존의 개별 민족을 제거하는 것이 아니라 이들을 포괄하는 새로운 유형의 집단 정체성을 형성할 수 있다.[5]

1999년 기존 11개국의 화폐를 폐지하면서 새롭게 유로(Euro)라는 초국적 화폐가 만들어졌을 때 경제학자들은 1970년대 브레튼 우즈 체제 붕괴 이후에 나타난 가장 커다란 국제통화질서의 역사적 변화라고 평가했다. 에이켄그린(Eichengreen)은 "세계 생산의 20%와 무역의 30%를 차지하는 국가들 사이에 형성된 화폐 연합은 초유의 일"이라고 규정했다.[6] 정치학적인 관점에서 보더라도 유로의 출범은 사실 역사상 처음으로 여러 민족 국가가 주권의 상징이라고 할 수 있는 자국의 화폐를 포기하고 초국적 화폐로 대신했다는 점에서 전무한 사건이자 실험이었던 것이다.

물론 금본위제나 제한적인 공동화폐 운영의 실험은 존재했지만 이처럼 종합적이고 완전한 화폐통합은 처음 있는 시도였다. 또한 금본위제나 금·은 복본위제(bimetallism) 화폐연합은 기술적, 기능적인 공동화폐정책이었지만 실제로 대중은 민족 정체성으로 상징되는 화폐 명칭을 계속 사용했고, 공동의 역사적 상징과 신화, 기억을 담은 디자인의 동전과 지폐를 일상적으로 이용했다.[7] 하지만 유럽의 경우 2002년

5 Smith, *National Identity*, 175.

6 Barry Eichengreen, *Globalizing Capital: A History of the International Monetary System* (Princeton: Princeton Univeristy Press, 2008), 221.

7 라틴화폐연합(Latin Monetary Union)은 1865년 프랑스, 벨기에, 이탈리아, 스위스를 중심으로 형성되었고, 1873년에는 스칸디나비아 화폐연합(Scandinavian Monetary Union)이 형성되었다. 전자는 금·은 복본위제 국가들의 화폐연합이었고, 후자는 독일의 금본위제 전환에 따른 상호의존적 주변국의 공동 대응의 성격이 강하다(Eichengreen, 2008, 15-16).

기존의 화폐를 모두 새로운 유로화로 대신하는 결정으로 획기적인 변화를 시행했다. 독일의 도이치마르크, 프랑스의 프랑, 네덜란드의 길더, 벨기에와 룩셈부르크의 프랑, 이탈리아의 리라, 에스파냐의 페세타, 포르투갈의 에스쿠도, 아일랜드의 파운드, 오스트리아의 실링, 핀란드의 마르카 등이 1999년 유로가 출범하면서 기술적으로 사라졌고, 이어서 2001년 그리스의 드라크마, 2006년 슬로베니아의 톨라, 2007년 키프로스의 파운드와 몰타의 리라, 그리고 2008년 슬로바키아의 코루나까지 역사의 뒤안길로 사라졌다. 이들 화폐와 특히 화폐의 명칭은 수십 년에서 수세기에 걸쳐 사용되어 왔던 것인데 유럽 화폐통합으로 그야말로 단숨에 사라지게 된 것이다.

본 장의 기본적인 문제의식은 화폐와 정체성의 관계를 유로라는 실험을 통해 분석하는 것이다. 유로라는 단일 화폐의 형성이 유럽 차원의 정체성을 만드는 데 기여했는가? 유럽 수준의 집단 정체성은 기존의 민족 정체성과 비교했을 때 어느 정도 강하고 어떤 특징을 가지고 있는가? 2010년 이후 지속적으로 뉴스를 장식하는 유로화의 위기는 과연 유럽 정체성에 어떤 영향을 미칠 것인가?

사회과학에서 화폐와 정체성의 상호관계는 언뜻 보았을 때 상당히 요원한 것으로 인식된다. 왜냐하면 화폐란 경제학에서 독점해 온 영역이며 계산단위, 교환수단, 가치저장 등 그 기능적 차원에서 주로 접근되어 왔기 때문이다. 유럽의 화폐통합과정에 대한 논의에서도 최적통화지역(Optimum Currency Area, 이하 OCA) 등을 통해 화폐가 적절하

하지만 금본위제 세계경제에서와 마찬가지로 이들은 고정환율제에 가까운 화폐연합이었지만 실제로 화폐의 명칭이나 모양을 하나로 통일했던 것은 아니다. 예를 들어 5프랑 또는 5리라 은화를 보면 이탈리아는 빅토리오 엠마누엘레 2세의 초상이 새겨져 있는 은화를 사용했고, 프랑스와 벨기에는 프랑이라는 명칭을 같이 사용했지만 각각 나폴레옹 3세와 레오폴드 2세의 초상을 담고 있었다.

게 경제 활동을 지원할 수 있는가에 집중되어 왔다. 여기서 화폐가 관심의 대상이 되는 것은 하나의 수단으로서 제 기능을 발휘할 수 있는가이다.

먼델(Mundell)과 맥키논(McKinnon) 등은 최적의 화폐권을 형성하기 위해서는 첫째, 해당 지역의 경제 주기가 일치하고, 둘째, 노동과 자본의 생산요소나 상품과 서비스의 생산품이 자유롭게 이동할 수 있어야 하며, 셋째, 비대칭적 충격에 대응하기 위해 재정정책 기능이 중앙화되어 있어야 한다고 주장했다.[8] 호슬리(Hosli)도 지적한 바와 같이 많은 경제학자들은 경제주기나 생산요소의 유동성 또는 재정정책의 중앙화라는 기준에서 유럽이 적절한 화폐권을 형성하기에는 시기상조라는 의견을 표명했다.[9] 하지만 경제학자들의 조심스런 판단에도 불구하고 유럽연합의 다수 국가들은 화폐통합을 추진했고 일단은 성공적으로 단일 화폐권을 출발시켰다. 경제적인 논리에서는 불확실하지만 정치적인 의지가 강력하게 작동했다고 할 수 있다.

다른 한편 정체성의 영역은 정치학이나 사회학 등에서 주로 문화적 영역과 연결하여 언급되어 왔던 것이 사실이다. 이 책의 1장 역시 종교와 집단 정체성의 상호관계를 고찰한다. 이처럼 이민이나 종교의 문제를 다루면서 자연스럽게 제기되는 정체성을 사실 경제영역의 화폐와 연관하여 연구한 경우는 거의 없었다.[10] 화폐와 정체성을 연결하여 연구한 드문 논문으로는 헬레이너(Helleiner)를 들 수 있다.[11]

8 Robert Mundell, "A Theory of Optimum Currency Areas," *American Economic Review* 51 (1961); Ronald McKinnon, "Optimum Currency Areas," *American Economic Review* 53 (1963).

9 메들린 호슬리, "유럽 화폐통합과 유로," 이 책의 5장.

10 요하네스 헬름라트, "중세의 유럽: 기독교 유럽의 문제," 이 책의 1장.

11 Eric Helleiner, "National Currencies and National Identities," *American Behavioral Scientist* 41/10 (1998): 1409-1436.

그는 화폐가 다섯 가지 방법으로 민족 정체성을 강화하는 데 활용되었다고 설명하고 있다. 첫째, 화폐는 집단 전통과 기억의 감정을 구성하는 민족주의 상징의 유통 수단이다. 오래전부터 국왕의 초상이 담긴 화폐가 유통되면서 민족적 일체성을 강화했고, 최근 현대사회에서도 역사적 인물이나 상징을 대거 화폐에 활용함으로써 민족주의의 중요한 매체로 사용하고 있다. 둘째, 민족구성원 간의 소통 효율을 높임으로써 유사한 사고의 틀을 전파한다. 같은 계산의 단위, 교환의 수단, 가치의 저장 매체를 사용함으로써 구성원 사이에는 공동의 인식과 사고방식이 자연스럽게 전파되고 그에 따라 소통의 효율이 증가한다는 의미이다. 셋째, 같은 화폐 사용의 기억을 창출하여 공동 운명의 민족 공동체에 대한 소속감을 강화한다. 왜냐하면 화폐는 개인사에서의 역할을 초월하여 공동의 기억에 뚜렷한 자취를 남기기 때문이다. 인플레로 인한 고통이나 반대로 고성장의 풍요의 기억은 모두 화폐와 밀접하게 연관되어 집단 기억의 고리를 형성하는 일이 빈번하다. 넷째, 대중의 희망을 반영하는 방식으로 운영될 경우 민주 주권의 인식을 심어 준다. 예를 들어 인플레에 반대하고 물가안정을 원하는 국민의 염원을 반영하는 화폐는 단순한 경제수단이 아니라 민주적 성과로 인식된다는 뜻이다. 마지막으로 화폐는 민족주의와 연관된 거의 종교적인 믿음을 강화하며, 특히 화폐가 안정적으로 관리될 경우 그렇다. 사실 하이퍼인플레이션과 같은 아주 예외적인 경우를 제외한다면 화폐에 대한 대중의 신뢰와 믿음은 거의 종교적이라고 표현할 수 있는데, 이러한 종교적 믿음은 의식/무의식적으로 민족 공동체의 자연성과 당위성을 강화한다.

본 장에서는 다음과 같은 현실적·이론적 근거를 바탕으로 화폐가 정체성을 만드는 데 기여할 수 있는 부분이 분명히 존재하며, 그 과정을 이해하고 분석하는 것이 중요하다는 점을 강조하고자 한다. 우선 현실적으로 유로는 이미 유럽인들에게 유럽연합의 상징으로 부상했다. 2장에서 근세 초기 유럽 여제로 의인화된 유럽이 상징적 기능을 수행했듯이 21세기에 유로화는 유럽연합의 대표적 표상이 되었다.[12] 유럽연합에서 주기적으로 시행하는 유로바로미터 조사에 의하면 2010년 유럽인들에게 개인적으로 유럽연합의 의미가 무엇인지를 물었을 때 가장 많은 46%는 유럽연합 내에서 여행하고 유학하고 노동할 수 있는 자유라고 답했고, 두 번째로 37%가 유로라고 밝혔다.[13] EU는 유럽인들에게 우선은 여행, 유학, 노동 등의 '생활공간'이고 그 다음으로 같은 돈을 사용하는 '화폐공간'이라는 의미이다. 그리고 현실적으로 이 생활공간과 화폐공간은 서로 분리되어 존재하는 것이 아니라 상호 강화의 작용을 한다. 하나의 화폐를 사용하는 화폐공간이기 때문에 더욱 수월하게 여행, 유학, 노동의 공간으로 활용될 수 있다.

유로화가 기술적으로 도입되었던 1999년 유로바로미터 조사를 살펴보면 유로권에 참여하는 11개국의 여론은 68%대 22%의 비율로 유로화를 찬성하는 것으로 나타났고, 반대로 유로권 참여를 거부한 영국(28%대 55%)이나 덴마크(44%대 48%) 등에서는 반대여론이 찬성을 크게 앞질렀다.[14] 이러한 조사결과가 보여주는 사실은 경제적 계산과는 별개로 여론의 찬반이 유로권 참여 또는 불참에 결정적으로 기여했을 것이라는 점이다. 유로 지폐와 동전이 물리적으로 도입된 2002년 조사

---

12 유비, "유럽 여제(Regina Europa): 근대 초 의인화된 유럽의 알레고리와 정치 레토릭," 이 책의 2장.

13 Commission Européenne, *Eurobaromètre 72. L'opinion publique dans l'Union européenne: Rapport* (Bruxelles: Février, 2010), 141.

14 European Commission, *Eurobarometer 51. Public Opinion in the European Union* (Bruxelles: July 1999), 61.

에서는 흥미로운 질문을 발견할 수 있다. 유로나 과거 자국 화폐에 대한 애착(attachment)의 여부를 묻는 질문에 대해 유로에 참여하는 12개국에서 61%는 과거 자국 화폐에 애착을 느낀다고 답했고, 41%가 유로에 대해 애착을 느낀다고 밝혔다. 여기서 상당히 놀라운 점은 과거 자국 화폐 애착이 유로를 앞질렀다는 사실이 아니라 도입된 지 얼마 되지도 않은 신화폐 유로가 41%에 달하는 높은 애착의 대상이 되었다는 사실이다.[15]

이론적으로 화폐가 정체성의 형성에 영향을 미칠 수 있는 방법은 세 가지 정도로 나누어서 볼 수 있다.

첫째, 화폐는 정치 공동체의 상징으로서 일상적으로 활용되고 있기 때문에 빌리그(M. Billig)가 분석한 일상적 민족주의(banal nationalism)가 적용될 수 있는 대표적인 사례이다.[16] 그는 기존에 존재하는 민족국가의 민족주의에 관심을 표명하면서 그곳에서는 지속적인 '깃발 날리기(flagging)'를 통해 민족성을 상기시키는 기제가 존재한다고 설명한다. 그는 또 일상적 민족주의의 환유적 이미지는 강렬한 열정으로 의식적으로 흔들어 대는 깃발이 아니라 공공기관에 조용히 걸려 휘날리는 국기라고 말한다. 빌리그는 이 같은 지속적 깃발 날리기가 사람들에게 무의식적으로 민족주의 이데올로기를 주입시키는 효과를 가지며 궁극적으로는 이러한 체질화되어 있는 습관을 통해 민족주의가 재생산된다는 입장이다. 일상적 민족주의론은 유로에 완벽하게 적용되는 경우이다. 화폐만큼 일상적으로 사용되면서 무의식적으로 사람들의 뇌리에 각인되는 상징도 찾기 어렵다. 다만 유로의 경우 일국 일 통

15 European Commission, *Eurobarometer 58. Public Opinion in the European Union* (Bruxelles: March 2003), 69-70.

16 Michael Billig, *Banal Nationalism* (London: Sage, 1995).

화의 원칙에서 벗어나는 다국 일통화의 상황이라는 특징이 존재하며, 우리의 질문은 과연 유로가 유럽 정체성을 형성하는 데 어느 정도의 작용을 할 것인가이다.[17]

둘째, 화폐는 공통의 역사의 산물이다. 달리 말해 계산에 의해 기술적으로 어느 순간 갑자기 전환을 할 수 있는 것도 아니고, 장기적인 협상과 협력, 그리고 노력에 의해 생성되며 유지되고 관리된다. 특히 회폐는 단순한 교환의 수단이나 도구가 아니라 국가 주권을 상징해 왔으며, 그런 의미에서 아글리에타와 같은 조절학파에서 화폐는 무엇보다 사회적 관계를 의미한다고 보았다.[18] 특히 현대 화폐의 특징은 금이나 은과 같이 그 자체로 가치를 가지는 화폐가 아니라 신용화폐(fiat money)라는 점이며, 이 경우 화폐의 가치는 결국 발행 국가, 정부 혹은 중앙은행에 대한 신뢰의 정도에 따라 결정된다. 그래서 화폐에는 공동체의 역사가 담겨 있고, 성공과 실패의 경험이 새겨져 있다. 독일인들이 도이치마르크의 포기에 그토록 안타까워했던 이유는 바로 도이치마르크가 전후 독일 경제발전의 상징이었기 때문이다. 그래서 유로를 포함한 모든 화폐는 집단적 기억의 결정체이며 그 때문에 강

17 유럽은 일반적인 민족 공동체라기보다는 선별적인 정책 공동체라는 비판이 가능하다. 따라서 유럽 차원의 정체성이라는 것도 기존의 민족 정체성과 비교하기보다는 다른 차원의 정체성이라고 보아야 한다는 주장도 가능하다. 위에서 인용한 스미스의 설명에서 볼 수 있듯이 분명 유럽 정체성은 기존의 민족 정체성을 포괄하는 메타 정체성이다. 하지만 이를 단순히 화폐와 경제 정책에 국한된 부문(sectoral) 정체성이라고만 보기에 유럽연합은 이미 전체적 정치 공동체의 성격을 띠고 있다. 예를 들어 힉스(Hix, 1999)나 께르몬(Quermonne, 1993)은 오래전부터 유럽을 하나의 정치체제(political system)라고 보고 있으며, 정치 공동체로서 유럽 정체성에 대한 연구도 다수 존재한다: Neil Fligstein, *Euroclash: the EU, European Identity and the future of Europe* (Oxford: Oxford University Press, 2008); Michael Bruter, *The Citizens of Europe?: the emergence of mass European identity* (London: Palgrave, 2005).

18 Michel Aglietta, "Genèse de la Banque centrale et légitimité de la monnaie," *Annales ESC* 3 (1992): 675-698.

력한 경로 의존성이 존재한다.

셋째, 화폐는 국제사회에서 서로 경쟁한다. 그리고 집단 정체성은 타자와의 경쟁과 마찰, 대립의 관계 속에서 발전하고 형성되는 경우가 많다. 국제사회에서 유로화는 미국의 달러와 경쟁하는 관계이다. 특히 기축통화의 자리를 놓고 유로는 달러를 위협할 수 있는 유일한 대안으로 등장했다. 또한 유로화는 화폐 협력, 페그(peg), 실질적 사용 등 다양한 형태로 역외에서 사용되고 있다. 유럽연합 회원국이지만 유로화를 거부하는 영국이나 덴마크, 스웨덴이 있는가 하면 유로화 도입을 위해 노력을 경주하고 있는 동구권 회원국들도 있다. 아프리카의 상당 국가는 유로화와 고정환율제를 유지하고 있어 실질적으로 유로권이다. 이 모든 차원에서 유로는 내부와 외부의 경계를 세우는 역할을 담당하며, 그 과정에서 정체성의 형성에 기여한다. 외부에서 보았을 때 유로화는 유럽연합을 상징하는 화폐일 뿐 아니라 유럽의 금융경제 세력을 의미한다. 내부적으로도 유로는 달러나 위안, 엔과 같은 기존의 화폐와 스스로를 구분 짓는 중요한 상징이다.

본 장에서는 이상에서 살펴본 세 가지 이론적 방향에 따라 논의를 전개한다. 우선, 유로 출범 이후 10여 년간 유로의 일상적 사용이 가져온 유럽 정체성의 부상 가능성을 논의하면서 그 특징과 차별성을 조망해 본다. 정체성이라는 것이 단기간에 형성되지는 않기 때문에 우리의 시도는 하나의 경향을 과거 민족 국가의 사례에 비추어 조망할 수밖에 없다. 둘째, 역사의 산물로서 유로의 준비와 등장, 확대와 위기 등을 논의한다. 화폐를 역사적 기억의 결정체라고 본다면 유로와 정체성의 관계는 1999~2002년이 아니라 그 훨씬 이전에 시작하기 때문이다. 마지막으로는 세계 정치경제 속에서 유로의 역할을 규명하면서 정체성에 미치는 영향을 살펴본다. 특히 유럽연합의 주변에서 그 경제적 혜택을 누리는 한편 선진국의 반열에 오르려는 국가들에게 유로화가 갖는 상징적 가치에 주목할 것이다.

II. 유럽 정체성 만들기

빌리그가 분석한 '깃발 날리기'는 대표적인 민족 국가의 상징을 통해 사람들이 민족이라는 틀을 자연스럽게 느끼게 한다. 그러나 "깃발만이 근대 국가성의 유일한 상징은 아니다. 동전과 지폐 역시 전형적으로 민족적 상징을 담고 있지만 일상적 상거래에서 이를 주목하는 사람은 없다."[19] 어떤 의미에서 화폐는 깃발보다 더 자주, 더 친숙하게 우리의 생활 속에 뿌리 박혀 있다고 할 수 있다. 일상에서 깃발과 마주치는 빈도보다 화폐를 사용하고 생각하고 활용하는 빈도가 더 높다는 것은 쉽게 상상할 수 있기 때문이다.

부르디외(Pierre Bourdieu)의 아비투스(habitus)의 개념은 바로 이러한 의식적으로 주목받지 못하는 것들의 중요성을 일깨워 준다. 아비투스야말로 의식과 무의식, 기억과 망각의 변증법적 관계를 잘 표현하기 때문이다.[20] 부르디외에 의하면 아비투스는 '제2의 본성'과 같은 것으로서 친숙한 사회 세계의 습관, 실천과 일상을 의미한다. 아비투스란 달리 표현하자면 한 개인이 살아온 역사가 체질화되어 있는 것인데, 하나의 새로운 본성처럼 너무 자신 속에 깊숙이 들어와 있기 때문에 그것이 과거의 역사의 산물이라고 의식하지 않는 것을 뜻한다.[21]

19 Billig, *Banal Nationalism*, 41.

20 Pierre Bourdieu, *La distinction. Critique sociale du jugement* (Paris: Editions de minuit, 1979), 190-193.

화폐에 이러한 원칙을 적용한다면 사람들은 일상적으로 화폐를 접하고 사용하고 저축하면서도 그 사회적 의미에 대해 깊이 고민하거나 생각하지는 않는다. 성장하는 과정에서 화폐의 단위를 언젠가는 배웠을 것이고, 화폐의 모양과 색상, 그림과 상징을 외우고 내면화하여 차별화하는 방식을 터득했을 것이다. 그러나 이러한 과정은 학습과 반복적 실천을 통해 일종의 본성처럼 몸에 배어 버리고, 나중에는 아무 생각 없이 자연스럽게 화폐를 사용한다. 이처럼 성장과정에서 습득한 화폐의 아비투스는 다른 여러 종류의 기제들과 함께 자신이 특정한 공동체에 소속되어 있다는 사실을 하나의 본성처럼 강제할 수 있다. 빌리그의 표현처럼 "이러한 민족성을 상기시키는 것들은 단순한 배경을 조국의 공간으로 변화시키는 데 사용된다."[22] 부연하자면 백두산 천지는 단지 높은 화산과 호수가 아니라 민족정기의 근원으로 인식되며, 그린백(greenback)이라 불리는 달러는 지불 수단일 뿐 아니라 미합중국 경제세력의 상징이 되는 것이다.

유로는 처음부터 정체성 강화 전략의 일환으로 추진되었던 것은 아니다. 예를 들어 푸른색 바탕에 열두 개의 노란별을 그린 유럽기(旗)는 유럽연합의 상징으로 채택되었고, 마찬가지로 베토벤의 "환희의

---

21 어떤 사실을 자연스럽게 느낀다는 점은 정체성의 형성에서 무척 중요한 차원이다. 가족이나 지역공동체, 민족, 정치 및 문화 공동체 등을 사회적으로 형성된 것이 아니라 자연적인 범주라고 생각하게 되면 그 결속력은 더욱 강력하게 만들어진다. 부르디외는 아비투스의 기능을 두 가지로 보고 있다. 하나는 그것이 구조화된 산물(opus operatum)이라는 것이다. 사회적 공간에서 계급적 아비투스는 그 계급이 놓여 있는 일상적·구조적 조건에 의해 형성된다는 의미이다. 하지만 그와 동시에 다른 하나는 아비투스를 통해 사회를 구조화하는 작동(modus operandi)을 한다는 사실이다. 개인의 라이프스타일과 실천을 규정하는 계급적 아비투스의 개념을 민족적 아비투스로 확대해 보면 '깃발 날리기'나 화폐는 사회적으로 구조화된 산물이기도 하지만 동시에 사회(여기서는 국제사회)를 인식하고 규정하면서 구조화하는 틀이기도 하다는 말이다.

22 Billig, *Banal Nationalism*, 43.

송가"는 유럽가(歌)로 선택되었다. 유럽이라고 하는 추상적인 정치적 단위에 실질적 정체성을 부여하려는 정책의 일환으로 선택된 것이다. 민족국가가 가지는 정서적 애착과 결속력이 부족하다는 지적에 유럽공동체 시절부터 국제경제기구에 일종의 혼을 불어넣으려는 작업의 일환이었던 셈이다. 특히 유럽통합이 대중적이고 민주적인 운동이 아니라 정치인이나 관료 중심의 엘리트 프로젝트라는 비판에 대한 하나의 대응책으로 구상되었다.

그러나 유로라는 화폐에 있어 정체성 부분은 부차적인 것이었다. 우선은 화폐로서 가지는 경제적 기능과 이를 채택하고 운영하는 과정에서의 정치적 성격이 강조되었다. 하지만 일단 기존의 화폐를 폐지하고 새로운 단일 화폐를 창설하기로 결정한 다음에는 실제로 이 화폐의 상징적 기능에 대해 관심을 가질 수밖에 없었다. 그리고 장기적으로는 상징 기제로서의 화폐 기능이 경제 또는 정치적 기능보다 훨씬 강한 역할을 할 수 있는 가능성이 열렸다고 말할 수 있다.

화폐의 명칭은 개인의 이름과 같이 정체성의 핵심적인 부분이라고 할 수 있다. 미국의 달러와 영국의 파운드는 국제정치경제 헤게모니의 상징이었고, 독일의 마르크나 프랑스의 프랑도 모두 주요 화폐로서 그 나라를 상징했다. 유로화의 명칭이 결정되기 전에 처음 유럽이 사용하던 화폐 단위는 에큐였다. 1979년 유럽화폐제도(EMS)를 출범시키면서 당시 이에 참여하는 다양한 화폐 바구니(basket)를 만들었고, 그 단위로 유럽화폐단위(European Currency Unit, ECU)의 이니셜을 따서 에큐라고 불렀다. 그러나 다른 유럽의 프로그램이나 정책 명칭과 마찬가지로 대부분의 이니셜은 동시에 다른 의미를 포괄하도록 하는 연상이나 유추의 원칙에 따라 대부분 정해진다. 예를 들어 1980년대 유럽공동체의 IT 연구를 위한 유럽전략프로그램(ESPRIT)[23]은 프랑스어의 정신(esprit)이라는 단어와 같은 뜻이다. 1990년대 폴란드·헝가리 경제구조조정지원정책(PHARE)[24]도 프랑스어의 등대(phare)라는 단어와 같은 의미이다. 화폐 단위 에큐는 프랑스어로 '에뀌'라고 발음되며 이는 중세부터 18세기 정도까지 실제로 사용되던 화폐 단위였다. 따라서 1970년대 말부터 유로가 등장하는 1999년까지 20여 년 동안 일상에서 실제로 사용되지는 않았지만 유럽공동체의 전문기술용어로 사용되었던 화폐 단위는 프랑스적인 상징성과 의미를 강하게 내포하고 있었던 것이다. 대중적인 활용은 아니지만 적어도 유럽의 정치인이나 관료에게 있어 화폐를 통한 통합과 사회화는 1970년대부터 시작되었다고 할 수 있다.

유로라는 화폐 단위가 공식적으로 채택된 것은 1995년 12월 마드리드 유럽이사회에서였다. 프랑스의 경우 원래 사용되고 있으며 프랑스의 역사와 밀접한 관계를 맺고 있는 에큐를 지속적으로 사용하길 희망했지만 유럽은 1979년의 6개국에서 이미 15개국으로 그 범위를 확대했고, 이제 더 이상 프랑스의 주장을 다수에게 강요하기에는 무리가 따랐다. 다른 대부분의 국가들은 특정 국가의 상징이 아닌 보다 중립적인 명칭을 선호했다. 결국 유로라는 역사적으로 존재하지 않았던 명칭이 만들어졌다. 하지만 유럽(Europe)의 앞부분을 인용한 유로(Euro) 명칭에 덧붙여 €라는 상징도 동시에 고안되었다. 유럽집행위원회의 설명에 의하면 유로의 기호는 유럽문명의 요람이라고 할 수 있는 그리스 문자 중 엡실론(ε)을 연상시키며, 중간에 두 개의 줄은 평행을 이루며 유로화의 안정성을 의미한다고 한다. 화폐가 공식적으로

23 European Strategic Program for Research in Information Technologies

24 Poland and Hungary: Assistance for Restructuring their Economies

등장하기도 전에 이미 경제적 차원을 초월하는 정치적이고 문화적인 의미 부여가 시작된 것이다.

이처럼 유럽이사회의 결정에 따라 유럽집행위라는 초국적 기구가 정체성 만들기의 일환으로 다듬어낸 유로는 1999년 11개국에 의해 공식적으로 도입되어 사용되기 시작했고, 2002년 구체적인 지폐와 동전으로 생산되어 일상생활에서 사용하게 되었다.[25] 동전의 경우 한 면에는 화폐의 가치와 유럽의 지도가 그려져 있고, 다른 면에는 화폐를 발행한 국가가 선택한 디자인을 사용한다. 이처럼 유로 화폐는 유럽인들이 가지는 이중적 정체성, 즉 민족과 유럽의 중복적 정체성을 정확하게 표현하고 있다. 동전에 그려진 유럽 지도는 유로 발행 당시 유럽연합에 속해 있는 15개국을 모두 포함하고 있다는 점에서 유로가 유로권 국가뿐 아니라 유럽연합의 화폐라는 점을 명백히 하고 있다. 지폐의 경우 오스트리아 디자이너 로버트 칼리나(Robert Kalina)의 작품으로 장식되어 있는데, 동전과는 달리 양면이 모두 공통된 테마를 표현하고 있다. 유럽 건축의 역사에서 다양한 시대와 스타일을 상징하는 모티브들이 그 테마이며, 앞면에는 창과 문, 그리고 뒷면에는 다리로 유럽의 공통된 역사를 묘사하고 있다. 지폐는 그야말로 유럽이 하나의 문명에 속했고, 그 역사가 매우 길다는 점을 잘 보여주고 있다.[26]

25 1999년부터 2002년까지의 시기는 유로 도입의 과도기라고 할 수 있다. 1999년 유로를 도입한 국가들은 계속 자국 화폐를 사용했지만 자국 화폐와 유로의 환율이 고정되었기 때문에 사실은 유로를 사용하는 것과 마찬가지 결과였다. 이 시기에 물건 가격은 언제 자국 화폐와 유로로 병기되었고, 사람들은 유로의 도입에 대한 심리적 준비를 할 수 있었다. 그리고 2002년 1월에는 유로 지폐와 동전을 대거 유통시키면서 기존의 다양한 국가 화폐를 회수했다.

26 과거부터 현재까지 유로 지폐는 클래식(5유로), 로마네스크(10유로), 고딕(20유로), 르네상스(50유로), 바로크-로코코(100유로), 아르누보(200유로), 20세기 모던(500유로) 스타일

마지막으로 유럽중앙은행(ECB)이라는 통일된 기관 역시 유럽의 결속력을 상징하는 데 기여하고 있으며, 특히 유럽중앙은행에는 총재라는 살아 있는 대표적이고 상징적인 존재가 유로의 관리인의 역할을 하고 있다. 유럽중앙은행 총재에는 초기(1998~2003)에 네덜란드의 빔 도이센베르흐(Wim Duisenberg)에 이어 2003년부터 프랑스의 장 클로드 트리셰(Jean-Claude Trichet)가 역임했으며(2003~2011), 2011년 11월에는 이탈리아의 마리오 드라기(Mario Draghi)가 취임했다. 예를 들어 미국의 『뉴스위크』는 유럽중앙은행 트리셰를 세계에서 가장 영향력 있는 인물 5위로 평가한 바 있다.[27] 이에 덧붙여 유럽중앙은행은 독일이라는 가장 강력한 화폐를 보유하던 국가의 경제 수도 프랑크푸르트에 자리함으로써 위에서도 지적했듯이 강력하고 안정적인 가치의 보루라는 점을 강조하고 있다. 실제로 유럽중앙은행의 모델이 되었던 독일연방은행(Bundesbank) 역시 프랑크푸르트에 있으며, 프랑크푸르트의 프랑스식 발음 프랑포르(Francfort)는 강한 프랑(Franc fort)을 의미하는 프랑포르와 똑같다.

이제 유로화가 기술적으로 도입된 뒤 10년이 넘었지만 우리의 관점에서 중요한 구체적 동전과 지폐가 사용되기 시작한 것은 9년이 지났다. 비록 현재 유로화가 위기를 맞고 있지만 그럼에도 불구하고 유로권의 사람에게 이미 유로라는 명칭은 일상에서 가장 많이 사용하는

을 보여주고 있다. 일상적으로 사용하는 낮은 단위의 지폐로 시작하여 시대를 거슬러 내려오면서 점점 높은 단위의 지폐로 연결된다. 이러한 차원에서 보더라도 일상적 = 역사적이라는 등식을 통해 유럽이 하나 됨을 많은 사람들의 인식에 심어 줄 수 있는 기제로 작동한다.

27 1~3위는 순서대로 버락 오바마, 후진타오, 사르코지로 이어지며, 4~6위는 미국, 유럽, 일본의 중앙은행을 담당하고 있는 버냉키, 트리셰, 시라카와 순이다.
http://www.newsweek.com/2008/12/19/economic-triumvirate.html (최종검색일 2010. 6. 30.)
Newsweek, "Economic Triumvirate," 2008.

단어 중에 하나이며, 결국은 유로가 돈이라는 뜻으로 사용되고, 동시에 유럽이라는 공동체의 틀이 동전과 지폐를 통해 유럽인들의 아비투스로 체화되는 과정을 거쳤을 것이라는 가설을 조심스럽게 제기할 수 있다. 유로는 이제 엘리트들이 고안해 낸 그들만의 유럽통합의 산물이 아니라 유럽 대중이 일상적으로 사용하면서 유럽이라는 공동체를 자연스럽게 느끼게 하는 기제로 작동한다. 그리고 유럽은 최근에 만들어진 공동체가 아니라 장기적인 역사의 공통점을 바탕으로 형성된 집합이라는 사실도 상기시킨다.

결국 유로 동전과 지폐는 구체적으로 과거와 현재, 그리고 미래를 연결하는 상징적 고리로 작동하며, 민족들 사이에 형성된 국경을 허무는 심리적·상징적·실질적 효과를 준다. 이러한 관점에서 본다면 유로는 경제학자들이 말하는 다양한 기능을 넘어서 훨씬 심층적인 유럽통합의 기제라고 할 수 있으며, 유럽 단위의 정체성이 형성되는 데 결정적으로 기여할 수 있는 상징이라고 보아야 한다. 지난 10여 년간 유로라는 새로운 화폐가 유럽인들의 정체성에 미친 영향에 대해 종합적으로 분석해 보면 다음과 같다.

첫째, 유로는 유럽이라는 집단 공동체의 정체성을 형성하는 데 의식 또는 무의식적으로 — 어찌 보면 무의식적이기 때문에 더욱 강력하고 심층적으로 — 적극 기여했다고 판단할 수 있다. 이 집단 정체성은 반드시 민족 정체성이라고 하기는 어렵지만 앤더슨의 '상상의 공동체'적 요소를 포괄하고 있다. 앤더슨은 공동체를 형성하고 있는 개인이 개인적으로 공동체의 모든 소속원을 알 수는 없지만 신문이나 방송과 같은 공동의 매체, 지도나 박물관과 같은 상징을 통해 하나 됨을 상상할 수 있다고 설명했다.[28] 다른 모든 차이점을 감안하더라도 유로라는 화폐야말로 유럽연합의 차원에서 이러한 상상을 가능하게 하는 가장 강력한 도구 가운데 하나라고 할 수 있다.

둘째, 유럽 차원의 정체성이란 것이 형성되는데 유로의 기여 정도는 정확하게 측정하기는 곤란하지만 상당히 강력한 것이라고 볼 수 있다. 브루터(Bruter)는 통계학적 방법을 사용하여 유럽적 상징이 정체성 형성에 미치는 영향을 분석하여 다음과 같은 결론을 도출해 냈다: "전체적으로 유럽의 통합 상징에 노출되었을 경우 그 효과는 놀라울 정도로 높다. 시민의 문화적 정체성이라는 차원에서 상징은 뉴스보다 유럽통합에서 더 커다란 역할을 한다. 이는 상징과 제도적으로 구상된 이미지가 시민이 가지고 있는 정치 공동체에 대한 성격과 의미, 그리고 최종적으로 그 포함 대상에 대한 인식을 그려내는 데 중요하다는 사실을 보여준다."[29] 이 연구의 화폐의 정체성 형성에 대한 해석적 분석이 계량적 분석 결과와 일치하다는 의미이다.

셋째, 그럼에도 불구하고 유럽 정체성이 민족 정체성을 대신하거나 약화한다고 단정하기는 어렵다. 유럽은 여전히 초국적(transnational) 정체성으로 민족 정체성을 포괄하는 것이지 아직 이를 대체할 만큼 강하고 배타적인 정체성으로 보기는 어렵다. 이러한 성격 자체를 유럽과 민족의 요소가 함께 어우러진 유로화의 디자인에서부터 발견할 수 있다. 또한 유로바로미터 여론조사의 결과에서 볼 수 있듯이 유럽인들은 과거 자국의 화폐와 새로운 유럽의 화폐에 대해 모두 동시적으로 애착을 느낀다는 뜻이다.

---

28 Benedict Anderson, *Imagined Communities: Reflections on the Origin and Spread of Nationalism* (London: Verso, 1991).

29 Michael Bruter, "Winning Hearts and Minds for Europe: The Impact of News and Symbols on Civic and Cultural European Identity," *Comparative Political Studies* 36/10 (2003): 1167.

III. 경제통화연합(EMU)의 정치

화폐는 경제도구적인 성격을 초월하여 주어진 사회의 관계를 형성하게 해주는 중요한 수단이다. 또한 화폐는 지나간 사회적 관계의 역사를 담고 있다는 점에서 공동 기억의 장소 중 하나이다. 유럽의 각 국가들은 자국의 화폐에 대해 각기 다른 역사와 기억을 안고 있으며 이러한 차이점은 유럽이 하나의 화폐를 만드는 경제통화연합의 정치라는 과정에서 그대로 드러났다. 빌리그의 일상화를 통한 무의식적 정체성의 상징으로서의 등장과 부상이 기존의 화폐를 폐지하고 새로운 화폐를 도입하는 과정에서 엘리트와 대중 차원에서 모두 일어나게 되었다. 여기서는 각 회원국이 가지고 있었던 자국 화폐와의 정체성과 관련된 상징적 관계가 단일 화폐 형성이라는 대외 경제정책과 얼마나 강력하게 연관되었는가를 포착함으로써 화폐의 경제·문화적 이중적 특성에 주목한다.

예를 들어 독일인들은 제1차 세계대전 직후 1920년대 초반 살인적인 하이퍼인플레이션과 제2차 세계대전 이후 1940년대 역시 높은 인플레이션의 극단적인 기억을 갖고 있기 때문에 1949년 독일연방공화국과 함께 창립된 강하고 안정적인 도이치마르크에 대해 그토록 애착을 갖는 것이다. 국제통화질서에서 브레튼 우즈 체제가 종결된 1970년대 유럽의 국가들은 통화협력체제인 스네이크제도를 운영했다. 이 기간 동안 도이치마르크는 1973년 3월과 6월, 그리고 1978년 10월 등 무려 세 차례나 평가절상되었다.[30] 보다 강화된 통화협력체제인 EMS

30 Barry Eichengreen, *Globalizing Capital: A History of the International Monetary System* (Princeton: Princeton Univeristy Press, 2008), 153.

(European Monetary System)에서도 1979년부터 1992년 유럽환율조정메커니즘(ERM)의 위기까지 독일은 일곱 차례 평가절상을, 그리고 프랑스는 네 차례 평가절하를 했다.[31] 이상의 통계는 독일의 통화정책이 얼마나 물가안정을 지향하고 있는지를 잘 보여준다.

반면 비극적 인플레이션의 경험이 없는 프랑스인들은 제2차 세계대전 이후부터 1970년대 초반까지의 '영광의 30년' 동안 상당히 높은 인플레이션과 서구 최고 수준의 성장률을 동시에 경험한 시기의 프랑을 선호하는 경향이 있다. 문제는 1970년대 이후 국제 금융의 부상 및 금융자유화와 함께 더 이상 과거와 같은 고인플레-고성장의 전략이 불가능하게 되었다는 점이다. 특히 1981년 집권한 프랑스 좌파 정부의 경기활성화정책의 실패는 프랑스에서 단독으로 시행하는 케인즈 식의 확장 정책이 더 이상 가능하지 않다는 사실을 인식하게 해주었다.[32] 따라서 1979년 유럽화폐제도 출범부터 1999년 유로의 출범까지 프랑스의 전략은 이 같은 국제적 제약에서 벗어나려는 노력의 일환이었다. 독일과 비슷한 또는 더욱 강력한 물가안정적 통화정책을 추진함으로써 국제 시장과 사회에서 신용을 획득하고 그를 통해 유럽 차원의 단일 화폐를 만든다는 계획이다. 그리고 일단 단일 화폐가 형성되면 유럽 경제 정부를 형성하여 보다 성장 지향적인 정책을 펼 수 있다는

31 David Cameron, "Creating Supranational Authority in Monetary and Exchange-Rate Policy: The Sources and Effects of EMU," in Wayne Sandholtz and Alec Stone Sweet, ed., *European Integration and Supranational Governance* (Oxford: Oxford University Press, 1998), 201.

32 새로 집권한 프랑스 좌파는 바로 직전 1979년에 형성된 유럽통화제도(EMS)의 틀 속에서 경기 활성화가 가능할 것이라고 판단했지만 활성화 정책의 결과는 무역 적자의 누적과 반복적인 평가절하였다. 결국 1982-1983년 프랑스 좌파 정부는 EMS 유지와 단독 경기 활성화라는 양자택일의 상황에 놓였고, 미테랑 대통령은 전자를 선택함으로써 유럽적 해결책의 모색을 선택했다. Andrew Moravcsik, *The Choice for Europe: Social Purpose and State Power from Messina to Maastricht* (Ithaca: Cornell University Press, 1998), 269-272.

희망이다.

유럽통합에 대해서는 일반적으로 강한 지지를 나타내는 독일의 여론도 비단 통화 부분에 있어서는 도이치마르크의 유지를 희망했다는 점에서 얼마만큼 화폐가 공동 기억의 상징인지를 잘 보여준다. 독일에서는 '유로 지지 = 유럽통합 지지 = 좋은 유럽인 = 좋은 독일인 = 군국주의와 민족주의 과거의 극복'라는 유럽 지지의 정체성과 '도이치마르크 애국주의(Deutsch Mark patriotism)'가 서로 대립적인 양상을 보여주고 있다.[33] 유럽 지지의 정체성은 독일에서 1950년대 이후 주요 정치세력이(기민당과 사민당) 모두 유럽통합에 매우 적극적이고 주도적인 입장에서 벗어나지 않았다는 사실에서 잘 드러난다. 하지만 독일은 화폐 문제에 있어서만큼은 통합에 반대하는 입장이 존재했고 상당한 영향력을 발휘하고 있었던 것이다. 유럽 대륙에서 유일한 핵보유국이자 유엔 안보리 상임 이사국의 위상을 가진 프랑스가 이러한 특권을 놓지 않으려는 것과 마찬가지로 독일도 유럽 최고의 안정적 가치를 자랑하는 도이치마르크를 포기하지 않으려고 했다.

이에 비해 프랑스는 프랑을 포기하고 새로운 화폐를 만드는 데 가장 적극적으로 움직였다. 특히 일국에 국한된 경제 활성화 정책의 실패를 경험했던 프랑스 사회당 정부는 1984년부터 화폐통합의 추진에 몰두하게 되었다. 비교하자면 독일은 반세기 동안 경제적 성공을 안겨 준 도이치마르크를 유지하려고 했고, 프랑스는 1970년대 초까지 성공적이었던 프랑이 세계적 위기에서 제 역할을 담당하지 못하고 있었던 셈이나. 따라서 독일의 경우 마르크가 기능성과 정체성의 필요를

33 Thomas Risse, "The Euro between national and European identity," *Journal of European Public Policy* 10/4, August (2003): 498-499.

모두 충족시켜 주었다면 프랑스에서는 기능성이 작동하지 않는 상황에서 정체성을 쉽게 포기한 경우이다.

마지막으로 영국은 정체성의 요인이 너무 강력하여 기능적인 부작용까지도 감내하는 사례이다.[34] 영국은 국력이 쇠퇴한 이후에도 금융 부분만은 세계적 수준을 유지했고 런던의 시티(City of London)는 여전히 세계 금융의 중심 역할을 톡톡히 해내고 있다. 이러한 영국이 유럽 단일 화폐를 도입할 경우 런던은 단숨에 세계 금융의 중심으로 더욱 확고한 지위를 차지할 수 있다. 그러나 영국의 정치·문화와 민족 정체성은 자국의 상징인 파운드를 포기하고 자국의 화폐정책이 대륙의 프랑크푸르트에서 결정되는 것을 용납하지 않았다. 특히 정치·문화에서 의회 주권의 원칙은 영국의 운명은 영국 국민의 대표로 구성된 웨스트민스터 의회에서 결정되어야 한다는 굳건한 믿음에 기초하고 있다. 영국은 결국 정치적 정체성이 경제적 이익을 가로막는 대표적인 사례라고 할 수 있다.

독일이 자국 화폐의 포기를 결정한 것은 1989~1990년 통일과정에서 주변국들의 불안을 잠재우고 지지를 얻어내기 위한 희생적 행동이었다. 프랑스를 비롯한 주변국들은 독일이 통일되려면 통일독일이 향후 더 확고하게 유럽이라는 공동 운명체를 만들겠다는 약속을 해야 한다고 주장했다. 결국 독일은 통일을 얻어내었고 프랑스와 주변국들은 1991년 마스트리히트 조약을 통해 단일 화폐의 약속을 받아내었다. 독일은 마르크를 포기함으로써 통일을 얻었고, 이에 덧붙여 독일식으로 안정적이고 강한 단일 화폐를 만들 수 있는 조건을 약속받았다. 독립

34 Hong Sik Cho, "Interests and Identity in European Monetary Integration: France and Britain," *The Korean Journal of International Relations* 45/5 (2005): 103-129.

된 중앙은행과 물가안정이라는 유일한 목표 설정, 그리고 유럽중앙은행의 프랑크푸르트 유치라는 결과를 얻어낸 것이다.

프랑스나 독일과 같은 강대국 이외에 중소 규모의 국가에게 있어 단일 화폐는 유럽의 중심에 속한다는 자부심을 가져다주는 척도로 작용했다. 1999년 단일 화폐 출범에 동참한 베네룩스 3국[35] 및 이탈리아, 에스파냐, 포르투갈, 아일랜드, 핀란드, 오스트리아 등은 유로가 경제적 기능성과 정치적 정체성 면에서 모두 득을 가져다준 경우이다. 베네룩스와 이탈리아는 통합 초기 회원국이었고, 특히 이탈리아, 에스파냐, 포르투갈, 아일랜드 등은 유럽통합에서 많은 경제적 혜택을 누려왔으며, 경제발전과 민주주의가 모두 유럽이라는 공동체에 속함으로써 확고하게 뿌리내린 경우이다.[36] 에스파냐의 경우 많은 해외 옵서버들은 유로 출범에 참여하지 못할 것으로 예상했지만 에스파냐 사회당

35 벨기에, 네덜란드, 룩셈부르크는 모두 각각의 전통과 사회적 특성을 지닌 국가들이다. 하지만 이들은 1948년부터 베네룩스라는 관세동맹을 형성했다. 존스에 따르면 "오늘날 베네룩스를 하나의 국가군으로 묶을 수 있다는 의미는 그들 동맹의 경험이 각각의 민족 정체성의 변화에 미친 영향을 증명한다. 그들의 동맹이 가지고 있는 한계가 무엇이든간에 이제 베네룩스는 단순히 벨기에, 네덜란드, 룩셈부르크의 합이 아니다. 그들은 '베네룩스 국가군'이며 그 자체로서 하나의 케이스 그룹으로 다루어져야 한다." Erik Jones, "The Benelux countries: Identity and Self-interest," in Simon Bulmer and Christian Lequesne, eds., *The Member States of the European Union* (Oxford: Oxford University Press, 2005), 167.

36 지중해 국가들이 유로를 채택함으로써 누린 경제적 혜택에 대해 프리든은 다음과 같이 묘사한다: "그리스는 1981년에, 그리고 에스파냐와 포르투갈은 1986년에 유럽연합에 가입했다. 그로서 이들의 경제 개방은 가속화되었다. 1980년 이베리아 반도의 두 국가는 유럽연합보다는 다른 세계 국가들과 더 많은 무역 거래를 하고 있었지만, 1990년에는 유럽연합과의 거래가 15배로 늘었고 다른 국가와의 무역에 비해 2배나 더 많았다. 사실 아일랜드, 에스파냐, 포르투갈은 경제화폐연합의 창설에 가장 적극적인 참여국이었다. (그리스는 유로의 최종적 단계인 2002년에 맞추어 조금 늦게 동참했다) 이 네 나라는 모두 많은 다국적기업과 은행을 유치했고 1만여 개에 달하는 외국 회사의 지점이나 자회사를 끌어들였다. 그리하여 1985년부터 15년 동안 이 네 나라의 해외직접투자 유치액은 250억 달러에서 2,100억 달러로 늘어났다. 이들 국가 투자의 1/10은 외국 투자로 이루어지게 된 것이다." Jeffry Frieden, *Global Capitalism: Its Fall and Rise in the Twentieth Century* (New York: Norton and Company, 2006), 420.

정부는 유로 출범 이전 5년간 지속적으로 20%가 넘는 대량실업의 상황에도 불구하고 EMU의 강력한 수렴기준을 충족시키려는 긴축정책 기조를 유지했다.[37]

마스트리히트 조약이 체결된 뒤 곧바로 이어진 1992~1993년의 유럽 환율위기(ERM Crisis)로 유럽통화제도는 사실상 붕괴되었다. ±2.25%이던 환율변동 폭은 1993년 8월 ±15%로 확대됨으로써 10년 이상의 공동의 노력으로 구축되었던 환율 안정 지역이 국제자본의 공격으로 붕괴되었고,[38] 단일 화폐의 출범은 더 이상 현실적인 목표가 아니라는 평가가 일반적이었다. 환율위기 직후인 1994년 미국 정치경제학자들을 중심으로 출판된 공저에서 편집을 담당한 에이켄그린과 프리든은 여러 시나리오를 분석하면서 유럽공동체의 12개국이 모두 참여하는 "첫 번째 시나리오는 믿기 힘들다. 왜냐하면 독일 통일로 인한 1990~1991년의 비대칭적 충격과 1992~1993년의 유럽 위기로 인해 많은 국가의 마스트리히트 과정에 대한 추진력이 단지 좋은 조건 아래서의 약속에 불과하다는 점을 드러냈기 때문"이라고 설명했다.[39] 그러나 1993~1999년이라는 6년의 기간 동안 유럽의 국가들은 정치적으로 불리한 경제 긴축정책의 노력을 지속했고 그 결과 단일 화폐를 출범시킬 수 있었

37 Sofia Pérez, "Constraint or motor? Monetary integration and the construction of a social model in Spain," in Andrew Martin and George Ross, ed., *Euros and Europeans: Monetary Integration and the European Model of Society* (Cambridge: Cambridge University Press, 2004), 161.

38 하지만 유럽통화제도에서 형식적으로나마 환율변동의 한계를 두었다는 점은 일시적인 위기로 폭을 늘렸지만 향후 다시 변동 폭의 축소가 가능하다면 이를 시행하겠다는 정책적 의지를 반영하고 있다. 달리 말해 유럽 화폐통합이라는 거시적이고 장기적인 목표를 포기하지 않고 지속적으로 추진하겠다는 유럽 국가들의 합의를 표명한다는 뜻이다.

39 Barry Eichengreen and Jeffry Frieden, "The Political Economy of European Monetary Unification: An Analytical Introduction," in Barry Eichengreen and Jeffry Frieden, ed., *The Political Economy of European Monetary Unification* (Boulder: Westview Press, 1994), 16.

다. 유럽 대부분 국가의 집권 세력과 엘리트에게 있어 단일 화폐 참여는 유럽의 중심에 속하는 길이었고 단일 화폐에서 낙오되는 것이 경제적 비인기 정책보다 훨씬 두려운 것이었다고 평가할 수 있다.

이탈리아의 사례도 이러한 점에서 대표적이다. 이탈리아는 유럽 국가 중에서 특이하게도 시민들이 자국의 정치제도보다 유럽의 정치제도를 더 신뢰하는 나라이다. 따라서 유럽은 자국의 문제를 해결하는 하나의 대안으로 인식되고, 유로권에 참여하지 못한다는 것은 이탈리아의 엘리트와 대중 모두에게 '악몽'이라고 할 수 있다. 독일은 처음부터 이탈리아와 리라를 유로권에서 제외하려고 마음먹고 있었으나 이탈리아의 노력은 이러한 시도를 무산시켰다.[40] 1999년 단일 화폐의 기준을 충족시키지 못해 불참했던 그리스가 사후에 밝혀졌지만 통계 조작과 같은 무리를 하면서까지 2001년에 참여한 것을 보더라도 이들 경제발전 수준이나 정치적 민주주의가 취약한 국가에 있어 단일 화폐는 선진국으로의 지위 상승이라는 자아만족과 이를 통한 유럽적 정체성의 강화가 강했다고 분석할 수 있다.

이처럼 독일이나 네덜란드처럼 전통적으로 안정적이고 강한 화폐를 보유하고 있었던 국가를 제외한다면 대부분의 유로 도입 국가들은 선진국의 위상을 인정받고 이를 통해 민족 정체성의 자부심을 만족하려는 전략의 일환으로 '허리띠를 졸라매는' 희생을 감수했다. 이러한 의미에서 보자면 유로는 노력과 희생, 고통과 선택의 결과이다. 게다가 경제발전 수준이 낮았던 국가는 예외 없이 유로 출범 이후 유럽 중심의 부자가 십중되는 현상으로 경제 호황을 경험했다. 따라서 2010년의

40 Thomas Risse, "The Euro between national and European identity," *Journal of European Public Policy* 10/4, August (2003): 497-498.

경제위기 과정에서 빈번하게 제기되는 유로권 붕괴의 시나리오는 역사적 과정을 고려한다면 그다지 가능성이 높아 보이지는 않는다.

다시 강조하지만 유로 도입과정에서 이들 국가들은 고통을 경험했고, 유로를 통해 다년간 혜택을 누려 왔다. 정치 및 경제 엘리트들은 단일 화폐가 경제 성장과 발전을 가져올 것이라고 선전했던 만큼 이를 되돌리기도 어려운 것은 물론 대중은 실제로 상당한 기간 동안 급속한 성장과 발전의 혜택을 누렸기 때문이다. 유로를 탈퇴하는 단기적 이익이 상당하더라도 망설일 수밖에 없는 역사적 이유이다. 이에 덧붙여 유로권의 참여가 단기적으로 탈퇴했다가 다시 이롭다고 생각하면 돌아올 수 있는 체제라고 보기는 어렵다. 한 번의 탈퇴는 장기적인 또는 영원한 탈퇴로 연결될 수 있다는 가능성 자체가 유로권의 지속성을 강화하는 요인으로 작동할 것으로 보인다.

IV. 유로의 효과와 한계

유로가 출범 10여 년을 맞이할 즈음에 발생한 2008년 미국발 세계경제위기는 유로와 유럽 정체성의 상호관계에 커다란 영향을 미치는 사건으로 작동한 것으로 보인다. 단일 화폐를 형성하는 과정이 부르디외가 분석했던 사회적으로 구성된 아비투스(opus operatum)로서 유로였다면 위기가 발생하면서 본격적으로 위기 대응 논의와 정책은 사회를 구성하는 작동 요인(modus operandi)으로서의 유로의 역할에 주목하게 했기 때문이다. 위기의 원인을 규명하는 작업에서부터 시작하여 위기 해결책에 대한 모색, 다양한 정책 방향에 대한 논의 등의 과정은 모두 서로 대립하기도 하지만 유럽이 하나로 움직여야 한다는 사실을 끊임없이 상기시키고 강요한 과정이기도 했다.

유로를 유럽 차원의 단일 화폐뿐 아니라 국제무대에서 유럽이라는 세력의 수단으로 활용하고자 하는 데 가장 앞장섰던 국가는 프랑스이다. 프랑스는 전형적으로 유럽이라는 지렛대를 이용하여 프랑스의 세계적 영광을 되찾으려는 전략을 추구해 왔기 때문이다. 그 때문에 프랑스의 최고 지도자들은 예외 없이 유로가 달러와 경쟁하는 유럽 세력의 상징으로서의 역할과 장기적으로 국제 기축통화로 자리 잡기를 희망하는 세력의 수단으로서의 역할을 강조했다. 모랍칙의 분석에 의하면 프랑스는 마스트리히트 조약을 준비하는 과정에서 유럽 내에서 중심적으로 키우려는 프랑스의 위상(prestige), 미국으로부터 독립하려는 드골주의적 성향, 통일독일의 위협을 견제하려는 의도와 같은 지정학적 요인들이 지속적으로 독일에 종속될 수밖에 없었던 경제적 요인과 함께 복합적으로 작동했다고 한다.[41] 미테랑의 이러한 계산은 이후 시라크 대통령 아래서도 이어졌다.

그러나 독일은 화폐정책을 정치적으로 활용하는 기조에 대해 반대하면서 유일한 정책의 목표는 물가안정이라는 노선을 강조했다. 독일은 통화정책에 있어 인플레이션에 대한 알레르기적 태도로 특징지을 수 있으며 이러한 원칙을 적어도 유로화 초기에 다른 회원국에 강요하는 데까지는 성공했다. 유럽중앙은행의 유일한 목표는 유로권의 물가안정이고 그로 인한 환율에 대한 결과나 대외적 영향은 다만 부차적인 것일 수밖에 없다는 입장이었다.[42]

---

41 Andrew Moravcsik, *The Choice for Europe: Social Purpose and State Power from Messina to Maastricht* (Ithaca: Cornell University Press, 1998), 405-417.

42 독일에서는 1998년 9월 총선에서 사민당이 승리함으로써 슈뢰더 내각이 수립되었고, 당시 재무장관으로 임명된 라퐁텐은 연방은행의 통화정책을 성장 지향적으로 운영하려고 했으나 슈뢰더 수상을 비롯한 반대파의 입장에 부딪쳐 이듬해 3월 사임했다. 그

실제로 미국의 연방준비제도는 물가안정뿐 아니라 경제성장도 동시에 고려한다는 규정에 의해 운영되고 있으며, 선진국 중앙은행 중에서 유럽과 같이 중앙은행의 유일한 목표가 물가안정으로 제한된 경우는 드물다. 하지만 독일은 이탈리아와 같은 국가에 대해 전통적으로 의심의 눈길을 보내왔고, 심지어 프랑스도 물가안정 기조에서 벗어나 불안한 통화정책을 펼 수 있다고 보고 있다. 통화정책의 파트너에 대한 불신은 독일로 하여금 1997년 마스트리히트 조약과는 별개로 일명 안정성장협약(Stability and Growth Pact)을 강요하게 했다. 이를 통해 유럽집행위는 유로에 참여하는 국가의 재정정책을 감시하는 역할을 담당하게 된 것이며, 물가안정을 해칠 만한 과도한 공공부채나 재정적자에 대해서는 제약을 가할 수 있는 권한을 인정받았다.

1999년 유로가 출범한 이후 10여 년 동안 프랑스는 지속적으로 유럽 차원의 경제정부(economic government)의 필요성을 주장했다. 위에서 살펴보았듯이 프랑스의 전략적 목표는 유로화를 통해 자국의 국제적 위상을 끌어올리는 한편 독일이 일방적으로 강요해 왔던 긴축정책의 기조에서 벗어나 보다 융통성이 있는 통화정책, 성장 위주의 통화정책을 실현하는 것이었다. 따라서 프랑스 입장에서 본다면 단일 화폐를 실현하는, 장기간 노력한 대가를 유럽 경제 정부를 통해 얻어내려고 한 것이다. 그러나 단일 화폐 출범 이후에도 독일은 지속적으로 마스트리히트 조약과 안정성장협약(Stability and Growth Pact)의 내용에 충실해야 한다는 입장을 고수했고, 유럽의 경제정부 시도에 대해서는 반대했다.

후 라퐁텐은 2005년 사민당과 결별했고 좌익당으로 이동했다. Andrew Glyn, "Aspirations, Constraints and Outcomes," in Andrew Glyn, *Social Democracy in Neoliberal Times: The Left and Economic Policy since 1980* (Oxford: Oxford University Press, 2001), 1.

그러나 2010년 그리스 위기를 기점으로 제1차 1,100억 유로의 대 그리스 지원정책과 제2차 7,500억 유로 규모의 안정화 대책을 마련하면서 이러한 원칙이 무너져 가고 있는 것으로 분석할 수 있다[43]. 하나의 화폐를 운영하기 위해서는 이에 상응하는 하나의 경제정부가 필요하다는 주장이 위기의 시기에 더욱 강력하게 설득력을 가지고 제기되었던 것이다. 따라서 그동안 형식적으로 운영되어 왔던 유로권의 경제정책 조정 기능이 강화되고, 집행위의 권한도 확대되며, 유럽중앙은행이 부실 채권 매입이나 위험한 금융기관 지원 등에 보다 적극적으로 나서게 되었다. 이는 모두 독일이 그동안 거부해 왔던 유럽 차원의 개입 또는 정책들이다. 독일은 집행위의 역할을 안정성장협약을 감시하고 집행하는 데 그쳐야 하고 회원국 경제정책에 간섭해서는 안 된다는 입장이었다. 유로를 사용하는 국가만의 경제정책 결정에 대해서도 비판적이었으며, 유럽중앙은행이 부실 채권을 떠맡게 되면 유로에 대한 국제적 신뢰가 무너진다고 보았다. 하지만 이 모든 반대가 2010년 일시적이지만 한 번에 허용되는 쪽으로 방향을 틀었다.

한 가지 흥미로운 사실은 유럽연합 차원의 대규모 지원책과 안정화 대책을 마련하는 데 있어 그동안 경제 정부의 필요성을 지속적으로 제시해 왔던 프랑스적인 통화정책의 시각이 일종의 프렌치 커넥션을 통해 주도되었다는 사실이다. 가장 커다란 주(洲)인 노르트라인-베스트팔렌(Nordrhin-Westfalen)의 주 선거를 앞두고 있었던 메르켈 독일 총리와 총선을 준비하고 있었던 브라운 영국 총리가 유럽 차원의 리더

43 보다 정확하게 표현하자면 제1차 그리스 지원책에는 유럽연합 국가들이 800억 유로를 분담하고 국제통화기금이 300억 유로 규모의 지원을 결정했다. 제2차 유럽 안정화 대책은 유럽집행위를 중심으로 600억 유로를 책임지고, 유럽연합 회원국들이 4,400억 유로를 지원하며, 국제통화기금은 2,500억 유로를 담당했다.

십을 발휘하기 어려운 상황에서 프랑스의 사르코지 대통령은 지속적으로 대규모 유럽 해결책이 필요하다고 주장했다. 금융시장이 불안에 요동치는 상황에서 프랑스 대통령 사르코지와 국제통화기금 총재 도미니크 스트로스 칸, 그리고 유럽중앙은행 총재 트리셰는 독일식 통화정책의 전통을 무너뜨리는 데 적극적으로 기여하거나 적어도 반대하지 않은 것으로 평가된다.

이상에서 살펴본 유로권 내부의 운영 방침이나 미래 청사진에 대한 프랑스와 독일의 대립은 분열상으로 인식될 수 있다. 실제 양국이 유로권을 운영하는 데 자신의 진영을 어느 정도 형성하여 대립하기도 한다. 네덜란드와 같은 회원국은 독일의 입장에 가깝고 반대로 이탈리아, 에스파냐 등은 프랑스적인 접근에 더 유사하다. 하지만 우리가 관찰하는 정체성이라는 측면에서 본다면 공동의 정책 틀을 형성하기 위한 장기간의 논의야말로 상호 사회화라는 과정으로 작동할 수 있다. 집단 정체성이란 반드시 합의나 동일함을 의미한다기보다는 협력과 대립이 평화적이고 일상적으로 진행될 수 있는 인식과 틀을 상호 인정한다는 의미에 가깝기 때문이다.

그동안 학계의 대부분 분석은 유럽이 하나의 화폐를 갖고 있지만 재정정책이 회원국별로 결정, 집행되기 때문에 유럽의 대외적 영향력은 한계를 가질 수밖에 없다는 결론이었다.[44] 유로화가 실질적으로 대외적 영향력을 발휘하기 위해서는 중앙은행에서 관료적으로 결정되는 통화정책뿐 아니라 재정정책 역시 함께 동원되어야 효과적이기 때문이다. 하지만 유로권의 국가들은 일정한 기준만 존중하면 상대적으로

44 Kathleen R. McNamara and Sophie Meunier, "Between National Sovereignty and International Power: What External Voice for the Euro?" *International Affairs* 78/4 (2002): 849-868.

자유롭게 재정정책을 결정하여 운영해 왔다. 유럽중앙은행의 통화정책과 회원국의 재정정책이 반드시 하나의 방향으로 결정되는 것이 아니라 서로 독립적인 이유에 따라 결정되어 왔고, 따라서 유럽연합과 유로가 세계에 미치는 영향은 결과적인 것이지 조정되거나 의도적인 것이기는 어렵다는 의미이다.

이러한 분석은 여전히 유효하지만 유로권 전체를 뒤흔드는 2010년의 위기로 인해 그동안 유지되어 왔던 중앙은행의 독립성과 물가안성만을 추구한다는 정책 패턴은 일시적으로나마 붕괴되었다. 중앙은행은 어려움에 놓인 유럽의 은행을 구원하는 데 동원되었고, 회원국 정부는 일제히 재정건전성 회복에 참여함으로써 위기 극복이라는 하나의 목표를 향해 통화-재정정책의 조율이 유럽 차원에서 이루어진 것이다.

다른 한편 유로권이 공식적이고 체계적인 대외 전략을 가지고 있지 않더라도 유로는 실제 국제사회에서 달러 다음으로 중요한 역할을 담당하고 있다. 무엇보다 유로화의 상징적 효과는 유럽적 정체성의 형성에 크게 기여하고 있는 것으로 평가할 수 있다. 유럽 역내에서의 평가에서는 유럽연합의 의미에서 유로가 여행, 유학, 노동의 자유공간에 밀렸지만 역외에서 평가를 한다면 이보다 더 높을 것으로 예상된다. 국제 경제 활동에서 유로는 이미 달러 다음으로 중요한 화폐로 자리 잡았다. 세계의 외환보유고에서 달러 다음이고, 무역이나 채권 발행의 순위에서도 확고한 2위이다.[45] 부연하자면 유럽인들은 어찌 보면 무의식적으로 유로화를 사용하고 있는지 모르지만 이미 세계경제

45 Menzie Chinn and Jeffrey Frankel, "Why Euro Will Rival the Dollar?" *International Finance* 11/1 (2008): 49-73.

에서 유로화는 제2의 국제적 화폐로 활용되고 있기 때문에 외부적 정체성(exo-identity)이라는 측면에서 본다면 국제사회에서 유로는 이미 유럽기나 유럽가를 능가하는 유럽 정체성의 상징으로 부상했다.

무엇보다 2008년 경제위기 이후 유럽에 속해 있지만 유로권의 안팎에 있는 국가들 사이에 상당한 차이가 나타났다. 예를 들어 경제위기의 충격에 가장 강력하고도 심각하게 노출된 아이슬란드에서는 신중하게 유럽연합 가입 및 유로화 도입에 관한 논의가 시작되었다.[46] 심지어 아이슬란드 금융기관 때문에 피해를 입은 자국 국민에 대한 보상금을 받아내려는 영국과 네덜란드가 유럽연합 가입에 대한 비토권으로 위협하며 아이슬란드 정부와 협상을 벌이고 있을 정도이다. 아이슬란드의 입장에서 본다면 유로권에 이미 속해 있기 때문에 화폐의 평가절하를 걱정하거나 가입 조건을 추가로 충족하지 않아도 되는 그리스가 부러울 수밖에 없는 구조이다.

중·동구권의 슬로바키아와 헝가리 역시 대조적인 모습을 보였다. 2008년 1월 유로화를 도입한 슬로바키아는 유로권의 보호를 받은 반면 헝가리는 경제위기로 IMF 지원을 요청할 수밖에 없었다. 과거 동아시아 경제위기와 마찬가지로 헝가리는 경제위기가 닥치자 투자되었던 자본이 본국으로 회수되면서 외환위기에 노출되었고, 화폐의 평가절하와 그로 인한 외채의 가중 현상이 발생했다. 유로권 밖에 있더라도 덴마크는 크로나를 유로에 페그했고, 그 때문에 2008년 10월 이후 두 차례에 걸쳐 이자율을 인상했다. 유로화와의 연동을 유지하려면 이자율 인상이 필수적이었기 때문이다.

---

46 http://www.economist.com/node/15622367 (최종검색일 2010. 6. 24.); The Economist, "The Icesave Referendum: No Thanks," March 4th, 2010.

반면 스웨덴은 독립된 경제위기 극복 전략으로 이자율을 내렸는데 그로 인해 유로화에 대한 환율이 급등하면서 이번에는 외환위기를 맞게 되었다.[47] 유럽에서, 또는 유럽연합에서 유로권을 기준으로 인사이더와 아웃사이더의 차이가 극명하게 드러난 셈이다. 그만큼 유로는 안과 밖을 구분하는 기준으로 작동하며, 경계 지역에서는 유럽성(Europeanness)의 정도를 규정하는 잣대로도 적용될 수 있다.[48] 유럽의 위기가 세계경제에 어두운 그림자를 드리우고 있는 2010년에도 에스토니아는 유로를 채택하는 데 필요한 기준을 충족시키는 데 성공했고, 2011년부터 유로권에 공식 가입했다.

다른 한편 아프리카에서 과거 프랑스 프랑과 고정환율제를 채택하고 있던 국가들은 유로화로 전환하는 과정에서 유기적 관계를 유지했다. 따라서 중앙아프리카와 서부 아프리카 경제공동체는 사실상 유로권에 속한다고 할 수 있다. 지중해 남부의 국가들 또한 공식 또는 비공식적으로 유로화와 연결되어 있으며 일상에서 유로화가 과거 달러가 맡았던 또는 다른 지역에서 맡고 있는 경성화폐(hard currency)의 역할을 담당하고 있다.

물론 유로는 아직 달러와 같이 완벽하게 뿌리를 내린 화폐라고 할 수 없다. 따라서 위기가 제기되면 유로의 정당성에 대한 문제제기가 발생할 수 있다. 특히 이번 위기에서 조정의 부담을 담당해야 하는

---

47 http://www.economist.com/world/europe/displaystory.cfm?story_id=E1_TNVNPJNP (최종검색일 2010. 5. 10.); The Economist, "Seeking Shelter: Countries outside the euro zone are worried, but joining may not be easy," October 30th, 2008.

48 예를 들면 독일(유로권 중심, 유럽연합) > 슬로바키아(유로권 주변, 유럽연합) > 덴마크(유럽연합, 유로와 페그) > 스웨덴(유럽연합, 자국 화폐 크로나, 강한 경제) > 헝가리(유럽연합, 자국 화폐 플로티, 약한 경제) > 아이슬란드(비유럽연합) 등의 순으로 유럽성을 가늠할 수 있다.

재정적자가 심하거나 공공부채가 많은 회원국에서는 유로의 정통성에 대한 비판이 일어날 가능성이 높다. 그 대표적인 사례라고 할 수 있는 그리스에서는 공무원과 노조 세력, 학생들이 긴축 재정에 항의하는 운동을 벌이고 있으며, 최근에는 반정부 테러리즘의 기미까지 나타나고 있다.

마찬가지로 지원책의 부담을 짊어져야 하는 유로권 중심국의 여론도 상당히 비판적으로 돌아설 가능성이 있다. 독일에서 그리스 지원안에 대해 '게으른 그리스인의 방만한 재정을 왜 우리가 책임져야 하느냐'는 반응이 대표적이다. 이 과정에서 상당히 중요한 역할을 담당하는 주역이 바로 각 회원국 정치세력일 것이다. 일부 독일 자민당 의원처럼 그리스가 자신의 문화유산을 팔아서 부채에 대한 책임을 져야 한다고 주장할 수도 있고, 프랑스 쿠슈네르(Kouchner) 외상처럼 그리스의 구원이 유럽이라는 운명 공동체를 살리는 길이라고 소리칠 수도 있다. 결국 정치세력이 여론을 완전히 통제할 수는 없겠지만 이들이 유로에 대해 만들어내는 담론에 따라 여론은 크게 영향을 받을 것이다.

21세기 세계를 강타한 경제위기는 유럽의 취약한 고리를 노출시켰음에 틀림없다. 하지만 이 위기는 유럽의 정책적 권한을 강화하는 데 기회로 작동했다. 매우 긴축적이고 소극적인 정책 기조로 제도화되었던 유럽통화정책은 위기를 맞아 보다 확장적이고 적극적인 대책을 내놓을 수밖에 없었다. 유로가 위기의 상황에 있음에도 불구하고 슬로베니아와 같은 국가는 여전히 유로권에 동참하겠다고 나섰으며, 아이슬란드 역시 유럽연합 가입을 고려하고 있다는 사실이 이를 명백히 증명하고 있다. 거시역사적으로 과거 전쟁이 국가 형성에 적극적으로 기여했던 사실에서 알 수 있듯이 경제 부문에서도 반복되는 위기가

정책통합뿐 아니라 공동체의식의 형성에 기여하고 있는 것으로 보인다.[49]

다른 한편 유로 화폐권은 내부와 외부의 경계를 확실하게 형성함으로써 안쪽에서 '우리'라는 개념과 밖에서 내부를 바라볼 때 '그들'이라는 개념을 만들어내고 강화하는 데 기여하고 있다. 물론 유럽연합에 회원국이지만 유로를 채택하지 않은 국가나 유럽연합의 외부에 있지만 실질적으로 유로를 사용하는 나라들이 일종의 회색 지대를 형성하고 있다. 하지만 이들을 유럽성의 정도라는 잣대로 가늠해 볼 수 있다. 사실 유로만큼 유럽연합 내에서 중심성과 주변성을 확실하게 구분 짓게 해주는 기준은 존재하지 않는다. 신분, 계급, 인종, 성별 등 차별의 기준이 되는 잣대는 항상 중요한 정체성의 핵심으로 작동했다는 사실을 상기한다면 국제적 차원에서 유로화는 이러한 새로운 정체성의 중요한 부분이 될 가능성이 높다고 할 수 있다.

V. 화폐에서 공동체로?

본 장에서는 '일국 일 화폐'라는 국가 또는 민족 공동체와 화폐의 상호관계에서 완전히 새로운 차원을 도입한 유로의 사례를 통해 화폐와 집단 정체성의 문제를 고찰했다. 빌리그의 일상적 민족주의 이론이나 부르디외의 아비투스 이론은 정치 또는 경제적 논리에 기초하여 추진된 단일 화폐가 실제로 일상생활을 지배하게 되면서 새로운 정체성 형성에 기여할 수 있다는 가능성을 설명한다. 유럽에서도 민족 정체

49 Charles Tilly, *Coercion, capital and European states A. D. 990-1992* (Oxford: Blackwell, 1992).

성을 대체하는 것은 아니지만 유로를 통해 유럽 차원의 정체성이 모습을 드러내고 있다고 판단할만한 증거들이 나타나고 있다. 거시 역사적으로도 특정 화폐와 해당 민족 공동체의 관계는 단순히 도구적인 것이 아니라 매우 정서적이고 감정적이라는 사실을 지적할 수 있다.

이러한 관점에서 보더라도 유럽의 다수 국가들은 무척 어려운 경제사정에도 불구하고 유로화를 도입하기 위해 적어도 10년 이상 노력했고, 그로서 얻어낸 결실이기 때문에 더욱 강한 애착을 가질 수밖에 없다. 마지막으로 정체성은 외부와의 관계 및 경계 지역에서 형성되고 드러나는 특성을 가진다. 유로존에 속해 있는 국가와 그 밖에 위치한 국가 사이에는 커다란 차이가 위기를 통해 표출되었다. 또한 유로존은 그리스, 에스파냐 등이 국제시장 세력으로부터 공격을 받게 되었지만 그럼에도 불구하고 대규모의 지원책을 만들어내는 등 제도적 변화의 가능성을 보여줌으로써 통화통합에 이은 재정정책 협력 또는 통합의 기반을 닦아 가고 있다.

어떤 의미에서 기존에 존재했던 '일국 일 화폐'의 원칙은 하나의 국가가 자신이 만들어 가는 민족 공동체의 경제적 수단으로 화폐를 발행하고 통제하는 것이었다면, 유럽은 '일 화폐 일 공동체'로 경제적 수단을 통해 하나의 공동체를 구성해 내는 비슷한 가능성을 보여주고 있다. 화폐는 스미스가 지적하듯이 공동체의 상징이자 가치이고 기억이기에 정체성 형성에 매우 중요한 매체로 작동할 수 있다. 이러한 의미에서 경제가 아닌 정체성의 차원에서 본다면 2010년 시작된 그리스나 재정불량국가(PIIGS, Portugal, Italy, Ireland, Greece, Spain)들의 위기는 오히려 유로에게 위난 극복의 공동의 신화까지 만들어 주는 기회로 부상할 수도 있다. 화폐는 이제 7장에서 다룰 유럽의 종합적이고 복합적인 다면성의 빼놓을 수 없는 축으로 등장한 셈이다.

참고문헌

메들린 호슬리. "유럽 화폐통합과 유로," 이 책의 5장. 2011.

요하네스 헬름라트. "중세의 유럽: 기독교 유럽의 문제," 이 책의 1장. 2011.

윤비. "유럽 여제(Regina Europa): 근대 초 의인화된 유럽의 알레고리와 정치 레토릭," 이 책의 2장. 2011.

Aglietta, Michel. "Genèse de la Banque centrale et légitimité de la monnaie," *Annales ESC.* (3): 675-698. 1992.

Anderson, Benedict. *Imagined Communities: Reflections on the Origin and Spread of Nationalism.* London: Verso, 1991.

Billig, Michael. *Banal Nationalism.* London: Sage, 1995.

Bourdieu, Pierre. *La distinction. Critique sociale du jugement.* Paris: Editions de minuit, 1979.

Bruter, Michael. "Winning Hearts and Minds for Europe: The Impact of News and Symbols on Civic and Cultural European Identity," *Comparative Political Studies.* 36(10): 1148-1179. 2003.

Bruter, Michael. *The Citizens of Europe?: the emergence of mass European identity.* London: Palgrave, 2005.

Burgoyne, Carole, and David Routh. "National Identity, European Identity and the Euro," In *National Identity,* edited by Keith Cameron, 107-124. Exeter: Intellect, 1999.

Cameron, David. "Creating Supranational Authority in Monetary and Exchange-Rate Policy: The Sources and Effects of EMU," In *European Integration and Supranational Governance*, edited by Wayne Sandholtz and Alec Stone Sweet, 188-216. Oxford: Oxford University Press, 1998.

Chinn, Menzie and Jeffrey Frankel. "Why Euro Will Rival the Dollar?" *International Finance* 11(1): 49-73. 2008.

Cho, Hong Sik. "Interests and Identity in European Monetary Integration: France and Britain," *The Korean Journal of International Relations* 45(5). 103-129. 2005.

Commission Européenne. *Eurobaromètre 72. L'opinion publique dans l'Union européenne: Rapport.* Bruxelles: Février, 2010.

Eichengreen, Barry. *Globalizing Capital: A History of the International Monetary System.* Princeton: Princeton Univeristy Press, 2008.

Eichengreen, Barry, and Jeffry Frieden. "The Political Economy of European Monetary Unification: An Analytical Introduction," In *The Political Economy of European Monetary Unification*, edited by Barry Eichengreen and Jeffry Frieden, 1-24. Boulder: Westview Press, 1994.

European Commission, *Eurobarometer 51. Public Opinion in the European Union.* Bruxelles, July 1999.

European Commission, *Eurobarometer 58. Public Opinion in the European Union.* Bruxelles, March 2003.

Fligstein, Neil. *Euroclash: the EU, European Identity and the future of Europe.* Oxford: Oxford University Press, 2008.

Frieden, Jeffry. *Global Capitalism: Its Fall and Rise in the Twentieth Century.* New York: Norton and Company, 2006.

Gellner, Ernest. *Nations and Nationalism.* Ithaca: Cornell University Press, 1983.

Glyn, Andrew. "Aspirations, Constraints and Outcomes," In *Social Democracy in Neoliberal Times: The Left and Economic Policy since 1980*, edited by Andrew Glyn, 1-20. Oxford: Oxford University Press, 2001.

Helleiner, Eric. "National Currencies and National Identities," *American Behavioral Scientist* 41(10): 1409-1436. 1998.

Hix, Simon. *The Political System of the European Union.* London: Palgrave, 1999.

Jones, Erik. "The Benelux countries: Identity and Self-interest," In *The Member States of the European Union,* edited by Simon Bulmer and Christian Lequesne, 164-184. Oxford: Oxford University Press, 2005.

Kaelberer, Matthias. "The Euro and European identity: symbols, power and the politics of European monetary union," *Review of International Studies* 30(2): 161-178. 2004.

Luna-Arocas, Roberto, Gustavo Guzmàn, Ismael Quintanilla, and Minoo Farhangmehr. "The Euro and European Identity: The Spanish and Portuguese Case," *Journal of Economic Psychology* 22(4): 441-460. 2001.

Meier-Pesti, Katja, and Erich Kirchler. "Attitude Towards the Euro by national identity and relative national status," *Journal of Economic Psychology* 24(3) June: 293-299. 2003a.

Meier-Pesti, Katja, and Erich Kirchler. "Nationalism and patriotism as determinants of European identity and attitudes towards the Euro," *Journal of Socio-Economics* 32(6): 685-700. 2003b.

McKinnon, Ronald. "Optimum Currency Areas," *American Economic Review* 53. 1963.

McNamara, Kathleen R. and Sophie Meunier. "Between National Sovereignty and International Power: What External Voice for the Euro?" *International Affairs* 78(4): 849-868. 2002.

Moravcsik, Andrew. *The Choice for Europe: Social Purpose and State Power from Messina to Maastricht*. Ithaca: Cornell University Press, 1998.

Müller-Peters, Anke. "The significance of national pride and national identity to the attitude toward the European single currency: A Europe-wide comparison," *Journal of Economic Psychology* 19(6): 701-719. 1998.

Mundell, Robert. "A Theory of Optimum Currency Areas," *American Economic Review* 51. 1961.

Pérez, Sofía. "Constraint or motor? Monetary integration and the construction of a social model in Spain," In *Euros and Europeans: Monetary Integration and the European Model of Society*, edited by Andrew Martin and George Ross. Cambridge: Cambridge University Press, 2004.

Quermonne, Jean-Louis. *Le système politique européen*. Paris: Montchrestien, 1993.

Risse, Thomas. "The Euro between national and European identity," *Journal of European Public Policy* 10(4): 487-505. 2003.

Risse, Thomas, Daniela Engelmann-Martin, Hans-Joachim Knope, and Klaus Roscher. "To Euro or Not to Euro: The EMU and Identity Politics in the European Union," *European Journal of International Relations* 5(2): 147-187. 1999.

Smith, Anthony D. *National Identity*. Reno: University of Nevada Press, 1991.

Tilly, Charles. *Coercion, capital and European states A. D. 990-1992*. Oxford: Blackwell, 1992.

http://www.newsweek.com/2008/12/19/economic triumvirate.html (최종검색일 2010. 6. 30.), *Newsweek*, "Economic Triumvirate," 2008.

http://www.economist.com/world/europe/displaystory.cfm?story_id=E1_TNVNPJNP (최종검색일 2010. 5. 10.), *The Economist*, "Seeking Shelter: Countries outside the euro zone are worried, but joining may not be easy," October 30th, 2008.

http://www.economist.com/node/15622367 (최종검색일 2010. 6. 24.), *The Economist*, "The Ice save Referendum: No Thanks," March 4th, 2010.

제7장

유럽의 종교, 정치, 그리고 정체성[1]

이옥연

서울대학교 정치외교학부 교수

I. 유럽의 정체성 논의

근본적으로 '유럽은 무엇인가'에 대한 질문은 '유럽'의 소속과 더불어 '유럽'의 구성원에 대한 답변을 필연적으로 수반한다. 그러나 '유럽' 소속의 구성원이 되는 자격 요건에 관해 설령 합의를 통해 도출한다고 해서 '유럽'의 의미가 완결되지 않는다. 나아가 '유럽'을 구성하는 자격 요건이 수요자의 요구에 의해 정비되더라도 그에 따라 규정된 '유럽'이 반드시 하나로 통합되기 어렵다. 왜냐하면 '유럽'의 의미는 하나가 아니라 복수로 인지되고 통용될 뿐 아니라 '하나의 유럽'은 유럽의 정체성을 대변하는 기제 중 일부이기 때문이다.[2] 그럼에도 불구하고 시

1 7장은 "종교적 정체성, 정치적 정체성, 유럽의 정체성," 『한국정치연구』 20(1): 121-154, 2011을 지엽적으로 보완했음.

2 대표적 사례로 리스본 조약의 서문에 다음과 같은 구절을 삽입한 수정 조항을 들 수 있다. "DRAWING INSPIRATION from the cultural, religious and humanist inheritance of Europe, from which have developed the universal values of the inviolable and inalienable

공간적으로 유럽에 대한 단일한 정의를 내리려는 시도 또한 지속적으로, 그리고 개별 국가뿐 아니라 유럽 차원에서도 정치적 목소리를 더해 간다. 이미 대서양 건너 W. 부시 행정부 시기 테러집단에 대응하기 위해 ‘우리(we, us)’에 동참하라는 미국의 호소를 거부한 유럽 국가를 ‘비핵심(non-core) 유럽’으로 규탄한 사례도 목격했다.[3] 그러나 보다 심각한 문제는 이러한 외압으로 인한 ‘하나의 유럽’에 대한 허상보다 역내 극진세력이 주도하는 강압적 ‘하나의 유럽’이 빈번하게 관찰된다는 사실에 있다. 그 결과 ‘하나의 유럽’을 주장하는 근거가 ‘하나의 유럽’을 구현하기 위한 기본 정신인 인권 존중과 민주주의에 토대를 두는 보편성과 문화-종교적 유산인 다양성에 정면으로 위배된다는 모순을 야기한다.

‘하나의 유럽’을 상정한 유럽연합(European Union, EU)의 발전과정에 관한 선행 연구는 해외뿐 아니라 국내에서도 풍부하다(조홍식a, 1998; 김세원, 2004; 강원택 · 조홍식, 2009; 이규영, 2010). 대다수 선행 연구는 지역통합을 크게 경제-무역-재정-통화정책의 관점 또는 정치-군사-안보정책의 관점에서 접근하면서 발전 전망을 제시한다.[4] 더불어 유럽의

rights of the human person, freedom, democracy, equality and the rule of law,” 즉 유럽연합의 정체성을 문화적 유산이나 종교적 유산, 그리고 보편적 가치로서 인권과 민주주의의 기본 이념인 자유, 평등, 그리고 법치로부터 기원을 찾고 있다.

http://www.lisbon-treaty.org/wcm/the-lisbon-treaty/treaty-on-european-union-and-comments/preamble.html (최종검색일 2010. 12. 1.)

3 Robert Cooper, *The Breaking of Nations: Order and Chaos in the Twenty-First Century* (New York: Grove Press, 2003), 165-172. 이러한 유럽의 단일화 요구는 헝가리의 경우 유럽연합에 가입함으로써 역내에서는 새로운 유럽(New Europe)으로 부상했으나 이라크전쟁에 대한 참여를 거부함으로써 횡대서양 관계에서는 비핵심 유럽(non-core Europe)으로 전락했다는 피터 에스터하즈(Péter Esterházy)의 인용문에서도 찾을 수 있다. 서구에 잘 알려진 헝가리 작가로 머저르 어 방식으로는 성을 앞에 표기해야 하나 영어 방식으로 표기했으며, 발성 표기도 이에 따라 영어 방식을 따랐다.

4 대표적 연구로 Neil Fligstein, *Euro-Clash: The EU, European Identity, and the Future of*

정체성에 토대를 제공하는 유산에 초점을 맞추는 선행 연구는 지역통합의 미래를 지역통합의 과거에 의해 처방하는 경향을 보인다.[5] 또한 두 선행 연구의 접근법을 결부하여 지역통합의 과거가 현재를 거쳐 미래로 발전하는 근거를 정당정치체계로부터 연결고리를 찾아내는 선행 연구도 발견할 수 있다(Stjernø, 2004). 7장은 바로 이러한 연결고리를 찾아내는 다각적 선행 연구 결과를 바탕으로 유럽화된 정치과정에 부영된 '발세속화된(post-secular) 유럽'의 정체성과 유럽 다면성을 조립하는 정치풍경을 그려내는 초벌 작업을 제공하고자 한다.

2010년 현재 프리덤하우스(Freedom House) 자료에 의하면, 유라시아-중부유럽 및 동유럽(48%) 지역 내 자유민주주의 체제의 비율이 서유럽(96%), 남북미(71%)에는 못 미치지만 아시아-태평양(41%)보다 앞서는 현상을 가리켜 '하나의 유럽'에 동참하려는 의지로 해석할 수 있다.[6] 그렇다면 2004년 유럽연합헌법조약의 인준을 둘러싼 갈등에서 드러난 '하나의 유럽'에 가린 이면을 어떻게 해석할 수 있을까? 이에 대한 대답으로 특히 역내 극진세력이 주도하는 강압적 '하나의 유럽'이 빈번하게 관찰된다는 사실을 주목하고자 한다. 그 결과, 유럽의 주축을 형성하는 자유민주주의 체제 내 기본 이념인 자유, 평등 및 법치를 완전하게 내재화시킨 일부 유럽 국가에서조차 이러한 기본 이념에

Europe (Oxford: Oxford UP, 2008), 특히 2장 "Constructing Markets and Politics: The Formation of the European Union, 1958-2004"를 들 수 있다.

5 예컨대 Jürgen Habermas, *Europe: The Faltering Project*. translated by Ciaran Cronin (Cambridge: Polity, 2008), 특히 2장 "How to Answer the Ethical Question: Derrida and Religion"과 5장 "What is meant by a 'Post-Secular Society'? A Discussion on Islam in Europe"을 들 수 있다.

6 http://www.freedomhouse.org/uploads/fiw10/FIW_2010_Overview_Essay.pdf (최종검색일 2010. 12. 1.), 전 세계 국가의 46% 가량 자유민주주의 또는 완전한 민주주의를 제도화하고 있다.

정면으로 도전하는 유럽의 정체성을 둘러싼 극단적 요구가 왜, 그리고 어떻게 주요 정치쟁점으로 부각되는지 추적하고자 한다. 나아가 이러한 정치쟁점을 핵심 정강으로 채택하는 정치세력이 그 지지 기반을 확대하는 정당집단(party group) 정치의 균열구조를 검토하고자 한다. 이에 따라 첫째, 유럽의 지역통합을 안보와 경제적 관점에서 도형화하여 대조한 후 리스본 조약의 함의와 연계해 유럽의 다면성을 논의하고, 둘째, '탈세속화된' 유럽 사회의 다면성(multiplicity)을 종교적 정체성과 정치적 정체성 간 연결고리 속에서 검토한 다음, 마지막으로 종교적 정체성, 정치적 정체성, 그리고 유럽의 정체성을 조립하는 정당집단 정치의 균열구조를 현시점에서 살피면서 결론을 대신하여 후속 연구를 제안하고자 한다.

II. 유럽의 다면성: 리스본 조약과 지역통합

유럽의 지역통합이 진전되면서 유럽의 정체성과 유럽의 다면성 간 관계는 어떻게 설정되는가? 한편으로 유럽의 정체성은 복수의 영역에서 다면성을 통합함으로써 '하나의 유럽'을 '하나의 제도, 하나의 정책, 하나의 시장, 하나의 화폐' 등을 통해 형상화시키는 데 기여한다.[7] 비록

7 강원택·조홍식, 『하나의 유럽: 유럽연합의 역사와 정책』(서울: 푸른길, 2009), 450; 조홍식b, "화폐와 정체성: 유로와 유럽의 사례," 이 책의 6장(2011). 특히 조홍식b(2011)는 공공영역에서 유럽 또는 유럽연합의 가시성을 증진시키는 데 단일 화폐인 유로의 기여를 부르디외의 아비투스(habitus) 개념을 적용하여 논의하고 있다. 상세한 내용은 "… 아비투스는 '제2의 본성'과 같은 것으로서 친숙한 사회 세계의 습관, 실천과 일상을 의미 … 달리 표현하자면 한 개인이 살아온 역사가 체질화되어 있는 것인데, 하나의 새로운 본성처럼 너무 자신 속에 깊숙이 들어와 있기 때문에 그것이 과기와 역사의 산물이라고 의식하지 않는 것"이라고 인용한 Pierre Bourdieu, *La distinction. Critique sociale du jugement* (Paris:

'하나의 유럽'에 있어서 완전한 성과를 거두었다고 판단하기는 이르지만 구체적 결과물로서 리스본 조약의 주요 골자를 크게 역외 정책 분야, 역내 의사결정 절차, 그리고 인권헌장 및 다양한 정책에 대한 피드백(feedback) 창구 채택으로 나눌 수 있다.[8] 우선 역외 정책 분야의 변화는 첫째, 유럽연합조약(Treaty on European Union, TEU), 즉 마스트리히트 조약(1992)과 더불어 유럽공동체설립조약(Treaty Establishing European Community, TEC), 즉 로마조약(1957/1993)을 수정하는 단일한 유럽연합 기능조약(Treaty on the Functioning of the EU, TFEU) 체제를 결합하여 출범하면서 유럽연합의 독자적 조약체결 권한을 부여했다. 둘째, 유럽연합이사회(Council of EU)로부터 유럽이사회(European Council)를 분리하고 종전에 6개월 임기의 순환직인 유럽이사회 의장(President of the European Council)을 2.5년 임기의 선출직으로 변경했다. 셋째, 더불어 기존의 공동외교안보정책 고위대표(CFSP High Representative)와 대외문제 집행위원(External Relations Commissioner)을 통합하여 유럽연합 외무안보정책 고위대표(High Representative of the Union for Foreign Affairs and Security Policy)를 신설하여 유럽연합의 외무대표직을 단일화했다. 넷째, 유럽대외관계청(EEAS, European External Action Service)을 신설하여 회원국 외무부뿐 아니라 각료이사회 및 집행위원회 사무총장실 관련 부처와 공조하는 단일한 창구를 제공했다.

다음으로 역내 의사결정 절차에서 첫째, 분리된 유럽이사회와 유럽연합이사회에 공통적으로 일반 입법 절차로서 2014년 11월 이후부터 55%의 회원국, 즉 15개국과 65%의 유럽연합 회원국에 거주하는 유권

Editions de minuit, 1979)를 참조할 것.

8 2007년 12월에 체결되어 각 회원국의 인준을 거쳐 2009년 12월에 발효됨으로써 유럽연합의 3기둥체제(pillar)로 분화된 체계를 종식시키고 단일화된 체계를 출범시켰다.

자가 찬성해야 법이 제정되는 조건을 충족하는 이중 다수결 방식을 채택했다. 또한 입법과정을 중단시키려면 4개국과 35% 유권자의 반대가 필요하다. 단, 집행위원회나 유럽연합 외무안보정책 고위대표의 발안이 없는 유럽연합이사회의 발안에 대해서는 72%의 회원국, 즉 19개국과 65%의 유럽연합 회원국에 거주하는 유권자의 찬성이 필요하다. 둘째, 그 결과 유럽연합이사회와 유럽이사회 내 회원국에 배정하는 가중치가 재조정되었다.[9] 새로운 표결방식은 2014~2017년까지 과도기 체계를 거쳐 정착되는데, 만약 이 과도기 동안 회원국이 니스 조약의 기존 표결방식을 요청한다면 채택될 수 있는 여지를 남겨 두었다. 셋째, 단 조세, 사회보장, 외교, 국방, 경찰 작전 협조 등 일부 분야에 제한하여 만장일치 방식을 유보했다. 또한 유럽의회(European Parliament)와 일반 입법 절차로서 공동결정(co-decision) 방식을 법무, 내무 등 분야에서는 연장했다. 넷째, 유럽의회의 각 회원국당 의석 배정을 재조정하여 2014년부터 '체감적 비례대표성(degressive proportionality)'에 의거해 큰 나라에 상대적으로 불리하게 배정된다. 다섯째, 현재 각 회원국에 하나씩 배분되는 집행위원직 수도 27개에서 2014년 이후 줄이기로 결정했으나, 아일랜드 국민투표에 의해 일차적으로 리스본 조약이 부결되자 다시 각 회원국당 집행위원직이 배정되는 종전의 방식으로 환원했다. 또한 신설된 유럽연합 외무안보정책 고위대표는 동시에 집행위원회의 부위원장을 겸직한다.

마지막으로 소위 '민주주의의 결핍'을 충원하는 수정 절차, 회원국

9 니스 조약에 의해 채택된 기존 표결방식은 첫째, 과반수 또는 2/3 회원국, 둘째, 유럽 거주 유권자의 62%, 그리고 셋째, 회원국 간 협상에 의해 배정된 가중치의 74%의 찬성을 충족시켜야 하는 반면에 리스본 조약은 앞서 두 충족조건을 변경했을 뿐 아니라 회원국의 인구에 비례해 가중치를 재조정했다.

의회의 기능 및 시민발의를 포함해서 회원국의 참여유보(opt-out) 또는 탈퇴에 대해 명시한다. 첫째, 유럽연합조약체계에 대한 수정 절차를 명시하여 회원국, 유럽 의회 및 집행위원회가 유럽연합이사회에게 수정안을 제출하면 이를 유럽이사회에게 제출한 이후 심의-결정 과정을 규정한다.[10] 둘째, 회원국 의회의 1/3 또는 법무와 내무 정책 분야에 관해서는 1/4이 법안에 반대하면 집행위원회의 재검토를 필수로 정하고, 만약 1/2 이상이 공동결정 의결방식에 반대하는 경우에는 유럽의회 과반수 또는 유럽연합이사회의 55% 이상이 입법화 여부를 가결해야 한다. 더불어 법안이 보조성(subsidiarity) 원칙에 위배된다고 판단하면 유럽사법재판소에 제소할 수 있도록 했다. 셋째, 유럽연합 기본권 헌장의 참여유보(opt-out)를 영국, 폴란드, 체코 등 회원국에게 허용했다. 이는 특히 입헌주의에 입각한 권력에 대한 위협이 지니는 이중성을 단적으로 드러내 준다.[11] 즉 유럽의 다면성을 포괄하는 헌법이 제정되는 경우, 그 최종적 권한의 소재지로서 주체가 누구인지를 규정하는 문제뿐 아니라 명시된 정부체계와 권한영역이 과연 헌법이 표명

10 크게 일반(ordinary) 절차와 간소(simplified) 절차로 분류한 조약체계의 수정 절차에 관한 상세한 내용은, http://www.lisbon-treaty.org/wcm/the-lisbon-treaty/treaty-on-european-union-and-comments/title-6-final-provisions/135-article-48.html (최종검색일 2010. 12. 1.)을 참조할 것. 특히 수정 절차를 명시함으로써 유럽연합의 고질적 병폐로 지탄의 대상이 된 민주주의의 결핍(democratic deficit)이 충원되었다고 평가할 수 있다. 비록 힉스는 직접적으로 논의하고 있지 않지만, 유럽연합조약체계는 이미 많은 부분에서 헌법에 준하는 정부구조와 구성원 선출방식 및 권한영역 등 최소한의 요건을 갖추고 있음에도 불구하고, 더 중대한 과제는 이러한 구비된 요건을 활용하고자 하는 의지 또는 헌신에 달려 있다. 수정 절차의 명시는 이런 맥락에서 헌법의 기본 틀을 민주정치를 구현하고자 하는 실질적 내용으로 충실하게 채웠기 때문에 중요하다. Simon Hix, *What's Wrong with the European Union & How to Fix It* (Malden: Polity, 2008), 164-165.

11 Neil Walker, "Post-Constituent Constitutionalism? The Case of the European Union," in Martin Loughlin and Neil Walker, ed., *The Paradox of Constitutionalism: Constituent Power and Constitutional Form* (Oxford: Oxford UP, 2007), 248.

하는 기본 정신 또는 이념체계를 충실하게 반영 및 구현하는지에 대한 문제로 이어진다. 넷째, 회원국 또는 회원국의 속령, 자치령 등이 유럽연합으로부터 탈퇴하는 절차를 간소화했다. 다섯째, 백만 명의 유권자가 서명한 발안을 집행위원회를 통해 제안하도록 요구할 권한을 부여함으로써 시민발의를 제도화했다.

표 7.1 리스본 조약의 권한영역

	독자영역[1]	공유영역[2]	보조영역[3]
역할	EU의 독자적 국제협약 체결권한	EU 선점권한의 회원국 우위 명시	EU의 회원국 지원, 조정, 보완
정책 분야	- 유럽연합 관세 연맹 - 회원국 국내시장 운용을 위해 필요한 경합수칙 신설 - 유로존 회원국의 통화정책 수립 - 공동어업정책의 해양생물자원 보존 - 공동상업정책	- 국내시장 - 사회정책 - 경제-사회-영토적 결집 - 해양생물자원 보존 이외 농어업 - 환경 - 소비자보호 - 교통 - 범유럽 연결망 - 에너지 - 자유·안보·사법 분야 - 공공위생과 연관된 공동안전 사안	- 시민위생 증진과 보호 - 산업 - 문화 - 관광 - 교육, 청소년, 스포츠, 직업훈련 - 시민보호(재앙방지) - 행정협조

출처: 독자영역 TFEU Part 1, Title 1, Article 3; 공유영역 TFEU Part 1, Title 1, Article 4; 보조영역 TFEU Part 1, Title 1, Article 5&6.

1.
http://www.lisbon-treaty.org/wcm/the-lisbon-treaty/treaty-on-the-functioning-of-the-european-union-and-comments/part-1-principles/title-i-categories-and-areas-of-union-competence/145-article-3.html
2.
http://www.lisbon-treaty.org/wcm/the-lisbon-treaty/treaty-on-the-functioning-of-the-european-union-and-comments/part-1-principles/title-i-categories-and-areas-of-union-competence/146-article-4.html
&
http://www.lisbon-treaty.org/wcm/the-lisbon-treaty/treaty-on-the-functioning-of-the-european-union-and-comments/part-1-principles/title-i-categories-and-areas-of-union-competence/147-article-5.html
3.
http://www.lisbon-treaty.org/wcm/the-lisbon-treaty/treaty-on-the-functioning-of-the-european-union-and-comments/part-1-principles/title-i-categories-and-areas-of-union-competence/148-article-6.html
(최종검색일 2010. 12. 1.)

그렇다면 <표 7.1>에서 보듯이 통치체계의 정비를 위해 마련된 권한 영역 분류가 지역통합의 현실에 얼마나 부합할까? 나아가 이러한 헌법상 권한영역 분류가 '하나의 유럽'을 통해 유럽의 다면성을 투영한 유럽의 정체성을 제대로 구현해 내는 데 적절한 지침으로 기능할 수 있을까? 아니면 유럽헌법조약의 인준과정에서 목격했듯이 다양한 이해관계로 묶여 있는 유럽연합 회원국 간 공식적으로 합의를 도출하는 과정은 필연적으로 교착상태에 빠질 가능성이 높기 때문에 법을 통한 통합은 결국 정치과정에 의한 통합 현실과 괴리를 드러내기 마련일까?[12] 이러한 질문은 설령 '하나의 유럽'이 '하나의 제도, 하나의 정책, 하나의 시장, 하나의 화폐' 등을 통해 유럽의 다면성이 유럽의 정체성으로 형상화되더라도 그 경로가 평탄하지 않을 뿐 아니라 각기 다른 제도화 경로를 거치고 있다는 역사적 교훈에 기인한다.[13] 구체적으로 유럽의 다면성이 유럽의 정체성으로 제도화되는 경로를 첫째, 규정의 변경이 공공연한지 여부에 따라(overt or covert), 둘째, 공식적 변경 방식을 채택하는지에 따라 <표 7.2>와 같이 '유럽 정치공간(European political space)'의 세 형태로 분류한다.[14]

유럽의 다면성은 유럽의 지역통합과정에서 각 국가의 독자적 특유

12 Thomas Christiansen and Christine Reh, *Constitutionalizing the European Union* (New York: Palsgrave Macmillan, 2009), 69-82.

13 Adrienne Héritier, "Overt and Covert Institutionalization in Europe," in Alec Stone Sweet, Wayne Sandholtz, and Neil Fligstein, eds., *The Institutionalization of Europe* (Oxford: Oxford UP, 2001), 57. 특히 화폐의 경우도 최근 글로벌 경제-재정 위기로 인해 금융 감독의 필요성에 대한 인식이 부각되었다. 메들린 호슬리, "유럽 화폐통합과 유로," 이 책의 5장.

14 여기서 '정치공간'이란 "행위자가 누구인지, 상호 행위에 대한 인식이 어떻게 이루어지는지, 그리고 가능한 행위 유형이 무엇인지에 관한 정의를 내리는 규정과 절차를 광범위하게 공유하는 체계"를 가리킨다. Alec Stone Sweet, Wayne Sandholtz, and Neil Fligstein, "The Institutionalization of European Space," in Sweet, Sandholtz, and Fligstein (2001), 12.

성을 최대한 보장하는 범위 내에서 광범위한 합의, 심지어 경우에 따라 만장일치로 결정되는 의결 절차를 요구했다. 따라서 이를 반영하는 의결기제로서 각료이사회, 즉 현재 유럽연합이사회와 같은 정부간(intergovernmental) 기구가 유럽의회와 같은 초국가(supranational) 기구보다 중요하게 간주되었다. 흥미로운 점은 유럽의 지역통합이 이러한 복합적 의사결정과정에 의해 진행되다 보니 지지부진한 듯 보이다가 급격한 진전을 보이는 기묘한 발전 양상을 띤다는 사실이다. 결국 유럽의 다면성을 유럽의 정체성에 담아내는 비결이 과연 있는지, 만약

표 7.2 유럽 정치공간의 분류

	overt & formal	overt & informal	covert[3]
유형	공식적 규정 해석[1-1]	정보교환, 책임공방, 감시[2-1]	행위자의 헌신 표명
	협상을 통한 규정의 공식적 변경[1-2]	네트워크 구축 및 동원[2-2]	격리된 결정과정
		자동 조정[2-3]	선택 여건의 재편성

출처: Adrienne Héritier, "Overt and Covert Institutionalization in Europe," in *The Institutionalization of Europe*, 59-68의 내용을 정리해서 필자가 도표로 전환함.

1-1. 로마조약에 근거해 유럽 사법재판소와 집행위원회가 조약의 내용을 정책지침으로 전환하는 데 해석하는 권한을 부여받았다. 예컨대 유럽 사법재판소는 '시장통제'와 '시장할당'에 대한 개념 적용의 준거를 제시했고, 집행위원회는 '정량적 무역장벽'이 무엇을 가리키는지 결정하는 데 일조했다.

1-2. 예컨대 동-중유럽국가의 가입을 위해 지역지원기금이 배정된다면 기존 회원국의 저발전 지역은 재정지원의 기반을 상실하므로 이에 대한 반발이 심했다. 이에 집행위원회는 보조성 원칙을 내세워 개별 회원국의 중앙정부 간 협상으로 지역보조기금의 재배정 문제를 해결해야 한다고 제안했다.

2-1. 예컨대 공동노동시장정책 수립 당시 고용에 관한 유럽 차원의 명시적 권능 도입을 둘러싸고 회원국이 양분되자 집행위원회는 실업정책에 관한 연성 프로그램을 통한 공조를 도모했다. 또한 유럽 차원의 전화통신, 연구 및 기술 정책 채택에 대해 개별 회원국의 심한 반대에 부딪힌 집행위원회는 기업 간 라운드테이블을 개최해 정보 및 의견 교환과 연구기금을 제의하여 각 중앙정부의 자발적 정책 변화 유도를 성공적으로 이끌어냈다. 제재 능력이 결여된 집행위원회는 지역보조기금의 집행내역자료나 환경유해물질 배기가스량 자료를 제공하도록 의무화함으로써 책임공방을 통해 정책 순응을 유도한다.

2-2. 빈곤퇴치정책의 연장에 대해 각료이사회가 거부할 조짐을 눈치 챈 집행위원회는

각국의 행정부처, 이익집단 및 대기업, 나아가 비정부기구까지 망라한 네트워크를 형성하거나 동원해서 정책에 반대하는 회원국에게 압력을 가하도록 유도함으로써 정책을 지속시키는 데 성공했다.
2-3. 비공식적 규정의 다른 형태로서 자동 조정은 장래 교류의 가능성이 농후한 상황을 인지하도록 유도하는 방식으로 예컨대 각료이사회의 '분산된 상호성 원칙,' 즉 갈등이 타결되더라도 특정 회원국의 이해관계가 전적으로 무시되는 조치를 방지하려는 비공식적 갈등해소기제를 들 수 있다.
3. 소위 'kitchen politics'에 해당하는 비공식적 제도화로서 잠재적 갈등 상황이나 도출된 합의 내용의 함의에 대한 충분한 정보가 부족한 행위자를 결정과정에 투입하거나, 결정과정으로부터 잠재적 반대론자를 격리시키거나 혹은 특정 안건에 대한 찬반 여부의 선택 상황을 폭넓은 지지를 받는 다른 안건과 연계시키거나 다른 분류 표시에 의해 명명하여 합의가 수월한 다른 의결방식에 의해 결정되도록 유도하는 등 교착 상태로부터 돌파구를 찾아내는 방식을 가리킨다.

있다면 무엇인지에 대한 의문이 생긴다. 에리띠에(Héritier, 2001)는 유럽연합의 주요 의결기구로 제한하여 이해관계의 충돌 소지가 있는 각종 안건을 공식적 의결 절차의 한계를 극복하려는 소위 '창업주 정신을 발휘하는 행위자'의 묘안을 제시한다. 이를 공식기구에 국한하지 않고 이슈 중심의 협의체로 확대하면, 한 편으로 에리띠에의 논지를 입증하지만 다른 한 편으로는 하버마스의 우려가 재현된다.[15]

<그림 7.1.1>은 유럽 지역통합을 안보 측면에서 회원국을 분류한 도형인 반면에 <그림 7.1.2>는 유럽 지역통합을 경제 측면에서 회원국을 분류한 도형이다. 안보 측면에서 본 '하나의 유럽'은 냉전 도래라는 외부 요인에 의해 이질적 북대서양조약기구(NATO)를 핵심 역내 및

15 하버마스는 지역통합의 내실을 제고하려는 지도자와 일반인 간 심리(mentality)나 참여(participation)에 있어서 간극을 특히 우려하며 리스본 조약마저 이 근본적 문제를 해소하기 어렵다고 주장한다. 상세한 내용은 Jürgen Habermas, "European Politics at an Impasse: A Plea for a Policy of Graduated Integration," in Habermas (2008), 78-105를 참조할 것. 예컨대 Susan George, *We the Peoples of Europe* (London: Pluto Press, 2008)에서 조지는 리스본 조약이 결과적으로 기업의 배를 채워 주기 위한 일반 시민의 희생을 강요할 것이라는 강도 높은 유럽회의주의를 단적으로 대변해 준다.

역외안보기구로서 제도화하는 과정을 통해 구현되었다. 대체로 중립국은 유럽중심기구인 EU에는 공식적으로 가입했지만 비유럽중심기구인 NATO에는 공식적으로 가입하지 않았거나, 혹은 비유럽중심기구인 NATO에는 공식적으로 가입했으나 유럽중심기구인 EU에는 공식적으로 가입하지 않았기 때문에 분할된 모습으로 나타난다.[16] 반면에 경제 측면에서 본 '하나의 유럽'은 국경통제를 제거하는 솅겐 지역(Schengen Area)이나 화폐통합을 목표로 하는 유로존(Euro Zone) 모두 선택 사양인 참여유보(opt-out)를 통한 연성 절차를 통해 아일랜드, 키프로스 또는 영국(1999년부터 2004년 복귀까지)이 가입하지 않은 형태로 분할되었으며 그 분할폭도 안보 측면보다 훨씬 작다. 더욱이 솅겐 지역은 마스트리히트 조약이 유럽연합조약체계로 편입되면서 그 일부로 수용되었기 때문에 유럽연합의 신규 가입국은 자동적으로 가입대상이 된다. 더구나 2010년 현재까지 비유럽연합 회원국인 스위스도 솅겐 지역에는 참여한다. 다만 엄격한 재정건전성 기준을 충족해야만 가입이 승인되는 유로존의 경우에는 연성 절차인 참여유보에 의거해 영국, 덴마크, 스웨덴이 가입하지 않았지만, 에스토니아와 같이 재정건전성 기준을 충족하면 가입할 수 있는 공식 또는 잠재 후보 회원국이 가입을 기다리는 형태로 나뉜다. 특이한 점은 경제 측면에서는 '하나의 유럽'이 '하나의 제도, 하나의 정책'과 '하나의 시장, 하나의 화폐'로 나뉘어 혼재하며 과도기적 전환을 거치며 연착륙(soft landing)한다는 사실이다.

게다가 이러한 분할 형태를 더욱 복잡하게 만드는 역사적 사실의

16 예외적으로 덴마크는 NATO 창실 회원국이면서도 마스트리히트 조약(1992)에 명기된 참여유보(opt-out)를 채택해 EU의 유럽안보방위정책(ESDP)에 참여하지 않았다.

배경에는 안보와 경제 측면에서 가입 의지와 가입이 승인된 시기 간 격차가 두드러지는 경우가 있다. 지역통합 가입현황을 가입 (또는 경우에 따라 탈퇴) 시기 중심으로 2010년 현재 유럽연합 회원국과 비회원국 (후보국 포함) 간에 대조해 보면 다음과 같은 특징을 발견할 수 있다.[17] 첫째, 분할된 형태의 시간 경과가 특정 시점에 집결된 점을 미루어 정부 간 협약에 의해 지역통합의 계기가 마련된다고 평가할 수 있다. 둘째, 유럽경제공동체를 주노한 창립국가 6개국에 반발해 영국과 더불어 중립국인 덴마크, 노르웨이, 스웨덴, 스위스, 오스트리아, 그리고 포르투갈이 스톡홀름 회의(1960)에서 유럽자유무역연합(EFTA)을 창설했고, 핀란드(1986)가 추가 가입했으나 노르웨이와 스위스를 제외한 나머지 국가는 유럽경제공동체 또는 유럽연합에 가입하면서 탈퇴함으로써 핵심 기능은 이미 유럽연합으로 이관되었다. 셋째, '하나의 시장'에 초석을 제공하는 관세동맹을 로마조약(1957)에 의해 창립국가 6개국이 1968년에 출범시키면서 유럽경제공동체(EEC) 또는 유럽공동체(EC) 및 유럽연합 회원국은 자동적으로 가입되나 스위스는 제외된다. 반면에 경제 측면에서 실질적 참여를 채택하는 소국가로 안도라, 산마리노 및 프랑스를 통해 모나코는 유럽연합 회원국이 아니면시도 쉥겐 지역에 포함되고 또한 유로존이 아니면서도 유로를 통용한다. 넷째, 터키는 1995년부터 관세동맹에 참여할 뿐 아니라 유럽연합의 공식기구는 아니지만 상징적 기구인 유럽평의회의 창립 회원국이다. 또한 비유럽 중심이나 핵심안보기구인 NATO에도 터키는 1952년 이후 회원국이지만 1987년부터 추진한 유럽연합의 가입신청은 유

17 상세한 내용은 "부록 2. 유럽 지역통합 기구별 가입 시기 분류"를 참조할 것.

그림 7.1.1 유럽 지역통합: 안보

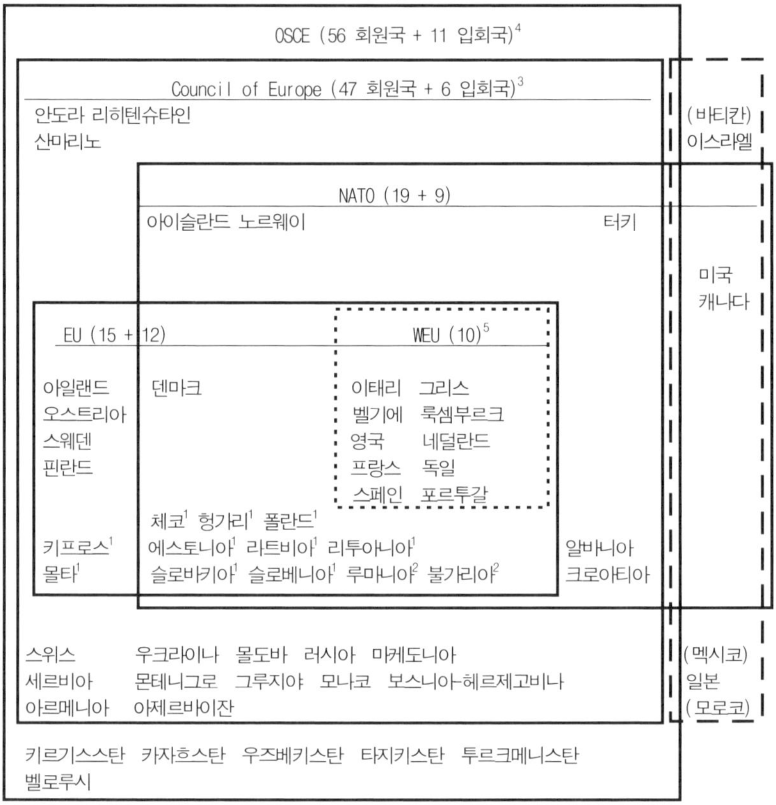

1. 2004년(+8), 2009년 EU(+2) EU 신입 회원국으로 구동구권 국가가 가입했다. 2004년에는 몰타와 북부 키프로스도 신입 회원국으로 승인되었고, 체코, 헝가리, 폴란드는 1999년 NATO에 앞서 가입했다.

2. 2004년(+7), 2009년(+2) NATO 신입 회원국으로 구동구권 국가가 가입했다. Partnership for Peace을 조인한 22개 비회원국은 우크라이나, 몰도바, 러시아, 마케도니아, 세르비아, 몬테니그로, 그루지야, 보스니아-헤르제고비나, 아르메니아, 아제르바이잔, 키르기스스탄, 카자흐스탄, 우즈베키스탄, 타지키스탄, 투르크메니스탄, 벨로루시(동구권 및 CIS 국가)와 스위스, 아일랜드, 오스트리아, 스웨덴, 핀란드, 몰타(중립국가), 그리고 알제리, 이집트, 이스라엘, 요르단, 모로코, 모리타니, 튀니지(지중해 연안 국가) 등이다.

3. 유럽평의회(Council of Europe)의 입회국은 캐나다, 멕시코(의회 및 각료이사회), 미국, 일본, 바티칸(각료이사회), 이스라엘, 모로코(의회) 등으로 점선 안에 별도로 표기하고 있다.

4. 유럽안보협력기구(Organization for Security and Cooperation in Europe, OSCE)의 입회국은 알제리, 이집트, 이스라엘, 요르단, 모로코, 튀니지 등 지중해 연안 국가와 한국, 일본, 태국, 아프가니스탄, 몽골 등 아시아 국가가 있고 <그림 7.1.1>에서는 생략했다.
5. 서유럽연합(WEU)은 브뤼셀 조약(1948)의 냉전에 대응하는 서유럽국가의 안보협정에 근거해 10개 회원국이 창립했다. 이후 EU와 NATO 가입 여부에 따라 입회국으로 아일랜드, 덴마크(1992), 오스트리아, 스웨덴, 핀란드(1995)가 참여했고, 준회원국으로 아이슬란드, 노르웨이, 터키(1992), 체코, 헝가리, 폴란드(1999)가 참여했고, 그리고 준동반국가로 분류해서 에스토니아, 라트비아, 리투아니아, 슬로바키아, 루마니아, 불가리아(1994), 슬로베니아(1996)가 참여했다. 냉전의 종식으로 주요 기능이 유럽연합으로 이관되었고, 리스본 조약 인준으로 상호방위 조항이 소멸됨에 따라 2011년 WEU는 공식적으로 종료된다.

럽연합조약체계가 천명하는 원칙을 충족시키지 못한다는 근거에서 2010년 현재까지도 논의 중이다. 다섯째, 잠재 후보가입 대상국인 알바니아와 보스니아-헤르체고비나에는 회교도가 과반수이상이고, 터키에는 비록 공식적 지정 종교가 없으나 인구의 99% 이상이 회교도이다. 주시할 점은 '하나의 유럽'을 대변하는 유럽 다면성 조립의 정치가 유럽의 정체성을 정립하는 것을 목표로 하기 때문에 종교적 다양성의 포용 한계가 역내 이슬람문화권에 대한 반발심으로 드러날 수 있다는 사실이다.[18]

18 상세한 논의는 Anna Triandafyllidou, *Muslims in 21st Century Europe: Structural and Cultural Perspectives* (London: T&F Books, 2010), Ireneusz Pawel Karolewski, *Citizenship and Collective Identity in Europe* (London: T&F Books, 2009)를 참조할 것.

그림 7.1.2 유럽 지역통합: 경제

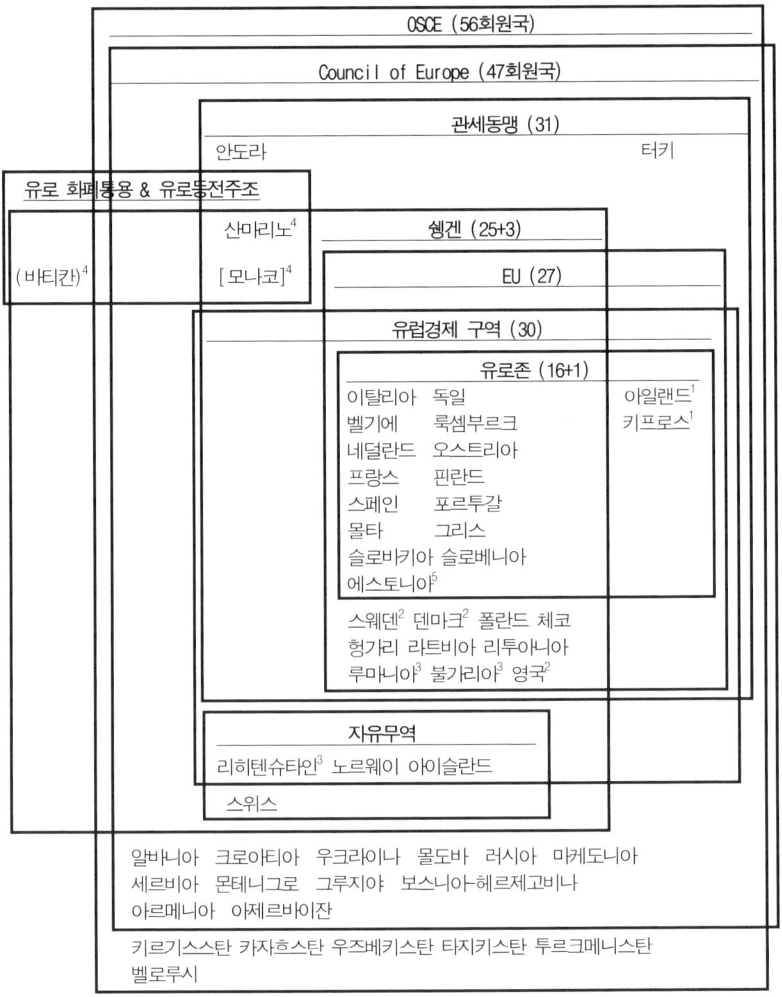

1. 쉥겐 지역 참여유보(opt-out): 영국(1999/2004 복귀, 현재까지 미집행), 아일랜드(2002), 단 키프로스(2004)는 분쟁으로 인해 현재까지 발효되지 못한 상태이다.
2. 유로존 참여유보(opt-out): 영국, 덴마크, 스웨덴(1999). 스웨덴은 유럽환율조정메커니즘(ERM)에 가입하지 않음으로써 유로존 참여를 실질적으로 유보 중이다. 덴마크는 ERM에 참여 중이다.
3. 리히텐슈타인(2011)은 쉥겐 발효 예정이나 루마니아, 불가리아의 가입은 핀란드와

네덜란드의 반대로 2012년 이후로 연기되었다.
4. 바티칸, 산마리노(1997)는 실질적 쉥겐 지역이고, 모나코는 프랑스를 통해 쉥겐 지역에 가입했다. 안도라의 국경통제는 안도라 공국 소관이다. 바티칸, 산마리노, 모나코는 유로를 통용하는 지역이나 유로존으로 간주하지 않는다. 안도라는 조건부로 2011년 이후 유로를 공식적으로 통용할 예정이다.
5. 에스토니아(2011)는 유로존에 가입했다. 유럽 재정위기의 여파로 폴란드와 체코는 가입신청을 보류했다.

따라서 다음 절에서는 종교가 새롭게 정치시장에 등장한 '탈세속화된' 유럽 사회에서 유럽의 다면성과 정체성이 어떻게 상호 작동하는지에 주력하여 그 정치 현주소를 살펴보고자 한다.

III. 유럽의 다면성과 정체성

유럽의 정체성은 사회·정치·경제 및 문화 영역에서 다면성(multiplicity)과 불가분의 관계를 지닌다.[19] 특히 문화적으로 내재된(culturally embedded) 다면성은 언어, 종교 등에서 드러나는 차이점 그 자체보다 특정 집단이 세상과 자신과의 관계를 설정하는 신념과 실행으로부터 파생되는 차이점에 기반을 두는 정체성에 대한 접근법을 요구한다. 결국 문화적으로 내재된 다면성을 접근하는 방식은 집단 간 이질성의 제도화, 즉 인지의 정치(politics of recognition)에 의해 정체성을 규정한다.[20]

우선 유럽의 정체성을 규정하는 요소로서 유럽연합 회원국의 언어

19 유럽연합 회원국의 다양성에 관한 상세한 내용은 "부록 3. 유럽연합 회원국 서술통계"를 참조할 것.

20 Jeffrey Checkel and Peter Katzenstein, "The Politicization of European Identities," in Jeffrey Checkel and Peter Katzenstein, eds., *European Identity* (Cambridge: Cambridge UP, 2009), 11-15.

적 다양성(diversity)이 두드러진다. 2010년 현재 유럽연합의 공식 언어는 23개에 달하지만 영어가 공통어(*lingua franca*)로 통용되면서 언어적 다양성은 유럽의 다면성을 상징하나 유럽의 정체성을 규정하지는 못한다고 볼 수 있다.[21] 왜냐하면 유럽의 정체성이란 민족국가를 초월하는 정체성이라기보다 민족국가의 정체성이 유럽 차원에서 재구성된 정체성을 가리키기 때문이다. 반면 종교적 다양성은 유럽의 다면성과 정체성 간 연결고리를 만드는 유럽화(Europeanization) 작업을 저해할 잠재력을 지닌다.[22] 그러나 <그림 7.2.1>에서 보이는 종교적 다양성이 결과적으로 1952년 당시 창립국가 6개국의 정치적 의지를 꺾지는 못했다는 사실은 유럽의 다면성과 정체성 간 연결고리가 또 다른 기제를 통해 작동한다는 여지를 남긴다.[23] 창립국가 6개국이 유럽의 다면성과 유럽의 정체성을 연계하는 데 연착한 지 20년 후에 영국, 아일랜드, 덴마크가 회원국으로 가입한 1차 확대가 성사되었고, 이로부터 7년 후에 2차 확대를 통해 스페인, 포르투갈, 그리스가 가입했고, 또다시 15년 후에 3차 확대에서 스웨덴, 핀란드, 오스트리아가 가입함으로써

21 일부 학자는 유럽의 정식 공통어가 부재하다는 사실만으로 민족국가를 초월하는 유럽의 정체성을 거부하고 나아가 정체성의 정치를 구현하는 정치적 공동체의 존재 가치를 부인하기도 한다.

22 다양성(diversity)이 동일하지 않은 구성 요소의 차이가 드러나는 정도를 가리킨다면, 다원주의(pluralism)는 진일보하여 이질적 요소 간 중첩을 관용하는 정도를 가리킨다. 다면성(multiplicity)에는 다양성이나 복수성(plurality) 자체보다 정체성이 다변적(multilateral) 관계에 근거해 형성된다는 점을 강조하고자 한다. 따라서 유럽의 종교적 다양성이 유럽 차원의 정당집단 정치의 균열구조와 조우할 때, 유럽의 정체성이 유럽의 다면성을 왜곡하면서 투영하는 유럽화의 현 정치주소를 묘사하는 데 다양성이나 다원성보다 적절하다고 판단한다.

23 석탄과 철강을 독일과 공동으로 관리하기 위해 제안된 슈만 플랜이 1953년 유럽석탄철강공동체(ECSC)로 구체화되면서 프랑스, 독일 이외에 베네룩스 3국과 이탈리아 등 총 6개국이 창설에 동참했다. 전후 유럽동합과정에 관해서는 김준석, "프랑스-독일 관세의 변화와 유럽통합: 회고와 전망," 이 책의 4장을 참조할 것.

비로소 유럽공동체(European Community)에서 유럽연합(European Union)으로 도약했다.[24] 즉, 유럽의 다면성을 유럽의 정체성과 연계하려는 정치적 노력이 유럽연합으로 결실을 맺기까지 40여 년의 세월이 소요되었다.

앞서 언급했듯이, 창립국가 6개국이 주창한 공동시장(common market)에 대항하는 영국 주도의 자유무역지대(free trade area)가 EFTA로 정착되면서 유럽은 통합된 형태의 경제동맹과 정부 간 협의체에 준하는 관세동맹, 즉 공동체와 협의체로 양분되는 양상을 보였다. 주목할 점은 공동체와 대립 각도에 있으면서도 동시에 공동체 가입을 신청한 영국의 이중적 행보이다. 결국 영국의 가입신청은 프랑스의 거부로 좌절되었으나 영국마저도 공동체를 부인하려 했지만 동시에 그 유효성을 인지했다는 사실은 흥미롭다.[25]

1995년 마스트리히트 조약에 이르러서야 유럽통합에 안착한 9개국의 종교적 다양성을 보여주는 <그림 7.2.2>는 한 편으로 종교적 다양성이 유럽의 다면성을 상징할 뿐 아니라 유럽의 정체성을 규정하는 주요 기제로서 각 회원국의 국내 정치를 유럽에 투영하는 유럽화를 통해 작동한다는 사실을 일깨워 준다. 그러나 다른 한 편으로 마스트리히트 조약 체제가 정립되면서 '하나의 유럽'은 가속도를 내며 질주한다는 사실을 감안하면 종교적 다양성은 단지 유럽 다면성의 상징일

24 1차 확대를 가능하게 한 파리조약(1972)까지 20년 기간 동안 프랑스 의회비준 실패로 유럽방위공동체(EDC) 결성은 좌절되었으나 유럽경제공동체(EEC)와 유럽원자력공동체(Euratom)가 유럽석탄철강공동체(ECSC)와 더불어 유럽공동체(EC)를 구축했다.

25 N. Piers Ludlow, "Governing Europe: Charting the Development of a Supranational Political System," in Wolfram Kaiser and Antonio Varsori, eds., *European Union History: Themes and Debates* (New York: Palgrave Mcmillan, 2010), 110. 특히 대다수의 유럽/유럽연합 발전사 초기 연구가 초국가기구에 대한 찬반 여부에 주력해 국가단위에 집중되어 있기 때문에 영국 또는 프랑스의 행보에 대한 관심이 두드러져 있다.

뿐 유럽 정체성에 대한 공감대를 구축하려는 의지만 결집된다면 종교적 다양성에도 불구하고 '하나의 유럽'이 가능하다는 사실도 일깨워 준다.

그렇다면 유럽통합의 확대가 일단락되면서 2004년에 가입한 중부 동유럽권 10개국과 2007년에 가입한 2개국 등 총 12개국 신입 회원국의 종교적 다양성은 15개국 기존 회원국과 어떤 차이점을 보여주는가. 창립국가 6개국 중 독일과 네덜란드는 가톨릭과 신교를 합쳐 전체 과반수를 초과하는 반면 프랑스, 이탈리아, 벨기에, 룩셈부르크는 가톨릭이 2/3 이상을 차지한다. 1~3차 확대 회원국을 살펴보면 영국과 그리스는 각기 잉글랜드교회와 그리스정교가 과반수 또는 그 이상을 차지하는 예외적인 경우이고, 스페인, 포르투갈, 아일랜드, 오스트리아에서는 가톨릭이 지배적인 반면 핀란드와 스웨덴에서는 신교가 지배적이다.

<그림 7.2.3>은 기존 회원국과 비교해 그리스처럼 그리스정교, 불가리아정교, 루마니아정교가 우세한 키프로스, 불가리아, 루마니아의 경우가 있는가 하면 프랑스 등과 같이 가톨릭이 과반수 또는 그 이상인 몰타, 폴란드, 헝가리, 슬로바키아, 슬로베니아, 리투아니아의 경우도 있다. 라트비아, 에스토니아, 체코와 같이 종교적 다양성이 복잡하게 드러나는 경우도 있다. 더불어 가톨릭, 신교, 유대교, 잉글랜드교회 및 각종 정교회에 근간이 되는 기독교와 이질적 종교인 회교가 창립국가 6개국과 1~3차 확대 회원국에서는 1/10 이내에 그치는 경우가 대다수이지만 키프로스, 불가리아와 같이 10% 이상을 차지하는 경우도 있다. 더구나 가입후보국 3개국 중 마케도니아를 제외한 크로아티아와 터키, 그리고 잠재적 후보국 중 세르비아를 제외한 알바니아, 보스니아-헤르체고비나, 몬테니그로 등도 회교인구가 10%를 초과한다.

이와 같이 회교 인구가 소위 중대 규모(critical mass)를 구성하는 회원국 또는 후보국이 늘어나면서, 종교적 다양성 자체가 유럽의 다면성을 상징하는 단계를 벗어나 유럽의 정체성을 규정하려는 정치적 통합에 중대한 도전을 제기하는 요소로 활용될 가능성이 커질 수 있다. 즉 유럽통합이 외면상으로는 확대를 통해, 내부적으로는 심화를 통해 '하나의 유럽'으로 제도화하는 과정에서 유럽의 다면성과 강요된 형태로서 유럽의 정체성 간 양자택일을 강요하는 영합적(zero-sum) 성향이 증대했다. 이러한 압박은 바로 유럽연합의 기본 이념에 정면으로 위배되는 위험성을 지니며 결과적으로 유럽연합의 존재 이유를 부인하는 모순을 지니지만 더욱 심각한 문제는 대중영합주의(populism)가 경제 불황 또는 안보 불안, 보다 정확하게는 그러한 위기감이 팽배해지면서 유럽의 다면성으로부터 기원을 찾을 수 있는 유럽의 문화적 유산을 유럽의 정체성 확립으로 잇는 연결고리가 점차 약화된다는 데 있다.

유럽의 다면성은 다문화주의, 즉 '각기 고유한 역사와 삶의 방식을 보존하여 후세에 전수하려는 공동체의 복수성에서 파생된 다양성이 주요 근간이 된 문화적 다양성의 유형에 중점을 두는' 공동사회적(communal) 다양성과 부분적으로 공통점을 공유한다.[26] 또한 다문화주의가 궁극적으로 문화적 다양성을 집단행동으로 제도화시키듯이, 예컨대 이념에 근거한 사회운동으로 이어지거나 아니면 이익 대변을 목

26 파렉(Parekh)이 규정하는 문화적 다양성은 현대사회의 문화에 내재된(culturally embedded) 다양성 또는 문화적 다양성을 크게 소문화적(subcultural) 다양성, 관점 의존적(perspectival) 다양성, 그리고 공동사회적(communal) 다양성이 여러 형태로 결합되어 특정 사회에서 나타나는 특성을 가리킨다. 상세한 논의는 이옥연, "스위스 다문화주의의 도면: 연방 법제도와 정당제를 중심으로," 『국제정치논총』 49/5 (2009): 336에서 인용하는 Bhikhu Parekh, *Rethinking Multiculturalism: Cultural Diversity and Political Theory* (Cambridge: Harvard UP, 2000)를 참조하기 바란다.

표로 하는 정치과정으로 나타날 수 있다는 점에서 유럽의 다면성과 일맥상통한다.

앞서 지적했듯이 유럽의 정체성은 유럽의 다면성을 공동체로 승화시키는 과정에서 창출되는 결과물이기도 하다. 그렇다면 유럽의 종교적 다양성을 유럽의 정체성과 연계하는 작업은 구체적으로 어떤 경로를 통해 이루어질까? 이 연계 작업의 최종 결과물이 유럽을 구성하는 공동체의식 또는 연대의식(solidarity)이라고 상정한다면 '하나의 유럽'은 필연적으로 '하나의 유럽 문화' 또는 '하나의 유럽 정체성'을 의미할까?[27] 아니면 '하나의 유럽'은 복합사회이기 때문에 자동적으로 복수의 정체성을 전제할까?[28] 보다 근본적으로 '탈세속화된 사회(post-secular society)'로서 2010년의 유럽은 종교적 다양성을 어떻게 정치풍경에 담아내는가?[29]

주지하듯이 대다수 학자는 사회적 근대화와 세속화가 정비례한다는 기존 학설을 더 이상 지지하지 않는다. 경제-사회적 발전과 세속화 간

27 이 경우 유럽이 복합사회라는 제한에도 불구하고 '하나의 유럽'에는 이상적으로 하나의 정체성만 존재해야 한다는 정치적 합의가 형성될 수 있다. 그 결과 주류를 형성하는 다수 또는 지배집단의 정체성이 우위를 차지하기 때문에, 이를 소수를 포함해서 전체를 대표하는 정체성으로 정립하려는 정치적 압력의 가능성이 크다. 무엇보다 이러한 우열순위는 그 서열관계에 근거해 '하나의 유럽'으로의 동화를 내세우며 반발세력에 대한 억압을 정당화하고 나아가 불평등관계를 영구화시킬 위험도 지닌다.

28 반면에 유럽이 복합사회이기 때문에 복수의 사회에는 자동적으로 복수의 정체성이 존재할 수 있다고 가정하면, 집단이 서로 상이하다는 이유만으로 복수의 정체성을 전제할 수 있다. 따라서 우열 순위에 근거한 서열관계를 배격하고 나아가 주류 정체성으로의 동화를 요구하는 단일 정체성에 대한 정치적 압력을 배격한다. 단 서열관계를 부인하기 위해 상호 이질성을 과도하게 강조한 나머지 '하나의 유럽'으로 통합하는 데 방해가 될 가능성도 있다.

29 Ingolf U. Dalferth, "Post-secular Society: Christianity and the Dialectics of the Secular," *Journal of the American Academy of Religion* 78/2 (2010): 317-345. 달퍼쓰는 탈세속화된 사회를 종교의 재부상이라는 측면보다 종교에 종속되거나 특권을 부여하지도 않지만 그렇다고 종교를 내세우길 꺼리지도 않는다는 특성에 초점을 맞추어 정의한다.

높은 상관관계가 유럽을 제외한 지역에서는 실증적으로 입증되지 않았기 때문이지만, 그럼에도 불구하고 이 논리는 여전히 피상적 설득력을 가진다는 점도 부인할 수 없다.[30] 그러나 탈냉전시대가 도래하면서 세계 도처에서 목격되는 종교의 재부상이 '탈세속화된 사회'로서 유럽의 경우 다음과 같은 재평가를 필요로 한다는 주장을 심각하게 고려해야 하는 이유는 다음과 같다. 첫째, 비록 근대화와 세속화로 종교가 권위체로서의 역할, 즉 사회적 기능성을 상실했지만, 이러한 기능적 상실이 반드시 사회적 영향력과 연계성 자체를 모두 상실했다는 의미는 아니기 때문이다. 둘째, 종교의 재부상과 동시에 전 세계에서 목격되는 근본주의자의 극단적 행동이나 언행을 전하는 해외 단신을 빈번하게, 그리고 실시간으로 접하면서 위협인지도가 증가할 뿐 아니라 국내 공공영역(public sphere), 즉 미디어, 이익단체, 정당, 싱크탱크(think tank)에 더해 종교기관이나 연계조직도 종교 또는 종교성을 점차 정치도구로 활용하기 때문이다. 셋째, 이민 유입의 증가로 종교성의 다원주의(pluralism of religious confessions)와 생활방식의 다원주의(pluralism of ways of life) 간 불편한 관계가 노출되면서 이민자 문화와 주류사회 문화 간 관계설정 및 국가 차원의 통합 문제가 국내뿐 아니라 유럽 차원에서 정치쟁점화하기 때문이다.[31]

30 첫째, 과학과 기술의 진보로 인해 형이상학적이거나 신중심적(theocentric) 세계관은 인과관계를 규명하려는 실증주의에 입각한 세롱운동과 배치된다. 둘째, 사회 하부체계가 기능적으로 분화하면서 교회를 포함한 종교기관에 부여된 사회적 영향력과 권위가 축소된 결과 법, 정치 및 공공복지를 포함해 문화, 교육, 그리고 과학 분야에 대한 통제력을 상실하게 된다. 셋째, 산업사회 나아가 탈산업사회로 발전하면서 우주나 천상 세계에 대한 믿음에 의존해 불가사의한 역경을 극복해야 하는 절박성이 감소된다. Habermas, *Europe*, 60.

31 Habermas, *Europe*, 61-65.

그림 7.2.1 창립국가 6개국의 종교적 다양성

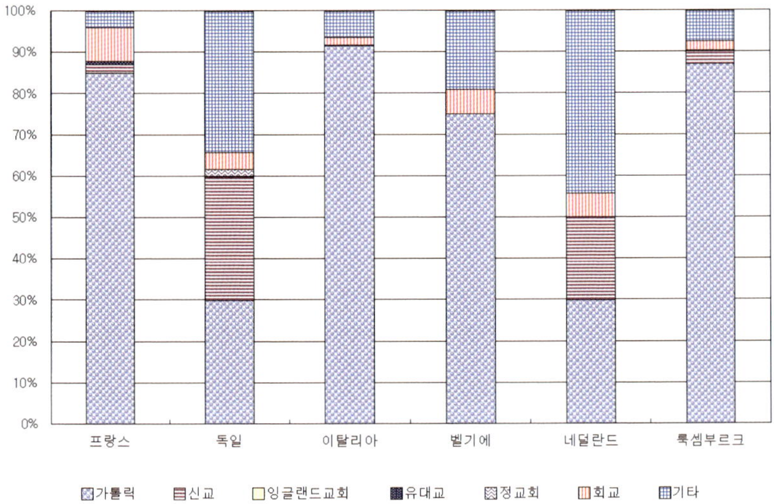

그림 7.2.2 1~3차 확대 가입국가 9개국의 종교적 다양성

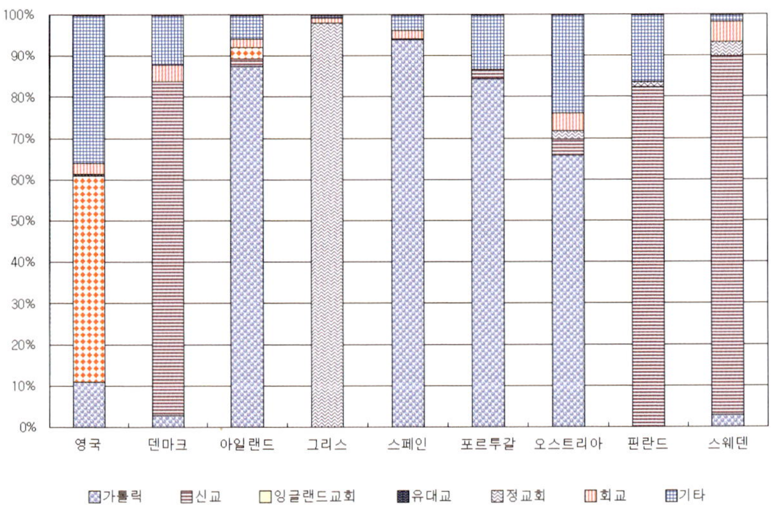

그림 7.2.3 신입 회원국 12개국의 종교적 다양성

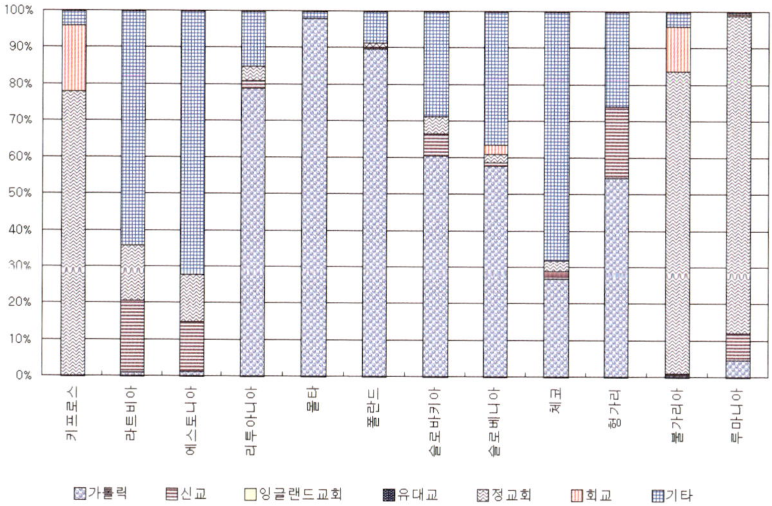

출처: https://www.cia.gov/library/publications/the-world-factbook/index.html (최종검색일 2010. 12. 1.)

그렇다면 종교가 근간이 되는 공동체의식은 유럽에서 사회계층과 어떻게 연계되는가? <표 7.3>은 스제르뇌(Stjernø, 2004)에서 발췌한 구교와 신교, 특히 루터교파에서 발전한 공동체의식 개념을 토대(foundation), 목적(objectives), 포괄성(inclusiveness), 공동연대 성향(collective orientation)에 근거해 비교한다. 유의할 점은 비록 종교가 중세부터 유럽에서 사회통제의 주요 기제로 작동했지만 공동체의식을 정치과정에 접목해서 개념화시킨 시점은 제2차 세계대전 이후였다는 사실이다.[32] 즉, 세속

32 Lorenzo Mechi, "Formation of a European Society? Exploring Social and Cultural Dimensions," in Kaiser and Varsori (2010), 154; Steinar Stjernø, *Solidarity in Europe: The History of an Idea*. Cambridge: Cambridge UP, 2004), 83. 중세 이후 종교에 근거한 유럽의 정체성에 관한 논의는 요하네스 헬름라트, "중세의 유럽: 기독교 유럽의 문제," 이 책의 1장을 참조할 것.

화된 유럽 사회의 근저에도 종교적 정체성에 기원을 두는 정치적 정체성이 자리매김했다는 사실이다.

국적을 초월하는(transnational) 성격이 강하고 다문화 지향적인 구교에 비해 신교는 국가를 근간으로 조직되는 경향이 큰 탓에 세계화 추세에 적응력이 미흡했다. 따라서 신교파 중 극단적 성향이 강한 분파가 주도하여 공동체의식 개념을 발전시킨 결과 신교 내 주류 교리로 정착하지 못했다. 결국 기독교는 구교와 신교 간 갈등의 골을 완화시키는 데 많은 시간을 소요했을 뿐 아니라 유럽의 정체성에 밀접하게 연계되었음에도 불구하고 민족국가의 정체성이 성립되던 근대에 산업사회로 전환되면서 급격하게 세속화에 밀려 사회적 영향력의 기반을 잠식당했다.[33]

표 7.3 구교와 신교의 공동체의식 개념 비교

	토대	목적	포괄성	공동연대 성향
구교	- 신 앞의 인간평등 - 가족 - 인간 상호의존성	- 사회 평화·조화 - 사회통합 - 인간 삶의 상황 증강	- 매우 강함 - 모든 계층 포함 - 특히 빈곤층·취약층 - 제3세계	- 약함 - 개인위주 - 보충성 원칙
신교	- 인간은 신의 형상으로 창조됨 - 이웃에 대한 사랑 - 그리스도의 노예됨	- 신의 왕국을 지상에 구현함 - 만인에 대한 복지	- 핍박받는 사람 - 빈곤층·취약층 - 제3세계	- 약함 - 성경과 의지에 의해 변경됨

출처: Steinar Stjernø, *Solidarity in Europe: The History of an Idea* (Cambridge: Cambridge UP, 2004), 73, 83.

33 대조적으로 유럽통합사가 1945년 이후 경제통합사에 의해 결정적으로 영향을 받았다는 주장도 있다. Morten Rasmussen, "European Rescue of the Nation-State? Tracing the Role of Economics and Business," in *Kaiser and Varsori* (2010), 128.

그러나 최근에는 기독교 교리와 이에 근거한 지지 기반을 중심으로 발전한 유럽의 공동체의식이 지역통합의 확대와 심화가 진행되는 가운데 '탈세속화된' 유럽 사회의 정치과정을 통해 주요 정치쟁점으로 부상하고 이를 기반으로 하는 정치세력이 조직되는 토양을 제공하는 양상이다. 다음 절에서는 제2차 세계대전과 냉전, 그리고 탈냉전을 거치면서 사회적 영향력의 기반으로부터 단절된 종교적 다양성이 지역통합과정에서 어떻게 '탈세속화된' 유럽의 다면성에 영향력을 미치면서, 유럽 정체성을 논의하는 공공영역에서 어떠한 모습으로 재탄생하는지 살펴보고자 한다. 이러한 '유럽 다면성 조립의 정치' 현주소를 검토한 후 결론을 대신하여 현재진행형인 유럽이라는 공동체의 정체성을 둘러싼 '유럽 다면성 조립의 정치'에 대한 체계적 후속 연구를 제안하고자 한다.

Ⅳ. 종교적 정체성, 정치적 정체성, 유럽의 정체성

리스(Risse, 2010)는 유럽의 정체성과 정치 현주소를 제공하는 공공영역 간 관계에 이상 징후를 발견하며 민주주의에 대한 우려를 표한다.[34] 정치체제는 필연적으로 체제 유지를 위해 필요한 각종 공적 기능을 수행하기 위한 정당성의 명분으로 공동체의식 또는 정체성을 내세우기 마련이다. 최근에는 미국과 대조적으로 세속화된 사회로 명명되던 유럽이 새롭게 '탈세속화된' 사회로 거론되면서 유럽에서 종교가 유럽의 정체성을 규정하는 유럽의 공적영역에 어떻게 영향력을 미치는지

34 Thomas Risse, *A Community of Europeans? Transnational Identities and Public Spheres* (Ithaca: Cornell UP, 2010), 226.

표 7.4 사회민주당과 기독민주당의 공동체의식 개념 비교

	토대	목적	포괄성	공동연대 성향
사회민주당	- 상호의존성 - 차이점 수용 - 감정이입 - 동정심 - 도덕과 윤리	- 공동체감 창출 - 사회통합 - 위험부담 공유 - 자기이익	- 매우 광대함 - 국가 전체 - 제3세계 - 여성 - 소수집단	- 중간 정도 - 개인자유 인정 - 개인자유와 집단공유 간 모순 인지
기독교민주당	- 인간은 신의 형상으로 창조됨 - 기독교 교리에 근거한 인간에 대한 이해와 윤리 - 인간의 존엄성 - 상호의존성 - 신의 일에 참여하거나 기여하는 개인의 의무	- 사회통합 - 사회조화 - 정의	- 광대함 - 계층 교차적	- 약함 - 인간 및 보충성 개념과 공동체의식의 집단 지향적 측면 간 균형을 모색함

출처: Steinar Stjernø, *Solidarity in Europe*, 200, 242.

에 관한 관심이 고조된다.[35] 이러한 추세는 헌법조약 인준과정에서 이미 드러났듯이 유럽 문제의 정치화가 정치적 성향에 기반을 두는 동시에 유럽 차원의 공공영역에 새로운 분층(cleavage) 축으로서 종교적 정체성으로부터 추출한 문화적 정체성의 축을 더해 정당 또는 정당집단의 지지 기반을 재편성한다는 사실에 기인한다.[36] <표 7.4>는 앞서

35 Dario Castiglione, "Political Identity in a Community of Strangers," in Kaiser and Varsori (2010), 46.

36 Risse (2010), Figure 10.1., 239를 인용하여 다음과 같이 정리했다.

계급 분층/ 문화 분층	좌	우
통합	녹색정당/대안정당 사회민주당	자유당 기독민주당/ 보수당
구획	좌익 대중영합정당	우익 대중영합정당

<표 7.3>에서 비교한 신구교파에 토대를 두는 공동체의식 개념과 달리 세속화된 사회경제적 분층의 축에 의해 정치적 입지를 표명하는 사회민주당과 기독민주당의 공동체의식 개념을 대조한다.

문제는 유럽이 '탈세속화된' 사회로 전환하면서 유럽의 정체성과 관련된 '하나의 유럽'을 구성하는 정치풍경에서 사회경제적 분층의 축에 의한 정치적 입지 표명으로부터 일탈하여 종교에 근거한, 보다 정확하게 말하자면 종교를 정치도구화해서 새로운 연대의식으로 일체감을 구성하는 문화적 분층의 축에 의한 정치적 입지 표명으로 전환된다는 사실이다.[37] 특히 유럽의회(EP)의 정당집단(political groups) 규정에 의해 형성된 정당집단에 자발적으로 연대를 공표한 각 회원국의 정당을 지역통합의 찬반 여부와 강도에 따라 분류해 보면 경우에 따라 국내 의회선거에서는 의석 확보에 실패했으나 최근 유럽의회 선거에서는 의석을 확보한 정당이 있다. 이는 단일의제(single-issue) 정당인 경우도 있으나 유럽의 정체성을 둘러싼 반발에 의한 통합 확대를 반대하거나 그를 두려워하는 소수정당이 많다는 점이 두드러진다.[38] 무엇보다 리스

리스는 유럽의 비전이 기존의 좌우에 의한 사회경제적 분층보다 세계주의 대 국수주의로 대치하는 문화적 분층으로 축이 형성되는 현실에 심각한 우려를 표명한다.

37 홍태영, "유럽의 정체성과 문화적 인종주의," 한국유럽학회 연례학술대회 발표논문집(2010), 241.

38 Hartmut Kaelble, "Identification with Europe and Politicization of the EU since the 1980s," in *Kaiser and Varsori* (2010), 205. 물론 국내 선거제도나 정당등록 및 선거자금 규제 등과 관련한 법제도적 통제로 인해 원내 진출이 좌절된 경우도 있다. 그러나 유럽의회선거가 통일된 선거방식인 비례대표제(정당명부 또는 STV)에 근거하나, 각 회원국의 여건에 맞추어 각기 채택된다는 점을 감안한다면 국내 의회선거와 유럽 의회선거 결과의 간극은 법제도적 장애보다 더 큰 영향력을 끼치는 별도의 기제, 즉 유럽의 다면성을 조립하는 정치가 탈세속화된 유럽의 정체성과 맞물려 국내보다 더 큰 폭으로 작동한다고 볼 수 있다. 상세한 내용은,
http://www.europarl.europa.eu/parliament/expert/displayFtu.do?id=74&ftuId=FTU_1.3.4.html (최종검색일 2010. 12. 1.)을 참조할 것. 또한 1979년부터 최근 2009년까지 유럽의회 선거에서

의 분류와 비교해서 기존의 좌우 분류로는 통합의 확대에 대한 강도를 정확하게 측정하기 어려울 뿐 아니라 각 회원국의 유럽의 정체성을 입체화시킨다면 사회경제적 분층 축과 문화적 분층 축이 중첩되지 않는 경향이 강해졌다.[39] 더구나 <표 7.5>에서 보이는 유럽연합의회 내 정당집단에 소속되길 거부하는 무소속 유럽연합의원은 국내에서도 무소속인 경우도 있으나, 대체로 대중영합적 성향이 강한 극단적 정치공세를 공공영역에서 전파했으며 극소수에도 불구하고 정치풍경을 뒤흔들어 놓는 후유증을 낳았다.[40]

2005년 헌법조약의 인준을 거부한 프랑스와 네덜란드에서 시작한 '하나의 유럽'에 대한 저항이 객관적 근거에 의해서였을까, 아니면 감정-정서적 근거 때문이었을까?[41] 더구나 불발에 그친 제도개혁은 특히 의사결정구조를 재편성함으로써 공식적 규정 변경을 통해 통합의 제도화를 모색하기보다 연성 프로그램이나 비공식적 규정 변경, 심지어 비공식적 제도화를 획책하는 'kitchen politics'에 의해 돌파구를 찾거나 또는 비선출 전문직인 재판관의 판결에 준하는 규정 해석 권한을 지

결성된 정당집단 및 선거결과에 관한 상세한 내용은 "부록 5. 유럽의회 선거결과, 회원국과 유럽의회 정당집단별 분류(1979~2009)," "부록 6. 유럽의회 선거 전후 유럽의회 정당집단, 회원국별 자국소속정당 분류(1979~2009)"를 참조할 것.

39 크리스찬센은 지나치게 앞서다 오히려 진정한 의미의 '신유럽(new Europe)'에 대한 청사진도 제시하지 못한 니스 정상회의를 가리켜 '니스의 악몽'이라고 명명하고 있다. Thomas Christiansen, "The EU Treaty Reform Process since 2000: The Highs and Lows of Constitutionalising the European Union," in Anca Pusca, ed., *Rejecting the EU Constitution?: From the Constitutional Treaty to the Treaty of Lisbon* (New York: International Debate Education Association, 2009), 30.

40 Juan D. Medrano, "The Public Sphere and the European Union's Political Identity," in *Checkel and Katzenstein* (2009), 106.

41 Natascha Zowislo-Grünewald, "On Europe's Representation: A Symbolic Interpretation of Rejecting the Constitution," in *Pusca* (2009), 15.

닌 관료의 전횡이 증대하는 결과를 초래했다. 그 결과, '민주주의의 결핍'이 악화되어 투명한 민주주의적 의사결정과정의 정착에 해악이 되기 때문에 의사결정과정의 회원국 비중치를 인구비례에 의해 재조정하려는 제도개혁을 주장하기도 한다.[42]

표 7.5 유럽연합의회 무소속(Non-Inscrit)에 연계된 회원국 내 정당과 EMP 수, 2010년[1]

회원국	Δ(#EMP)[2]	#EMP[3]	NI(#EMP)[4]
네덜란드	-2	25	PVV (4)
벨기에	-2	22	Vlaams Belang (2)
프랑스	-6	72	FN (3)
스페인	-4	50	UPyD (1)
영국	-6	72	BNP (2), DUP (1)
오스트리아	-1	17	FPÖ (2), Martin (3)
헝가리	-2	22	Jobbik (3)
불가리아	-1	17	AKATA (2)
루마니아	-2	33	PRM (3)

출처:
http://www.europarl.europa.eu/sides/getDoc.do?type=RULES-EP&reference=20101110&secondRef=RULE-033&format=XML&language=EN;
http://www.europarl.europa.eu/members/expert/groupAndCountry/search.do?group=2978&language=EN (최종검색일 2010. 12. 1.)

1. 2007년 불가리아와 루마니아가 신입 회원국으로 가입하면서 총 785석으로 상향 조정했으나 니스 조약을 통해 2009년 유럽의회 선거에서 49석을 감소해 총 736석으로 하향 조정했다. 만약 아일랜드의 국민투표 부결로 인해 리스본 조약 인준에서 차질이 발생하지 않았다면 총 751석으로 감소폭이 줄어들 예정이었다.
2. 2007년 당시보다 2009년 선거에서 하향 조정된 유럽의회의 총 의석수를 가리킨다.
3. 2009년 유럽의회 선거 시 각 회원국에 배정된 총 의석수를 가리킨다.
4. 2009년 유럽의회 선거결과 각 회원국 내 정당 중 유럽의회 무소속(Non-Inscrit)에 연계된 정당 명칭과 괄호 안에 당선된 소속의원 수를 기재했다.

42 George Tsebelis, "Thinking about the Recent Past and the Future of the EU," in *Pusca* (2009), 66.

그렇다면 지난 15년 간 지역통합의 심화(deepening)와 확대(widening)를 거치면서 2010년 현재 유럽 다면성 조립의 정치 현주소는 어떠한 모습으로 유럽의 정체성을 그려낼까?

<그림 7.3.1~7.5.2>를 대조하면서 유럽 문제의 정치화가 어떻게 '하나의 유럽'에 대한 유럽의 구상으로 드러나는지 또는 그를 저해할 수 있는지 살펴보고자 한다. <그림 7.3.1~7.5.2>는 창립국가 6개국, 확대국가 9개국, 그리고 신입국가 12개국으로 나눈 후 각 국가군별로 상단에는 2010년 현재 유럽의회 정당집단별 의석점유율, 하단에는 2010년 현재 유럽의회 정당집단별 국내 소속정당의 국내 의회 또는 하원 내 의석점유율을 보여준다. 또한 그림의 각 국가별 막대 도형에서는 하단부터 상단까지 앞서 <표 7.5>에 분류된 좌우 성향과 강도에 따라 극좌부터 극우의 순서대로 정당집단별 소속정당의 의석점유율이 표기된다.

유럽의회 정당집단의 경우 무소속(NI)으로 연대한 각 국내 정당이나 무소속의 경우 일부는 국내 의회 또는 하원 내 의석점유에는 실패한 경우도 더러 있다. 더불어 국내 의회 또는 하원 내 기타 군소정당을 포함해 기타(others)로 표기했다. 그렇다면 유럽 문제의 정치화가 각 국가군별로 국내와 유럽 의회에서 어떤 양상으로 나타날까? 그러한 양상이 뜻하는 바는 무엇일까? 그리고 종교적 다양성과 어떤 연계성을 지닐까?

그림 7.3.1 유럽의회 정당집단별 의석점유율, 창립국가 6개국(2010년 현재)

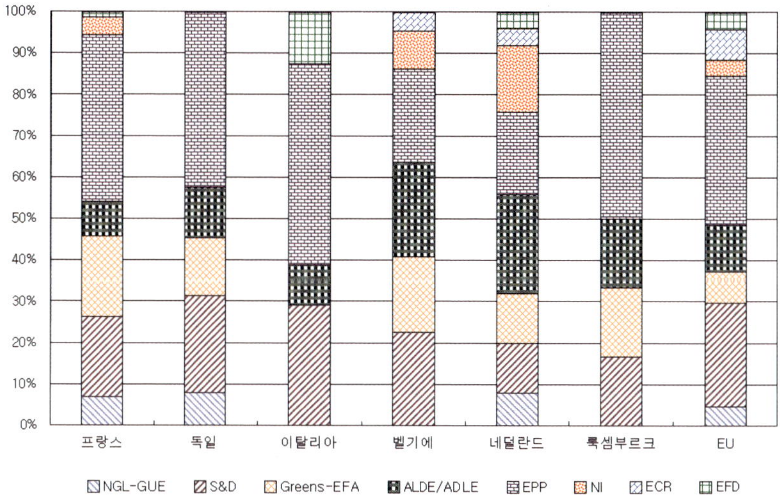

그림 7.3.2 유럽의회 정당집단별 국내 소속정당의 의석점유율, 창립국가 6개국

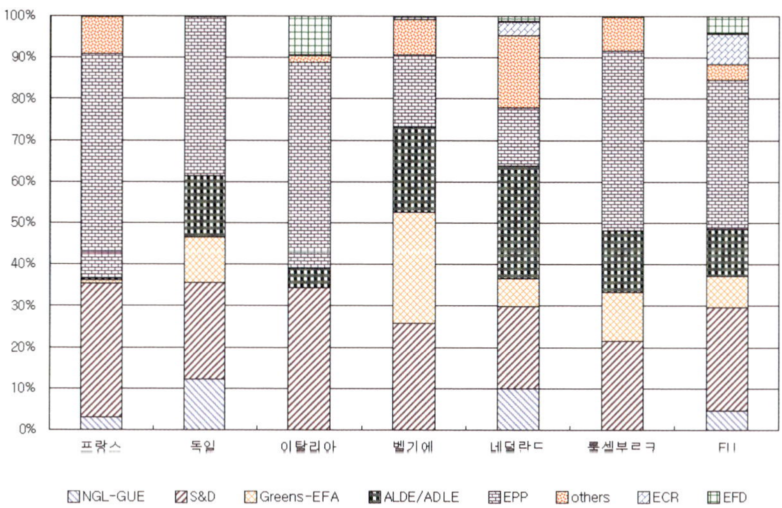

그림 7.4.1 유럽의회 정당집단별 의석점유율, 확대국가 9개국(2010년 현재)

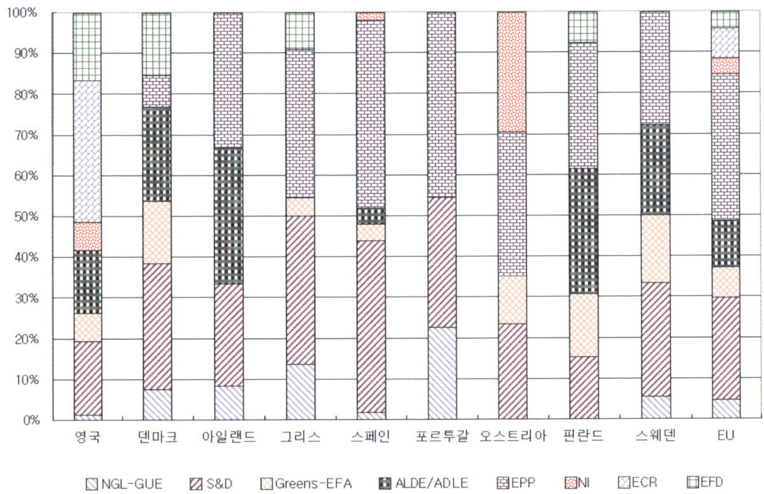

그림 7.4.2 유럽의회 정당집단별 국내 소속정당의 의석점유율, 확대국가 9개국

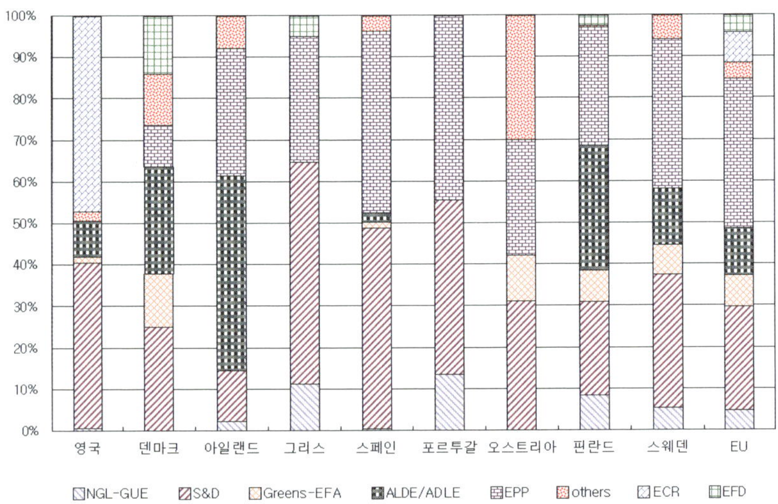

그림 7.5.1 유럽의회 정당집단별 의석점유율, 신입국가 12개국(2010년 현재)

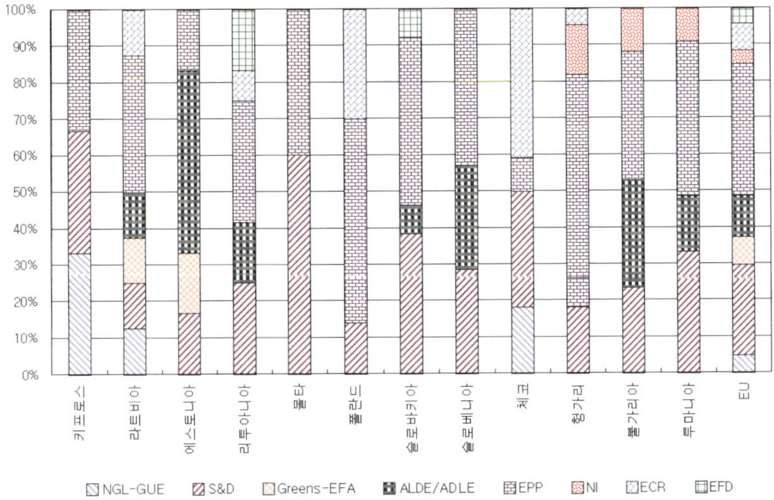

그림 7.5.2 유럽의회 정당집단별 국내 소속정당의 의석점유율, 신입국가 12개국

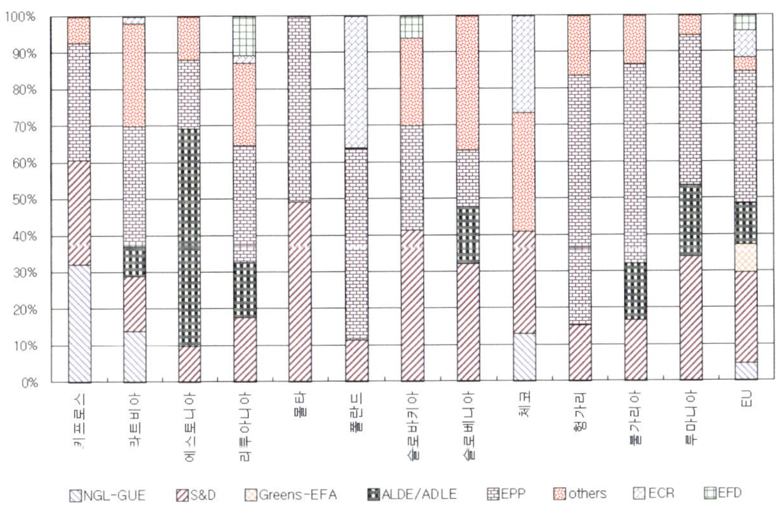

출처: http://www.europarl.europa.eu/members/expert/groupAndCountry.do?language=EN (최종검색일 2010. 12. 1.); http://www.ipu.org/parline e/parlinesearch.asp 각 국가 하원 최근 선거일(최종검색일 2010. 12. 1.)

우선 창립국가 6개국을 살펴보면, 중도파(프랑스 제외)와 우파는 국내보다 유럽의회에서 유사하거나 약간 낮은 의석점유율을 확보한 반면에 좌파는 유럽의회에서 유사하거나 약간 높은 의석점유율을 확보했다. 특히 극좌의 경우 독일과 네덜란드에서는 국내보다 다소 낮은 유럽의회의 의석점유율을 보여주며, 극우의 경우 독일에서는 국내나 유럽의회 모두 미미하나 네덜란드에서는 국내보다 오히려 유럽의회에서 높은 의석점유율을 보여준다. 프랑스도 네덜란드와 마찬가지로 극좌와 극우가 모두 의미 있는 군소정당으로 자리매김했지만, 프랑스에서는 국내보다 유럽의회에서 강세를 보이는 극좌와 유럽의회에서는 국내보다 다소 낮은 의석점유율을 확보한 극우로 나타난다. 이탈리아와 벨기에의 경우 극좌는 국내나 유럽의회에서 모두 미미하지만 극우는 국내보다 유럽의회에서 우세한 반면에 룩셈부르크에서는 극좌, 극우 모두 미미하다.

특이한 점은 녹색당은 벨기에를 제외한 나머지 국가 모두에서 국내보다 높은 의석점유율을 보여주며, 프랑스의 경우 국내에서는 미미한 녹색당이 유럽의회에서는 좌파에 준하는 의석점유율을 확보했다. 그리고 유럽의회 평균에 비해 이탈리아를 제외하고 나머지 모든 국가에서 공통적으로 녹색당이 우세하다. 더욱이 프랑스, 벨기에, 네덜란드에 공통적으로 유럽의회의 무소속에 연대한 정당 또는 의원이 유럽의회 평균보다 높으며, 바로 이 무소속과 연대한 정당 또는 의원이 강성 극우파이다.

다음으로 1차부터 3차 확대 시 유럽연합에 가입한 국가를 살펴보면, 중도파의 경우 덴마크, 아일랜드, 핀란드, 스웨덴에서는 유럽의회 평균보다 국내와 유럽의회 모두 높지만 국내에 유사하거나 아니면 국내보다 다소 위축되어 유럽의회에서 나타난다. 영국의 중도파는 국내에서는 유럽의회 평균에 못 미치지만 유럽의회에서는 평균보다 웃도는 의석점유율을 확보했다. 이에 반해 그리스, 포르투갈, 오스트리아에서는 중도파가 극소수이고 스페인에서는 국내에서 미미하지만 유럽의회에서는 다소 의석점유율이 높아졌다. 좌파의 경우 대체로 국내보다 유럽의회에서 약세를 보이는 반면에 우파의 경우 영국을 제외하고 국내에 준하는 유럽의회 내 의석점유율을 보여준다. 영국의 경우 보수당이 우파 내신에 극우파 성향으로 연대를 표명했고 국내에서는 의석점유에 실패한 극우파가 유럽의회에서는 중도파보다 약간 우세하다.

더불어 녹색당의 경우 국내와 유럽의회 모두 유럽의회 평균보다 웃돌거나 유사한 덴마크, 핀란드, 스웨덴, 오스트리아와 대조적으로 평균에는 못 미치지만 유럽의회에서는 국내보다 높은 의석점유율을 보이는 영국, 그리스, 스페인 등이 있다. 아일랜드와 포르투갈에서는 녹색당이 국내와 유럽의회 모두 의석점유에 실패했다. 극좌의 경우 핀란드를 제외하고 국내보다 유럽 차원에서 우세한 의석점유율을 보여주며, 영국과 스페인을 제외하고 유럽의회 평균보다 높다. 또한 강성 극우파로서 유럽연합의 무소속으로 진출한 정당이 영국과 오스트리아, 그리고 다소 작은 규모로 스페인에서 보인다.

마지막으로 가장 최근에 유럽연합 회원국이 된 12개국을 살펴보면 중도파의 경우 유럽의회 평균에 준하거나 높은 라트비아, 리투아니아, 슬로베니아, 불가리아, 루마니아, 그리고 에스토니아가 있으며, 특히 에스토니아는 국내와 유럽의회에서 공통적으로 중도파가 다수당이다. 슬로바키아의 중도파는 국내에서는 의석점유에 실패했지만 유럽의회에 진출하는 데 성공한 반면 키프로스, 몰타, 폴란드, 체코, 헝가리에서는 중도파가 국내와 유럽의회 내에서 미미하다. 좌파의 경우 몰타를 제외하고 국내에 준하거나 국내보다 낮은 유럽의회 내 의석점유율을 보여준다. 몰타는 국내에서는 좌파와 우파의 의석점유율이 비등한 반면에 유럽의회에서는 좌파가 우파보다 우세하며 중도파를 포함해서 이외 정당은 미미하다. 우파의 경우 유럽의회 평균보다 웃도는 키프로스, 라트비아, 리투아니아, 폴란드, 슬로바키아, 헝가리, 불가리아가 있고 유럽의회 평균에는 못 미치지만 국내보다 우세한 에스토니아가 있다.

반면 국내에서는 미미하지만 우파는 유럽의회에 진출하는 데 성공한 체코의 경우 폴란드와 마찬가지로 유럽의회 평균보다 훨씬 높은 극우파가 국내와 유럽의회에서 공통적으로 발견된다. 극좌파는 미미한 폴란드와 대조적으로 체코에는 극좌파도 국내와 유럽의회 모두 의석점유에 성공했다. 특이한 점은 라트비아와 에스토니아에서는 국내에서도 미미한 녹색당이 유럽의회에서는 평균을 웃도는 의석점유율을 확보했다. 더불어 오스트리아나 네덜란드를 제외한 앞서 기존 15개국과 비교해서 신입 12개국 중 라트비아, 리투아니아, 슬로바키아, 슬로베니아, 체코, 헝가리, 불가리아에서는 국내 군소정당의 의석점유율이 10%를 초과하며, 특히 헝가리, 불가리아, 루마니아는 이중 강성극우파가 유럽연합 무소속으로 의석점유에 성공했다. 또한 극우파의 경우 라트비아, 리투아니아, 슬로바키아, 헝가리 국내에서는 미미하지만 유럽의회에서는 의석점유율이 높다.

이와 같은 정치 성향에 따른 정당집단별 의석점유율이 국내와 유럽 차원에서 차별화되어 나타나는 경향과 앞서 논의한 종교적 다양성은 어떤 상관관계를 가지며, 나아가 그 상관관계의 연속선상에서 유럽의 정체성은 어떻게 유럽의 정치풍경에서 작동하고 있을까? 이에 대한 대답은 '탈세속화된' 유럽의 정체성을 그려내는 유럽 다면성 조립의 정치를 체계적으로 분석할 후속 연구를 통해 상세하게 논하고자 한다.

다만 본 장에서는 이러한 후속 연구를 위한 전 단계로서 종교적 정체성과 정치적 정체성이 유럽 차원의 정당집단 균열구조를 통해 유럽의 정체성을 조립하는 정치과정에 영향을 미칠 수 있다는 가능성을 입증할 수 있는 자료를 검토했다. 그 결과, 근대민족국가의 정치적 산물인 시민권이 유럽의 공동체의식 또는 연대의식을 공고하게 만드는 순기능도 갖지만 반대로 시민권의 정치적 기능이 남용되어 동질화된 유럽의 공동체의식 또는 연대의식을 강요하는 역기능도 동시에 지닌다는 사실을 확인할 수 있다(Karolewski, 2008).

V. 유럽을 그리다

'유럽은 무엇인가'라는 질문은 시공간적으로 어떻게 속했는지에 따라, 보다 정확하게 말하면 어떤 형상으로 귀속되었다고 인지되는지에 따라 답이 달라질 수 있다. 예컨대 구소련 진영에 귀속된 동유럽(Eastern Europe) 국가의 경우 동서진영 간 대립구도 하에서는 유럽에서 배제되어 있다는 의미에서 서유럽이 아닌 동유럽이었으나 이제는 중유럽(Central Europe) 국가로 명명되길 희망한다.[43] 즉 이러한 지위 변동은 바로 동유럽 또는 중유럽도 유럽의 타자(other)에서 벗어나 유럽을 구성하는 주체로서의 정체성을 갖추겠다는 의지에 기인한다.

이에 더해 시간적으로 어떤 시점에서 유럽을 구성하는지에 따라, 보다 정확하게 말하면 위기의 상황에서 유럽에 기여하는지 또는 유럽을 탄압하는지 여부에 따라 답이 달라질 수 있다. 예컨대 제2차 세계

43 Risse (2010), 1-2. 리스는 헝가리 작가 피터 에스터하스(Péter Esterházy)의 인용문 중 일부를 재인용함.

대전 이전의 독일은 유럽의 정통성을 계승한다는 명분으로 유럽을 파멸로 몰고 간 결과 오히려 유럽의 정통성이 와해될 위기에 몰렸으나 전후 지역통합 과정에서 독일이 지역통합의 주도적 역할을 수행하면서 새로운 유럽의 정체성 구축에 토대가 되었다. 즉 전전 독일은 유럽의 정통성이라는 허울에 가려 유럽에서 일탈한 반유럽(anti-Europe)으로서 유럽의 타자로 전락한 반면에 전후 독일은 유럽다운 유럽의 핵심을 구성했다.

그렇다면 '탈세속화된' 유럽 사회에서 유럽의 정체성은 어떤 의미를 지닐까? 앞서 관찰한 내용을 종합해서 다음과 같이 결론을 내릴 수 있다.

첫째, 종교적 다양성의 분포에서 회교도가 전체 인구의 4% 또는 5% 이상을 초과하는 경우에 문화적 경고등이 켜지며 이를 정치쟁점화하려는 정치세력이 유럽 정체성과의 문화적 충돌로 재포장해 비록 국내에서는 다수의 의석을 확보하지 못하더라도 유럽의회에 진출하는 데 성공하면 유럽 정체성이라는 유럽 문제를 정치화할 수 있다. 프랑스, 벨기에, 네덜란드, 오스트리아가 대표적 사례에 해당한다.

그러나 둘째, 회교도의 인구 구성이 유럽통합의 심화와 확대에 대한 찬반의 필요조건이 될지언정 찬반의 충분조건으로 성립하지는 않는다. 즉 유럽 정체성의 문화적 갈등이 관찰되지 않는 유럽연합 회원국에서는 회교도의 전체 인구 구성 비율이 아주 낮다. 그렇다고 회교도의 전체 인구 구성 비율이 높다고 해서 반드시 유럽 정체성을 둘러싼 논의가 문화적 다양성을 부인하려는 정치도구로 재포장되어 정치과정에 부상하지는 않는다. 영국 내 회교도의 인구 비율은 덴마크나 스웨덴보다 낮으며 오스트리아의 회교도 비율은 덴마크나 스웨덴과 비슷하고, 심지어 스페인의 회교도 비율은 덴마크나 스웨덴은 물론 영국보다 낮다. 그럼에도 불구하고 영국의 주요 양대 정당인 보수당조차 우파 중에서도 더 보수 성향이 강한 우파로 정치 입지를 굳히고 강력한 반(反)이민정책을 추진한다.

이러한 극단적 경도 현상은 단지 경제적 이해관계가 상충하기 때문만은 아니며, 오히려 정치시장에 나온 유럽의 사회적 정체성 또는 유럽의 문화적 정체성이 국제화의 물결에 대항하기 위한 산물인 동시에 이슬람권에 대한 두려움의 반영으로 드러나는 '수세적' 정체성의 산물이라고 볼 수 있다.[44] 또한 다양한 사회-정치 세력이 유럽의 공공영역에서 경합하며 유럽 정체성을 논의하는 과정에서 특히 동유럽-중유럽까지 확대된 유럽의 다면성이 불분명한 유럽의 개념 정의를 둘러싼 경계 만들기로 표출된다. 더구나 극소수의 강성 극좌파나 특히 극우파가 일으킨 유럽 정체성을 둘러싼 돌풍에 정치 성향의 좌우를 아우르는 중도파마저 휩쓸린다.[45] 결과적으로 이러한 내부 균열을 초래하는 대항적 유럽 정체성을 둘러싼 경쟁은 유럽연합의 기본 정신인 '다양성의 연합(union of diversity)'을 저해할 수 있다(Kraus, 2008).

마지막으로 지적하고자 하는 점은 현행 유럽의회 선거 절차에서 바로 '탈세속화된' 유럽의 정체성과 그를 둘러싼 유럽 다면성 조립의 정치를 역기능으로 몰고 갈 수 있는 기제가 제공된다는 사실이다. 유럽연합이사회의 결정(Council Decision 2002/772/EC)에 따라 유럽의회의 공동 선거 절차로서 비례대표제가 채택되었지만 각 회원국이 자국의 선거 절차에 준하는 방식으로 조절할 수 있도록 허용한다.[46] 더불어

44 홍태영, "유럽의 정체성과 문화적 인종주의," 243.

45 Fligstein, *Euro-clash*, 241. 플리그스타인은 경제적 중산층을 예로 들어 이 계층의 유럽 지역통합에 대한 찬반이 유럽연합의 심화와 확대에 결정적 영향력을 제공한다고 주장한다.

벨기에, 프랑스, 아일랜드, 영국에서는 국가단위의 단일한 선거구역 대신에 지역별로 안배할 수 있도록 허용한다. 또한 벨기에, 독일, 이탈리아, 폴란드, 네덜란드에서는 행정적 편의나 정당명부 내 단순한 의석분배 목적으로 국가단위의 단일한 선거구역 획정 대신에 복수의 선거구역 획정을 허용한다. 동시에 각 회원국이 선거구역으로 획정된 최저득표하한선(threshold)을 4%(오스트리아, 스웨덴 등) 또는 5%(독일, 프랑스 등)로 책정하며, 대다수 신입 회원국도 4% 또는 5%의 최저득표하한선을 채택한다. 회교도 인구가 바로 4% 또는 5%의 최저득표하한선을 초과했다는 사실과 국가단위의 단일한 선거구역 대신에 여러 이유로 복수의 선거구역 획정이 허용된 국가에서 강성 극단적 성향의 의원이 당선된다는 사실은 단지 우연이라고 치부하기에 '탈세속화된' 유럽이 부담해야 할 정치적 대가가 크다는 아이러니를 보여준다. 이러한 맥락에서 특히 '탈세속화된' 유럽의 정체성과 유럽 다면성 조립의 정치를 체계적으로 분석해야 할 후속 연구는 나아가 '하나의 유럽'을 진일보시키기 위한 제도개혁에 대한 해답을 제시할 수 있기에 더욱 의미가 있다.

46 상세한 내용은 "부록 4. 유럽의회 선거방식, 회원국별 분류(1979, 1984, 1989, 1994, 1999, 2004, 2009)"를 참조할 것.

참고문헌

강원택 · 조홍식. 『하나의 유럽: 유럽연합의 역사와 정책』. 서울: 푸른길, 2009.

김세원. 『EU경제학: 유럽경제통합의 이론과 현실』. 서울: 박영사, 2004.

김준석. "프랑스-독일 관계의 변화와 유럽통합: 회고와 전망," 이 책의 4장. 2011.

메들린 호슬리. "유럽 화폐통합과 유로," 이 책의 5장. 2011.

요하네스 헬름라트. "중세의 유럽: 기독교 유럽의 문제," 이 책의 1장. 2011.

이규영. 『유럽통합과정과 지역협력』. 서울: 집문당, 2010.

이옥연. "스위스 다문화주의의 도면: 연방 법제도와 정당제를 중심으로," 『국제정치논총』 49(5): 333-355, 2010.

조홍식a. 『유럽통합의 이론』. 성남: 세종연구소, 1998.

조홍식b. "화폐와 정체성: 유로와 유럽의 사례," 이 책의 6장. 2011.

홍태영. "유럽의 정체성과 문화적 인종주의," 2010년 한국유럽학회 연례학술대회, 발표논문집, 2010년 12월.

Caporaso, James, and Alec Stone Sweet. "Conclusion: Institutional Logics of European Integration," In *The Institutionalization of Europe*, edited by Alec Stone Sweet, Wayne Sandholtz, and Neil Fligstein, 221-236. Oxford: Oxford UP, 2001.

Castiglione, Dario. "Political Identity in a Community of Strangers," In *European Identity*, edited by Jeffrey Checkel and Peter Katzenstein, 29-51. Cambridge: Cambridge UP, 2009.

Checkel, Jeffrey, and Peter Katzenstein. "The Politicization of European Identities," In *European Identity*, edited by Jeffrey Checkel and Peter Katzenstein, 1-25. Cambridge: Cambridge UP, 2009.

Christiansen, Thomas. "The EU Treaty Reform Process since 2000: The Highs and Lows of Constitutionalising the European Union," In *Rejecting the EU Constitution?: From the Constitutional Treaty to the Treaty of Lisbon*, edited by Anca Pusca, 29-40. New York: International Debate Education Association, 2009.

Christiansen, Thomas, and Christine Reh. *Constitutionalizing the European Union.* New York: Palsgrave Macmillan, 2009.

Cooper, Robert. *The Breaking of Nations: Order and Chaos in the Twenty-First Century.* New York: Grove Press, 2003.

Dalferth, Ingolf U. "Post-secular Society: Christianity and the Dialectics of the Secular," *Journal of the American Academy of Religion* 78(2): 317-345. 2010.

Fligstein, Neil. *Euro-Clash: The EU, European Identity, and the Future of Europe*. Oxford: Oxford UP, 2008.

George, Susan. *We the Peoples of Europe*. London: Pluto Press, 2008.

Habermas, Jürgen. *Europe: The Faltering Project*. translated by Ciaran Cronin. Cambridge: Polity, 2008.

Héritier, Adrienne. "Overt and Covert Institutionalization in Europe," In *The Institutionalization of Europe*, edited by Alec Stone Sweet, Wayne Sandholtz, and Neil Fligstein, 56-70. Oxford: Oxford UP, 2001.

Hix, Simon. *What's Wrong with the European Union & How to Fix It*. Malden: Polity, 2008.

Hynková-Dvoranová. "The Lisbon Treaty and the Future of EU Enlargement," In *Rejecting the EU Constitution?: From the Constitutional Treaty to the Treaty of Lisbon*, edited by Anca Pusca, 71-87. New York: International Debate Education Association, 2009.

Kaelble, Hartmut. "Identification with Europe and Politicization of the EU since the 1980s," In *European Identity*, edited by Jeffrey Checkel and Peter Katzenstein, 193-212. Cambridge: Cambridge UP, 2009.

Karolewski, Ireneusz Pawel. *Citizenship and Collective Identity in Europe*. London: T&F Books, 2009.

Kraus, Peter. *A Union of Diversity*. Cambridge: Cambridge UP, 2008.

Ludlow, N. Piers. "Governing Europe: Charting the Development of a Supranational Political System," In *European Union History: Themes and Debates*, edited by Wolfram Kaiser and Antonio Varsori, 109-127. New York: Palgrave Mcmillan, 2010.

Mechi, Lorenzo. "Formation of a European Society? Exploring Social and Cultural Dimensions," In *European Union History: Themes and Debates*, edited by Wolfram Kaiser and Antonio Varsori, 150-168. New York: Palgrave Mcmillan, 2010.

Medrano, Juan D. "The Public Sphere and the European Union's Political Identity," In *European Identity*, edited by Jeffrey Checkel and Peter Katzenstein, 81-107. Cambridge: Cambridge UP, 2009.

Rasmussen, Morten. "European Rescue of the Nation-State? Tracing the Role of Economics and Business," In *European Union History: Themes and Debates*, edited by Wolfram Kaiser and Antonio Varsori, 128-149. New York: Palgrave Mcmillan, 2010.

Risse, Thomas. *A Community of Europeans? Transnational Identities and Public Spheres.* Ithaca: Cornell UP, 2010.

Stjernø, Steinar. *Solidarity in Europe: The History of an Idea.* Cambridge: Cambridge UP, 2004.

Sweet, Alec Stone, Wayne Sandholtz, and Neil Fligstein. "The Institutionalization of European Space," In *The Institutionalization of Europe*, edited by Alec Stone Sweet, Wayne Sandholtz, and Neil Fligstein, 1-28. Oxford: Oxford UP, 2001.

Triandafyllidou, Anna. *Muslims in 21st Century Europe: Structural and Cultural Perspectives.* London: T&F Books, 2010.

Tsebelis, George. "Thinking about the Recent Past and the Future of the EU," In *Rejecting the EU Constitution?: From the Constitutional Treaty to the Treaty of Lisbon*, edited by Anca Pusca, 42-70. New York: International Debate Education Association, 2009.

Walker, Neil. "Post-Constituent Constitutionalism? The Case of the European Union," In *The Paradox of Constitutionalism: Constituent Power and Constitutional Form*, edited by Martin Loughlin and Neil Walker, 247-267. Oxford: Oxford UP, 2007.

Zowislo-Grünewald, Natascha. "On Europe's Representation: A Symbolic Interpretation of Rejecting the Constitution," In *Rejecting the EU Constitution?: From the Constitutional Treaty to the Treaty of Lisbon*, edited by Anca Pusca, 16-28. New York: International Debate Education Association, 2009.

https://www.cia.gov/library/publications/the-world-factbook/index.html
(최종검색일 2010. 12. 1.)

http://www.europarl.europa.eu/members/expert/groupAndCountry.do?language=EN
(최종검색일 2010. 12. 1.)

http://www.europarl.europa.eu/members/expert/groupAndCountry/search.do?group=2978&language=EN (최종검색일 2010. 12. 1.)

http://www.europarl.europa.eu/parliament/public/staticDisplay.do?id=45&pageRank=4&l

anguage=en (최종검색일 2010. 12. 1.)
http://www.europarl.europa.eu/sides/getDoc.do?type=RULES-EP&reference=20101110&secondRef=RULE-033&format=XML&language=EN (최종검색일 2010. 12. 1.)
http://www.freedomhouse.org/uploads/fiw10/FIW_2010_Overview_Essay.pdf
(최종검색일 2010. 12. 1.)
http://www.ipu.org/parline-e/parlinesearch.asp 각 국가 하원 최근 선거일
(최종검색일 2010. 12. 1.)
http://www.lisbon-treaty.org/wcm/the-lisbon-treaty/treaty-on-european-union-and-comments/preamble.html (최종검색일 2010. 12. 1.)
http://www.lisbon-treaty.org/wcm/the-lisbon-treaty/treaty-on-european-union-and-comments/title-6-final-provisions/135-article-48.html (최종검색일 2010. 12. 1.)

부록

부록 1: 유럽 지도

부록 그림 1.1 "중세 T-O형 세계지도" 초기본. 세빌라의 이시도르(Isidore of Seville)의 어원론(Etymologiae) 14장의 첫 페이지 삽도(Günther Zainer, Augsburg, 1472). 실제적인 목적의 지도라기보다는 세계의 모습을 상징화한 것이다. 가운데 선은 지중해. 아시아, 유럽, 아프리카가 각각 노아(Noah)의 세 아들인 셈(Sem), 야페트(Iafeth), 함(Cham)의 땅으로 표시되어 있다.

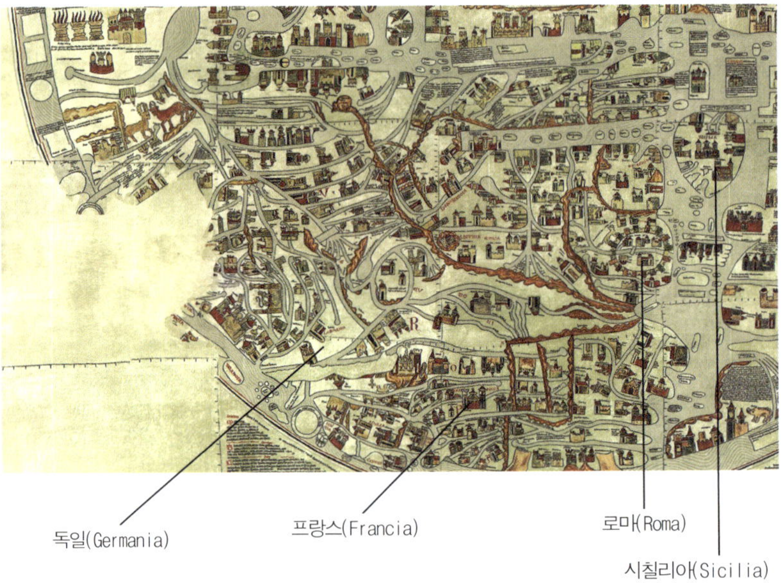

부록 그림 1.2 "엡스토르프 세계지도(Ebstorfer Weltkarte)"(1300년경, 부분). 엡스토르프 베네딕트회 수도원에서 있었던 (제2차 세계대전 중 망실) 대형 T-O형 세계지도에서 유럽을 표시한 부분. 각 지역의 위치와 특성에 대한 당시의 인식을 반영하는 독특한 묘사 때문에 사료적 가치가 크다.

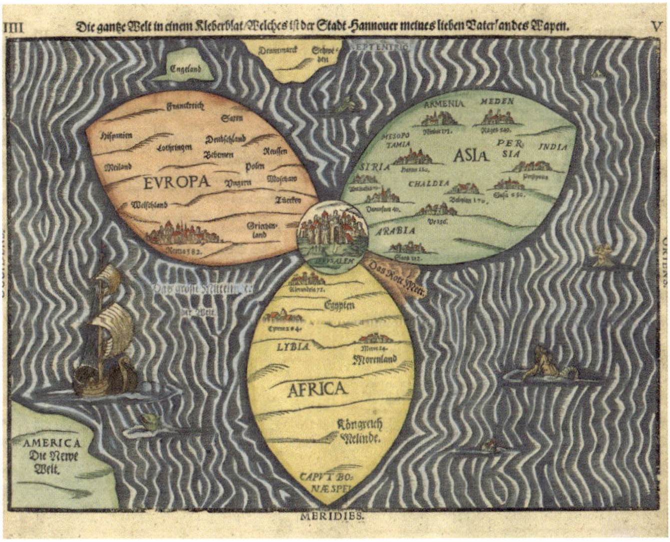

부록 그림 1.3 하인리히 뷘팅(Heinrich Bünting), "클로버형 세계지도"(1581년, 목판화). 막데부르크(Magdeburg). 예루살렘이 가운데 있고 그 주위를 유럽, 아시아, 아프리카가 감싸고 있다. 왼쪽 아래에 아메리카가 묘사되어 있는 것이 눈에 띈다.

부록 그림 1.4 "혼디우스(Hendrik Hondius) 세계지도"(1630년). 남북 아메리카를 포함한 세계에 대한 현실적인 묘사가 특징이다. 유럽의 근대적 지리인식의 발전을 보여준다.

부록 그림 1.5 2000년 5월 29일자 『슈피겔(Der Spiegel)』의 표지. 황소로 변한 제우스에 의한 에우로페 공주의 납치라는 모티브는 현대에 유럽의 심벌로서 특히 인기를 끌며 계속 리바이벌되어 등장하고 있다. 옆에 쓰여 있는 큰 제목은 "안녕, 좋은 아침! 유럽! (Guten Morgen, Europa!)", 그 밑에 소제목은 "어떻게 구대륙이 경제대국 미국을 공격하는가(Wie der alte Kontinent die Wirtschaftsmacht USA attackiert)"라고 쓰여 있다. 맨 위 바코드 위에 가격이 유로가 아닌 독일 마르크(DM)로 표시되어 있는 것이 눈에 띈다.

부록 그림 1-6 "제우스에 의한 에우로페 공주의 납치". 스트라스부르(Strasbourg) 유럽의회 처칠(Winston Churchill) 빌딩 앞 조형물.

부록 2: 유럽 지역통합 기구별 가입 시기 분류

부록 표 2.1 지역통합 가입현황, EU 회원국(2010년 현재)

국가명	EU[1]	쉥겐 지역[2] (체결/발효)	유로존[3] (가입)	EU 관세동맹[4]	자유무역 연합[5] (가입/탈퇴)	유럽평의회/ NATO[6]
프랑스	1951	1985/1995	1999	1958		1949/1949
독일	1951/ 1990	1985/1995	1999	1958		1950/1955
이탈리아	1951	1990/1997	1999	1958		1949/1949
벨기에	1951	1985/1995	1999	1958		1949/1949
네덜란드	1951	1985/1995	1999	1958		1949/1949
룩셈부르크	1951	1985/1995	1999	1958		1949/1949
영국	1973	1999/2004	opt-out	1973	1960/1973	1949/1949
덴마크	1973	1996/2001	opt-out	1973	1960/1973	1949/1949
아일랜드	1973	2002/~	1999	1973		1949/불참
그리스	1981	1992/2000	2001	1981		1949/1952
스페인	1986	1992/1995	1999	1986		1977/1982
포르투갈	1986	1992/1995	1999	1986	1960/1986	1976/1949
오스트리아	1995	1995/1997	1999	1995	1960/1995	1956/불참
핀란드	1995	1996/2001	1999	1995	1986/1995	1989/불참
스웨덴	1995	1996/2001	opt-out	1995	1960/1995	1949/불참
키프로스	2004	2004/~	2008	2004		1961/불참
라트비아	2004	2004/2007		2004		1995/2004
에스토니아	2004	2004/2007	2011	2004		1993/2004
리투아니아	2004	2004/2007		2004		1993/2004
몰타	2004	2004/2007	2008	2004		1965/불참
폴란드	2004	2004/2007		2004		1991/1999
슬로바키아	2004	2004/2007	2009	2004		1993/2004
슬로베니아	2004	2004/2007	2007	2004		1993/2004
체코	2004	2004/2007		2004		1993/1999
헝가리	2004	2004/2007		2004		1990/1999
불가리아	2007	2007/2011		2007		1992/2004
루마니아	2007	2007/2011		2007		1993/2004

1. 유럽연합(EU): 1951년 파리조약을 체결한 6개국이 1965년 통합조약에 따라 유럽경제공동체(EEC)에 가입한 후 1973년 1차 확대, 1981년과 1986년 2차 확대, 이후 1993년 마스트리히트 조약에 따라 유럽연합으로 전환한 후 1995년 3차 확대, 그리고 2004년과 2007년에 4차 확대를 통해 현재 27개 회원국이 가입함.

2. 쉥겐 지역(Schengen Area): 영국(1999년, 이후 2004년 복귀), 아일랜드(2002년 이후 현재까지)가 참여유보함.

3. 유로존(Euro Zone): 영국, 덴마크, 스웨덴(2002년 이후 현재까지)이 참여유보함. 에스토니아는 2011년에 가입 예정.

4. EU 관세동맹(EU Customs Union): 1958년 출범한 유럽경제공동체(EEC)에서 주요 항

목으로 채택하여 EEC 또는 EU 회원국은 자동적으로 가입함.
5. 유럽자유무역연합(EFTA): 유럽경제공동체(EEC) 창립 6개국에 반발해 1960년 스톡홀름 회의 당시 창립국가 중 영국, 덴마크, 포르투갈, 오스트리아, 스웨덴과 1986년에 정식 가입한 핀란드는 이후 EEC 또는 EU에 가입하면서 EFTA로부터 탈퇴함. 창립국가 중 노르웨이와 스위스는 현재까지 남아 있음. 이후 1970년에 아이슬란드, 1991년에 리히텐슈타인이 회원국으로 가입함. 현재 EFTA 4개 회원국 중 스위스만 유일하게 EU와 양자협정을 체결함.
6. NATO(북대서양조약기구)는 EU 기구가 아닌 반면에, 유럽평의회(Council of Europe)는 47개 회원국으로 구성되어 공식적 EU 기구가 아니지만 유럽 지역통합을 제고하려는 목적으로 창설된 국제기구이다. 유럽평의회는 1949년 5월 5일에 창설국가 10개국(프랑스, 이탈리아, 벨기에, 네덜란드, 룩셈부르크, 영국, 덴마크, 아일랜드, 스웨덴, 노르웨이)이 가입 후 1949년 8월 9일에 그리스와 터키가 가입함. 그리스는 이후 1967년까지 탈퇴했다가 1974년에 복귀함. 서독은 1949년 5월 23일 건립 후 입회국으로 참여한 후 1950년에 회원국으로 가입했고 동독은 정식 가입한 적이 없으나 1990년 독일 통일 후 서독에 편입되면서 유럽평의회에 참여함.

부록 표 2.2 지역통합 가입현황, EU 비회원국(2010년 현재)

국가명	EU[1]	쉥겐 지역[2] (체결/발효)	유로존[3] (통용)	EU 관세 동맹[4]	경제구역-자유무역[5]	유럽평의회/NATO[5]
노르웨이		1996/2001			1994-1960	1949/1949
스위스		2004/2008			불참-1960	1963/불참
아이슬란드	공식후보	1996/2001			1994-1970	1950/1949
모나코		[1995]	1999	1992		2004/불참
산마리노		[1997]	1999	1992		1988/불참
바티칸		[1997]	1999 2003			
리히텐슈타인		2010			1994-1991	1977/불참
안도라				1992		1994/불참
터키	공식후보			1995		1949/1952
크로아티아	공식후보					1996/2009
알바니아	잠재후보					1995/2009
보스니아-헤르체고비나	잠재후보					2002/공식후보
세르비아	잠재후보					2003/불참
마케도니아	공식후보					1995/공식후보
몬테니그로	잠재후보					2007/공식후보
몰도바						1995/불참
우크라이나						1995/불참
그루지야						1999/잠재후보
벨로루시						불참/불참
아르메니아						2001/불참
아제르바이잔						2001/불참
러시아						1996/불참

1. 유럽연합(EU): 2010년 현재 터키, 크로아티아, 마케도니아 및 아이슬란드가 공식 후보국가로 지정됨. 알바니아, 보스니아-헤르체고비나, 몬테니그로 및 세르비아가 공식적으로 잠재 후보국가로 인정됨. 코소보는 현재 유럽집행위원회가 공식적으로 독립국가로 인정하지 않으므로 잠재 후보국가에서 제외됨.
2. 쉥겐 지역(Schengen Area): 모나코(실질적·법적 참여), 산마리노·바티칸(실질적 참여), 안도라 불참.
3. 유로 화폐 공식 통용 및 유로 동전 주조 공식 협정: Council Decision 1999/96/EC(모나코), Council Decision 1999/97/EC(산마리노), Council Decision 1999/98/EC & Council Decision 2003/738/EC(바티칸), Council Decision 2004/548/EC & Council Decision 2004/750/EC(안도라)
4. EU 관세동맹(EU Customs Union): 1992년 Council Regulation 2913/92/EEC의 3조 1항에

따라 모나코, 산마리노 및 안도라는 EC와 공동체 관세동맹을 체결함. 이후 1995년 EC-TURKEY Association Council의 Decision no 1/95에 따라 터키는 EU와 관세동맹을 체결함.
5. 유럽자유무역연합(EFTA): 창립국가 중 노르웨이와 스위스는 현재까지 남아 있음. 이후 1970년에 아이슬란드, 1991년에 리히텐슈타인이 회원국으로 가입함. 현재 EFTA 4개 회원국 중 스위스만 유일하게 EU와 양자협정을 체결함.
6. 유럽평의회(Council of Europe): 1949년 5월 5일에 창설국가 10개국 가입 후 1949년 8월 9일에 그리스와 터키가 가입함. 1950년에 아이슬란드(3월 7일)가 가입함. 벨로루시 의회는 1992년부터 1997년까지 입회국가였으나 개헌 이후 비민주주의 체제로 인해 축출됨.

부록 3: 유럽연합 회원국 서술통계

1. European Union 회원국 일반현황(_* : euro 불참)

- 15회원국: 오스트리아, 벨기에, 덴마크*, 핀란드, 프랑스, 독일, 그리스, 아일랜드, 이탈리아, 룩셈부르크, 네덜란드, 포르투갈, 스페인, 스웨덴*, 영국*
- 2001년 아일랜드는 국민투표에서 가입 회원국 확대에 대한 조약인준을 부결
- 2004년 5월 1일 신입 회원국(10개국): 헝가리*, 체코*, 슬로바키아, 슬로베니아, 에스토니아, 리투아니아*, 라트비아*, 몰타*, 키프로스
- 터키는 정치적 조건(군의 민간통제, 인권보장, 경제개혁)을 충족하지 못한다는 이유로 가입 추천이 좌절됨 → 터키 가입을 고려할지 여부에 관한 논의(2004. 12.)
- 2007년 1월 1일 신입 회원국(2개국): 불가리아*, 루마니아*
- 가입 후보국: 터키, 마케도니아, 크로아티아

2. 정치체제(_____은 국민직선)

부록 표 3.1 기존 15개국 서술통계

국가명	인구(명) (2008)	면적(㎢)	실질 GDP ($bn)	1인당 GDP (2008)	인구구성(%)	종교(%)
그리스	10,722,816	131,940	343.6	32,000	그리스인 98.5 터키인 0.9	그리스정교 98 이슬람교 1.3
네덜란드	16,645,313	41,526	670.2	40,300	네덜란드인 80.7 EU 이민자 5 인도네시아인 2	가톨릭 30 신교 20 이슬람교 5.8
덴마크	5,484,723	43,094	204.9	37,400	덴마크인, 독일인(남부), 이누이트인 (그린란드)	루터파 95 기독교 3 이슬람교 2
독일	82,369,552	357,021	2,863	34,800	도이치인 91 터키인 2.4	신교 29.9 가톨릭 30 이슬람교 4 그리스정교 1.6
룩셈부르크	486,006	2,586	39.42	81,100	룩셈부르크인, 포르투갈인, 이탈리아인, 프랑스인	가톨릭 87
벨기에	10,403,951	30,528	390.5	37,500	플란데런인 58 발로니인 31	가톨릭 75
프랑스	64,057,792	547,040	2,097	32,700	튜튼족, 슬라브족, 바스크인	가톨릭 83 신교 2 유대교 1 이슬람교 5
스웨덴	9,045,389	449,964	348.6	38,500	스웨덴인 95 핀란드인 3	루터파 87
스페인	40,491,052	504,782	1,378	34,600	가스티야인, 갈리시아인, 바스크인, 카탈루냐인	가톨릭 94 이슬람교 2.1
영국	60,943,912	244,820	2,231	36,600	앵글로-색슨 81.5 스코트인 9.6 아일랜드인 2.4	기독교 71.6 가톨릭 11 이슬람교 2.7
오스트리아	8,205,533	83,870	325	39,200	도이치인 98.1	가톨릭 73.6 신교 4.7 이슬람교 4.2
아일랜드	4,156,119	70,280	191.9	46,200	켈트인, 앵글로-색슨인	가톨릭 87.4 잉글랜드교회 3
이탈리아	58,145,320	301,230	1821	31,000	이탈리아인	가톨릭 90
포르투갈	10,676,910	92,391	237.3	22,000	이베리아족, 켈트족, 무어족	가톨릭 84.5 신교 2.2
핀란드	5,244,749	338,145	195.2	37,200	핀란드인 93 스웨덴인	루터파 82.5 리시아정교 1.1

부록 표 3.2 신규 회원국 서술통계

국가명	인구(명) (2008)	면적 (㎢)	실질 GDP ($bn)	1인당 GDP (2008)	인구구성(%)	종교(%)
라트비아	2,245,423	64,589	38.98	17,800	라트비아인 57 러시아인 30 벨라투시인 4 우크라이나인 3 폴란드인 3	루터파 19.6 러시아정교 15.3
리투아니아	3,565,205	65,300	63.25	17,700	리투아니아인 83 러시아인 6 폴란드인 7	가톨릭 79 신교 1.9 러시아정교 4.1
말타/몰타	403,532	316	9.801	24,200	아랍혼혈, 시칠리아인, 스페인인, 이탈리아인, 영국인	가톨릭 98
키프로스	792,604	9,250	22.69	28,600	그리스인 77 터키인 18 영국인(주둔군) 4	그리tm정교 78 이슬람교 18
슬로바키아	5,455,407	48,845	119.5	21,900	슬로바키아인 86 헝가리인 10 루마니아인 1	가톨릭 68.9 신교 10.8 정교회 4.1
슬로베니아	2,007,711	20,273	59.14	29,500	슬로베니아인 91 크로아티아인 3	가톨릭 57.8 정교회 2.3 이슬람교 2.4
에스토니아	1,307,605	45,226	27.72	21,200	에스토니아인 83	루터파 13.6 러시아정교 12.3
체코	10,220,911	78,866	266.3	26,100	체코인 90.4 모라비아인 3.7 슬로바키아인 1.9	가톨릭 26.8 신교 2.1
폴란드	38,500,696	312,679	667.4	17,300	폴란드인 96.7 독일계 0.4 우크라이나인 0.1	가톨릭 89.8 신교 0.3 정교회 1.3
헝가리	9,930,915	93,030	205.7	19,800	머저르인 92.3 독일인, 슬로바키아인, 남슬라브인, 루마니아인	가톨릭 51.9 신교 15.9 루터파 3
루마니아	22,246,862	237,500	271.2	12,200	루마니아인 89.5 헝가리아인 6.6	루마니아정교 86.8 신교 7.5 가톨릭 4.7
불가리아	7,262,675	110,910	93.78	12,900	불가리아인 84 루마니아인 5 터키인	불가리아정교 82.6 이슬람교 12.2 신교 1.2

부록 3.3 기존 15개국 정치체제

국가명	정치체제	레짐	지역/지방 조직	의회	정당	집권정당 (2011년도)
그리스	단일	(대통령) 내각책임제	13개 권역 54개 주	단원제	PASOK, ND, KKE, LA.O.S, SYRIZA, OIK.PRAS.	PASOK
네덜란드	단일	(입헌군주) 내각책임제	12개 주	양원제	VVD, PvdA, PVV, CDA, SP, D66, GL, CU, SGP, PvdD	VVD, CDA
덴마크	단일	(입헌군주) 내각책임제	5개 권역(2007.1.1), 98개 기초지방구역, 2개 자치령	단원제	V, SD, DF, SF, K, RV, NA, EL	DKF, V
독일	연방	(대통령) 내각책임제	16개 연방주	양원제	CDU/CSU, SPD, FDP, Linke/PDS, B90/GRU	CDU/CSU, FDP
룩셈부르크	단일	(입헌군주) 내각책임제	3개 권역	단원제	CSV, LSAP, DP, Gréng, ADR, Lénk	CSV
벨기에	연방	(입헌군주) 내각책임제	양대 지역 수도 브뤼셀-3개 언어공동체들-9개 주 중첩	양원제	N-VA, PS, CD&V, MR, SP.A, OpenVLD, VB, CDH, ECOLO, Groen!, LDD, Popular Party	VLD, MR, PS, cdH
프랑스	단일	준대통령제	26개 권역 100개 도	양원제	UMP, PS, MoDem, PCF, Verts, NC	UMP
스웨덴	단일	(입헌군주) 내각책임제	21개 주 290개 코뮌	단원제	SAP, M, MP, FP, C, SD, KD, VP	M, FP, C, KD
스페인	단일/	(입헌군주) 내각책임제	17개 자치공동체 2개 자치도시 50개 주	양원제	PSOE, PP, IU, CIU, UPyD, EAJ, ERC, BNG, CC-PNC, NA-BAI	PSOE
영국	단일	(입헌군주) 내각책임제	런던광역시/(잉글랜드) 기초지방구역 또는 (나머지 지역) 광역지방구역: 2층 구조	양원제	CP, Labour, LD, DUP, SNP, SF, PC, SDLP	CP, Labour
오스트리아	연방	(대통령) 내각책임제	9개 연방주	양원제	SPÖ, ÖVP, FPÖ, BZÖ, Grüne	Indep., SPÖ
아일랜드	단일	(대통령) 내각책임제	29개 주+ 5개 독립시	양원제	FF, FG, LP, SF, GP, PD	FF, GP
이탈리아	단일/	(대통령) 내각책임제	20개 권역(5개는 특별자치권역), 110개 주	양원제	PdL, PD, LN, UdC, IdV, SA, LaDestra	PdL, LN, MpA
포르투갈	단일	(대통령) 내각책임제	18개 주 308개 기초지방구역 2개 자치령	단원제	PS, PPD/PSD, CDS/PP, BE, PCP-PEV(CDU)	PSD, CDS-PP, MEP
핀란드	단일	(대통령) 이원행정부제	6개 주 432개 기초지방구역 올란드 자치구	단원제	KESK, KOK, SDP, VL(VAS), VIHR, KD, SFP/RKP, Perus	SDP

부록 3.4 신규 회원국 정치체제

국가명	정치체제	레짐	지역/지방조직	의회	정당	집권정당 (2011년도)
라트비아	단일	(대통령) 내각책임제	26개 주 7개 독립시	단원제	Vienotiba, SC, ZZS, NA, PLL, PCTVL	TP, ZZS, LPP/LC, TB/LNNK
리투아니아	단일	(대통령) 내각책임제	10개 주 60개 기초 지방구역	단원제	TS-LKD, TPP, TT, LSDP, DP, LRLS, LCS, LLRA, LVLS, NS	TS-LKD, LRLS, TPP
말타/몰타	단일	(대통령) 내각책임제	68개 기초 지방구역 (광역지방구역 없음)	단원제	PN, MLP, AD, AN	PL
키프로스 (북키프로스 제외)	단일	대통령 중심제	6개 구역	단원제	AKEL, DISY, DIKO, EDEK, EURO.KO, KOP	AKEL
슬로바키아	단일	(대통령) 내각책임제	8개 주 79개 기초 지방구역	단원제	SMER, SDKU-DS, SaS, KDH, MOST-HÍD, SNS	SMER-SD
슬로베니아	단일	(대통령) 내각책임제	8개 주 210개 기초 지방구역	양원제	SD, SDS, Zares, DeSUS, SNS, SLS+SMS, LDS	SD, Zares, DeSUS, LDS
에스토니아	단일	(대통령) 내각책임제	15개 주 227개 기초 지방구역	단원제	ER, EKe, IRL, SDE, ERo, ERL	ER, IRL, SDE
체코	단일	(대통령) 내각책임제	13개 주 204개 기초 지방구역 1개 특별시	양원제	ČSSD, ODS, TOP 09, KSCM, VV	ODS, TOP 09, VV
폴란드	단일	(대통령) 준대통령제	16개 주 379개 기초 지방구역	양원제	PO, PiS, LiD, PSL, SRP, LPR, PPP, MN	PO
헝가리	단일	(대통령) 내각책임제	19개 주 173개 기초 지방구역 1개 특별시	단원제	FIDESZ, MSZP, Jobbik, LMP	MSZP, SZDSZ
루마니아	단일	(대통령) 준대통령제	41개 주 1개 특별시	양원제	PSD+PC, PD-L, PNL, UDMR, Ethnic, PRM, PNG-CD	PD-L
불가리아	단일	(대통령) 내각책임제	28개 주 260개 기초 지방구역	단원제	GERB, KB(BSP), DPS, ATAKA, Sinyata(SDS), RZS	GERB, MRF

- 정당의 영어 명칭은 "부록 6: 유럽의회 선거 진후 유럽의회 정당집단, 회원국별 자국 소속정당 분류(1979~2009)"를 참조할 것.
- 집권정당/연립은 2011년 시점을 가리킴.

부록 4: 유럽의회 선거방식, 회원국별 분류(1979, 1984, 1989, 1994, 2004, 2009)

EU 회원국[1]	1979년	1984년	1989년	1994년	1999년[9]	2004년	2009년
벨기에	동트	동트	동트	동트	동트	동트	동트
	없음	없음	없음	없음	없음	없음	없음
	의무	의무	의무	의무	의무	의무	의무
덴마크	동트	동트	동트	동트	동트	동트	동트
	없음	없음	없음	없음	없음	없음	없음
	아님	아님	아님	아님	아님	아님	아님
프랑스	동트/헤어	동트/헤어	동트/헤어	동트/헤어	동트	동트/헤어	동트/헤어
	5%	5%	5%	5%	5%	5%	5%
	아님	아님	아님	아님	아님	아님	아님
아일랜드	단기이양	단기이양	단기이양	단기이양	단기이양	단기이양	단기이양
	없음	없음	없음	없음	없음	없음	없음
	아님	아님	아님	아님	아님	아님	아님
이탈리아	헤어	헤어	헤어	헤어	동트	헤어	헤어
	없음	없음	없음	없음	없음	없음	없음
	의무	의무	의무	아님	아님	아님	아님
룩셈부르크	하겐바흐-비숍	하겐바흐-비숍	하겐바흐-비숍	하겐바흐-비숍	동트	하겐바흐-비숍	하겐바흐-비숍
	없음	없음	없음	없음	없음	없음	없음
	의무 75	의무 75	의무 75	의무 75	의무 75	의무 75	의무 75
네덜란드	동트	동트	동트	동트	동트	동트	동트
	없음	없음	없음	없음	없음	없음	없음
	아님	아님	아님	아님	아님	아님	아님
영국	단순다수	단순다수	단순다수	단순다수	동트 & 단기이양	동트	동트
	없음	없음	없음	없음	없음	없음	없음
	아님	아님	아님	아님	아님	아님	아님
독일[3]	헤어	헤어	헤어	헤어	헤어	헤어	변형 생라귀에/쉐퍼스
	5%	5%	5%	5%	5%	5%	5%
	아님	아님	아님	아님	아님	아님	아님
그리스	-	하겐바흐-비숍	하겐바흐-비숍	하겐바흐-비숍	동트	하겐바흐-비숍	하겐바흐-비숍
		3%	3%	3%	3%	3%	3%
		의무 70	의무 70	의무 70	의무 70	의무 70	의무 70
포르투갈	-	-	동트	동트	동트	동트	동트
			없음	없음	없음	없음	없음
			아님	아님	아님	아님	아님

스페인	-	-	동트	동트	동트	동트	동트
			없음	없음	없음	없음	없음
			아님	아님	아님	아님	아님
스웨덴	-	-	-	-	변형 생라귀에	변형 생라귀에	변형 생라귀에
					4%	4%	4%
					아님	아님	아님
오스 트리아	-	-	-	-	동트	동트	동트
					4%	4%	4%
					아님	아님	아님
핀란드	-	-	-	-	동트	동트	동트
					없음	없음	없음
					아님	아님	아님
키프로스	-	-	-	-	-	드룹/헤어	드룹/헤어
						1.8%	1.8%
						의무	의무
체코	-	-	-	-	-	동트	동트
						5%	5%
						아님	아님
에스 토니아	-	-	-	-	-	동트	동트
						없음	없음
						아님	아님
헝가리	-	-	-	-	-	동트	동트
						5%	5%
						아님	아님
라트 비아	-	-	-	-	-	생라귀에	생라귀에
						없음	없음
						아님	아님
리투 아니아	-	-	-	-	-	헤어	헤어
						5%	5%
						아님	아님
몰타	-	-	-	-	-	단기 이양	단기 이양/드룹
						없음	없음
						아님	아님
폴란드	-	-	-	-	-	동트	동트
						5%	5%
						아님	아님
슬로 바키아	-	-	-	-	-	드룹/ 헤어	느룹
						5%	5%
						아님	아님
슬로 베니아	-	-	-		-	동트	동트
						없음	없음
						아님	아님

불가 리아	-	-	-	-	-	-	동트 4% 아님
루마 니아	-	-	-	-	-	-	동트 5% 아님

출처: Juliet Lodge, ed., *The 1999 Elections to the European Parliament* (New York: Palgrave, 2001), Table 19.1, 256-257; Michael Bruter and Yves Daçlove, *Encylopedia of European Elections* (New York: Palgrave, 2007).

1. 선거방식 아래 수치는 득표하한선을 가리키거나 부재하면 '없음'으로 표기했고, 그 아래는 유럽의회 선거의 의무 여부와 경우에 따라 연령제한을 가리킴.
2. 1999년 이전까지 영국을 제외한 모든 국가들은 비례대표제 방식을 채택함. 2002년 의회의 결의안에 의해 영국을 포함한 모든 회원국들은 득표하한선이 5%를 초과하지 않는 한도 내에서 회원국 여건에 따라 선거구역을 지역별로 나눌 수 있도록 허용하는 비례대표제가 채택됨.
3. 1989년까지는 서독에 제한됨.
4. 1994년 선거까지 영국이 채택한 단순다수대표제는 최다득표자가 당선되는 선거제인 반면에 1999년부터 모든 EU 회원국이 채택한 선거제는 득표율에 비례하는 의석점유율을 지향하는 비례대표제로서 크게 정당명부(party list)와 단기이양(STV, single transferable vote) 방식으로 나눈다. 정당명부는 의석배정을 산출하는 방식에 따라 분모-최대평균(divisor-highest average)과 몫-나머지(quota-remainder)에 의해 나눈다. 동트(d"hondt), 생라귀에 또는 변형 생라귀에(modified Sainte Laguë)는 분모-최대평균에 의한 의석배정 산출방식이고, 헤어(Hare), 하겐바흐-비숍(Hagenbach-Bischoff), 드룹(Droop)은 몫-나머지에 의한 의석배정 산출방식이다.
5. 1979년 선거에서 복수의 지역 선거구역을 채택한 국가는 벨기에(2), 덴마크(2), 아일랜드(4), 이탈리아(5), 영국(76)이며 나머지 5개국은 국가단일 선거구역을 채택했다.
6. 1984년 선거에서 복수의 지역 선거구역을 채택한 국가는 벨기에(2), 덴마크(2), 아일랜드(4), 이탈리아(5), 영국(79)이며 나머지 7개국은 국가단일 선거구역을 채택했다.
7. 1989년 선거에서 복수의 지역 선거구역을 채택한 국가는 벨기에(2), 아일랜드(4), 이탈리아(5), 영국(79)이며 나머지 8개국은 국가단일 선거구역을 채택했다.
8. 1994년 선거에서 복수의 지역 선거구역을 채택한 국가는 벨기에(3), 아일랜드(4), 이탈리아(5), 영국(85)이며 나머지 11개국은 국가단일 선거구역을 채택했다.
9. 1999년 선거에서 복수의 지역 선거구역을 채택한 국가는 벨기에(3), 아일랜드(4), 이탈리아(5), 영국(12)이며 나머지 11개국은 국가단일 선거구역을 채택했다. 1999년 선거 자료는 Lodge(2001)를 주요 출처로 사용했다.
10. 2004년 선거에서 복수의 지역 선거구역을 채택한 국가는 벨기에(3), 아일랜드(4), 이탈리아(5), 영국(12), 프랑스(8), 폴란드(13)이며 나머지 21개국은 국가단일 선거구역을 채택했다.
11. 2009년 선거에서 복수의 지역 선거구역을 채택한 국가는 벨기에(3), 아일랜드(4), 이탈리아(5), 영국(12), 프랑스(8), 폴란드(13)이며 나머지 21개국은 국가단일 선거구역을 채택했다.

부록 5: 유럽의회 선거결과, 회원국과 유럽의회 정당집단별 분류(1979~2009)

1979년 (총 의석수: 410)	회원국별 의석배정 (9개국)	프랑스	81	정당집단별 의석배정	COM	44
		서독	81		SOC	113
		이탈리아	81		LD	40
		영국	81		EPP	107
		네덜란드	25		ED	64
		벨기에	24		EPD	22
		덴마크	16		CDI	11
		아일랜드	15		NI	9
		룩셈부르크	6			
1984년 (총 의석수: 434)	회원국별 의석배정 (10개국)	프랑스	81	정당집단별 의석배정	COM	41
		서독	81		SOC	130
		이탈리아	81		RBW	20
		영국	81		LD	31
		네덜란드	25		EPP	110
		벨기에	24		ED	50
		그리스	24		EDA	29
		덴마크	16		ER	16
		아일랜드	15		NI	7
		룩셈부르크	6			
1989년 (총 의석수: 518)	회원국별 의석배정 (12개국)	프랑스	81	정당집단별 의석배정	EUL-LU	42
		서독	81		SOC	180
		이탈리아	81		G	30
		영국	81		RBW	13
		스페인	60		LDR	49
		네덜란드	25			
		벨기에	24		EPP	121
		포르투갈	24		ED	34
		그리스	24		EDA	20
		덴마크	16		DR	17
		아일랜드	15		NI	12
		룩셈부르크	6			
1994년 (총 의석수: 567)	회원국별 의석배정 (12개국)	독일	99	정당집단별 의석배정	EUL	28
		프랑스	87		PES	198
		이탈리아	87		G	23
		영국	87		ERA	19
		스페인	64		ELDR	43
		네덜란드	31		EPP	157
		벨기에	25		EDA	26
		포르투갈	25		FE	27
		그리스	25		EN	19
		덴마크	16		NI	27
		아일랜드	15			
		룩셈부르크	6			

1999년 (총 의석수: 626)	회원국별 의석배정 (15개국)	독일	99	정당집단별 의석배정	EUL-NGL	42
		프랑스	87		PES	180
		이탈리아	87		G-EFA	48
		영국	87		ELDR	50
		스페인	63		EPP-ED	233
		네덜란드	31		UEN	31
		벨기에	25		EDD	16
		포르투갈	25		TGI	18
		그리스	25		NI	8
		스웨덴	22			
		오스트리아	21			
		덴마크	16			
		아일랜드	15			
		핀란드	15			
		룩셈부르크	6			
2004년 (총 의석수: 732)	회원국별 의석배정 (25개국)	독일	99	정당집단별 의석배정	EUL-NGL	41
		프랑스	78		PES	200
		이탈리아	78		G-EFA	42
		영국	78		ELDR	88
		스페인	54		EPP-ED	268
		폴란드	54		UEN	27
		네덜란드	27		ID	37
		벨기에	24		NI	29
		체코	24			
		포르투갈	24			
		그리스	24			
		헝가리	24			
		스웨덴	19			
		오스트리아	18			
		덴마크	14			
		핀란드	14			
		슬로바키아	14			
		아일랜드	13			
		리투아니아	13			
		라트비아	9			
		슬로베니아	7			
		키프로스	6			
		에스토니아	6			
		룩셈부르크	6			
		몰타	5			

2009년 (총 의석수: 736)	회원국별 의석배정 (27개국)	독일	99	정당집단별 의석배정	EUL-NGL	33
		프랑스	72		PES	161
		이탈리아	72		G-EFA	53
		영국	72		ALDE	83
		스페인	50		EPP	264
		폴란드	50		ECR	14
		루마니아	33		EFD	18
		네덜란드	25		NI	27
		벨기에	22			
		체코	22			
		포르투갈	22			
		그리스	22			
		헝가리	22			
		스웨덴	18			
		오스트리아	17			
		불가리아	17			
		덴마크	13			
		핀란드	13			
		슬로바키아	13			
		아일랜드	12			
		리투아니아	12			
		라트비아	8			
		슬로베니아	7			
		키프로스	6			
		에스토니아	6			
		룩셈부르크	6			
		몰타	5			

- 정당집단 분류(좌-우 순)

Radical Left
COM: Communist Group
LU: Left Unity
EUL: European United Left
EUL/NGL: European United Left/Nordic Green Left

Social Democrats
SOC: Socialist Group
PES: Party of European Socialist
S&D: Progressive Alliance of Socialists and Democrats

Greens and Regionalists
G: Greens
G/EFA Greens/European Free Alliance

RBW: Rainbow Group
ERA: European Radical Alliance

Liberals
ELD: European Liberals and Democrats
ELDR: European Liberal, Democratic and Reform Party
ALDE: Alliance of Liberals and Democrats for Europe
LD: Liberal and Democratic Group

Christian Democrats and Conservatives
EPP: European People's Party
EPP-ED: European People's Party-European Democrats
ED: European Democrats
EDA: European Democratic Alliance
EPD: European Progressive Democrats
UFE: Union for Europe
UEN: Union for a Europe of Nations
EDG: European Democrats Group
FE: Forza Europa

Anti-Europeans, Extreme Right and Independents
EN: Europe of Nations
EDD: Europe of Democracies and Diversities
IND/DEM: Independence/Democracy
ER: European Right
TGI: Technical Group of Independents
ECR: European Conservatives and Reformists
EFD: Europe of Freedom and Democracy Group
ID: Independence/Democracy Group
NI: Non-Inscrits

부록 6: 유럽의회 선거 전후 유럽의회 정당집단, 회원국별 자국소속정당 분류(1979~2009)

1979년	COM	SOC	LD	EPP	EPD	ED
벨기에		SP	PVV	CVP		
		PS	PRL	PSC		
덴마크	SF	S	V	KF	FP	CD
프랑스	PCF	PS-MRG	UDF		RPR	
아일랜드		ILP		FG	FF	
이탈리아	PCI	PSI	PLI	DC		
		PSDI	PRI	SVP		
룩셈부르크		LSAP	DP	CSV		
네덜란드		PvdA	VVD	CDA		
영국		LP				CP
		SDLP				UUP
서독		SPD	FDP	CDU		
				CSU		

1. COM(공산동맹): Communists and Allies
2. SOC(사회당): Socialist Group
3. LD(자유민주당): Liberal and Democratic Group
4. EPP(유럽인민당): European People's Party 1989년 창설
5. EPD(유럽진보민주파): European Progressive Democrats
6. ED(유럽민주당): European Democrats, 1989년 창설

1984년	COM	SOC	RBW	LD	EPP	ED	EDA	ER
벨기에		SP	AGALEV	VU	CVP	PVV		
		PS	Ecolo		PSC	PRL		
덴마크	SPP	SD	FolkeB	LP	CD	CPP		
프랑스	PCF	PS					UDF-RPR	FN
아일랜드					FG		FF	
이탈리아	PCI	PSI-SI		PLI	DC			SM
		PSDI		PRI	SVP			
룩셈부르크		LSAP		DP	CSV			
네덜란드		LP	GPA	PPFD	CDA			
영국		Labour	SNP			Conser		
서독		SPD	GRÜNE		CDU			
					CSU			
그리스	CPG	PSAOK			ND			NPU

1. COM(공산동맹): Communists and Allies
2. SOC(사회당): Socialist Group
3. RBW(무지개당): Rainbow Group, 1984년 창설

4. LD(자유민주당): Liberal and Democratic Group
5. EPP(유럽인민당): European People's Party
6. ED(유럽민주당): European Democrats
7. EDA(유럽민주동맹): European Democratic Alliance, 1984년 창설
8. ER(유럽우파): European Right, 1984년 창설

1989년	EUL-LU	SOC	G	RBW	LDR	EPP	ED	EDA	DR
벨기에		SP	AGALEV-Groen	VB	PVV	CVP			VU-EVA
		PS	Ecolo		PRL	PSC			
덴마크	SPP	SD		FolkeB	V	CPP	CD		
프랑스	PCF	PS	LV			UDF-RPR			FN
아일랜드	WP	LP		Indep.	PD	FG		FF	
이탈리아	PCI	PSI	DP	PSdA	PLI	DC			
		PSDI	LV	LL		SVP			
			ARCOB						
			DROGA						
룩셈부르크		LSAP			DP	CSV			
네덜란드		LP		Rainbow	PPFD	CDA			
					D66				
영국		Labour		SNP			Conser.		
서독		SPD	The Greens		FDP	CDU			The Republicans
						CSU			
그리스	KKE	PSAOK				ND			
	KKE-es-EAR-SYN-SYRIZA								
포르투갈		PS		CDU	PSD	CDS/PP			
스페인	IU	PSOE	EE	EA	CDS	CIU			
				PA	CDC	PP			

1. EUL-LU(유럽좌파연합-좌파연합당): European United Left-Left Unity, 1989년 창설
2. SOC(사회당): Socialist Group
3. G(녹색당): Greens, 1989년 창설
4. RBW(무지개당): Rainbow Group

5. LDR(자유민주개혁당): Liberal and Democratic Reformist Group
6. EPP(유럽인민당): European People's Party
7. ED(유럽민주당): European Democrats
8. EDA(유럽민주동맹): European Democratic Alliance
9. DR(유럽우파): European Right, 1989년 창설

1994년	EUL	PES	G	ERA	ELDR	EPP	EDA	FE	EN
벨기에		SP	AGALEV		VLD	CVP			
		PS	Ecolo		PRL-FDF	PSC			
덴마크		SD			V	CPP			JM
		SPP			DSLP				PMaE
프랑스	PCF	PS			PRG	UDF-RPR			UDF
아일랜드		Labour	GP			FG	FF		
이탈리아	PRC	DS	FV	PR	PRI	DC-PPI		CCD	
		SDI	RETE		PLI	SEGNI		FI	
					Indep.	SVP			
룩셈부르크		LSAP	Déi Gréng		DP	CSV			
네덜란드		LP	GreenLeft		PPFD	CDA			
					D66				
영국		Labour		SNP	LD	Conser.			
독일		SPD	Greens			CDU			
						CSU			
그리스	KKE	PSAOK				ND			
	KKE-es-EAR-SYN-SYRIZA								
포르투갈	CDU	PS				PSD	CDS/PP		
스페인	PCE	PSOE		AIC-CC	CDC	PP			
	PSUC					UDC			
	PASOC								

1. EUL(유럽연합좌파): European United Left, 1994년 창설
2. PES(유럽사회당): Party of European Socialists

3. G(녹색당): Greens
4. ERA(유럽급진주의동맹): European Radical Alliance, 1994년 창설
5. ELDR(유럽자유민주개혁당): European Liberal Democratic and Reform Party, 1994년 창설
6. EPP(유럽인민당): European People's Party
7. EDA(유럽민주주의동맹): European Democratic Alliance
8. FE(유럽만세): Forza Europa, 1994년 창설
9. EN(유럽국가): Europe of Nations, 1994년 창설

1999년	EUL-NGL	PES	G-EFA	ELDR	EPP-ED	UEN	EDD
벨기에		PS	Ecolo	VLD	CVP		
		SP.A	AGALEV	PRL	PSC		
			VU		CSP		
					FDF		
덴마크	N	SPÖ	SF	V	KF		DF
				B			
프랑스	PCF	PS	Verts		RPR	RPF	CPNT
	LO-LCR						
아일랜드		Labour	GP	Indep.	FG	FF	
					Indep.		
이탈리아	PRC	DS	FDV	Dem.	FI	AN	
	PdCI	SDI		PRI	PPI		
					CCD		
					CDU		
					UDEUR		
					Pensioners		
					RI		
					SVP		
룩셈부르크		LSAP	Déi Gréng	DP	CSV		
네덜란드	SP	PvdA	GL	VVD	CDA		SGP-GPV-RPF
				D66			
영국		Labour	GPEW	LD	Conser.	SF	UKIP
		SDLP	SNP		UUP		
			PC				
독일	PDS	SPD	Greens		CDU		
					CSU		

그리스	KKE	PASOK			ND		
	DIKKI						
	SYN						
포르투갈	CDU:PCP	PS			PSD	PP	
스페인	IU	PSOE	CN:EA	CiU:CDC	PP		
			CN:PNV	CE:CC	CiU:UDC		
			CE:PA				
			BNG				
스웨덴	V	S	MP	FP	M		
				C	KD		
오스트리아		SPÖ	Greens		ÖVP		
핀란드	VAS	SDP	Vihr.	KESK	KOK		
				SF	SKL		

1. EUL-NGL(유럽연합좌파-북유럽녹색좌파): European United Left-Nordic Green Left
2. PES(유럽사회당): Party of European Socialists
3. G-EFA(녹색당-유럽자유동맹): Greens-European Free Alliance, 1999년 창설
4. ELDR(유럽자유민주개혁당): European Liberal and Democratic Reform party
5. EPP-ED(유럽인민당-유럽민주당): European People's Party-European Democrats, 1999년 창설
6. UEN(유럽국가연합): Union for Europe of the Nations, 1999년 창설
7. EDD(민주주의-다양성유럽): Europe of Democracies and Diversities, 1999년 창설

2004년	EUL-NGL	PES	G-EFA	ELDR	EPP-ED	UEN	ID
벨기에		PS	Groen	VLD	CD&V/N-VA		
		SP.A	Ecolo	MR	CDH		
					CSP-EVP		
덴마크	FolkeB	S	SF	V	Konservative	DF	Juni B.
				RV			
프랑스	PCF	PS	Verts	UDF	UMP		MPF
아일랜드	SF	Labour		Indep.	FG	FF	Indep.
이탈리아	RC	DS	Verdi	DL	FI	AN	LN
	PdCI	SDI		LEB	UDC		
		Indep.		SCDP-O	SVP		
				MRE	AP-UDEUR		
					PP		

룩셈부르크		LSAP		DP	CSV		
			Déi Gréng	LiCS			
네덜란드	SP	PvdA	GL	VVD	CDA		CU-SGP
			ET	D66			
영국	SF	Labour	GPEW	LD	Conser.		UKIP
			SNP		UUP		
			PC				
독일	PDS	SPD	GRÜNE	FDP	CDU		
					CSU		
그리스	KKE	PASOK			ND		LAOS
	SYN						
포르투갈	PCP	PS			PSD		
	BE				CDS-PP		
스페인	IU	PSOE	Los Verdes	CDC	PP		
			ICV	EAJ-PNV			
			ERC				
스웨덴	V	SAP	MP	FP	M		Junilistan
				C	KD		
오스트리아		SPÖ	GRÜNE		ÖVP		
핀란드	VAS	SDP	Vihr.	KESK	KOK		
				SFP			
키프로스	AKEL			DIKO	DISY		
					GTE		
체코	KSČM	ČSSD			ODS		Indep.
					SNK		
					KDU-ČSL		
					ED		
에스토니아		SDE		K	IL		
				ER			
헝가리		MSZP		SZDSZ	FIDESZ		
라트비아			PCTVL	LC	JL	TB/LNNK	
					TP		
리투아니아		LSDP		DP	TS	VNDPS	
				LiCS		LDP	
몰타		PL			PN		
폴란드		SLD		UW	PO	PiS	LPR
		SDPL			PSL		

슬로바키아		SMER			SDKÚ		
					KDH		
					MKP		
슬로베니아		ZLSD			NSi		
					SDS		

1. EUL-NGL(유럽연합좌파-북유럽녹색좌파): European United Left-Nordic Green Left
2. PES(유럽사회당): Party of European Socialists
3. G-EFA(녹색당-유럽자유동맹): Greens-European Free Alliance
4. ELDR(유럽자유민주개혁당): European Liberal and Democratic Reform Party
5. EPP-ED(유럽인민당-유럽민주당): European People's Party-European Democrats
6. UEN(유럽국가연합): Union for Europe of the Nations
7. ID(독립민주당): Independence/Democracy Group, 2004년 창설

2009년	EUL-NGL	S&D	G-EFA	ALDE	EPP	ECR	EFD
벨기에		PS	Ecolo	MR	CD&V	LD	
		SP.A	Groen	open VLD	CDH		
					CSP		
					N-VA		
덴마크	FBmEU	SDP	SF	V	KF		DPP
프랑스	PC	PS	Greensregion	UDF	UMP		MPF
	PdG						
아일랜드	PS	Labour		FF	FG		
이탈리아		DP		IV-LDP	PdL		LN
					UDC		
					SVP		
룩셈부르크		POSL/LSAP	Déi Gréng	PD/DP	PCS/CSV		
네덜란드	SP	PvdA	GL	VVD	CDA	CU	SGP
				D66			
영국	SF	Labour	SNP	LD		Conser.	UKIP
			PC			C&U	
			Greens				
독일	Linke	SPD	Green	FDP	CDU/CSU		
그리스	KKE	PASOK	OP		ND		LAOS
	SRA						
포르투갈	BE	PS			PPD/PSD		
	CDU				CDS-PP		
스페인	IU	PSOE	ERC	CC-PNC	PP		
			BNG	EAJ PNV			

스웨덴	VP	SAP	MPG	FP	M		
			Pirat	C	KD		
오스트리아		SPÖ	Greens		ÖVP		
핀란드		SDP	Green League	KESK	KOK		True Finns
				SFP			
키프로스	AKEL	DIKO			DISY		
		EDEK					
체코	KSČM	ČSSD			KDU-ČSL	ODS	
에스토니아		SDE	Indep.	RE	IRL		
				KE			
헝가리		MSZP			FIDESZ-MPP	MDF	
라트비아	LSP	TSP	PCTVL	LPP-LC	PS	TB/LNNK	
					JL		
리투아니아		LSDP		LRLS	TS-LKD	LLRA	TT
				DP			
몰타		MLP			PN		
폴란드		SLD			PO	PiS	
					PSL		
슬로바키아		SMER-SD		L's-HZDS	SDKÚ-DS		SNS
					KDH		
					SMK-MKP		
슬로베니아		SD		ZARES	SDS		
				LDS	SNi		
불가리아		BSP		DPS	GERB		
				NDSV	SDS		
루마니아		PSD-PC		PNL	PD-L		
					UDMR		
					Indep.		

1. GUE/EUL-NGL(유럽연합좌파-북유럽녹색좌파): European United Left-Nordic Green Left
2. S&D(유럽사회민주진보동맹): Progressive Alliance of Socialists and Democrats
3. Greens-EFA(녹색당-유럽자유동맹): Greens-European Free Alliance
4. ALDE(유럽자유민주동맹): Alliance of Liberals and Democrats for Europe
5. EPP(유럽인민당): European People's Party(Christian Democrats)
6. ECR(유럽 보수-개혁 연합): European Conservatives and Reformists, 2009년 창설
7. EFD(유럽 자유-민주 연합): Europe of Freedom and Democracy Group, 2009년 창설
8. NI(무소속): Non-Inscrits

*회원국별 정당 목록(알파벳 순)

벨기에

AGALEV(Anders Gaan Leven): *meaning "to start living differently"*

cdH(Centre démocrate humaniste): Humanist Democratic Centre

CSP(Chistlich Soziale Partei): Christian Social Party

CVP(Christelijke Volkspartij): Christian People's Party

Ecolo(Écologistes Confédérés pour l'organisation de luttes originales): Confederated ecologists for the organization of original struggles

FDF(Fédéralistes Démocrates Francophones): Francophone Democratic Federalists

MR(Mouvement Réformateur): Reformist Movement

PRL(Parti Réformateur Libéral): Reformist Liberal Party

PS(Parti Socialiste): Socialist Party

PSC(Parti Social-Chrétian): Christian Social Party

PVV(Partij voor Vrijheid en Vooruitgang): Party for Freedom and Progress

SP.A(Socialistische Partij. Anders): Different Socialist Party

VB(Vlaams Blok): The Flemish Bloc

VLD(Vlaamse Liberalen en Democraten): Flemish Liberals and Democrats

VU(Volksunie): People's Union

덴마크

B(Det Radikale Venstre): Danish Social Liberal Party

CD(Centrum-Demokraterne): Centre Democrats

CPP(Kristeligt Folkeparti): Christian People's Party

DF(Dansk Folkeparti): Danish People's Party

DKF(Det Konservative Folkeparti): Conservative People's Party

FolkeB(Folkebevægelsen mod EU): People's Movement against the EU

FP(Fremskridtspartiet): Progressive Party

N(Folkebevægelsen mod EU): People's Movement against the EU

S(Socialdemokraterne/Socialdemokratiet): Social Democrats
SD(Socialdemokraterne/Socialdemokratiet): Social Democrats
SF(Socialistisk Folkeparti)/SPP: Socialist People's Party
SPÖ(Sozialdemokratische Partei Österreichs): Social Democratic Party of Austria
V/LP(Venstre, Danmarks Liberale Parti): Left, Liberal Party of Denmark

프랑스

CPNT(Chasse, Pêche, Nature, Traditions): Hunting, Fishing, Nature, Tradition
FN: Front National
LCR(Ligue communiste révolutionnaire): Revolutionary Communist League
LO(Lutte Ouvrière): Workers' Struggle
LV/Verts(Les Verts): The Greens
PCF(Parti communiste français): French Communist Party
PRG(Parti Radical de Gauche): The Radical Party of the Left
PS(Parti Socialiste): Socialist Party
PS-MRG(Parti Socialiste-Mouvement des Radicaux de Gauche): Socialist Party-Movements of Left Radicals
RPF(Rassemblement pour la France): Rally for France
RPR(Rassemblement pour la République): Rally for the Republic
UDF(Union pour la Démocratie Française): Union for French Democracy
UMP (Union pour un Mouvement Populaire): Union for a Popular Movement

아일랜드

FF(Fianna Fáil): The Republican Party
FG(Fine Gael): Family of the Irish
GP(Comhaontas Glas): Green Party
ILP(Páirtí an Lucht Oibre): Irish Labour Party
Labour(Páirtí an Lucht Oibre): Labour Party
LP(Páirtí an Lucht Oibre): Labour Party
PD(An Páirtí Daonlathach): Progressive Democrats

WP(Páirtí na nOibrithe): Workers' Party of Ireland

이탈리아

AN(Alleanza Nazionale): National Alliance

ARCOB(Verdi Arcobaleno): Rainbow Greens

CCD(Centro Cristiano Democratico): Christian Democratic Centre

CDU(Cristiani Democratici Uniti): United Christian Democrats

DC(Democrazia Cristiana): Christian Democracy

Dem.(I Democratici): The Democrats

DP(Democrazia Proletaria): Proletarian Democracy

DROGA(Lega Antiproibizionista sulla Droga): Drug Antiprohibitionist League

DS(Democratici di Sinistra): Democrats of the Left

FDV(Federazione dei Verdi): Federation of the Greens

FI(Forza Italia): Forwarded Italy

IdV(Italia dei Valori): Italy of Values

LL(Lega Autonomista Lombarda / Lega Lombarda): Lombard League

LN(Lega Nord): Northern League

LV(Federazione delle Liste Verdi): Green Lists Federation

MpA(Movimento per le Autonomie): Movement for Autonomies

MSI(Movimento Sociale Italiano): Italian Social Movement

PCI(Partito Comunista Italiano): Italian Communist Party

PdCI(Partito dei Comunisti Italiani): Party of Italian Communists

PdL(Il Popolo della Libertà): The People of Freedom

Pensioners(Partito Pensionati): Pensioners' Party

PLI(Partito Liberale Italiano): Italian Liberal Party

PPI(Partito Popolare Italiano): Italian People's Party

PR(Partito Radicale): Radical Party

PRC(Partito della Rifondazione Comunista): Communist Refoundation Party

PRI(Partito Repubblicano Italiano): Italian Republican Party

PSDI(Partito Socialista Democratico Italiano): Italian Democratic Socialist Party

PSI(Partito Socialista Italiano): Italian Socialist Party

RC(Partito della Rifondazione Comunista): Communist Refoundation Party

RETE(Movimento per la Democrazia－La Rete): The Net-Movement for Democracy

RI(Rinnovamento Italiano): Italian Renewal

SDI(Socialisti Democratici Italiani): Italian Democratic Socialists

SEGNI(Patto Segni): Signs Pact

SVP(Südtiroler Volkspartei): South Tyrolean People's Party

UDEUR(Unione Democratici per l'Europa): Union of Democrats for Europe

룩셈부르크

CSV(Chrëschtlech Sozial Vollekspartei): Christian Social People's Party

DP(Demokratesch Partei): Democratic Party

Greens(Déi Gréng): The Greens

LSAP(Lëtzebuerger Sozialistesch Arbechterpartei): Luxembourg Socialist Workers' Party

네덜란드

CDA(Christen-Democratisch Appèl): Christian Democratic Appeal

D66(Democraten 66): Democrats 66

GL(GroenLinks): Green Left

GPV(Gereformeerd Politiek Verbond): Reformed Political League

LP(Liberale Partij): Liberal Party

PvdA(Partij van de Arbeid): Labour Party

Rainbow(Regenboog): The Rainbow

RPF(Reformatorische Politieke Federatie): Reformatory Political Federation

SGP(Staatkundig Gereformeerde Partij): Reformed Political Party

SP(Socialistische Partij): Socialist Party

VVD/PPFD(Volkspartij voor Vrijheid en Democratie): People's Party for Freedom and Democracy

영국

Conser: Conservative and Unionist Party

CP: Conservative Party

GPEW: Green Party of England and Wales

Labour: Labour Party

LD: Liberal Democrats

PC(Plaid Cymru): The Party of Wales

SDLP: Social Democratic and Labour Party

SF(Sinn Féin): meaning "we ourselves"

SNP: Scottish National Party

UKIP: United Kingdom Independence Party

UUP: Ulster Unionist Party

독일

CDU(Christlich Demokratische Union Deutschlands): Christian-Democratic Union of Germany

CSU(Christlich-Soziale Union in Bayern): Christian Social Union in Bavaria

FDP(Freie Demokratische Partei): Free Democratic Party

Greens(Bündnis 90/Die Grünen): Alliance '90/The Greens

PDS(Partei des Demokratischen Sozialismus): Party of Democratic Socialism

REP(Die Republikaner): The Republicans

SPD(Sozialdemokratische Partei Deutschlands): Social Democratic Party of Germany

그리스

CPG(Κομμουνιστικό Κόμμα Ελλάδας): Communist Party of Greece

DIKKI(ΔΗΚΚΙ, Δημοκρατικό Κοινωνικό Κίνημα, Dimokratiko Koinoniko Kinima): Democratic Social Movement

EAR(Ελληνική Αριστερά): Greek Left

KKE(Κομμουνιστικό Κόμμα Ελλάδας, Kommounistikó Kómma Elládas): Communist Party of Greece ND(Νέα Δημοκρατία, Néa Dimokratía):

New Democracy

KKE-es(KKE-εσωτερικου): KKE Interior

ND(Νέα Δημοκρατία): New Democracy

NPU(Εθνική Πολιτική Ένωσις): National Political Union

PSAOK(Πανελλήνιο Σοσιαλιστικό Κίνημα, Panellinio Sosialistikó Kínima, ΠΑΣΟΚ): Panhellenic Socialist Movement

SYN(Συνασπισμός της Αριστεράς των Κινημάτων και της Οικολογίας, Synaspismós tīs Aristerás tōn Kinīmátōn kai tīs Oikologías): Coalition of the Left of Movements and Ecology

SYRIZA(Συνασπισμός Ριζοσπαστικής Αριστεράς(ΣΥΡΙΖΑ)): Coalition of the Radical Left

포르투갈

CDS/PP(Centro Democrático e Social-Partido Popular): Democratic and Social Centre-People's Party

CDU(Coligação Democrática Unitária): Democratic Unity Coalition

MEP (Movimento Esperança Portugal): Hope for Portugal Movement

PCP(Partido Comunista Português): Portuguese Communist Party

PP(Centro Democrático e Social-Partido Popular): Democratic and Social Centre-People's Party

PS(Partido Socialista): Socialist Party

PSD(Partido Social Democrata): Social Democratic Party

스페인

AIC(Agrupaciones Independientes de Canarias): Canarian Independent's grouping

BNG(Bloque Nacionalista Galego): Galician Nationalist Bloc

CC(Coalición Canaria): Canarian Coalition

CDC(Convergència Democràtica de Catalunya): Democratic Convergence of Catalonia

CDS(Centro Democrático y Social): Democratic and Social Centre

CE(Coalición Europea): European Coalition

CiU(Convergència i Unió): Convergence and Union
CN(Coalición Nacionalista): Nationalist Coalition
EA(Solidaridad Vasca): Basque Solidarity
EE(Euskadiko Ezkerra): Basque Country Left in Basque
IU(Izquierda Unida): United Left
PA(Partido Andalucista): Andalusian Party
PASOC(Partido de Acción Socialista): Socialist Action Party
PCE(Partido Comunista de España): Communist Party of Spain
PNV(Partido Nacionalista Vasco): Basque Nationalist Party
PP(Partido Popular): People's Party
PSOE(Partido Socialista Obrero Español): Spanish Socialist Workers' Party
PSUC(Partit Socialista Unificat de Catalunya): Unified Socialist Party of Catalonia
UDC(Unió Democràtica de Catalunya): Democratic Union of Catalonia

스웨덴

C(Centerpartiet): Centre Party
FP(Folkpartiet liberalerna): Liberal People's Party
KD(Kristdemokraterna): Christian Democrats
M(Moderata samlingspartiet): Moderate Party
MP(Miljöpartiet de Gröna): Green Party
S(Sveriges socialdemokratiska arbetareparti): Swedish Social Democratic Party
V(Vänsterpartiet): Left Party

오스트리아

Greens(Die Grünen): The Green Alternative
ÖVP(Österreichische Volkspartei): Austrian People's Party
SPÖ(Sozialdemokratische Partei Österreichs): Social Democratic Party of Austria

핀란드

KESK(Suomen Keskusta): Centre Party of Finland

KOK(Kansallinen Kokoomus): National Coalition Party
SDP(Suomen Sosialidemokraattinen Puolue): Social Democratic Party of Finland
SF(Svenska folkpartiet i Finland): Swedish People's Party of Finland
SKL(Suomen Kristillinen Liitto): Finnish Christian League
VAS(Vasemmistoliitto): Left Alliance
Vihr(Vihreä liitto): Green League

키프로스

AKEL(Ανορθωτικό Κόμμα Εργαζόμενου Λαού, Anorthotikó Kómma Ergazómenou Laoú): Progressive Party of Working People
DIKO(Δημοκρατικό Κόμμα, Dimokratikó Kómma): Democratic Party
DISY(Δημοκρατικός Συναγερμός, Dimokratikós Sinayermós): Democratic Rally
GTE(Για την Ευρώπη) For Europe

체코

ČSSD(Česká strana sociálně demokratická): Czech Social Democratic Party
ED(SNK Evropští demokraté): SNK European Democrats
KDU-ČSL(Křesťanská a demokratická unie – Československá strana lidová): Christian and Democratic Union – Czechoslovak People's Party
KSČM(Komunistická strana Čech a Moravy): Communist Party of Bohemia and Moravia
ODS(Občanská demokratická strana): Civic Democratic Party
SNK(SNK sdružení nezávislých): SNK Union of Independents

에스토니아

ER(Eesti Reformierakond): Estonian Reform Party
K(Eesti Keskerakond): Estonian Centre Party
IL(Isamaaliit): Pro Patria Union
IRL (Isamaa ja Res Publica Liit): Pro Patria and Res Publica Union
SDE(Sotsiaaldemokraatlik Erakond): Social Democratic Party

헝가리

FIDESZ(Fidesz – Magyar Polgári Szövetség): Fidesz – Hungarian Civic Union

MSZP(Magyar Szocialista Párt): Hungarian Socialist Party

SZDSZ(Demokraták Szövetsége – a Magyar Liberális Párt): Alliance of Free Democrats – Hungarian Liberal Party

라트비아

JL(Jaunais Laiks): New Era Party

LC(Latvijas Ceļš): Latvian Way

LPP(Latvijas Pirmā Partija): Lativa's First Party

PCTVL(Par cilvēka tiesībām vienotā Latvijā): For Human Rights in United Latvia

PS(Pilsoniskā savienība) : Civic Union

SCP(Sabiedrība Citai Politikai): Society for Other Politics

TB/LNNK(Tēvzemei un Brīvībai/LNNK): For Fatherland and Freedom/ LNNK

TP(Tautas partija): People's Party

리투아니아

DP(Darbo Partija): Labour Party

LDP(Tvarka ir teisingumas): Order and Justice

LiCS(Liberalų ir centro sąjunga): Liberal and Centre Union

LLRA(Lietuvos Lenku Rinkimu Akcija): Lithuanian Polish Election Campaign

LRLS(Lietuvos Respublikos Liberalų sąjūdis): Liberals' Movement of the Republic of Lithuania

LSDP(Lietuvos socialdemokratų partija): Social Democratic Party of Lithuania

TPP(Tautos prisikėlimo partija): National Revival Party

TS-LKD(Tėvynės sąjunga - Lietuvos krikščionys demokratai): Homeland Union – Lithuanian Christian Democrats

VNDPS(Valstiečių ir Naujosios demokratijos partijų sąjungos): Peasants and New Democratic Party Union

몰타

PN(Partit Nazzjonalista): Nationalist Party

PL(Partit Laburista): Labour Party

폴란드

LPR(Liga Polskich Rodzin): League of Polish Families

PiS(Prawo i Sprawiedliwość): Law and Justice

PO(Platforma Obywatelska): Civic Platform

PSL(Polskie Stronnictwo Ludowe): Polish People's Party

SDPL(Socjaldemokracja Polska): Social Democracy of Poland

SLD(Sojusz Lewicy Demokratycznej): Democratic Left Alliance

UW(Unia Wolności): Freedom Union

슬로바키아

KDH(Krest'anskodemokratické hnutie): Christian Democratic Movement

L'S - HZDS(L'udová stranar－Hnutie za demokratické Slovensko): People's Party－Movement for a Democratic Slovakia

SDKÚ(Slovenská demokratická a krest'anská únia): Slovak Democratic and Christian Union

SMER - SD(Smer－sociálna demokracia): Direction－Social Democracy

SMK - MKP(Magyar Koalicio Partjar－Strana Madarcej Koalicie): Party of the Hungarian Coalition

SNS(Slovenská Národná Strana): Slovak National Party

슬로베니아

DeSUS(Demokraticna stranka upokojencev Slovenije): Democratic Party of Pensioners of Slovenia

LDS(Liberalna demokracija Slovenije): Liberal Democracy of Slovenia

NSi(Nova Slovenija): New Slovenia

SD(Socialni demokrati): Social Democrats

SDS(Slovenska demokratska stranka): Slovenian Democratic Party

Zares(Zares-nova politika): New Politics

ZLSD(Združena lista socialnih demokratov): United List of Social Democrats

불가리아

BSP(Българска социалистическа партия): Bulgarian Socialist Party or Coalition for Bulgaria

DPS(Движение за права и свободи, Dvizhenie za prava i svobodi): Movement for Rights and Freedoms

GERB(Граждани за европейско развитие на България, Grazhdani za evropeysko razvitie na Balgariya): Citizens for European Development of Bulgaria

NDSV(Национално движение за стабилност и възход (НДСВ) or Nacionalno dviženie za stabilnost i văzhod): National Movement for Stability and Progress

SDS(Съюз на демократичните сили): Union of Democratic Forces or Blue Coalition

루마니아

PD-L(Partidul Democrat-Liberal): Democratic Liberal Party

PNL(Partidul Naţional Liberal): National Liberal Party

PSD-PC(Partidul Social Democrat-Partidul Conservator): Social Democratic Party + Conservative Party

UDMR(Uniunea Democrată Maghiară din România): Democratic Union of Hungarians in Romania

기타

Indep.: Independent(독립 후보)

NI: Non-Inscrits(무소속)

찾아보기

고유명사(인명, 지명, 사건)

ㄹ

ㅁ

ㅂ

일반명사

이옥연 (Okyeon Yi) okyeonh@snu.ac.kr

1984. 서울대학교 외교학과 수료
1986. 캘리포니아 주립대학교 [Davis] 국제관계 학사
1992. 뉴욕 주립대학교 [Binghamton] 정치학 석사
1996. 미시건 대학교 [Ann Arbor] 응용경제학 석사
2002. 미시건 대학교 [Ann Arbor] 정치학 박사
현재 서울대학교 정치외교학부 부교수

2008. 『통합과 분권의 연방주의 거버넌스』. 서울: 오름.
2009. 『국제정치의 사회적 이론: 구성주의』 공역. (Wendt, Alexander. *Social Theory of International Politics*. New York: Cambridge Univ. Press, 2001) 서울: 사회평론.
2008. “동아시아 지역질서와 정치통합의 추동력,” 『세계지역연구논총』 26권 1호.
2009. “스위스 다문화주의의 도면: 연방 법제도와 정당제를 중심으로,” 『국제정치논총』 49권 5호.
2010. “미국 민주주의의 사각지대: 대통령제의 권력분립과 대외정책,” 『미국학논집』 42권 2호.

요하네스 헬름라트 (Johannes Helmrath) helmrathj@geschichte.huberlin.de

1984. 독일 쾰른(Köln) 대학교 역사학과 역사학 학사
1995. 독일 쾰른(Köln) 대학교 역사학과 역사학 박사
현재 독일 훔볼트(Humboldt) 대학교 역사학과 교수

2002. *Diffusion des Humanismus. Studien zur nationalen Geschichtsschreibung europäischer Humanisten.* Göttingen: Wallstein.
2009. *Studien zur Medien und Sprachen humanistischer Geschichtsschreibung.* Berlin: de Gruyter.
2011(예정). [mit Edition und Kommentar] Studien zu Reichstag und Rhetorik. Die Reichstagsreden des Enea Silvio Piccolomini 1454/55. 2 Teile, Habilitationsschrift Köln. 1994.

메들린 호슬리 (Madeleine Hosli) hosli@fsw.leidenuniv.nl

1987. 스위스 취리히 대학교 정치학 학사
1992. 스위스 쌩갈렝(St. Gallen) 대학교 정치·경제·국제법 박사
현재 네덜란드 레이든(Leiden) 대학교 정치학과 교수

2005. *The Euro: A Concise Introduction to European Monetary Integration. Boulder: Lynne Rienner.*
2006. (Robert Thomson 공저) "Who Has Power in the EU? The Commission, Council and Parliament in Legislative Decision-Making," *Journal of Common Market Studies* 44(1): 391-417.
2008. "Council Decision Rules and European Union Constitutional Design," *AUCO Czech Economic Review* 2(1): 76-96.
2008. "Negotiating European Economics and Monetary Union," *Homo Oeconomicus* 25(2): 203-223.
2010. (Christine Arnold 공저) "The Importance of Actor Cleavages in Negotiating the European Constitution," *International Studies Quarterly* 54: 615-633.

홍태영 (Tai-Young Hong) tyghong@kndu.ac.kr

1990. 서울대학교 정치학과 정치학 학사
1992. 서울대학교 정치학과 정치학 석사
2001. 파리 사회과학고등연구원 정치학 박사
현재 국방대학교 국제관계학부 부교수

2008. 『국민국가의 정치학』. 서울: 후마니타스
2010. 『현대정치철학의 모험』 공저. 서울: 난장, 2010.
2009. "인권의 정치와 민주주의의 경계들," 『정치사상연구』 15집 1호.
2010. "근대국민국가 형성기 시민군과 애국주의," 『한국정치연구』 19집 1호.
2010. "공화주의적 통합과 프랑스민주주의," 『사회과학연구』 18집 2호.

윤 비 (Bee Yun) koerner@naver.com

1990. 서울대학교 외교학과 정치학 학사
1996. 서울대학교 외교학과 외교학 석사
2009. 독일 훔볼트(Humboldt) 대학교 정치학 박사
현재 성균관대학교 정치외교학과 조교수

2007. "A Visual Mirror of Princes. The Wheel on the Mural of Longthorpe Tower," *Journal of the Warburg and Courtauld Institute* 70: 1-32.
2008. "Ptolemy of Lucca - A Pioneer of Civic Republicanism? A Reassessment," *History of Political Thought* 29: 417-439.
2010. "서양 중근세 정치사상사의 공간적 상상력: 롱쏘프(Longthorpe) 벽화에 나타난 정치 이론의 문화 간 전파를 중심으로," 『정치사상연구』 16집 2호.
2011. (Jörg Feuchter, Friedhlem Hoffmann과 공동) Ed. *Cultural Transfers in Dispute. Representations in Asia, Europe and the Arab World since the Middle Ages*. Frankfurt/New York: Campus Verlag.
2011. "Does the History of Medieval Political Thought Need a Spatial Turn? The Murals of Longthorpe, the *Secretum secretorum* and the Intercultural Transfer of Political Ideas in the High Middle Ages" in Jörg Feuchter, Friedhlem Hoffmann, Bee Yun Ed. *Cultural Transfers in Dispute*, pp. 135-146. (2010년 정치사상연구 발표논문을 축약하고 개정, 보완한 논문임)
2011. "중세 독일민족의식의 발전과 로에스의 알렉산더(Alexander of Roes)의 제국론," 『서양중세사연구』 28호, pp. 101-128.

조홍식 (Hong Sik Cho) chs@ssu.ac.kr

1989. 파리정치대학(Institut d'Etudes Politiques de Paris) 정치학 학사
1993. 파리정치대학 정치학 박사
1995-1999. 세종연구소 연구위원
2001-2002. 하버드 대학교 유럽학연구소 객원연구원
2003-2006. 베이징 외국어대학교 객원교수
현재 숭실대학교 정치외교학과 조교수

2006. 『유럽 통합과 '민족'의 미래』. 서울: 푸른길.
2009. 『하나의 유럽: 유럽연합의 역사와 정책』 공저. 서울: 푸른길.
2008. "드골과 미테랑의 유럽정책 비교연구: 개인적 비전과 정책의 제약," 『유럽연구』 제26

권 2호.

2010. "유로화의 정치경제: 유로의 국제적 역할을 중심으로," 『유럽연구』 제28권 2호.

2010. "프랑스 극우 민족주의 정치세력과 유럽통합: 민족전선의 사례," 『프랑스학연구』 제54집.

김준석(Joon Suk Kim) jihooan@catholic.ac.kr

1992. 서울대학교 외교학과 정치학 학사

1997. 서울대학교 외교학과 외교학 석사

2005. 시카고 대학교 정치학 박사

현재 가톨릭대학교 국제학부 부교수

2007. "유럽연합과 규범권력," 『국제·지역연구』 16집 2호.

2008. "국가연합의 재조명: 미국, 독일, 네덜란드 그리고 유럽연합," 『국제정치논총』 48집 1호.

2009. "유럽정체성의 규범적 기초," 『국제·지역연구』 18집 4호.